Fred B. Stern
Giordano Bruno – Vision einer Weltsicht

Fred B. Stern

# Giordano Bruno
# Vision einer Weltsicht

Verlag Anton Hain · Meisenheim am Glan
1977

**Fred B. Stern**
Giordano Bruno, Vision einer Weltsicht. – 1. Aufl. –
Meisenheim am Glan: Hain, 1977.
ISBN 3-445-01572-4

© 1977 Verlag Anton Hain Meisenheim GmbH
Alle Rechte vorbehalten
Satzherstellung: computersatz bonn gmbh, Bonn
Druck und Bindung: Hain Druck KG, Meisenheim/Glan
Printed in Germany
ISBN 3-445-01572-4

# Vorwort

Die ersten Vorarbeiten zu diesem Werk reichen viele Jahre zurück. Mit inniger Dankbarkeit und Wehmut gedenke ich meiner geliebten Frau, die in dieser Zeit ermutigend und helfend an meiner Seite gestanden hat. Sie hat leider das Erscheinen des Buches nicht mehr erlebt.

Dadurch, daß eine Reihe von Jahren dahingegangen ist bis die endgültige Textgestaltung des Buches der Publikation zugeführt werden konnte, wurde die Zahl derer, die mir ratend und unterstützend beigestanden haben, zu groß, um jedem Einzelnen Dank sagen zu können. Unter all denen, die sich für das Werk eingesetzt haben, stehen einige Persönlichkeiten, deren verdienstvolle Mitarbeit hervorgehoben werden sollte. So fühle ich mich heute noch Herrn Dr. phil. Schubardt, Berlin, für die Überprüfung der ersten Fassung verpflichtet, ebenso wie den Herren Dr. phil. Hans Erhard Lauer, Basel, und Dr. phil. Alexander Hildebrandt, Wiesbaden, die sich um die Durchsicht der erweiterten Fassung bemüht haben. Herrn Dr. Hildebrand verdanke ich auch die Einladung zu einer Vorlesung in der Wiesbadener Goethe-Gesellschaft, aus deren Hörerkreis die Initiative zur Veröffentlichung des Buches hervorgeganen ist.

Es wäre wohl nie zur Drucklegung gekommen ohne Zuspruch und Hilfe von Freunden, denen die Publikation des Werkes Auftrag und Aufgabe geworden ist. In dieser Hinsicht fühle ich mich in erster Linie Herrn Dr. phil. Eckhart Pillick, Mannheim und Herrn Landespfarrer C. E. Ullrich, Wiesbaden, für ihr tatkräftiges Bemühen um die Verbreitung des Buches zu zu aufrichtigem Danke verpflichtet. Herzlicher Dank sei auch meiner lieben Schwester, Frau Erna Nickel, Wiesbaden, gezollt für Alles, was sie getan hat, um die Veröffentlichung möglich zu machen. Eine vortreffliche Facharbeit hat Mrs. Margret Cunningham, New York, bei der Korrektur der Druckabzüge geleistet, wofür ihr und nicht zuletzt auch Mrs. Claire Warschauer, New York, mein besonderer Dank gebührt.

*Emmy,*
*meiner unvergeßlichen Frau*

# Inhalt

| | |
|---|---|
| Vorwort | V |
| Einleitung | 1 |

**Erstes Kapitel:**

*Das Neue Bild des Kosmos im 16. Jahrhundert*

| | |
|---|---|
| Der Kosmos der Antike | 5 |
| Die Lehre des Copernicus | 9 |
| Die Kosmologie des Giordano Bruno | 14 |
| Vom unendlichen All | 20 |
| Ungelöste Rätsel | 25 |
| Brunos Kometen-Theorie | 28 |
| Brunos astrophysikalische Hypothesen | 29 |
| Die Beseeltheit des Weltalls | 30 |
| Vom Kosmos zum Universum | 33 |

**Zweites Kapitel:**

*Das metaphysische Weltbild*

| | |
|---|---|
| Aporien und Aporeme | 37 |
| Die drei Themen des Nicolaus von Cusa | 40 |
| Die Dialektik der coincidentia oppositorum | 42 |
| Der Begriff Unendlichkeit | 43 |
| Die Weltseele | 45 |
| Materie und Substanz | 47 |
| Die Welt – ein lebendiger Organismus | 49 |
| Monismus und Dualismus | 50 |
| Makrokosmos und Mikrokosmos | 54 |
| Das dreifache Minimum und die Monade | 59 |
| Die metaphysischen Grundbegriffe | 65 |
| Der Pantheismus Brunos | 67 |

**Drittes Kapitel:**

*Die sittliche Weltordnung*

| | |
|---|---|
| Von der Würde des Menschen | 71 |
| Das Humanitätsideal der Renaissance | 74 |
| Die Reformation des Himmels | 77 |
| Veritas Filia Temporis | 80 |
| Das Hohe Lied auf den leidenschaftlichen Helden | 81 |
| Die Autonomie des Wissens und die Freiheit des Denkens | 83 |
| Giordano Bruno, der Poet | 87 |

| | |
|---|---:|
| Artemis und Aktaion | 89 |
| Ehrwürdig wie die Esel | 92 |
| Die Liebestraktate der Renaissance | 95 |
| Im Schatten der Ideen | 98 |
| Die Fackeln der dreißig Standbilder | 100 |
| Die neuplatonische Tradition | 104 |
| Die hermetische Tradition | 106 |
| Die kabbalistische Tradition | 108 |
| Die magischen Schriften | 111 |
| Il pensiero Bruniano | 113 |
| Brunos Stellung im Kulturbereich der Renaissance | 118 |
| Brunos Ethik, eine neue Sinngebung des Lebens | 122 |

Viertes Kapitel:

*Giordano Brunos Einflußsphäre*

| | |
|---|---:|
| John Toland, der Wegbereiter | 127 |
| Die beiden Thesen des Baruch Spinoza | 128 |
| Die Determination des Willens | 131 |
| Die Monadenlehre Giordano Brunos und die Monadologie von G. W. Leibniz | 132 |
| Goethes entelechische Monade | 136 |
| Der junge Goethe verteidigt den Nolaner | 141 |
| Der alternde Goethe nimmt das Brunostudium wieder auf | 143 |
| „Was wär' ein Gott, der nur von außen stieße?" | 147 |
| Giordano Bruno, eine Faustgestalt | 148 |
| Goethe, der Denker und Naturforscher | 151 |

Fünftes Kapitel:

*Giordano Brunos Wiedererweckung in Philosophie und Literatur*

| | |
|---|---:|
| Die ersten deutschen Bahnbrecher | 156 |
| Friedrich Heinrich Jacobi | 157 |
| Brunos Seelenlehre und Lessings „Erziehung des Menschengeschlechts" | 158 |
| J. G. Hamann und J. G. Herder | 161 |
| Georg Wilhelm Friedrich Hegel | 162 |
| Arthur Schopenhauer | 163 |
| F. W. Schellings Gespräch über „Bruno" | 165 |
| Moritz Carriere | 168 |
| Alexandre Koyré | 170 |
| Hélène Védrine | 171 |
| Die Brunoliterartur in England | 171 |
| Die italienische Brunoforschung | 174 |

Sechstes Kapitel:

*Giordano Bruno im Urteil der neueren deutschen Philosophen*     179
   Rudolf Eucken     181
   Wilhelm Dilthey     182
   Ernst Cassirer     183
   Oswald Spengler     183
   Otto Weininger     184
   Karl Jaspers     184
   Ernst Bloch     184
   Ernesto Grassi     185
   Heinz Heimsoeth     186
   Dietrich Mahnke     186
   Rudolf Steiner und der Berliner Giordano-Bruno-Bund     187

Siebentes Kapitel:

*Der ,,Raum" in Brunos Weltbild*     192
   Das neue Weltgefühl     194

Achtes Kapitel:

*Raum und Zeit*     195
   Bruno und Einstein     197

Neuntes Kapitel:

*Was ist der Gegenwart noch lebendig von dem pensiero Bruniano?*     206

*Quellennachweis*     211

*Namensverzeichnis*     219

# Einleitung

Der erste Teil dieses Werkes hatte sich fast ausschließlich mit dem Leben von Giordano Bruno befaßt. Der zweite Teil, der hier folgt, ist, ergänzend zu den früheren biographischen Ausführungen, der Lehre von Bruno gewidmet.

Er soll die Bedeutung von Brunos Gestalt als Philosoph, als Denker und als Dichter, die im ersten Teil nur skizzenhaft aufgezeichnet werden konnte, dem Leser nahebringen, Brunos Gedankengängen folgen, seine Lehre analysieren, sie mit der späteren geistigen Entwicklung in Europa in Zusammenhang bringen und schließlich Brunos Einfluß bis in unsere heutige Zeit nachgehen.

Ein Schlußkapitel ist ganz besonders für diese Frage vorgesehen. Es wird ein Versuch gemacht zu untersuchen, ob das gesamte Werk Brunos bereits „tote Masse" geworden ist und das herauszuschälen, was an wertvollem Erbe auch noch in den Problemstellungen unserer heutigen Zeit lebendig geblieben ist. Mit anderen Worten, es soll den Anschluß des pensiero Bruniano an die weltanschaulichen Systeme des 20. Jahrhunderts herstellen.

Ob dies dem Verfasser gelungen ist, muß dem Urteil der Leser überlassen werden. Dieses Werk ist die Frucht vieler Jahre und jahrzehntelangen Quellenstudiums. Nur der kleinste Teil des Materials konnte bei der Zusammenstellung dieses zweiten, rein theoretischen Teils verwendet werden. Der ursprüngliche Umfang des Buches ist in langsamer und stetiger Sichtung und Siebung auf ein Drittel heruntergestrichen worden. In dieser Fassung ist das Werk nicht als eine Arbeit vorgesehen worden, die nur von dem wissenschaftlich geschulten Leser gelesen werden sollte. Der Verfasser ist davon ausgegangen, weltanschaulich- und kulturellinteressierten Lesern eine Darstellung der Brunoschen Gedankenwelt vorzutragen, die ihnen ein Gesamtbild vermittelt. So wie der erste Teil den Menschen Giordano Bruno, so soll dieser zweite Teil den Philosophen und geistigen Revolutionär Bruno in einer den Gebildeten zugänglichen Sprache verständlich machen.

Trotzdem konnte nicht ganz auf wissenschaftliche Hilfsmittel verzichtet werden. Die Anmerkungen wurden zwar auf ein Minimum reduziert, aber als Fußnoten in den Text verarbeitet, um dem Leser das lästige Nachschlagen zu ersparen. Lateinische und italienische Zitate wurden meistens in Übersetzungen aufgenommen und nur in besonderen Fällen in der Ursprache gebracht. Dagegen wurde eine sorgfältige Aufstellung von Brunos Schriften und ein Nachweis der herangezogenen Literatur angeschlossen, obgleich hierzu bemerkt werden muß, daß hierbei eine Auswahl getroffen werden mußte. Der Platzersparnis halber wurde Sekundärliteratur, die bereits im Text angegeben wurde, nicht mehr im Verzeichnis des Anhangs wiederholt. Für den allgemeinen Leser hoffe ich das Notwendigste getan zu haben; der Wissenschaftler dagegen wird immer wieder zu der großen Bruno-Bibliographie von Virgilio Salvestrini greifen, deren zweite Auflage von Luigi Firpo besorgt, 1958 erweitert und verbessert erschienen ist. Inzwischen ist die Brunoforschung unentwegt weitergegangen, so daß auch diese umfangreiche Bibliographie einer weiteren Ergänzung bedarf. Wie intensiv gearbeitet wird, geht allein aus den zusätzlichen Nachweisen hervor, mit denen uns – um nur dieses eine Beispiel anzuführen – der polnische Brunoforscher Andrzej Nowicki bekannt gemacht hat. Er allein hat 200 Positionen dem Salvestrinischen Verzeichnis hinzugefügt und sich damit große Verdienste um die Brunoforschung erworben.* So wenig wie es möglich war, auf diese wichtigen Arbeiten näher einzugehen, so bedauerlich ist es, daß auch auf eine Reihe von Brunothemen verzichtet werden mußte. So wurden weder die Einzeluntersuchungen des Verfassers über die Monadologie Brunos und eine vergleichende Analyse zu der nachfolgenden Monadenlehre von Leibniz, noch die Studien über die kabbalistische Tradition der Brunoschen Philosophie gebracht.

Auch so einschlägige Betrachtungen über Bruno als Lehrer und als Redner, sowie über seine Einweisung in die Dichtkunst der Renaissance – um nur einige der Themen zu nennen – mußten unterdrückt werden. Auch eine Übersetzung von Brunos Frühwerk „De umbris idearum" in deutsch und englisch, deren Aufnahme in den Anhang geplant war, konnte nicht berücksichtigt werden.

Dagegen wurde ein Personen-Index angeschlossen, aber der Sachindex mußte dem unerbittlichen Rotstift zum Opfer fallen.

Zum Abschluß ein Wort zur Standortbestimmung von Giordano Bruno. Er ist davon ausgegangen, eine Bahn zu brechen, für das copernicanische Sonnensystem. Jahrhunderte sind vergangen bis einige Gedanken der Renaissance sich des Bewußtseins der Allgemeinheit bemächtigt haben. Eine der Renaissance-Ideen, die nie ganz im Volke Fuß fassen konnten, war die Lehre des Copernicus. Sie war nicht nur für die Menschen seiner Zeit sinnwidrig und der Beobachtung entgegengesetzt. Die Tatsache, daß nicht die Erde, sondern die Sonne feststeht, daß sich die Erde um die Sonne bewegt, ist bis heute noch nicht völlig in das Bewußtsein der Menschen eingedrungen.

Der Sprachgebrauch, daß die Sonne am Morgen heraufsteigt, und daß sie am Abend untergeht, hat sich nicht ausmerzen lassen, obwohl es doch gerade das Gegenteil besagt über das, was sich in Wirklichkeit abspielt. Der Mensch kann sich nicht aus der Umklammerung einer so gewaltigen Sinnestäuschung befreien. Dagegen ist die Vorstellung, daß wir in einer Welt leben, die von festen Wänden umschlossen ist, allmählich vollständig erloschen und dem Gefühl gewichen, daß wir Teil eines unendlichen Weltalls sind, das nicht von irgendwelchen physischen Grenzwällen eingeengt ist.

Es ergibt sich daraus, daß die Menschen im Verlaufe der fast vier Jahrhunderte seit Brunos Tod sein Gesamtbild vom Universum uneingeschränkt in ihr Bewußtsein aufgenommen haben, während ihnen die copernicanische Vorstellung im Grunde fremd geblieben ist.

Giordano Bruno hat in seinen astronomischen Hauptschriften bereits die wichtigsten Grundgedanken seiner Kosmologie dargestellt. Seine großen italienischen

---

* Leider ist ein Teil der Nowickischen Arbeiten nur in polnischer Sprache erschienen. Es wäre zu wünschen, daß diese wertvollen Studien in eine der europäischen Weltsprachen übersetzt und dadurch weiteren Kreisen der weltlichen Welt zugänglich gemacht werden.

Dialoge liefern schon denselben Grundriß von der Struktur des Universums, welche noch heute die Wissenschaft voraussetzt. Es sollte daher mit größerer Berechtigung nach Giordano Bruno als nach Copernicus genannt werden. Das ist nicht ein wesentlicher, aber zum mindesten einer der Gründe, die mich veranlaßt haben, ein Werk auf einer breiten und allgemein verständlichen Grundlage zu schreiben. Möge es dazu beitragen, daß die Bedeutung von Giordano Bruno für die Entwicklung der abendländischen Geistesgeschichte immer weitere Kreise der gebildeten Welt ergreift und dadurch auch das Verständnis für die Gestalt Brunos im Allgemeinen mehr Platz greift und gefördert wird.

*Erstes Kapitel:*

# Das neue Bild des Kosmos im 16. Jahrhundert

## Der Kosmos der Antike

Die Kosmologie ist mit eine der wichtigsten Disziplinen von Giordano Brunos Weltbild, das manche seiner Kommentatoren nicht mit Unrecht ein kosmozentrisches genannt haben. Das ist allerdings ein Ausdruck, der nur mit einem abstrakten Begriff verbunden werden kann; es sei denn, man beschränkt den Begriff „Kosmos" auf eine räumliche Vorstellung innerhalb eines jeder Grenzen baren Universums.

Kosmos ist ein griechisches Wort, das schon in der hellenischen Sage – insbesondere der Odyssee – vorkommt und auch von Herodot und Äschylos angewendet wurde. Da bedeutete es ursprünglich nichts anderes als ein gutes, geordnetes Verhalten; bei Hesiod erweitert es sich sogar zu etwas, was mit einer Verschönerung einer Sache zu tun hatte, und erst Empedokles und Pythagoras übertrugen diese Bedeutung auf die Welt, das Universum, und verstanden darunter ein Weltall, in welchem vollkommenste Ordnung herrscht. In den deutschen Sprachgebrauch wurde das Wort von Alexander von Humboldt eingeführt, der es zum Titel eines weitläufigen Werkes erhob, und von da an hat es im Großen und Ganzen seinen Sinn in der deutschen Sprache behalten.

Fast jedes Werk von Giordano Bruno deutet an, wie ernsthaft er sich mit dem Weltbild der alten Griechen vertraut gemacht hat. Die Ordnung der Welt war in einem Sinne, den heute nur noch wenige erfassen mögen, aufs innigste mit einer harmonischen Vorstellung verbunden. Bei keinem der vorsokratischen Philosophen tritt das so stark in den Vordergrund wie bei Pythagoras, bei dem der Begriff einer harmonischen Ordnung erweitert wird zu einem vollkommenen Weltbau, in dem geheime Zahlenverhältnisse verschlungen sind mit einer Harmonie der Töne und dadurch zu einem beseligenden Erlebnis werden, das tief hineingreift in die mythischen Vorstellungen des Griechentums, tief hinein bis in seine esoterischen Mysterienspiele.

Wer von der Kosmologie des Giordano Bruno spricht, kann dieser Verbindung mit der mythischen Jugendzeit der griechischen Denker nicht entraten. Zahllos sind die Hinweise Brunos auf die vorsokratischen Naturphilosophen, wie Anaxagoras, der den Mond für einen bewohnten Weltkörper hielt. Eudoxus und Calippus, die Vorläufer von Aristoteles, Ekphantos und Hicetas, vor allen anderen aber auf den Altmeister Pythagoras. Ein Mensch wie Bruno, so voll dunkler Ahnungen, die aus ganz anderen Quellströmen gespeist wurden, als denjenigen des traditionellen Christentums, aus dem er hervorgegangen war, konnte unmöglich übersehen, welch' tiefverborgene Zusammenhänge in dem geheimnisvoll erschlungenen Denken des Pythagoras offenbar wurden. Das Mysterium, dem er lauschte, war jenes Zusammenklingen der harmonischen Ordnung der Zahlen und Töne, und Pythagoras war in der Tat der Erste, vor dessen innerem Ohr die Harmonie der Sphären erklang, als er versuchte, die verborgenen Gesetze der Zahlen auf die Mysterien des Himmels abzustimmen. Pythagoras war auch der Erste, der ein konkretes Bild von den Himmelskugeln entwarf, welche die gesamte Sternenwelt in einer Symmetrie und Schönheit umfaßten, wie sie nur ein solcher Dichter-Denker sich ausmalen konnte. Wir haben nie erfahren, ob es diesem Hohen Priester der himmlischen Sphären je gelungen ist, die geheimnisvollen Relationen zwischen der Musik des Universums und den Zahlenverhältnissen der Himmelskörper ausfindig zu machen. Mag es uns genügen, daß er auf diese Verwandtschaft den harmonischsten Kosmos aufgebaut hat, den wir heute kennen. Im Vergleich zu seinen spitzfindigen Nachfolgern und ihren klugen Rechenexempeln, ist sein Kosmos von einer beglückenden Einfachheit, so wie immer alles Schöne, alles Harmonische dadurch verblüfft, daß es so einfach erscheint, obwohl hinter dieser Einfachheit die geheimnisvollsten Phänomene verborgen liegen mögen.

Pythagoras Weltbild beschränkte sich auf zehn Kugelschalen, deren innerste Zentrale die unbewegliche Erdkugel war, während als die äußerste Sphäre diejenige gedacht war, die dem Ganzen durch ein göttliches Prinzip seinen Antrieb verlieh. Dazwischen lagen alle die anderen Sphären, die sich mit verschiedener Geschwindigkeit um die zentrale Erdkugel bewegten. Wenn es nun Pythagoras auch nie gelungen sein mag, diese harmonische Formenschönheit seines Kosmos mit seiner Harmonie der Töne, der Weltenmusik, in Einklang zu bringen, so wissen wir doch heute, daß es in der gesamten Welt der Antike kein Bild des Universums gegeben hat, das in einer so vollendeten Weise dem Wesen des griechischen Volkes entsprochen hatte, wie das von Pythagoras erdachte. Gerade weil es nicht auf Beobachtung beruhte, sondern aus einer Gedankenwelt hervorging.

Gewiß, auch Pythagoras hatte seine Vorgänger. Die Himmelskunde war zu jener Zeit schon viele Tausende von Jahren alt. Ältere Völker hatten vor ihm Erstaunliches geleistet. Die Babylonier und Chaldäer waren die begabtesten Sterndeuter des Altertums und die größten Kalendermacher; ebenso wie wir in ihren Schriften zum ersten Male den Tierkreis erwähnt finden, ohne dessen bilderreiche Sektionen des Himmels die Alten sich auf ihrer eigenen Erde nicht hätten zurecht finden können.

Das Erstaunlichste ist doch schließlich, daß die Griechen, so sehr sie auch auf den Schultern der noch älteren Völker gestanden haben mögen, eine geistige Entwicklung erlebt haben, die eine frappante Ähnlichkeit aufweist mit den wissenschaftlichen Stadien, die das christliche Abendland durchlaufen hat.

Auf die Wende, die das neuartige Denken von Pythagoras und Plato einleitete, folgte auch bei den Griechen eine Zeit der Aufklärung und brachte der antiken Welt ihren größten Encyclopädisten und umfassendsten Denker: Aristoteles. Er faßte nochmals das gesamte Wissen seiner Zeit zusammen, klassifizierte es und baute durch eine brauchbare Heuristik eine Wissenschaft der Logik auf, welche Jahrtausende überdauerte. Erst nach ihm konnte die Fachwissenschaft aufblühen und die großen Mathematiker, Physiker und Astronomen begannen im 3. Jahrhundert a.c. das umfassende philosophische Gebäude abzutragen und damit die Grundlagen für ein mathematisch-naturwissenschaftliches Zeitalter aufzubauen, ein Fundament, welches zu einem großen Teil auch heute noch nicht überholt ist.

Die Kugelgestalt der Erde war für die griechischen Gelehrten eine unumstrittene Tatsache. Ohne Euklid, dem Vater der Mathematik, und Archimedes, dem Begründer der Physik, wäre Erastosthenes, der den Erdumfang mit einer bis jetzt kaum überholten Genauigkeit errechnete, nicht möglich gewesen. In der Astronomie, der ältesten aller Naturwissenschaften, und derjenigen, die ohne das Hilfsmittel der Mathematik nicht denkbar ist, stehen solche Gestalten wie Aristarch von Samos und Hipparch von Rhodos als einsame Riesenfiguren, deren Bedeutung in neuerer Zeit viel mehr anerkannt worden ist als in den Tagen ihrer Wirksamkeit. – Es ist besonders Aristarch, der durch seine heliozentrische Lehre den Unmut seiner Zeitgenossen herausgefordert hat.

Daß die Sonne im Mittelpunkt unseres Planetensystems steht, war für diesen Gelehrten eine unzweifelhafte, wissenschaftliche Erkenntnis. Er hat auch die Entfernung des Mondes von der Erde berechnet. Seine Theorie, daß die Erde und die übrigen Planeten sich in gekrümmten Bahnen um die Sonne bewegen, verleiht ihm die unbestrittene Priorität des heliozentrischen Systems. Ebenso außergewöhnlich ist seine Theorie, daß der Radius des Erdumlaufs sich zum Umfang des Kosmos verhält wie der Mittelpunkt des Kreises zu seinem Umfang. Vermutlich hat er daraus schon die räumliche Unendlichkeit des Weltalls erschließen wollen, womit er noch über Copernicus hinausginge und sich zum Vorläufer Giordano Brunos aufschwingen würde. Wie viele geniale Menschen, war er seiner Zeit zu weit vorausgeeilt. Nur durch eine rechtzeitige Flucht konnte er sich dem Schicksal des Sokrates entziehen. Aristarchs umwälzende Entdeckung geriet für nahezu 1800 Jahre in völlige Vergessenheit.

Auch das kosmische Weltbild des Pythagoras verschwand sehr schnell und konnte nicht neben den wissenschaftlichen Ergebnissen der griechischen Mathematiker und Physiker bestehen. Das bemerkenswerteste ist jedoch, daß sich die abendländische Welt seiner ein Jahrtausend später wieder erinnerte und den pythagoreischen Kosmos seiner genialen Einfachheit wegen den weit späteren – mathematisch viel mehr durchdachten – Systemen vorzog.

Die Griechen allerdings gaben sich mit dem Weltbild des Pythagoras nicht zufrieden. Je weiter die Zeit voranschritt, desto weiter entfernten sie sich, sowohl von dem alten mythischen, wie auch von einem spekulativen Bilde des Kosmos. In den zweihundert Jahren, die zwischen der Lebenszeit des Pythagoras und dem Auftreten von Aristoteles liegen, mögen manche, deren Namen keine Chronik überliefert hat, in mühseliger Beobachtung den südlichen Sternhimmel studiert haben.

Aristoteles jedenfalls war selbst weder Mathematiker, noch Astronom. So sehr er in vielem von den Ideen seines Lehrers Plato abgewichen ist, er teilte dessen Abneigung gegen eine Überschätzung von Zahlen und auch sein Werk beruht mehr auf qualitativen Wertungen als quantitativen Messungen. Nichtsdestoweniger entwickelte er in seinem Buche über „Die Himmelskunde" (De coelo) eine kosmologische Konzeption, die alles systematisch zusammenträgt, was bis zu seinen Tagen von seinen Vorgängern auf dem Gebiete der Astronomie an Erfahrungen und Wissen niedergelegt war.

Dieses Bild des Universums, wie es Aristoteles der Welt hinterlassen hat, wurde für viele Jahrhunderte maßgebend für die gesamte abendländische Welt. Wie bei Pythagoras steht eine unbewegliche Erde im Mittelpunkt einer Anzahl konzentrischer, ineinander laufender Sphären; doch ist die Kugelschale, in welcher die Erde als das schwerste aller Elemente schwebt, von den Sphären der anderen drei Elemente umgeben, die in der griechischen Naturphilosophie von altersher eine bestimmende Rolle spielten: Wasser, Luft und Feuer. Die Kugelschale, welche diese drei Elemente umschließt, nannte man die sublunare Sphäre. Dieser folgten die Sphären, in welchen sich die Alten die Planeten eingebettet dachten, wobei bemerkt werden muß, daß auch der Mond und die Sonne von Aristoteles als Planeten angesehen wurden. Die nächstliegende Sphäre war die der Fixsterne. Hinter dieser lag erst die Sphäre des „primum mobile", des ersten Bewegers oder der göttlichen Kraft, durch die das ganze Himmelsgewölbe in Bewegung gesetzt wurde.

In seinem Werke „De coelo" beschäftigt sich Aristoteles sehr eingehend mit der kreisförmigen Rotation. Besonderes Studium widmete er der Frage, in welcher Weise die Himmelskörper innerhalb der umlaufenden Kugelschalen befestigt sind. Daraus entwickelte er den Gedanken, daß jeder Planet durch mehrere Sphären in Bewegung gesetzt wird, deren Äquatoren jedoch nicht parallel, sondern gegen einander geneigt liegen. Auf diese Weise gelangt er zu einer Gesamtzahl von 49 Sphären, nach anderer Lesart sogar zu 55.

Obwohl hierdurch sein System weit komplizierter wurde als dasjenige des Pythagoras, erfuhr es in der Folge eine Reihe von Veränderungen. Die Aristoteles folgenden und mehr auf Beobachtung als Spekulation eingestellten Gelehrten fanden, daß sein System nicht ausreiche, um alle Bewegungen der Planeten zu erklären. Man bediente sich zweier geometrischer Hilfsmittel, um diesen Schwierigkeiten zu begegnen. Das eine war die exzentrische oder kreisförmige Bewegung mit einem beweglichen Zentrum; das andere das System der Epicyclen, eine den Gesamtumlauf verzögernde Nebenlinie. Der exzentrische Kreis bezog sich auf den Lauf eines Planeten, der sich gleichmäßig um einen Mittelpunkt drehte. Doch diese exzentrischen Kreise waren nicht imstande, die sogenannte erste Ungleichheit im Laufe der Planeten, vor allem das auch bei Sonne und Mond sichtbare, aber mit unregelmäßiger Geschwindigkeit erfolgende Vorwärtsschreiten in ihrem Orbit zu erklären. Noch sonderbarer mutet ein Phänomen an, das bei den eigentlichen Planeten beobachtet wurde, besonders beim Mars. Man hatte festgestellt, daß ihre vorwärtsgehende Bewegung an einem bestimmten Zeitpunkt aufhört und sich in eine rückläufige verwandelt. Zeichnet man das auf einem Globus auf, der einen Sternhimmel darstellt, so ergeben sich daraus eigenartige Schleifen.

Der Mann, der sich um eine Interpretation dieser zweiten Unstimmigkeit mit großem Scharfsinn bemühte, war einer der bedeutendsten Gelehrten auf dem Gebiete der Astronomie und Mathematik, den das Altertum hervorgebracht hat: Claudius Ptolemäus, der in der ersten Hälfte des zweiten Jahrhunderts lebte. Erst er hat die aristotelische Theorie zu einem höchst komplizierten System ausgebaut und hat dieses bis in jede Einzelheit mathematisch durchgedacht. Seine für die damalige Zeit unglaublich genauen Berechnungen hat er zusammen mit den bis dahin bekannten Tatsachen der Himmelskunde in einem Lehrbuch zusammengefaßt, das unter dem arabischen Titel „Almagest" bekannt geworden ist.

Ptolemäus Theorie der Epicyclen bedient sich der Annahme, daß die Planeten nicht unmittelbar in Kreisen um die Erde rotieren, wie die Sonne und der Mond, sondern sich mit gleichförmiger Geschwindigkeit in Kreisen bewegen, deren Mittelpunkt selbst wieder einen Kreis um einen festen oder auch beweglichen Mittelpunkt beschreibt. Diese letzteren nannte man die deferierenden (verzögernden) Kreise. Es war eine Erklärung, die das Problem für die alexandrinische Epoche mathematisch löste und den Astronomen mit dem ptolemäischen Tabellenwerk für viele Jahrhunderte ein Instrument in die Hand gab, mit dem sie wissenschaftlich arbeiten konnten.

Allerdings mußte diese Vorstellung des Kosmos das ästhetische Gefühl griechischer Denker verletzen. Sicherlich war für viele, für welche die Schönheit, die ebenmäßige Harmonie eine Erscheinungsform der Wahrheit war, die Komplexität des ptolemäischen Weltbildes etwas Unnatürliches. Trotzdem beherrschten die astronomischen Berechnungen des Ptolemäus die Wissenschaft für etwa ein Jahrtausend. Dann aber stellte sich doch eine große Zahl von Irrtümern in den Tabellen heraus, die nicht mehr länger übergangen werden konnten.

Um das Jahr 1270 berief König Alfons von Kastilien eine Gruppe von Astronomen nach Toledo. Nach eingehenden Beobachtungen und Kalkulationen wurde das Tabellenwerk des Ptolemäus berichtigt. Die „Alfonsinischen Tabellen", die aus dieser Arbeit hervorgingen, behielten ihre Gültigkeit bis etwa zum Jahre 1543, als die mathematischen Berechnungen von Copernicus zum ersten Male veröffentlicht wurden. Damit begann die Auflösung des geozentrischen Weltbildes von Claudius Ptolemäus von Alexandrien, das seit dem zweiten Jahrhundert n. Chr. die kosmischen Vorstellungen der Menschen beherrscht hatte.

## Die Lehre des Copernicus

Der Name von Giordano Bruno wird für alle Zeiten mit dem des Nikolaus Kopernigk oder *Copernicus*, wie die damals übliche latinisierte Version lautete, genannt werden. So wie dieser eine Revolution der Himmelskunde einleitete, so war Bruno sein Apostel, der anderthalb Jahrzehnte durch die Länder Europas wanderte, um die neue Lehre gegen den Widerstand der „Gläubigen" zu verteidigen. Die Aufgabe, die Bruno damit freiwillig auf sich genommen hatte, war insofern von einer hohen geistesgeschichtlichen Bedeutung, als Copernicus selbst nicht das geringste dazu beigetragen hatte, um seiner eigenen Lehre zur Anerkennung zu verhelfen. Bevor wir auf diese selbst näher eingehen, mag ein rascher Blick auf den Mann, der an einem solchen Wendepunkt der Wissenschaft stand, das Verständnis für seine merkwürdige Haltung in eigener Sache etwas fördern.

Man kann sich kaum zwei verschiedenartigere Charaktere denken als Copernicus und Bruno. Im Gegensatz zu dem leidenschaftlichen und temperamentvollen Italiener war Copernicus der Typ eines stillen, in sich gekehrten Gelehrten. Es wäre ihm nie in den Sinn gekommen, für seine wissenschaftliche Arbeit auf die Bühne der Welt – und sei es nur diejenige der Gelehrten – mit lauter Stimme zu treten, sein Werk als eine große, wichtige Entdeckung anzupreisen oder gar dafür die Werbetrommel zu führen. Nichts lag ihm ferner als den Widerspruch seiner Zeitgenossen oder gar den der Autoritäten herauszufordern. Ob er überhaupt je die überragende Bedeutung seiner Entdeckung erkannt hat, läßt sich nicht feststellen.

Bis zuletzt sträubte er sich, seine Aufzeichnungen und Berechnungen öffentlich bekanntzugeben und die Drucklegung des seit langem vorbereiteten Manuskripts zu bewerkstelligen. Erst wenige Jahre, bevor sein Leben zu Ende ging, gelang es einem jungen Wittenberger Gelehrten, Georg Joachim, der unter dem latinisierten Namen Rhaeticus schrieb, dem alternden Manne das Manuskript zu entlocken und es in Nürnberg drucken zu lassen. Das war 1543. Das Buch erschien unter dem lateinischen Titel: „Nicolai Copernici Torinensis de revolutionibus orbium coelestium Libri VI" Es trug eine Widmung an den damaligen Papst Paul III., womit der Verfasser offenbar zum Ausdruck bringen wollte, daß der Inhalt in keiner Weise den Lehren der Katholischen Kirche entgegentreten wolle. Copernicus, selbst ein Domherr von Frauenburg, dessen Onkel der Bischof von Ermland war, hatte immer gefürchtet, daß die römische Kurie Anstoß an seiner Lehre nehmen werde, da ihr heliozentrischer Charakter nicht dem Wortlaut der Bibel entsprach und daher als ketzerisch betrachtet werden könnte. Ob es geschichtlich wahr ist, daß der Siebzigjährige dann doch noch ein Exemplar seines Lebenswerkes wenige Stunden vor seinem Tode in Händen hielt, wird sich heute nicht mehr nachweisen lassen. Rhaeticus hatte schon drei Jahre vorher eine Schrift „Narration prima" in den Druck gebracht; damit hatte er den Inhalt der copernicanischen Lehre zum ersten Male weiteren Kreisen bekanntgemacht. Ein merkwürdiges Schicksal aber hat es ihm nicht vergönnt, die Herausgabe von Copernicus' Werk zu Ende zu führen. Eine Ironie des Schicksals wollte es, daß das Vorhaben von einem lutherischen Geistlichen übernommen wurde; dieser, mit Namen Osiander, war mit Copernicus befreundet und oblag selbst mathematischen Studien. Er war auch der Mann, der die Einleitung zu dem Buche schrieb. In dieser brachte er zum Ausdruck, daß das Buch lediglich als ein mathematisches Werk anzusehen sei und keinerlei Absicht bestehe, weder die physikalischen Tatbestände, noch deren biblische Interpretation in Zweifel zu ziehen. Es wird behauptet, daß Copernicus sich gegen solche, die Wahrheit entstellenden, Manifestationen gesträubt habe; nachweisbar ist auch das nicht. Fest steht nur, daß der protestantische Geistliche ebenso eingeschüchtert war wie Copernicus und es nicht wagte, die wissenschaftliche Konsequenz der copernicanischen Entdeckung zu betonen, da das Haupt der lutherischen Kirche, Martin Luther, sich mit aller Deutlichkeit gegen die Doktrin des Copernicus ausgesprochen hatte. Das Original-Manuskript von Copernicus ging verloren und wurde erst nach zweihundert Jahren wieder aufgefunden. Erst 1873 erschien in Thorn, der Geburtsstadt des Copernicus, eine textlich einwandfreie Ausgabe und wenige Jahre später eine deutsche Übersetzung.[1]

Wer sich die Mühe macht, diese zu studieren, wird – vielleicht zu seinem Erstaunen – die Feststellung machen, daß Copernicus keineswegs ein trockener Mathematiker war. 15 Jahre lang hatte er in Italien studiert, zu einer Zeit, in welcher der italienische Humanismus noch in Blüte stand. In Bologna saß er zu Füßen eines nicht alltäglichen Astronomen, Domenico di Novara. Dieser war einer der Männer, die das pythagoräische Weltbild wieder zum Gegenstand ernsten Studiums machten. Dessen Bedeutung aber lag darin, daß man sich wieder darauf besann, sich um die mathematischen Beziehungen im Universum zu kümmern. Mit aller Entschiedenheit zeigt Copernicus in seinem Buche auf, daß er in „alten Büchern" nachgeforscht habe, und zu unserem Erstaunen führt er die Werke von Plutarch und Cicero an. Bezieht sich hier Copernicus darauf, daß der Gedanke der Erdumdrehung im Altertum (u.a. von Nicetas) erörtert worden ist, so geht er an einer Stelle, wo er sich für die Sonne als das Zentrum unseres Weltalls einsetzt, bis auf Hermes Trismegistos zurück. Damit nicht genug: Copernicus zieht eine Reihe von anderen griechischen Autoren heran, die sich für eine gewisse Bewegung der Erde erklären. Es ist also nicht allein der Standpunkt des Mathematikers und Naturwissenschaftlers, auf den sich Copernicus stützt. Er versucht seine mathematischen Untersuchungen auf die breite Basis des Humanismus im Sinne einer Erneuerung des antiken Denkens zu stellen, und damit glaubt er den Anschluß an die geistigen Grundlagen seiner Zeit gefunden zu haben. Es ist ein Bewußtsein, das sich nicht begnügt mit der nüchternen und rein wissenschaftlichen Haltung von Ptolemäus. An einer Stelle betont er seine humanistische Grundhaltung, von der ausgeht, mit einem Pathos, der uns fast befremdet und uns den Gedanken nahelegt, daß der profunde Denker es für notwendig hielt, seine astronomischen Ergebnisse seiner Zeit auf dem Hintergrund breitester Bildung vorzutragen.

„Wer könnte dieses Licht (Copernicus meint die Sonne) an einen besseren Platz setzen, um den ganzen Tempel Gottes zu erhellen? Die Sonne wurde von den Griechen Weltenlenker und Weltseele genannt: Sophokles spricht von der Allesschauenden, Trismegistos geradezu von der sichtbaren Verkörperung Gottes. So wird sie nun aufs Neue auf den königlichen

---

1) Menzer: Nicolaus Copernicus über die Kreisbewegungen der Himmelskörper. Thorn 1879.

Thron gesetzt und lenkt die umkreisende Familie der Planeten einschließlich der Erde – was für ein Bild! So einfach, so klar, so schön. Jetzt erst wird die Welt zum Kosmos von einer Ordnung, wie sie nirgends sonst aufgefunden werden kann."[2]

Es ist der Humanist Copernicus, der aus diesen Worten spricht. Ob er durch Aristarch von Samos angeregt wurde, die Sonne als das Zentrum unseres Planetensystems einzusetzen, ist weniger wichtig als die Schlußfolgerungen, die er daraus zog, und die mathematischen Berechnungen, die er daraus ableitete. Auch die Theorie der Erdumdrehung geht schon zurück auf die griechischen Gelehrten des Altertums. Auch in den Schriften von Cicero fand Copernicus eine Stelle, die auf einen gewissen Nicetas von Syracus hinweist. Nach der Auffassung Ciceros soll sich die Erde mit großer Geschwindigkeit um eine Achse drehen, woraus hervorginge, daß die Sonne, der Mond und die Sterne, der ganze Himmel stillstände. Copernicus vertraute lieber seinen eigenen Beobachtungen und Kalkulationen und arbeitete ein ganzes Leben lang an diesen Problemen. Das Entscheidende war, daß es ihm gelang, durch die Kombination der Erdumdrehung mit der Sonne als Zentrum, die Epicyclen-Theorie des Ptolemäus zu eliminieren und die komplizierten Planetenschleifen aus dem Wege zu räumen. Wie dies Copernicus gelungen ist, zeigt eine kurze Nachzeichnung, welche seine Überlegung wiedergibt, die es ihm ermöglichte, das lange ungelöste Rätsel auf eine ganz natürliche Weise zu erklären.

Wir haben oben gesehen, daß bestimmte Wandelsterne sich nicht nur von Osten nach Westen bewegen, sie stehen auch scheinbar in einer langsamen Umlaufzeit von Monaten und Jahren in der umgekehrten Richtung den Fixsternen entgegen. Auf dieser Wanderung von Westen nach Osten ergibt sich das frappierende Phänomen, daß ein solcher Stern, wenn er zugleich mit einem Fixstern erscheint, schon am nächsten Tag hinter dem Fixstern auftaucht, weil er etwas nach Osten weitergerückt ist. Nach einigen Wochen wird die Erscheinung so auffallend, daß man sie schon ohne weiteres bei aufmerksamer Beobachtung feststellen kann. Noch merkwürdiger wird sie aber, wenn alljährlich in dieser langsamen West-Ost-Bewegung ein Stillstand eintritt, der – um die Konfusion vollständig zu machen – wiederum von einer rückläufigen Ost-West-Bewegung abgelöst wird.

Um diese höchst eigenartigen Beobachtungen zu erklären, hatte Ptolemäus seine komplizierte Epicyclen-Theorie aufgestellt. Wie ist nun Copernicus diesen seltsamen Sprüngen in der Natur auf die Spur gekommen? Durch eine ebenso einfache, wie geniale Überlegung. Er hat festgestellt, daß das Vor- und Zurückweichen der Planeten dem Beobachter von der Erde aus nur solange nicht auf natürliche Weise erklärlich sein kann, so lange er von der Annahme ausgeht, daß sich die Planeten um die Erde drehen. Nimmt man jedoch an, daß nicht die Erde das feststehende Zentrum ist, sondern die Sonne, und die Erde selbst ein Planet ist, der um die Sonne kreist, dann ergibt sich, daß der Erdbeobachter die fortwährende Veränderung seines eigenen Standpunkts mit in die Betrachtung der Planetenbewegung einbeziehen muß. Die Folge ist, daß durch diese Betrachtung die progressive und

---

2 Kesten, Hermann: Copernicus and his world. New York 1945.

retrograde Bewegung in der Bahn der Planeten verschwindet. Als Copernicus die geometrischen Örter der Planeten graphisch auf die heliozentrischen Örter übertrug, verwandelten sich die von der Erde aus gesehenen Schleifen in einfache Kreislinien bzw. Kreisbewegungen um die Sonne. Copernicus hatte noch die kreislinige Umlaufsbewegung seiner Tabellenberechnung zugrundegelegt. Der größte Teil seiner Berechnungen bestätigte seine Hypothese, und die Kreislinie spielte dabei keine erhebliche Rolle, aber die Marsberechnung wollte nicht ganz aufgehen und wurde erst durch Keplers Annahme der elliptischen Linie einer Lösung zugeführt.

Unter den Zeitgenossen des Copernicus haben zuerst nur wenige die umwälzende Bedeutung seiner Entdeckung erkannt. Noch weniger erfaßte man, daß die Tat, welche eine neue Epoche der Wissenschaft einleitete, das Ergebnis einer außergewöhnlichen, denkerischen Leistung war. Wir selbst sind heute nicht mehr in der Lage zu ermessen, wieviel an logischem Schlußvermögen, seltener Vorstellungskraft und an Geduld und Ausdauer eines Wissenschaftlers dazu gehörte, um ein solches Werk durchzuführen. Mehr als das mag es der unbeugsame Glaube an die eigene Sendung sein, der Männern wie Copernicus die Stärke verliehen hat, der vielen Zweifel und Bedenken Herr zu werden, die keinem erspart bleiben, der sich gegenüber allen überkommenen Traditionen und Konventionen sein Weg bahnen muß.

Unter den Wenigen, welche die bahnbrechende Leistung von Copernicus erkannten, steht Giordano Bruno an erster Stelle.[3] Unter ihnen muß aber auch Wilhelm Gilbert angeführt werden, der Bruno in London persönlich gekannt hat. Gilberts Werk über den Erdmagnetismus kam zwar erst viel später heraus, aber er erwähnt darin die copernicanische Theorie, erstaunlicherweise ohne Brunos auch nur mit einem Worte zu gedenken. Auch ein Deutscher namens Maestlin, der ein Lehrer Keplers war, erklärte sich 1577 für die Theorie des Copernicus. Das aber sind alles nur vereinzelte, oft noch zaghafte Stimmen.

Giordano Bruno ist, bei aller Entschiedenheit, die er bewies, trotzdem kein kritikloser Nachbeter des deutschen Astronomen. So weittragend auch die copernicanische Lehre war, so hing sie doch noch in vielem an der aristotelisch-ptolemäischen Überlieferung. Die Arbeiten von Copernicus beschränkten sich auf die Anordnung und Durchrechnung unseres Planetensystems. Er nimmt keinerlei Anstoß an der Annahme der Kugelschalen, welche auch nach seiner Ansicht erforderlich sind, um die Himmelskörper in Bewegung zu setzen. Giordano Bruno muß man zugutehalten, daß er jedoch keineswegs die wissenschaftliche Arbeit des Copernicus zurücksetzt. Er hat das zu verschiedenen Malen zum Ausdruck gebracht:

3 Wir wissen heute auf Grund der Forschungen von Dorothea Singer, daß es in England eine Reihe von Wissenschaftlern gab, die sich mit der copernicanischen Theorie beschäftigten; einige noch vor Giordano Bruno. Unter diesen John Field (1556). Andere sind John Dee, Robert Recorde und Thomas Digges. Siehe auch: Dorothea Singer-Waley, Giordano Bruno, his life and his thought. New York 1950, S. 64 ff.

„Er war ein ernster, arbeitsamer und reifer Geist; er steht keinem Astronomen nach, der vor ihm gelebt hat, an natürlichem Scharfsinn überragt er bei weitem einen Ptolemäus, Hipparch, Eudoxus und alle anderen ... Nachdem er sich von einigen falschen Voraussetzungen der vulgären Philosophie, ... befreit hatte, ist er der Wahrheit sehr nahe gekommen, ohne sie ganz zu erreichen; denn er war mehr Mathematiker als Naturforscher ... und vermochte deshalb nicht, zur vollen Wahrheit durchzudringen ..."[4]

Was Bruno im Einzelnen im Sinne hatte, als er von den Schwierigkeiten des Copernicus berichtete, geht weder aus dieser noch aus einer anderen Stelle seiner Äußerungen hervor. Brunos Urteil ist auf seine Geringschätzung der Mathematiker zurückzuführen. Hierzu hatte er umsoweniger Berechtigung, als ihm nicht nur die Neigung, sondern auch die Befähigung zum mathematischen Denken abging. Da, wo er sich mit ihr befaßte, kam er nur zu sehr stümperhaften Ergebnissen und, wie wir später sehen werden, auch zu Fehlurteilen, die seine Gegner ausschlachteten, um seine „Unwissenschaftlichkeit" zu begründen.

Es war eine der schönen Seiten von Brunos Charakter, daß er seinen Vorgängern selbst da, wo er nicht mit ihnen einiggehen konnte, Gerechtigkeit widerfahren ließ. In diesem Sinne fährt er fort:

„Doch wer vermöchte trotz alledem die Großmut dieses Deutschen in vollem Maße zu würdigen, welcher ohne Rücksicht auf die törichte Menge sich so fest gegen den Strom der gegenteiligen Überzeugung gestellt hat? ..... er hat sich entschieden ..... dazu bekannt, daß man ..... zu dem Schluß gelangen müsse, es bewege sich eher unser Erdball gegenüber dem Universum, als daß die Gesamtheit der unzähligen Körper, ..... diese als Mittelpunkt und Grundlage ihrer Umdrehungen ..... anzuerkennen habe ..... Wer könnte dabei noch die Bemühungen des Mannes mißachten und all das vergessen, was er vollbracht hat ....."[5]

## Die Kosmologie Giordano Brunos

Diese Anerkennung der wissenschaftlichen Leistung von Copernicus konnte jedoch Giordano Bruno nicht hindern, die „Revolution des Himmels" weiterzutreiben und sie durch seine eigenen Feststellungen zu ergänzen. So sehr auch Bruno seinen großen Vorgänger auf den Weg der Natur verweist, so wenig kann man sagen, daß er selbst diesen beschritten habe. Die Kosmologie von Bruno beruht keinesfalls auf naturwissenschaftlichen Erkenntnissen, die er, unterstützt von sorgfältigen Beobachtungen, unter Beweis stellt. Brunos Lehre vom Universum ist eine rein-philosophische Spekulation. Es ist ein geistiger Prozeß, beschwingt durch Brunos kühne und oft treffsichere Intuition. Für viele seiner Behauptungen bleibt er uns einen vollgültigen Beweis im Sinne der heutigen Wis-

4 Giordano Bruno: Das Aschermittwochsmahl. Ins Deutsche übertragen von Ludwig Kuhlenbeck. Leipzig 1904. Eugen Diederichs, S. 50.
5 Giordano Bruno: Das Aschermittwochsmahl. Übersetzt von Ferdinand Fellmann. Frankfurt a/M 1969, Inselverlag, S. 70/71.

senschaft schuldig. Deshalb ist jedoch seine kosmologische Lehre nicht minder wertvoll. Es ist, wie Heinrich von Stein einmal betont hat, der künstlerische Zug des philosophischen Erkennens, der das Wesen von Brunos Lebenswerk ausmacht. Inspiration und Intuition haben einen vornehmlichen Anteil an Brunos Arbeitsweise und seiner Darstellung. Das macht seine Ergebnisse in keiner Weise wertlos und berechtigt uns nicht – wie es seine kirchlichen Gegner bis in das 19. Jahrhundert hinein getan haben – seine Doktrin in Bausch und Bogen als unwissenschaftlich und dilettantisch abzulehnen. Im Gegenteil, das ist gerade ein sehr bemerkenswerter Wesenszug in seinem Schaffen. Wenn Giordano Bruno skeptisch war, daß man Probleme, die sich mit dem Höchsten befassen, das dem menschlichen Geiste zugänglich ist, nicht durch rationales Denken allein zu lösen vermag, so hat er damit den Finger auf eine bis jetzt ungeheilte Wunde der Menschheit gelegt. Diese Kombination von intuitivem Denken, wie sie sich dem schöpferischen Geiste des Künstlers zeigt, und dem rationalen Denken, auf welches die Philosophie angewiesen ist, tritt in jeder Phase des Brunoschen Werkes zu Tage. Wir begegnen diesem nicht alltäglichen, heuristischen Verfahren, das im bewußten Gegensatz zur systematischen Darstellung steht, in allen Disziplinen der brunonischen Philosophie. Diese Methode wird auch in Brunos Kosmologie seiner Doktrin zugrundegelegt. Ihr Anknüpfungspunkt an die Arbeitsmethode des Copernicus, die, wie wir eingangs gesehen haben, ebenfalls nicht eine rein mathematische gewesen ist, liegt darin, daß beide davon ausgehen, die Gültigkeit des Augenscheins rein astronomischer Beobachtungen aufzuheben. Beide ziehen eine rein geistige Methodik in ihren Arbeitsbereich. Copernicus die abstrakte des mathematischen Kalküls, Giordano Bruno die Konkretere eines spekulativen, philosophischen Denkens. Es ist ein Negatives, das beiden gemeinsam ist, und beide verstehen es, die Sprödigkeit des Gegenstandes, mit dem sie sich auseinandersetzen müssen, auf ihre Art zu überwinden. Bruno mußte dabei zu Ergebnissen gelangen, die weit über die copernicanische Theorie hinausgehen. Seine Erkenntnisse auf diesem Gebiete sind in der Hauptsache niedergelegt in den zwei italienischen Dialogen ‚Das Aschermittwochsmahl' (La cena de le ceneri) und ‚Vom unendlichen All und den Welten' (De l'infinito universo e mondi).[6]

Ebenso beschäftigt sich Bruno in seinem großen lateinischen Lehrgedicht ‚De immenso et innumerabilibus seu de universo et mundis' (Über das Unermeßliche und Unzählbare oder Über das Universum und die Welten) mit kosmologischen

---

6 Diese Übersetzung des Titels wird oft bestritten, da das Wort infinito im Italienischen sowohl ein Hauptwort, wie ein Eigenschaftswort sein kann. Im ersteren Falle müßte die Übersetzung lauten: Von dem Unendlichen, dem Universum und den Welten. Die Befürworter dieser Lesart führen zur Begründung an, daß im allgemeinen das italienische Eigenschaftswort hinter dem Hauptwort steht. Ich habe mich entschlossen, nicht die philologische, sondern die sinngemäßere Version zu verwenden. Der deutsche Übersetzer Kuhlenbeck setzt dem Titel noch das Wort Zwiegespräche voran, obgleich es im italienischen Original nicht enthalten ist.

Problemen.[7] In keinem dieser drei Werke wendet sich Bruno gegen Copernicus. Seine Polemik richtet sich mit ganzer Schärfe gegen Aristoteles, den er allein für alle diejenigen Elemente des copernicanischen Systems verantwortlich macht, welche der „Deutsche" von seinen Vorgängern übernommen hat. Obwohl das in der Hauptsache Ptolemäus gewesen ist, beschränkt sich Bruno darauf, den griechischen Philosophen anzugreifen und zu widerlegen. Das allein deutet schon darauf hin, daß die mathematische Bearbeitung des schwierigen Fragenkomplexes für Bruno völlig irrelevant war. Das Problem war für ihn ein philosophisches.

Trotz alledem bleibt die Lehre des Copernicus der Ausgangspunkt für Giordano Bruno und man gewinnt daher am schnellsten einen Anschluß, wenn man mit denjenigen Gesichtspunkten beginnt, in denen beide Denker übereinstimmen.

Das ist vor allem die fundamentale Frage von der Bewegung der Erde um die Sonne. Bruno äußert sich dazu ausführlich im 5. Dialog des Buches ‚Das Aschermittwochsmahl'. Er unterscheidet vier Bewegungsarten der Erde:
I. Die Erde dreht sich in 24 Stunden um ihre eigene Achse.
II. Die Erde umkreist die Sonne in 365 Tagen, 6 Stunden und 9 Minuten.
III. Während diese beiden Rotationen sich mit den von Copernicus vertretenen decken, und heute allgemein anerkannt sind, muß man die beiden anderen Bewegungen als problematisch ansehen.

Die dritte ist die sogenannte Präcession, die schon von Hipparch entdeckt wurde. Es handelt sich dabei um das scheinbare Fortschreiten der Nachtgleichen auf der Grundlage der heliozentrischen Anschauung. Diese ist dadurch erklärbar, daß die Ebene des sogenannten Himmelsäquators, d. h. die Richtung der auf dieser rechtwinklig stehenden Erdachse allmählich ihre Stellung ändert, und zwar in einem Zeitraum von 26 000 Jahren einen Kreis um die Pole der Ekliptik beschreibt. (Hipparch berechnete 36 000, Bruno veranschlagte 49 000.)
IV. Die vierte Bewegung ist die sogenannte Nutation, wobei der Pol zur Präcession keinen reinen Kreis, sondern eine wellenförmige Kurve beschreibt, deren Mittelpunkt mit gleichförmiger Geschwindigkeit die Kreisbahn der Präcession zurücklegt.[8]

Eine wichtigere Rolle in der Kosmologie spielt jedoch die Achsendrehung der Erde, deswegen, weil Bruno im 3. Dialog des Buches „Vom unendlichen All und den Welten" nochmals hinsichtlich der anderen Planeten darauf zurückkommt. Dort behauptet er, daß sie sich desto langsamer um die Sonne bewegen, je größer ihre Umlaufsbahnen sind, daß jedoch ihre Achsendrehung umso schneller ist, je langsamer sie um die Sonne kreisen. Diese Bemerkung Brunos ist eine aus reiner

---

7 In manchen Bibliographien wird das Werk auch unter dem Titel „De innumerabilibus immenso et infigurabili; seu de universo et mundis libri octo" aufgeführt, wobei infigurabili mit ‚unvorstellbar' zu übersetzen wäre. Die italienische Staatsausgabe von Fiorentino, Tocco u. a., Neapel 1879, bleibt jedoch bei Jordanus Brunus Nolanus de immenso et innumerabilibus . . .

8 Von fachmännischer Seite wird bezweifelt, daß Bruno die Nutation, welche erst im 18. Jahrhundert von Bradley entdeckt wurde, gekannt hat.

Überlegung und treffsicherem Instinkt gemachte Voraussage, die wissenschaftlich erst im 17. Jahrhundert durch das 3. Keplersche Gesetz bewiesen worden ist, wonach die Quadrate der Umlaufzeiten sich wie die Kuben der großen Achsen der Planetenbahnen verhalten.

Nicht minder genial ist Brunos Behauptung über die größere Rotationsgeschwindigkeit der entfernteren Planeten. Erst nach Jahrhunderten konnte die mathematische Astronomie errechnen, daß beispielsweise die Umlaufzeit des uns benachbarten Planeten Mars bereits 686 Tage beträgt, während sie bei dem allerentferntesten Planeten Neptun auf 164 Jahre 285 Tage und 10 Stunden anwächst. Wir können nur vermuten, daß Bruno durch seine Theorie über die Planetenentstehung auf diesen Gedanken gestoßen ist.

Schon im „Aschermittwochsmahl" deutet Bruno eine Reihe derjenigen seiner Erkenntnisse an, die über die Lehre des Copernicus hinausgehen und völlig neue Perspektiven eröffnen. So sagt Bruno im 3. Dialog:

„Hierauf sagte Nundinius, es könne nicht wahrscheinlich sein, daß die Erde sich bewege, da sie den Mittelpunkt und Schwerpunkt des Weltalls darstellt ... Der Nolaner erwiderte, dasselbe könne der behaupten, der die Sonne für den Mittelpunkt des Weltalls und für fast unbeweglich halte, wie dies Copernicus und manche andere glaubten, die das Weltall für eine endliche, begrenzte Größe halten ..... Es bedeute aber gar nichts gegenüber dem Nolaner, da dieser das All für unendlich halte und daher keinen einzigen Körper in demselben für dessen Mittelpunkt erachte, sondern im Universum nur relative Mittelpunkte und Grenzen, mit Beziehung auf bestimmte Körper annehme."

Das ist eine der wenigen Stellen, wo Bruno den Copernicus namentlich angreift. Sie ist aber deswegen so wichtig, weil Bruno ohne Rückhalt die Unendlichkeit des Universums und die Relativität von Mittelpunkt und Grenzen verkündet.

In „De l'infinito..." wird das im 5. Dialog in einem anderen Zusammenhang und in einer positiveren Weise dargestellt. Dort sagt Filoteo:

„Es ist unnötig zu untersuchen, ob außerhalb des Himmels Raum, Leere oder Zeit sei. Es ist ein allgemeiner Ort, ein unermeßlicher Raum ... *unendlich* ist dieser Raum, da es keinen Grund, keine Möglichkeit, keinen Sinn hat, ihn begrenzt zu sehen."

Und zu dem 2. Punkt, den er im „Aschermittwochsmahl" anführt, heißt es hier ohne jede Umschweife:

„Im All ist weder Mitte, noch Umkreis, sondern wenn Du willst, ist in allem eine Mitte und kann jeder Punkt als Mittelpunkt irgend eines Umkreises gelten ..."

Zusammenfassend kommt er einige Seiten später zu einer alles einschließenden Aussage, in welcher er auch die von Copernicus errechnete Eliminierung der Epicyclen erwähnt:

„Anstatt so vieler Hohlkugeln, so vieler deferierenden Beweglichen, gerader und schiefer, östlicher und westlicher, um die Achse der Welt und die des Tierkreises, kennen wir nur einen einzigen Raum, in dem sowohl dieser Stern, den wir bewohnen, als auch alle übrigen ihre Kreise und Bahnen vollenden. Das ist das unendliche All, das die unzähligen Sternenwelten, das der unermeßliche Raum, der allumfassende Himmel. Abgetan ist die Einbildung einer allgemeinen Umdrehung um diesen Erdmittelpunkt; deutlich erkannt ist, daß es die Erde selbst ist, die sich in 24 Stunden um ihren eigenen Mittelpunkt dreht und daher den Schein jener Weltbewegung hervorruft. Damit fallen jene deferierenden Kreise, die einen in sie eingezapften Stern mit sich führen sollen und jene besondere Bewegung, die sie epicyclisch nennen."

In diesem Ausspruch Brunos sind einige Feststellungen eingeschlossen, die bisher im Einzelnen noch nicht hervorgehoben worden sind. Sie hängen aufs engste zusammen mit der Proklamation eines unendlichen und unmeßbaren Weltalls und erst sie runden das einheitliche und harmonische Bild, in welchem Giordano Bruno seinen Kosmos oder, wie er bewußt sagt, sein Universum sieht.

Erst die ausführliche und klare Darstellung dieses Brunonischen Weltbildes ermöglicht uns zu erfassen, daß Bruno sich nicht darauf beschränkt hat, der Theorie von Copernicus zur Geltung und allgemeinen Anerkennung zu verhelfen. Bruno ist, was viele seiner Widersacher ihm jahrhundertelang nicht zugestehen wollten, ein origineller, selbständiger Denker, für den die heliozentrische Theorie von Copernicus nicht eine abgeschlossene Lehre war. Die Gedankengänge von Copernicus waren für Bruno kein Ende, sondern der Beginn seiner Überlegungen und Betrachtungen. Bruno hat die Ideen von Copernicus, welche die Geburt einer neuen Wissenschaft heraufbeschworen haben, weitergedacht und hat ihnen, wie wir in der Folge sehen werden, einen ganz anderen Sinn verliehen. Schon in den bis jetzt gebrachten Zitaten kann man die charakteristischen Unterschiede im Wesen der beiden Weltbilder erkennen. Copernicus' Welt war immer noch eine in sich abgeschlossene, endliche Welt. Und weil sie das war, konnte sich dieser profunde Denker, als den er sich auf seinem eigenen Gebiete erwies, nicht von jener aristotelischen Vorstellung eines Firmamentes freimachen, das alle Himmelskörper in ein System von konzentrisch angeordneten Kristallschalen einschloß. Das christliche Abendland hatte diese Auffassung der griechischen Philosophen als einen festen und wesentlichen Bestandteil seiner eigenen Weltanschauung übernommen, man kann sagen, konsequenterweise anerkannt.[9]

Giordano Bruno dagegen bestritt mit Entschiedenheit, daß der Kosmos aus einer Konstruktion von transparenten Sphären bestehe. So sagt er im 4. Dialog von „De l'infinito...":

„Wir werden begreifen, daß das All nicht aus Kreisen und Sphären, deren eine die andere immer weiter umschließt, wie etwa die Schalen einer Zwiebel, aufgebaut sein kann."

---

[9] Wernekke, H.: Giordano Brunos Polemik gegen die aristotelische Kosmologie. Dresden 1871.

Vorher sagte er schon:

„... nicht ... wie man sich einbildet, daß diese Erde von soundsoviel Sphären umgeben sei, deren einige einen, andere zahllose Sterne enthalten; vielmehr durchkreisen alle diese großen Sternenwelten den freien Raum ..."

Schon wenn Elpino den Filoteo zu Beginn des 3. Dialogs des gleichen Werkes fragt: „Also gäbe es keine Sphären von concaven bezw. convexen Kugelschalen ....., sondern alles wäre *ein* Gefilde, eine weite Himmelsflur." bestätigt ihm Filoteo: „So ist es", woraus Elpino den Schluß zieht: „Was also die Phantasie-Vorstellung von soundsoviel Himmelssphären erzeugte, waren die unterschiedlichen Bewegungen der Gestirne." Im 5. Dialog, wenn Filoteo sich bemüht, den eingefleischten Aristoteliker Albertino von seinen irrigen Vorstellungen abzubringen, wendet er sich nochmals unzweideutig gegen die „Annahme von 6, 8, 9 oder mehr Sphären, in denen die Sterne eingelassen, festgenagelt oder eingraviert sein sollen ....." „Ihr werdet einsehen", erklärt Bruno, durch den Mund des Filoteo später, „daß jene Anschauung auf bloßer Einbildung beruht und unbeweisbar ist, während die unsrige jedem regelrechten Verstand einleuchtet. Ihr werdet es nicht für wahrscheinlicher halten, daß die Sterne an convexen oder concaven Kugelschalen befestigt sind und mit diesen bewegt werden ..... als daß Sterne um Sterne kreisen, ohne Furcht in eine unendliche Tiefe zu sinken oder zu unendlicher Höhe steigen zu müssen."

Die Zertrümmerung des Kristallhimmels, in den die Erde, die Sonne, das ganze Planetensystem, ja das ganze Weltall eingeschlossen ist, die Erkenntnis, daß, wo sich die Menschen bis jetzt durchsichtige Glasschalen vorstellten, nichts anderes ist als blaue Luft und graue Wolken, mußte Bruno zu dem Schluß bringen, daß man nicht weiterhin behaupten könne: „... es gäbe einen äußersten Rand des Weltalls", und die Meinung, es gäbe einen äußersten Himmel und Umfasser, als eine Phantasie erkannt werden muß, sondern „daß es nur einen allgemeinen Schoß gibt". Von diesem sagt er kurz darauf, daß „es ein unermeßlicher Raum" sei. Er verabschiedet alle diese phantastischen Vorstellungen mit der lapidaren Feststellung, daß es außerhalb des Himmels weder Raum, noch Leere gäbe. Bruno bezieht das auch auf den Begriff der Zeit und interpretiert das mit einer genial zu nennenden Bemerkung:

„Auch außerhalb des bloß eingebildeten, convexen Umkreises der Welt ist Zeit. Denn auch dort ist Bewegung und Maß der Bewegung, weil dort ähnliche, sich bewegende, Himmelskörper sind wie die Erde."

Diese Äußerung Brunos ist eine der erstaunlichsten, denen wir in seinen Werken begegnen. Er hat offenbar bereits eine Ahnung gehabt, daß der Zeitbegriff sich auch auf andere Weltkörper bezieht und daß er in engster Abhängigkeit steht von dem „Maß der Bewegung", dem diese Gestirne unterliegen. Das aber würde darauf hindeuten, daß der Zeitbegriff auf den anderen Weltkörpern ein anderer sein muß, als der auf der Erde. Das trifft sich auch mit seinen Untersuchungen über die siderischen Umlaufzeiten der Planeten. In der Tat scheint Bruno zum mindesten eine Vorahnung von dem Relativitätsprinzip gehabt zu haben, wenngleich nicht angenommen werden darf, daß er sich über die Tragweite dieses Gedankens eine klare Vorstellung machen konnte.[10]

## Vom unendlichen All

Anders war es jedoch mit der Idee von der Unendlichkeit der Welt. Diese betont Bruno in zahlreichen Stellen seiner Schriften und immer wieder von einem anderen Gesichtspunkt aus. So bringt er auch am Anfang des 3. Dialogs von „De l'infinito ..." den Unendlichkeitsgedanken in einem anderen Zusammenhang; er verknüpft ihn mit der Einheit, der Einzigkeit, ebenfalls ein Konzept, auf das Bruno immer wieder in seinen Werken zurückkommt, und das bereits aus dem Gebiet der Kosmologie in das der Metaphysik hinüberweist:

„Einzig ist also der Himmel, der unermeßliche Raum, der universelle Schoß, der Allumfasser, die Aetherregion, innerhalb deren sich alles regt und bewegt . . . . . Das unendliche und unermeßliche All ist das zusammenhängende Ganze, das aus diesem Raume und den in ihm befindlichen Körpern resultiert."

Wie gerade aus diesem Ausspruch hervorgeht, ist das unendliche All hier noch ein kosmologischer Begriff. Bruno mußte zu dieser Schlußfolgerung kommen, nachdem er die These vertreten hatte, daß das Vorhandensein von kristallenen Kugelschalen ein Irrtum sei. Mit diesem Wegfallen einer solchen endlichen Begrenzung war die Konstatierung eines unbegrenzten Universums aufs engste verbunden. Solange sich Giordano Bruno an rein physische, astronomische Beobachtungen hielt, konnte er jedoch dabei nicht stehen bleiben. Raum – endlich oder unendlich – und Körper innerhalb des Raumes waren zwei Begriffe, die sich nicht trennen ließen. Bruno setzt sich hart mit diesen Gedanken auseinander und er polemisiert dabei heftig mit den Definitionen und Theorien, welche Aristoteles in seinem Buche über die „Physik" und in dem „Über den Himmel" (De coelo) vertritt. Der Nolaner kommt dabei zu Schlußfolgerungen, die logischerweise aus seiner Anschauung einer sphärenlosen Welt entspringen müssen. Wenn er im 1. Dialog mit Fracastoro und Elpino über den „leeren Raum" des Aristoteles debattiert, gelangt er zu einer Aussage, die das Weltbild der Renaissance und aller Nach-Copernicaner in einem weiteren Sinne vervollständigt.

10 Giordano Bruno polemisierte auch gegen Aristoteles' Theorie, daß jeder Körper im Universum seinen ihm eigenen, natürlichen Ort habe. Bruno führt dagegen an, daß Schwere oder Leichtgewicht der Körper lediglich relative Bezeichnungen seien, aus denen sich nicht schließen lasse, daß Himmelskörper bestimmte, ihnen zugewiesene Plätze, im Universum besitzen. (Siehe auch J. Jeans: Physics and Philosophy, Cambridge 1946, p. 106.)

Es ist Brunos Lehre von den unzähligen Welten.

„Wenn das Leere und Inhaltslose", so sagt er an dieser Stelle, „das man jenen peripatetischen Sätzen zufolge unbedingt annehmen muß, keine Fähigkeit hat, etwas aufzunehmen, kann es noch viel weniger die Fähigkeit haben, die Welt einzuschränken und von sich auszuschließen. Nun aber sehen wir von beiden Fähigkeiten nur die eine in Wirklichkeit; die andere aber können wir nur mit dem Auge der Vernunft sehen. Wenn also in dem Raume, der sich mit der Größe der Welt deckt, diese Welt ist, so können ebensogut in jenem Raum andere und in unzähligen anderen Räumen jenseits der Welt eine andere und unzählig andere Welten sein."

Offenbar meint Bruno mit Welt (mondo) unser Planetensystem und konsequenterweise dann unzählige Planetensysteme. Im 3. Dialog des gleichen Buches kommt er von neuem auf dieses Problem zu sprechen. Hier hat er bereits die etwas unklare Bemerkung von den „unzähligen anderen Räumen", die jenseits der Welt liegen, überwunden, und er beschreibt hier nur einen einzigen, unermeßlichen Raum, einen universellen Schoß, womit er die obige Zweideutigkeit (man kann sogar von einem Widerspruch sprechen, da es in einem sphärenlosen Raum nicht verschiedene Räume geben kann) klargestellt hat. „In ihm", so fährt er fort, „sind unzählige Sterne, Gestirne, Weltkugeln, Sonnen und Erden sichtlich wahrnehmbar und müssen unzählige andere vernünftigerweise angenommen werden." Mit den Erden meint er Planeten. Das ergibt sich kurz darauf aus einer rhetorischen Frage des Elpino. „Es gibt also zahllose Sonnen, die gleichermaßen ihre Sonnen umkreisen, wie wir es an diesen 7 unsere Sonne umkreisenden Planeten sehen."[11]

Der Schüler Brunos gibt sich jedoch damit nicht zufrieden und knüpft die Frage an, warum man nur die anderen Sonnen und nicht ihre Planeten sehen könne. Filoteo gibt darauf eine Antwort, die eine erstaunliche Voraussage Brunos enthüllt. „Einfach deshalb, weil wir nur diejenigen Sonnen sehen, welche die größeren, ja die größten Körper sind, nicht aber deren Erdkörper oder Planeten, deren Massen viel kleiner und daher für uns unsichtbar sind." Widerspricht es doch nicht der Vernunft, daß selbst um unsere Sonne noch andere Planeten kreisen, die für uns, sei es wegen ihrer größeren Entfernung, sei es wegen ihrer geringen Größe . . . . . nicht sichtbar sind."

Damals kannte man, wie gerade erwähnt, nur 6 Planeten unseres Sonnensystems. Bruno hat mit seiner Annahme recht behalten. Es war nicht einmal eine Ahnung, wie manche seiner Kommentatoren wahrhaben wollen, sondern ein logischer Schluß, der sich Jahrhunderte später, als die wissenschaftlichen Methoden weiter ausgebaut waren, bewahrheitet hat. Zu jener Zeit kannte man das Teleskop noch nicht. William Herschel entdeckte 1784 mit einem schon wesentlich verbesserten Instrument den Planeten Uranus. Dann aber ergab sich etwas, das zeigt, wie sich die mathematischen Astronomen auf die copernicanischen Tabellen verlassen

---

11 Zu Brunos Zeiten kannte man nur 6 Planeten, jedoch rechnete man den Mond unter die Planeten, was Brunos Angabe erklärt.

konnten. Um die Wende des 17. Jahrhunderts errechnete ein Berliner Astronom namens Bode die Abstände der Planeten von der Sonne im copernicanischen System und stellte dabei eine aufschlußreiche, progressive Reihe auf. Ausgehend von Merkur mit der Entfernung 4 entwarf er das folgende Schema:

| | |
|---|---|
| Merkur | 4 |
| Venus | (4 plus 3) |
| Erde | (4 plus 6) |
| Mars | (4 plus 12) |
| ????? | (4 plus 24) |
| Jupiter | (4 plus 48) |
| Saturn | (4 plus 96) |
| Uranus | (4 plus 192) |

Nach dieser Berechnung mußte sich also zwischen Mars und Jupiter noch ein anderer Planet befinden. Der deutsche Philosoph G. W. Hegel wandte sich in seiner Doktordissertation mit Entschiedenheit gegen die Voraussage Bodes und behauptete, daß es nach streng logischen Gesetzen nie mehr als sieben Planeten geben könne. Aber 1801 entdeckte der italienische Mönch Piazzia einen kleinen Planeten, der Ceres genannt wurde und bis 1804 wurden noch drei kleinere – Pallas, Juno und Vesta – hinzugefügt von den Astronomen Olbers und Harding. Sie waren offenbar Teile eines früheren, größeren Planeten, mit denen man die Lücke in der progressiven Reihe Bodes auszufüllen vermochte. Im Jahre 1846 errechnete dann der Franzose Leverrier aus den Störungen des Laufs des Planeten Uranus wiederum einen neuen Planeten, der dann von dem Berliner Astronomen Galle im nächsten Jahre gefunden wurde. 1930 wurde schließlich in Amerika der Planet Pluto von Lowell aus den Störungen des Planeten Neptun vorausberechnet und von dem Astronomen Tombaugh entdeckt. Ob damit die Reihe der Planeten in unserem System abgeschlossen ist, wissen wir nicht. Bruno war jedenfalls der Erste, der von der Existenz weiterer Planeten, als damals bekannt waren, überzeugt war, lange bevor die Technik die Möglichkeit lieferte, sie mit dem bewaffneten Auge zu beobachten. Und auch die Begründung seiner Hypothese war gerechtfertigt.

Die Stellen, in denen Bruno die Unendlichkeit des Universums betont, finden sich nicht allein in seinem astronomischen Hauptwerk, sondern auch im „Aschermittwochsmahl" und in dem lateinischen Lehrgedicht „De immenso..".[12] Dort wiederholt er seine Theorie von den unzähligen Welten und der Unendlichkeit des Universums.

---

12 De immenso Op. Lat. I, Libr. I cap I, p. 204, Libr. I cap. II, p. 307, Libr. III cap. II, p. 318/9, ebenda Acrotismus p. 75, Lx 68–69

Zahlreich sind die Hinweise, die Bruno in seinen Schriften auf die Auffassung der griechischen Naturphilosophen über das „Apeiron" macht, ein Ausdruck, den schon Anaximander von Milet geprägt hat über das Unendliche, das er dem körperlichen Grundstoff gleichsetzt, aus dem alles andere entstanden ist. Schon er behauptet, daß dieses Apeiron unvergänglich und ungeschaffen sei. Auch Aristoteles nimmt darauf Bezug, aber während Platon sich noch an den miletischen Philosophen anlehnt, entwickelt Aristoteles eine eigene Lehre und ist sehr skeptisch gegenüber den naturphilosophischen Hypothesen von dem ewigen, unwandelbaren Urgrund aller Dinge.

Der Unendlichkeitsgedanke ist bei den Vorsokratikern seit Anaximanders manchmal etwas dunklen Erklärungen nicht mehr aus der Diskussion der Philosophen gewichen. Aber es darf nicht außer acht gelassen werden, daß er bei Anaximander wohl noch vornehmlich physikalische Kosmologie gewesen war. Wenn Anaximander auch nicht zwischen Stoff und Kraft unterscheiden konnte, so versuchte er doch als Erster eine große, umfassende Weltgesetzlichkeit aufzurichten. Auch Anaximenes, sein Schüler und Nachfolger, bekennt sich noch zu dem Apeiron, aber indem er das Wort Psyche in die Debatte wirft, verdünnt sich seine Lehre mehr und mehr ins Philosophische. Immerhin betrachtet Anaxagoras das Apeiron als Seiendes und letztes Prinzip, das er als unbestimmte, der Gestaltungsfähigkeit und Masse nach, unendliche Materie erklärte.

Die Atomlehren des Demokritos und Epikur erweitern diesen Gesichtspunkt wieder in einer anderen Hinsicht und Bruno, der nie gezögert hat, Referenzen anzugeben, läßt den Filoteo antworten:

„Wir behaupten, daß es unendlich viele Erden, unzählige Sonnen und einen unendlichen Aether gibt, und um mit Demokrit und Epikur zu reden, es gibt ein unbegrenztes Volles und Leeres, eines in dem anderen..."

Einer der ausgesprochensten Anhänger des Apeiron war auch Melissos von Samos, der das Seiende für ewig, unendlich und einheitlich erklärt. Auch er wird von Bruno herangezogen, wenn er im „Aschermittwochsmahl" Bezug nimmt auf Heraklitos, Demokritos, Epikuros, Pythagoras und Parmenides und betont, daß sie alle einen unendlichen Raum kannten, eine unendliche Aufnahmefähigkeit für unzählige Welten. Es unterliegt aus den angeführten und anderen Gründen keinem Zweifel, daß Giordano Bruno Anregungen von den griechischen Naturphilosophen aufgenommen hat, die alle Pate zu der Unendlichkeitstendenz seiner Kosmologie gestanden haben. Mehr aber als Anreger waren alle diese griechischen Unendlichkeitsmotive nicht. In vieler Hinsicht waren sie unklar, und da auch die Quellen, die noch erhalten waren, sehr fragmentarisch sind, kommt ihnen bei weitem nicht die Bedeutung zu, die manche Kommentatoren ihnen beimessen wollen.

Die stärksten Eindrücke hat Bruno von der epikuräischen Kosmologie erhalten. Nicht etwa fußend auf den griechischen Bruchstücken, die von römischen Philosophen (u.a. Cicero) erhalten wurden, sondern durch das große, lateinische Lehrgedicht des Lucretius „De rerum natura", das in einer großartigen Form die Kosmologie der griechischen Philosophen in Band V zusammenfaßte. Lucretius ist ein Dichter. Doch hat keiner im Altertum das Unendlichkeitsmotiv so herausgearbeitet wie er, und Bruno ist, wie er das auch mehrfach anführt, in einem entscheidenden Maße von dem römischen Dichter beeinflußt worden. Das erweist sich auch darin, daß seine lateinischen Lehrgedichte – allen voran „De immenso" – dem Vorbild des römischen Poeten nacheifern, ohne seine dichterische Hochform jeweils zu erreichen.

Eine sehr blasse Andeutung von der Gewalt und der Kraft der Poesie von Lucretius vermittelt die deutsche Übersetzung einiger Zeilen, die aus dem ersten Buche stammen und worin er über Epikurs Lehre schreibt, insbesondere über das unermeßliche Weltall:

„Nicht der Götter Ruf, noch Blitze, noch drohende Donner,
Schreckten ihn ab: sie reizten nur vielmehr schärfer des Geistes
angestrengten Mut, die Siegel niederzubrechen.
Und der Erste zu sein, die Natur aus dem Kerker zu lösen.
Also hat obgesiegt die lebendige Kraft und sein Geist drang
Über die Grenzen hinaus der Flammenwölbung des Aethers,
Forschte mit Geist und Sinn das *unermeßliche Weltall*."

Da, wo Bruno sich herbeiläßt, Beweise zu führen, streben solche Versuche alle aus dem kosmologischen heraus, und er gelangt in ein Gebiet, in welchem er die Unendlichkeitsbegriffe hinsichtlich Raum, Zeit und göttlichem Bezug nicht mehr auseinanderhalten kann. Gegner haben ihm das mit Recht zum Vorwurf gemacht, vor allem deswegen, weil er in den Ketzerprozessen stets mit großer Strenge darauf bedacht war, eine Grenzlinie von Glauben und Wissen zu ziehen, eine Linie, die er selbst nicht immer einzuhalten verstand.

Eine der charakteristischsten Beweisstellen argumentiert Bruno in „De l'infinito", wo er die Unendlichkeit des Universums mit der Größe und Allmacht Gottes zu beweisen versucht. Es heißt da im 1. Dialog:

„Denn ich fordere ja nicht den unendlichen Raum (und die Natur hat keinen unendlichen Raum) aus Hochachtung vor der bloßen Ausdehnung oder körperlichen Masse, sondern wegen der Existenzwürdigkeit der ihm möglichen Naturen und körperlichen Arten, weil eben die unendliche Erhabenheit sich unvergleichlich besser in unzähligen Individuen darstellen muß, als in einer begrenzten Anzahl. Daher muß notwendigerweise dem unzugänglichen, göttlichen Angesicht auch ein unendliches Spiegelbild entsprechen, in welchem sich unzählige Welten als unzählige Glieder befinden."

Bruno arbeitet diese Idee in allen Einzelheiten aus und erklärt mit mehr Worten, als hier billigerweise zitiert werden können, daß es einer allmächtigen, unendlichen Gottheit unwürdig sei, eine begrenzte Welt zu schaffen.

## Ungelöste Rätsel

Später allerdings gibt er sich große Mühe, die Unendlichkeit Gottes zu unterscheiden von der Unendlichkeit der Welt. Es ist diejenige Stelle, aus der Brunos deutscher Übersetzer, Ludwig Kuhlenbeck, die Behauptung herleiten will, daß Bruno kein Pantheist gewesen sei. Während wir die Behandlung dieser Frage auf den metaphysischen Teil unserer Untersuchungen verweisen müssen, läßt sich zur Klarstellung eine Zu-Ende-Führung des begonnenen Zitats nicht vermeiden:

„Denn *Er* ist das *ganze* Universum, als Zusammenfassender und als Ganzheit, das Universum dagegen ist Alles (tutto in tutto) im Sinne der Entwicklung und nicht völlig und schlechthin. Der Gottesbegriff hat die Funktion der Begrenzung, die Welt steht zu ihm im Verhältnis des Begrenzten; die Welt steht aber zu Gott nicht im Verhältnis des Endlichen zum Unendlichen, sondern die Welt ist unendlich und Gott ist ihr Umfasser im Sinne der vollkommenen Gesamtheit und des völligen Seins in Allem, was zwar für sich als Ganzes genommen auch unendlich ist, aber doch nicht schlechthin und in jeder Hinsicht absolut unendlich ist, wie denn letzteres auch der räumlichen Unendlichkeit widerstreitet."

Zum Teil ist diese Stelle völlig frei übersetzt. Nichts steht in dem Urtext, daß der Gottesbegriff die Funktion der Begrenzung besitzt und die Welt zu ihm im Verhältnis des Begrenzten steht. Der italienische Text lautet: Per il che l'uno ha ragion di termine, l'altro ha ragion di terminatio. Es ist darin nicht von einer Funktion die Rede. Bruno spricht später von einer "differenza". Dann setzt er aber das absolut Unendliche in eine ganz andere Position zur dimensionalen Unendlichkeit. Er sagt: non e pero totalmente infinito: perche questo ripugna alla infinita dimensionale." Das kann bedeuten, daß die unendliche Welt des Universums aufgeht in der absoluten Unendlichkeit Gottes. Es ist deswegen nicht absolut unendlich, weil das in einem Widerspruch zur räumlichen Unendlichkeit steht. Daraus versucht nun Kuhlenbeck seine Beweisführung zu konstruieren, daß Bruno kein Pantheist sondern ein Theist war. Kein Wunder, daß sich die Fachphilosophie auf eine solche Denkakrobatik nicht eingelassen hat. Es ist einer der vielen konfusen Fehlschlüsse, auf die man bei Kuhlenbeck stößt. Das schmälert nicht sein Verdienst, daß er bis jetzt der einzige geblieben ist, der *alle* italienischen Dialoge Brunos ins Deutsche übersetzt hat, wenn auch manches darin heute revisionsbedürftig ist.[13]

Wie nicht selten bei Bruno stoßen wir bei seiner Auseinandersetzung über die Unendlichkeit auf einen Widerspruch. Er klärt diesen jedoch kurz darauf auf. Es gibt natürlich keine zwei Unendlichkeiten – eine dimensionale und eine absolute. Dimensional geht das Universum nicht auf in Gott. Dieser ist nicht etwa räumlich der Umfasser des unendlichen Weltalls, sonst wäre es eben nicht unendlich. So wie es Bruno darstellt, löst sich auch das Fragezeichen auf hinter dem etwas obskuren

---

13 Nur das philosophische Hauptwerk Brunos „De la causa, principio uno" wurde schon 1889 von Adolf Lasson und später von G. Seeliger übertragen. s.a. Bd. I, S. 207. Letzterer übersetzte auch „Lo Spaccio de la Bestia Trionfante." Bd. I S. 208.

Satze: „Die Natur hat keinen unendlichen Raum." Hier ist Brunos Entwirrung des Problems: Das Weltall als Ganzes gesehen (soweit wir Menschen uns das überhaupt vorstellen können) ist unendlich, weil es ohne Rand, ohne Schranken, ohne Oberfläche ist. Dagegen sind jedoch die Körper, die Teile, die sich in dem unbegrenzten Raume befinden, begrenzt und jede der unzähligen Welten besteht wieder aus begrenzten Einheiten. Soweit bewegen wir uns noch in einem anschaulichen Weltall, dessen endliche Teile noch mit unseren Sinnen erfaßt werden können, obgleich sich die Unermeßlichkeit des Weltraums unserer sinnlichen Vorstellung entzieht. Anders aber verhält es sich mit dem Gottesbegriff. Auch mit ihm verbinden wir das Attribut des Unendlichen, aber im Gegensatz zur Unendlichkeit des Weltalls, ist das Unendlichkeitsattribut Gottes völlig verschieden von dem kosmologischen Begriff des Weltalls.

„Ich nenne Gott", so expliziert Bruno, „absolut und völlig unendlich, weil er überall ganz ist in der gesamten Welt und *in* jedem ihrer Teile unendlich und völlig gegenwärtig ist."

Die Unendlichkeit des kosmischen Weltalls steht also nicht etwa in einem Größenverhältnis zu einer es allumfassenden, göttlichen Unendlichkeit. Denn diese ist eine geistige, keine dimensionale und liegt daher nicht mehr innerhalb unserer kosmologischen Betrachtungen. Beide Probleme, das der Unendlichkeit, wie das des Verhältnisses des Endlichen zum Unendlichen, münden, ebenso wie die Frage des Theismus oder Pantheismus, in das Gebiet der Philosophie und bilden als solche einen wesentlichen Teil von Brunos Gedankengebäude. Alle drei vereinigen sich dort mit anderen nicht weniger ausschlaggebenden Elementen brunonischen Denkens und können daher auch nur von diesem erweiterten Blickpunkt aus in Angriff genommen werden. Letzten Endes ist das Denken des Menschen nicht ein teilbarer Vorgang. Die Lehre vom Kosmos muß natürlicherweise zu solchen fundamentalen Fragen wie Welt und Unendlichkeit, Welt und Gott, vorstoßen, die über ihr begrenztes Arbeitsfeld hinausreichen und deren Lösung (so eine solche überhaupt im Bereiche menschlichen Erkenntnisvermögens liegt) sie der Philosophie überlassen muß.

So wenig aber wie in den Gedankengängen selbst, so wenig sind solche Grenzfragen in Brunos Schriften über das Universum und die Welten getrennt, und wir treffen allenthalben wieder auf andere Fragen, die in das Grundgesetz des Weltlaufs eingreifen und daher über den Rahmen astronomischer Definitionen hinausstreben. Hier ist es vor allem das Problem des Ursprungs, der Schöpfung, der Bewegung der Himmelskörper, bei deren Behandlung die Arbeitsmethoden der astronomischen Wissenschaft nicht ausreichen.

Besonders beispielgebend ist hier die uralte Vorstellung, daß die Gestirne ihren Antrieb durch eine Rotationsbewegung der Sphären erhalten. Mit dem Wegfall dieser archaischen Vorstellung wird bei Bruno ein völlig neues Problem aufgerollt, für dessen Erklärung das Rüstzeug der Astronomie weder in Brunos Tagen, noch in der heutigen Zeit genügt. Im 16. Jahrhundert war die Himmelskunde noch nicht als eine naturwissenschaftliche Disziplin ausgegliedert von der allgemeinen Kosmologie, der umfassenden Lehre vom Weltall. Solche Differenzierungen beginnen erst aufzutauchen, als die Wissenschaften sich in wachsendem Maße empirischer Methoden bedienten und die Anlehnung an Beobachtung und Messung zu einer fortschreitenden Entwicklung von technischen Hilfsmitteln griff.

Bruno lebte und dachte jedoch in dieser Hinsicht noch ganz und gar in mittelalterlichen Überkommenheiten. Von Jugend her war er von einem Mißtrauen gegen die menschlichen Sinneserfahrungen beherrscht und tief davon überzeugt, daß diese ohne die Kontrolle menschlicher Verstandestätigkeit zu irrigen Ergebnissen und zu Sinnestäuschungen führen. Das war auf der einen Seite ein erheblicher Nachteil und ohne Zweifel ein Hemmschuh, der seinen wissenschaftlichen Arbeiten eine etwas eigenartige Note verleiht. Auf der anderen Seite wurde diese Einstellung zu einer fruchtbaren Antriebskraft. Selbst einem so verehrten Manne gegenüber, wie Copernicus, blieb Bruno zurückhaltend und traute den allgemeinen Ergebnissen seiner Theorien mehr als den soliden wissenschaftlichen Berechnungen. Die Zahl bedeutete für Bruno etwas ganz anderes als für den Mathematiker Copernicus, wie wir das in der Folge noch sehen werden. Man muß sich (um ein Beispiel zum Verständnis dieser nicht leicht zu erfassenden Wesensartigkeit Brunos heranzuziehen) das etwa so vorstellen, wie für Goethe die Farben ein völlig anderes Phänomen waren als für den Physiker Newton und die konventionelle Optik, deren Theorien Goethe ablehnen mußte. Das Positive an Brunos Haltung ergibt sich jedoch wiederum aus seiner Skepsis gegenüber dem Fachgelehrten Copernicus, denn ohne den Zweifel an dessen allgemeinen Ergebnissen wäre Bruno nie dazu gekommen, das von Copernicus begonnene kosmische Weltbild weiter durchzudenken und dadurch zu einer viel weitergehenden Verbesserung der Resultate der Copernicanischen Forschung zu gelangen. Dieses Denken Brunos ist keineswegs ein auf reiner Logik aufgebautes Denken; es ist nicht immer eine diskursive, eine auf begrifflichen Erkenntnissen basierende Denkart. Brunos Denkmethoden gründen sich auf drei davon diametral verschiedenen Elementen, der inspiratio, imaginatio und intuitio, der Eingebung, der Phantasie und der unmittelbaren, geistigen Schau. Sie bilden auch die Brücke, die von Giordano Brunos Weltanschauung zu den Vorstellungen und Lehren moderner Denker führt und die wir erst betreten können, nachdem wir etwas tiefer in die Gedankenwelt Brunos eingedrungen sind. Sie sind aber auch der Weg, auf dem der Nolaner in einer Reihe weiterer Ideen über die Doktrin des Copernicus hinausschreitet. So antizipiert er, daß es Fixsterne gibt, die Sonnen sind, wie die Sonne unseres Planetensystems. Es ist eine von Brunos genialischen Eingebungen, mit der er jedoch beweist, daß er seine Phantasie nicht wahllos in die Zügel schießen ließ. Wenn Elpino im 3. Dialog von „De l'infinito" den Filoteo in die Enge treibt: „Ihr meint also, daß *alle* jene Fixsterne Sonnen sind?" lenkt dieser vorsichtig ein und antwortet:

„Das gerade nicht . . . . . denn ich weiß nicht, ob sie alle . . . . . oder auch nur der größere Teil von ihnen beweglich sind . . . . . Niemand hat das bislang beobachtet . . . . . Aber sei dem wie es wolle. Da das All unendlich ist, muß es mehrere Sonnen geben, denn es ist nicht möglich, daß die Wärme und das Licht einer einzigen Sonne sich durch die Unendlichkeit ergießen könne."

Bruno hat daher nicht wahllos alle Fixsterne als Sonnen oder, wie er oft sagt, „Centralfeuer" angesehen. Er hat auch die Möglichkeit offen gelassen, daß es Sonnen gibt, die uns kleiner erscheinen als Planeten, da solche Größenmaße von der Entfernung abhängen. Verblüffend sind manchmal die Behauptungen, welche Bruno über die Himmelskörper selbst aufstellt. So polemisiert er im 3. Dialog des „Aschermittwochsmahl" gegen den Oxforder Gelehrten Nundinius und kommt zu dem Ergebnis, daß es im Weltall keinen Körper gibt, der eine vollkommene Kugelform hat, womit er die Abplattung an den Polen um hunderte von Jahren vorausgesagt hat.[14]

In anderen Fragen hat er wiederum weit über das Ziel hinausgeschossen, und wir haben bis heute keine Beweise für seine Behauptung, daß nicht nur die Erde, sondern auch andere Planeten bewohnt seien.

## Brunos Kometen-Theorie

Eine jener Himmelserscheinungen, welche die Menschen von jeher beunruhigte, war das Auftreten von Kometen. Schon vor Aristoteles machen sich Poeten wie Äschylos und Gelehrte wie Hippokrates darüber Gedanken. Seneca eifert leidenschaftlich gegen die Erklärungen des Stagiriten und die Meinungsverschiedenheiten über die Kometen gehen durch die Jahrtausende. Im Mittelalter galten diese merkwürdigen Himmelskörper mit dem langen Lichtschweif als Unglücksboten, Warnungszeichen des Himmels. Die Weltuntergangsmärchen, die so typisch sind für die Eschatologie des christlichen Okzidents, oszillieren lange Zeit um diese himmlischen Feuerreiter. Seltsam, welche Verwüstung der Aberglaube in den Köpfen der Menschen anrichten kann. Diese Angstpsychosen überstanden sogar die Aufklärungszeit und noch im Todesjahre Goethes zittert die Welt der Gläubigen oder, besser gesagt, Wundergläubigen vor dem Jüngsten Gericht, als der Bremer Arzt, Dr. Olbers, ausgerechnet hatte, daß die Erde durch den Schwanz des Bielaschen Kometen durchlaufen müsse. Nichts ereignete sich und die himmlische Abrechnung mit den irdischen Sündern blieb aus. Dann verschwanden die Kometen, wenigstens die sichtbaren.

So erstaunlich es ist, auch in der Frage der wahren Natur der Kometen hat Bruno ein treffendes Urteil gefällt, besser als seine großen antiken Vorgänger und seine gelehrten Zeitgenossen. Aristoteles bestritt sogar den kosmischen Ursprung der Kometen und hielt sie für atmosphärische Erscheinungen. Bruno dagegen kam zu dem Entschluß, daß die Kometen sternartige Gebilde sind. Er schreibt darüber in

---

14 Er wiederholt diese Auffassung auch in „De immenso" Liber IV, cap. 16.

„De l'infinito...". In „De immenso" cap. XIX bringt er sogar eine Erklärung des leuchtenden Schweifes; er ist der Meinung, daß die flüssige Materie durch die Sonnenwärme vaporisiert wird und kommt damit den modernen Kometentheorien am nächsten, die behaupten, daß Kometen, die in eine zu große Sonnennähe geraten, sich entzünden, dadurch vergasen und verbrennen, wodurch sich das Verschwinden der Kometen erklären läßt. Selbst die Weltuntergangsbefürchtungen teilte Bruno nicht. Ebenso hielt er einen Zusammenstoß mit der Erde nicht für möglich. „Tellurem contigui non est formidandum plus..."[15]

Handelt es sich bei den meisten dieser Entdeckungen Brunos um Erkenntnisse, die später von der astronomischen Wissenschaft bestätigt worden sind, so stoßen wir in Brunos Schriften auf einige Behauptungen, die wie diejenige von der Bevölkerung anderer Planeten, uns heute noch als sehr unwahrscheinlich vorkommen und offenbar nur einer Eingebung seiner dichterischen Phantasie zuzuschreiben sind. Trotzdem darf man aus Gründen der Objektivität nicht darüber hinweggehen.

Die Auffassung, daß es letzten Endes keinen Unterschied zwischen anorganischen und organischen Stoffen gäbe, wird von Bruno in erster Linie in seinem metaphysischen Hauptwerk „De la causa, principio e uno" vertreten und wird dort mit seiner Lehre von der Weltseele verknüpft, gehört also als solche nicht in den Bereich dieser Erörterungen. Diese Trennung verschiedener Denkbereiche ist allerdings insofern eine willkürliche, als sie nur von uns gewählt ist, um unserer heutigen Organisation wissenschaftlicher Disziplinen gerecht zu werden. Wie schon oben erwähnt, kannte der uomo universale der Renaissance keinerlei solcher Differenzierungen. Sie haben sich erst in unserem „Zeitalter der Spezialisten" aus der Komplexität des Wissenschaftsbetriebes entwickelt.

## Brunos astrophysikalischen Hypothesen

Brunos Überlegungen fußen noch auf der Anschauung der Antike von den vier Elementen und er äußert sich dazu auch noch mit der Befangenheit der griechischen Naturphilosophen. Für ihn beruht die alte Unterscheidung der Elemente nicht auf natürlichen, sondern logischen Differenzen, wodurch er zu dem Schluß kommt, daß die Sonne aus dem gleichen Urstoff bestehe wie die Erde. Auch hierin liegt eine Anticipation Brunos, die erst im 19. Jahrhundert experimentell bewiesen worden ist. Erst die moderne Spektralanalyse hat den Beweis erbracht, daß die Grundstoffe auf anderen Weltkörpern die gleichen sind, wie diejenigen der Erde.

---

15 Für einen Mann, den die Wissenschaft sehr oft als einen nicht ernst zu nehmenden Schwärmer abgetan hat, ist das sicherlich der Beweis einer bemerkenswerten Einfühlungskraft in physikalische und astronomische Erscheinungen. Ohne Zweifel ist das ein Zeichen für die universelle Begabung Brunos; er konnte astronomisch, ebenso wie physikalisch und metaphysisch denken, während ihm eine solche Fähigkeit in der Mathematik, ebenso wie in manchen anderen Gebieten, versagt blieb.

Gewiß meint man damit nicht die vier Elemente, von denen die Alten und Bruno ausgegangen sind. Das aber ist nicht das Wesentliche. Es ist die Gleichförmigkeit der Stoffe im Weltall, die Bruno proklamiert hat, lange bevor es möglich war, eine solche Hypothese wissenschaftlich zu erhärten. Bruno konzediert nur, daß auf den Himmelskörpern das eine oder andere Element vorwiegen möge, je nach den gegebenen Voraussetzungen und Bedingungen. Er geht aber noch einen Schritt weiter, wenn er an einen Austausch der Urstoffe innerhalb des Weltalls glaubt. Damit verbindet er eine Feststellung, die er ebenfalls in der Aschermittwochsdebatte in die Diskussion wirft: seine Hypothese, daß der Erdkörper nicht durchweg als erkaltet angesehen werden darf. Das gälte nur von seinen äußeren, durch die Luft abgekühlten, Teilen; der größere Teil der Erde, das Erdinnere, sei jedoch warm, sogar sehr warm. Man mag sich vorstellen, wie warm es dem Oxforder Professor wurde bei dem Gedanken, daß ihn nur eine verhältnismäßig dünne Kruste vor einem tellurischen Zentralfeuer schütze. Kein Wunder, daß er in Bruno eine Art gefährlichen Magier sah und das umsomehr, als der italienische Phantast seinen mysteriösen Ideenkreis damit noch nicht beendigt hatte.

In vielem hat dieser „Seher" richtig gesehen, in vielem die richtigen Schlußfolgerungen gezogen. Wie treffsicher manche seiner Darstellungen waren, beweist in diesem Zusammenhang der Satz: „Für uns aber steht noch lange nicht fest, daß ein Ding, sofern es leuchtet, auch warm ist." und er erklärt das daraus, daß bei größerer Entfernung die dunklen und schattigen Teile eines Weltkörpers vor den leuchtenden und spiegelnden Flächen zurücktreten und zuletzt mehr und mehr eine glänzende Scheibe darstellen. Und sehr richtig weist er auf die Erde und den Mond hin, die Beweis dafür sind, daß sich viele „Lichter am Firmament" zeigen mögen, die nicht nur durch ihre Eigenkraft leuchten, sondern nur das Licht reflektieren, das sie von ihrer Sonne empfangen.

## Die Beseeltheit des Weltalls

Bruno sprach allen Ernstes davon, daß die Erde, wie jeder andere Weltkörper, ein Organismus sei, der in jeder Weise ähnlichen Prozessen unterliege wie ein tierischer oder menschlicher Organismus. In der Tat spricht Bruno mehrfach davon, daß auch Weltkörper einem Stoffwechsel unterworfen sind und daß im Universum ein Austausch von Stoffen stattfindet. Ausstrahlungen von Gasen, der Prozeß des Ausdehnens und Zusammenziehens bedeutet in diesen Riesenorganismen das Gleiche wie das Ein- und Ausatmen eines animalischen Körpers. Der Weltkörper ist dem unaufhörlichen Wechsel und der nie endenden Wandlung der Formen genau so anheimgegeben, wie jeder andere endliche Teil des Universums. Dieser kosmische Kreislauf der Stoffe besteht in der Tat. Wenn Bruno seine etwas weitgegriffene, poetische Anschauung von den Weltorganismen noch weiter hätte treiben wollen, so konnte er der Sonne in unserem System die Funktion des Herzens zuweisen, deren Lichtstrahlen die Blutströme darstellen, ohne deren nährende Kraft kein Leben auf dem Planeten möglich wäre. Auf der Erde grünt kein Baum, weht auch nicht der leiseste Hauch der Luft und fließt nicht das kleinste Wässerlein ohne die belebende Kraft der Sonnenstrahlen. Wenn diese Strahlen der Sonne eines Tages, eines Welttages, verblassen werden, wird das Leben auf diesem Planeten und auf allen den anderen Planeten unseres Sonnensystems erlöschen. Das gleiche gilt für all die anderen Sonnensysteme, die in diesem unermeßlichen Universum schweben. So werden Sonnensysteme erstarren, während andere aufblühen. Innerhalb des gleichen Sonnensystems werden Planeten in voller Lebenskraft stehen, während andere bereits erkaltet sind. Bruno bezeichnet diesen Prozeß des Werdens und Vergehens im Weltall als einen organischen. Es mag gleichgültig sein, welchen Namen er diesem kosmischen Erleben beilegt. In der Sache bestreitet ihn auch die heutige Wissenschaft nicht.

Eng mit der Auffassung vom Organismus der Weltkörper hängt auch seine Hypothese von der Bewegung der Gestirne zusammen. In keinem anderen Abschnitt seiner kosmologischen Darstellung kommt es uns so stark zum Bewußtsein, daß dieser Mann Bruno weit davon entfernt war, etwas zu wissen im Sinne unserer modernen Naturwissenschaft. Er hat Behauptungen aufgestellt, die dunklen Ahnungen entspringen und für die er keinerlei Beweise erbringen kann. Da, wo er es versucht hat, muten sie uns heute kindisch und primitiv an. Ein solcher Gegenstand ist Brunos Vorstellung von der Bewegung der Weltkörper, auf die er immer wieder zu sprechen kommt. Nachdem er die Weltkörper als Organismen sieht, ist der Weg nicht mehr weit, diesen Lebewesen auch eine eigene Bewegungskraft zuzugestehen. „So bewegen sie sich alle vermittels eines innerlichen Prinzips, welches ihre eigene Seele bildet, wie wir an anderen Orten bewiesen haben." Deshalb ist es auch hier überflüssig, nach einem äußeren Beweger zu suchen." Wir wollen jetzt nicht auf die metaphysische Frage eingehen, die ohne jeden Zweifel in dieser Aussage inbegriffen ist. Aber der andere Ort, von dem Bruno oben spricht, ist sein Buch „De la causa, principio e uno", in dem er lediglich von der Beseeltheit aller Dinge spricht. Aber in „De l'infinito..." dreht es sich einzig und allein um jene „unzähligen Weltkörper, große und kleine Lebewesen in der Region des Alls", die sich selbst bewegen können, jegliches im Verhältnis zu seiner eigenen Kraft, seiner eigenen Beweglichkeit, Bewegungsart und anderen Eigenschaften". Und das ist hier das Ausschlaggebende: Die Eigenkraft der Weltkörper. Bruno weiß noch nichts von dem Gesetz der Anziehung der Massen; von der Schwerkraft hat er bestimmt nicht die geringste Ahnung gehabt. Aber sein Prinzip, die Verlegung der Bewegungsursache in die Weltkörper selbst, ist hier mit aller Klarheit zum Ausdruck gebracht und zeigt, wie weit er über die Sphären-Vorstellungen des Copernicus hinausgegangen ist. Daß er bei alledem eine versteckte Ahnung von der Relativität der Körper zueinander hatte, erweist sich aus einer anderen Äußerung. Er spricht dort davon, daß Schwere (und Leichtigkeit) nichts anderes sei als ein Trieb der Stoffteile, den eigenen Ort der Selbsterhaltung zu erreichen."

„Es gibt keinen absoluten Unterschied der Lage, der die Stoffteile an sich zöge oder abstieße, sondern es ist der Selbsterhaltungstrieb, der jegliches Wesen als innerstes Prinzip bewegt und es dahin führt, wo es seinen Gegensatz am besten zu meiden und anzupassen vermag."

Das bezieht er auf den Mond „und anderen, dieser Erde in specie und genere ähnlichen Weltkugeln", die sich Kraft ihrer Schwere bewegen. Mit der „Beseeltheit der Welt" und der „Einheit von Organischem und Anorganischem" sind wir bis an die Grenze dessen gelangt, was hier unter den Belangen von Giordanos Brunos Kosmologie behandelt werden kann. Der Hylozoismus, dem Bruno hier huldigt, geht zurück auf die Frühzeit griechischen Denkens und grenzt sehr eng an einen mehr kosmogenetischen d. h. mythischen Bereich. Es wird an anderer Stelle darauf eingegangen werden, daß beide Begriffe für Bruno Erscheinungsformen ein und desselben kosmischen Wesens waren und daß diese Auffassung aufs engste damit verbunden ist, jede dualistische Tönung seines Weltbildes zu überwinden und sie einzubeziehen in die Manifestation einer monistisch ausgerichteten Weltanschauung. Brunos Hylozoismus hat in unserer Zeit in den Schriften Gustav Fechners einen modernen Befürworter gefunden. Auch er lehrt, daß es keinen Unterschied gibt zwischen anorganischem und organischem Leben. Auch ihm ist die Erde und das ganze Weltall ein Organismus, nicht ein Mechanismus. Nur kann der Mensch innerhalb des kleinen Lebensausschnitts, der ihm gegeben ist, die Lebensphasen dieser gigantischen Weltorganismen mit seinen beschränkten Sinnen nicht wahrnehmen.[16]

Das kosmologische Weltbild Brunos stützt sich, soweit es astronomische Belange angeht, auf die heliozentrische Lehre von Nicolaus Copernicus. Schon als junger Mensch ist er mit dem Werk des Copernicus bekannt geworden. Wenn Bruno auch glaubte, daß dieser nur die alte Vorstellung der genialen, griechischen Naturphilosophen zu neuem Leben erweckt habe, seine Verehrung vor Copernicus zieht sich durch sein Schrifttum und hat in ihm eine solche Begeisterung erweckt, daß er vor nichts zurückschreckt, um der Anerkennung dieser „Wahrheit" zum Durchbruch zu verhelfen.[17]

---

[16] Giordano Bruno hatte auch eine Aethertheorie. Kuhlenbeck sieht sie als eine Hypothese an, die in jedes Lehrbuch gehört. Heute wissen wir, daß die Wissenschaft inzwischen von der Annahme eines solchen Weltraumaethers abgekommen ist.

[17] Eine der schönsten Stellen, in der Giordano Bruno dem Copernicus ein fast überschwängliches Lob zollt, findet sich in „De immenso" Liber III, cap. IX:

„Hier begrüßen wir Dich, Du mit herrlichstem Sinn Begabter
Dessen erhabenen Geist ein ruhmlos dunkler Zeitstrom
Nimmer bedeckt, dess Stimme der Toren dumpfes Gemurmel
Freudig und Frisch durchschallt, hochedler Copernicus, dessen
Mahnendes Wort an der Pforte der Jünglingsseele mir pochte,
Da ich noch mit Sinn und Verstand ein Anderes meinte,
..........................................................
Siehe da öffnete sich die lautere Quelle der Wahrheit,

## Vom Kosmos zum Universum

Am umfassendsten hat Bruno selbst am Ende seines Buches „Vom unendlichen All und den Welten" noch einmal durch eine Rede des Albertino die verschiedenen Hauptpunkte seiner Kosmologie verkünden lassen und wir geben diese hier, wenn auch unter Weglassung oratorischer Ausschmückung, wieder:

„Überzeuge uns von der Lehre des unendlichen Weltalls! Zerstöre diese eingebildeten Gewölbe und Kugelflächen, die Himmel und Elemente begrenzen sollen. Lehre uns diese deferierenden Kreise und eingezapften Fixsterne verlachen. Zerschmettere die Mauern des ersten Beweglichen, an welche die Menge glaubt. Beseitige den vulgären Glauben an eine sogenannte fünfte Essenz. Schenke uns die Lehre von der Universalität der irdischen Gesetze auf allen Welten und der Gleichheit der kosmischen Stoffe. Vernichte die Theorien vom Weltmittelpunkt der Erde. Zerbrich die äußeren Beweger und die Schranken dieser sogenannten Himmelskugeln. Öffne uns das Tor, durch welches wir hinausblicken können in die unermeßliche, unterschiedliche Sternenwelt. Zeige uns, daß die anderen Welten im Äthermeer schwimmen wie diese. Erkläre uns, daß die Bewegungen aller aus inneren Seelenkräften hervorgehen und lehre uns, im Lichte solcher Anschauungen fortzuschreiten in der Wissenschaft und der Erkenntnis der Natur."

Das Werk des Copernicus, das von der Kirche für hunderte von Jahren auf den Index gesetzt wurde, ist für lange Zeit vergessen gewesen. Selbst als kurz nach seinem Tode einige Gelehrte seine Theorie anerkannten, blieben diese Erkenntnisse auf eine kleine Gemeinde von Astronomen beschränkt. Man benutzte seine mathematischen Tabellen, aber die weltbewegende Tatsache, daß hier ein großer Denker das Weltbild von Grund aus verändert hatte, vermochte nicht in das Denken der Menschen einzudringen. Copernicus grundlegende Neuerung blieb eine fachwissenschaftliche Einzelentdeckung. Daß weder ihr Schöpfer selbst, noch seine unmittelbaren Nachfolger es verstanden, der Bedeutung dieser wissenschaftlichen Leistung für die weitere Entwicklung des europäischen Denkens Geltung zu verschaffen, mag der Grund gewesen sein, daß es so lange dauerte, bis die neuen Gedanken das Bewußtsein der Allgemeinheit erfassen konnten.

Noch länger aber dauerte es, bis das Gedankengut des Giordano Bruno die feindliche Mauer, die man durch den Index um sein Werk gezogen hatte, durchdringen konnte. Und doch war das Bekanntwerden des Werkes von Copernicus vor allem anderen Brunos unerschütterlichem Einstehen zu verdanken. Das wird endlich auch in unseren Tagen anerkannt. So, wenn Ortega di Gasset darüber klagt, daß fünf Generationen hingehen mußten, bis die erste größere Wirkung in Italien zu verzeichnen war. Er sagt wörtlich:

17    Wie Dein Stab sie berührt und hell aufglänzte die Schönheit
       .................................................
       Da nun ward mir vergönnt, auch Deiner klaren Berechnung
       Mich zu erfreun, der Du den Sinn des Pythagoras wieder
       Wie des Timaeus ergriffst............      "

„Erst wenn wir zu dem Riesen Giordano Bruno kommen, dem heroischen und gewaltigen Mönche, diesem Herkules des Geistes, dem ewigen Kämpfer mit Ungeheuern, finden wir jemand, in dem die Theorie von Copernicus von einer Einzelentdeckung zur Weltveränderung geworden ist."[18]

In dem vorliegenden Abschnitt haben wir nur die naturwissenschaftlichen Aspekte der Brunoschen Vorstellung vom Universum untersucht. Aber die Erweiterung des copernicanischen Weltbildes entsprang bei Bruno nicht einem mathematisch-astronomischen Konzept. Bruno erkannte mit genialem Blick, daß die Entdeckung des Copernicus, so umwälzend sie für den weiteren Verlauf der wissenschaftlichen Entwicklung geworden ist, in einer einseitig naturwissenschaftlichen Betrachtungsweise stecken bleiben mußte, wenn es nicht gelang, sie auf die höhere Ebene einer geistigen Weltanschauung hinaufzuheben. Der Weg dahin lag in einer völlig neuen Proklamierung des Gedankens von der Unendlichkeit des Weltalls.

Unter allen Brunoschen Leitgedanken ist der von der Unendlichkeit des Universums von fundamentaler Bedeutung und gewissermaßen das Herzstück seiner Weltanschauung. Der Unendlichkeitsgedanke ist die große, führende Idee, und zwar nicht nur von Brunos astronomischem Weltbild. Weit darüber hinaus ist er auch der tragende Grundgedanke für sein gesamtes philosophisches Denken.

Obwohl die copernicanische Theorie als die Basis anzusehen ist, von der Bruno beim Aufbau seines Weltbildes ausgeht, hat er die Idee von der Unendlichkeit doch in erster Linie aus rein metaphysischen Überlegungen heraus entwickelt. Hierbei bildet die Theorie des Copernicus nur ein Glied in der Kette der Brunoschen Beweisführung. Da die Problemstellung des Philosophen Bruno von Anfang an eine völlig andere ist als die des Astronomen und Mathematikers Copernicus, kann jener sich auf dessen Arbeitsweise nicht beschränken. Er ist davon überzeugt, daß mathematisches Denken allein den Fragenkomplex, der durch die Entdeckung von Copernicus aufgeworfen worden ist, nicht auflösen kann.

Selbst da, wo Bruno im Zuge seiner kosmologischen Arbeiten zu astronomischen Ergebnissen kommt, die weit über das Weltbild von Copernicus hinausführen, ist sein Weg ein metaphysischer. Für ihn geht es darum, das Universum in seinem geistigen Bilde zu erfassen. Wer wie Bruno das große Problem vom Aufbau des Universums in seinem inneren Zusammenhang mit einer über die kirchliche Vorstellung hinausgehende Gottesidee sub specie aeternitatis sah, der mußte erkennen, daß sich die Ewigkeit als oberstes Attribut eines kosmischen Gottesbegriffes in einen Kosmos einspannen lasse.

Bruno hatte mit seiner Ausweitung der copernicanischen Lehre nicht nur die physikalischen Schranken des Raumes durchstoßen: es war auch eine geistige Erweiterung des Raumes, die hier verkündet und von Bruno mit größter Entschiedenheit verteidigt wurde. Es war das Konzept eines völlig neuen Weltbildes, aber auch der Beginn einer weitgespannten Weltbetrachtung, die ein neues Weltbe-

---

18 Ortega di Gasset: Das Wesen der geschichtlichen Krisen. Stuttgart 1955.

wußtsein hervorrief und den Weg zuerst freimachte für jene Erforschung der Natur, die in der Folge einsetzte.

Wir sprachen oben davon, daß die geistige Umstellung *im* Menschen der Ausweitung der rein physischen Grenzen zu einem unendlichen Weltraume übergeordnet war. Es formte sich eine völlig neue Bewußtseinseinstellung, aus der sich ein bis dahin nie gekanntes Weltgefühl herauskristallisieren mußte. Dieses Weltgefühl – charakteristisch durch eine aus seinem innersten Bereich strömende Dynamik – bedeutet eine Veränderung des menschlichen ICH-Bewußtseins, ohne welche die nächsten 300 Jahre Geistesgeschichte nicht verstanden werden können.

In ihm wird die Bahn für die Entwicklung des noch im status nascendi befindlichen Menschen der Neuzeit freigelegt. Dieses neue dynamische Weltgefühl steht Pate in der Geburtsstunde des modernen Menschen. Es wäre nie zustandegekommen, wenn die Revolution, die mit Copernicus anbrach, im rein Astronomischen hängen geblieben wäre, wenn Giordano Bruno sie nicht in das geistige Kraftfeld emporgehoben hätte. Von hier strahlt es nun in die verschiedensten Richtungen aus. Eine dieser neuen Standortbestimmungen setzt den durch die copernicanische Erdverschiebung aus seiner Mitte herausgeschleuderten Anthropos wieder in ein geistiges Zentrum des Weltalls ein.

Von dem Standort des Menschen schreitet diese Bewegung fort bis zur Bestimmung eines neuen, über das antropomorphe hinausstrebenden Gottesbegriffs. Was sich soeben noch kosmologisch im Gedanken der Unendlichkeit des Weltalls aufzeigte, dehnte sich aus zu einer pantheistischen Idee, in der sich der Dualismus von Gott und Welt in einer mystischen Beschwingtheit auflöste. Eine andere Phase dieses alles umfassenden Weltgefühls bemächtigt sich der Vorstellung von der Geltung der Natur.

Was dem mittelalterlichen Denken noch als eine erschaffene Natur – eine natura naturata – erschienen war, geht nun als ein schöpferischer Prozeß, über jeden menschlichen Zeitbegriff erhaben, als natura naturans – die schaffende Natur – im Universum auf. Jede einzelne dieser Ausstrahlungen des neuen Weltgefühls ist eine Problemstellung für sich mit neuen, ungeahnten Aspekten. Eine ist von einer fundamentalen Bedeutung für den ganzen weiteren Verlauf dieses Umstellungsprozesses. Es ist die seelische Haltung des Individuums, die sich aus der dynamischen Konsequenz einer solchen Gefühlsumstellung ergeben mußte.

Erst die nachfolgenden Abschnitte werden zeigen, daß in diesem Ideenkreis der Schlüssel zu finden ist für die gesamte Weltschau von Giordano Bruno. Nur die Ansätze dazu liegen in seinen kosmologischen Schriften. Erst seine philosophischen Werke bringen uns zum vollen Bewußtsein, daß Copernicus wohl über die „Revolutionen der himmlischen Sphären" geschrieben hat, und daß er damit die gesamte Wissenschaft der Astronomie revolutioniert hat. Die Revolution des Geistes jedoch, die damit beginnt, hat erst Giordano Bruno eingeleitet. Daß ihm diese Erkenntnis möglich war, liegt darin, daß er einer derjenigen Denker gewesen ist, die eine Ahnung von der geheimen Einheit der Welt und daher eine Art gläubiger Einstellung zum kosmischen Urgrund alles Lebendigen hatten. In diesem Streben nach dem Eins-Sein der Welt und des Lebens, in all seinem kontrasterfüllten Erlebnisreichtum liegt die Aufgabe, die sich Giordano Bruno gestellt hat.

Es ist unser Anliegen zu untersuchen, inwieweit er diesem bis an die Grenzen des menschlichen Erkenntnisvermögens reichenden Anspruchs gerecht werden konnte.

*Zweites Kapitel*

# Das metaphysische Weltbild

## Aporien und Aporeme

„Zur Dienerin hat die Klugheit die Dialektik, zur Führerin das erworbene Wissen, das man in der Regel Metaphysik nennt." G. Bruno in Lo Spaccio... 2. Dialog.

Überprüft man Giordano Brunos weitläufiges Schrifttum, das in einer Weise verzweigt ist, wie man es selbst bei den Renaissance-Philosophen selten antrifft, so stößt man auf eine dem Nolaner eigentümliche Seite seines Schaffens. Bei aller Fülle der Probleme, die er anpackt, bleibt sein Werk im Ganzen fragmentarisch. Man bemüht sich vergeblich um Anzeichen eines wohlgegliederten Systems. Statt dessen bietet er eine ungemein abwechslungsreiche und farbenprächtige Darstellung: aber sein Konzept löst sich immer wieder in einzelne Denkelemente auf.

Dabei begegnet man fast in jeder Disziplin, die Bruno in das Arbeitsfeld seines umfangreichen Lehrbetriebs einbezieht, auffallenden Widersprüchen, die den Fluß der Gedanken hemmen und zerteilen. Das alles führt zu einer gewissen Sprunghaftigkeit, die der wortreiche Nolaner, und darin liegt einer seiner Mängel, durch eine ihm eigene Rhetorik zu übertönen sucht.

Allerdings liegt es im Wesen jeder Philosophie, daß sie sich einer solchen Schwierigkeit nicht entziehen kann. Es gibt große Ewigkeitsfragen in dem Vacuum zwischen Welt und Mensch, welche einer eindeutigen Lösung unüberwindliche Hindernisse in den Weg legen. Schon die griechischen Denker kannten diese Streitfragen und nannten sie Aporeme, und wenn es zu völlig auswegslosen Problemen kam, Aporien. Meistens zeigte sich, daß die Gegensätze in den der Aufgabe zugrundegelegten Begriffen bereits enthalten waren. Wie ein roter Faden ziehen sich solche ungelösten Fragen durch die Geschichte der Philosophie bis zu den berühmt gewordenen Antinomien von Immanuel Kant, eine der Grundlagen seines Kritizismus, die sich mit dem Widerstreit zweier Gesetze befaßt und sie durch die Gegenüberstellung von Thesis und Antithesis aufzuheben sucht. Letzten Endes handelt es sich dabei um die individuelle Einstellung des Denkers und darum, in welchem Fokus er die gegebene Aufgabe anpeilt. Daher wird man immer wieder Dogmatiker und Aporetiker finden, für die jedes Problem begreiflich ist und einer endgültigen und einmaligen Lösung zugeführt werden kann, und jene anderen, für welche die aufgestellte Frage nur ein Ausgangspunkt ist. Ein Theorem, das sie aufrollen, ohne daß sie Anspruch erheben, ein allgemeingültiges Schema, eine Art panacea zu besitzen, mit dem sie alle Geheimkammern der Welt aufzuschließen vermögen. Der Dogmatiker wird daher immer in einem statischen Denken gefangen bleiben, der Aporetiker dagegen schreitet darüber hinaus in ein dynamisches Denken, das ihn stetig aufs neue beschwingt und ihn vor neue Rätsel stellen wird. Giordano Bruno, das bedarf nach dem Vorgesagten keiner Begründung mehr, war ein Aporetiker. Daher wirft er viele Fragen auf und läßt viele offen. Gewiß, aporetisches Denken muß immer eine skeptische Haltung einschließen. Aber ist nicht der Zweifel der Vater jeder Wissenschaft? In vielen Fällen beginnt die Arbeit eines Denkers mit der Kritik eines seiner Vorgänger, in dessen Gedankenreihe er eine anfechtbare Stelle entdeckt hat. „Große Vorbilder" sagt der englische Mathematiker und Philosoph Norbert Whitehead, „haben in der Geistesgeschichte auf kongeniale Männer noch immer schöpferisch eingewirkt".[1]

So sehen wir, wie Bruno sich mit Aristoteles auseinandersetzt, und wie er bei Copernicus einen Ansatz findet zu einer eigenen Kosmologie. Ein ähnliches Beispiel bietet Brunos metaphysische Reflexion. Wie in der Kosmologie Copernicus, so liefert ihm in der Metaphysik das Werk des deutschen Philosophen Nicolaus von Cusa eine Basis, auf welcher er weiterbaut. Auch in dieser Disziplin kommt es nicht zu einem nach allen Seiten abgerundeten System, nicht zu einem Werke, in welchem eine Gedankenreihe logisch und methodisch aufgebaut wird. Bestenfalls gelangen wir zu einer begrifflichen Prägung von Denkinhalten, welche in verschiedenen von Brunos Schriften eingestreut sind. Gerade darin aber finden wir einen Widerspruch im Widerspruch.

Ein hervorstechendes Merkmal der Brunoschen Philosophie ist ein Streben nach Einheit mit dem Weltengrund. Brunos gesamtes Bemühen steuert unaufhörlich auf diese Hauptlinie. Unablässig sucht er Welt und Leben auf einen einheitlichen Nenner zu stellen.[2] Das ist ein Grundmotiv, das durch jede Phase seines Schaffens durchbricht, und man sollte annehmen, daß gerade eine prinzipielle Haltung dieser Art einer systematischen Durchbildung und Darstellung auseinanderstrebender Denkkomponenten eine willkommene Handhabe bieten würde.

In diesem Sinne kommt Bruno in seinem metaphysischen Werke „De la causa, principio e uno" (Über die Ursache, das Princip und das Eine) zu der Erkenntnis:

„In der großen Einheit der unendlichen Welt ist alles zugleich. In der Endlichkeit scheinen zwar die Gegensätze diese Einheit aufzuheben, aber alle Gegensätze sind lediglich wechselnde Erscheinungsformen einer unendlichen Substanz."

Hier prägt sich schon mit aller Deutlichkeit aus, daß der Begriff der Unendlichkeit, der ursprünglich einer räumlichen Anschauungswelt angehörte, in Brunos Gedankenkreis nicht darauf beschränkt bleibt. Was unendlich ist, kann weder begriffen,

1 Whitehead, Alfred Norbert: Wissenschaft und moderne Welt, Zürich 1949, S. XXVI.
2 Es ist bemerkenswert, daß der Zug die großen Zusammenhänge auf einen einheitlichen Nenner zu stellen auch bei anderen Denkern von umwälzender Bedeutung zu finden ist. Ein typisches Beispiel ist Albert Einsteins Versuch, alle Naturgesetze in einer „Allgemeinen Feldtheorie" zu vereinigen. Ob es ihm gelungen ist, diese mathematische Universalformel zu entwickeln, ist hier irrelevant.

noch durch Anschauung erfaßt werden. Will man zu der Einheit der unendlichen Welt gelangen, so ergibt sie sich uns nur dadurch, daß wir, wie Bruno in seinem ethischen Werke „De gli eroici furori" sagt, „ihm, dem Unendlichen, nachstreben müssen." Dieses Streben ist jedoch keine physische Bewegung, sondern eine metaphysische. Das Problem, auf welches man dabei stößt, liegt in dem Widerspruch, daß innerhalb dieses unendlichen Alls eine Unzahl von endlichen Dingen vorhanden ist, und in der Tatsache, daß keine noch so vollkommene Summierung dieser endlich begrenzten Körper sich zu einer Unendlichkeit aufreihen läßt. Auf den ersten Blick scheint die Lehre von der All-Einheit an diesem Gegensatz endlich – unendlich zu scheitern. Die Körperwelt scheint eine materiell-rationale zu sein, die sich in keiner Weise in die unendlich-irrationale verwandeln läßt. Die Erstere unterliegt dem Naturgesetz der Kausalität, dem Gesetz von Ursache und Wirkung, dem sich die rein – geistige Sphäre des Unendlichen entzieht. Der Auseinandersetzung mit diesem uralten Problem der Menschheit ist Giordano Brunos „De la causa, principio e uno" gewidmet, und obwohl man schwerlich behaupten kann, daß er das Rätsel in dieser Schrift gelöst hat, so ist er doch der Aufhellung des Problems ein erhebliches Stück nähergekommen.

In dem oben angezogenen Satze spricht Bruno von einer unendlichen Substanz, eine für den Augenblick sinnverwirrende Bezeichnung, die daraufhin deutet, daß die oftmals dunklen Definitionen erst dann klarer werden, wenn man erkennt, daß Bezeichnungen wie Unendlichkeit, Substanz, Materie, Geist bei Bruno zu auswechselbaren Begriffen werden können. Das Universum, das keiner Begrenzung, keiner Einschränkung mehr unterliegt, das sich infolgedessen überhaupt nicht mehr sinnlich erfassen läßt, sprengt jegliche Schranken körperlicher Existenz; es wird zur Ausdehnung kat exochen und hat nichts mehr gemeinsam mit sphärischen Himmelsvorstellungen. Es ist daher das einzig Seiende, das seiner Substanz oder auch Materie nach ewig, unveränderlich und unbeweglich ist. Was veränderlich ist, sind einzig und allein die endlichen Erscheinungsformen, welche die Materie in sich enthält und in unübersehbarer Mannigfaltigkeit aus sich heraus gebärt, aus sich selbst heraustreibt. In einer solchen Unendlichkeit heben sich für Bruno alle Gegensätze auf, und es gibt daher keinen Unterschied zwischen Schöpfer und Geschaffenem. Die geistige Substanz, die in allem Endlichen potentiell vorhanden ist, waltet im Kleinsten wie im Größten; sie ist allem Irdischen, allem Endlichen absolut immanent.

Erst jetzt wird offenbar, daß die noch in „De l'infinito" angedeutete Doppelsinnigkeit des Unendlichkeitsgedankens völlig überwunden ist. Es gibt keine „differenza" zwischen einer dimensionalen und einer absoluten Unendlichkeit. Es gibt keinen Gegensatz zwischen der Unendlichkeit des Weltalls und der Unendlichkeit Gottes – keine Widersprüche zwischen extensiver und intensiver Unendlichkeit. Und doch sieht sich hier Bruno Widerständen gegenüber, für die er bis jetzt keine genügende Erklärung finden konnte. Zwar hatte er den metaphysischen Grund für die räumlich-unendliche Ausdehnung des Weltalls in der Allgegenwärtigkeit Gottes gefunden. In der göttlichen Unendlichkeit muß die räumliche aufgehen. Nicht etwa in einem räumlichen, sondern in einem geistigen Sinne ist das All eine Projektion des göttlichen Geistes. Da es für diesen niemals Schranken geben kann – „der Geist weht, wo er will" – kann es auch im Universum keine Grenzen mehr geben. Bei der Ableitung dieser Begriffe greift Bruno oft wörtlich auf den Denker zurück, den er an anderer Stelle zusammen mit Copernicus und Paracelsus als einen seiner Vorbilder genannt hat: Nikolaus von Cusa. Gerade er hat einen besonders starken Einfluß auf Giordano Bruno gehabt. –

## Die drei Themen des Nikolaus von Cusa

Mitten aus der Blüte des Humanismus und dem Aufschwung der Renaissance hervorgegangen, vereinigt sich in der Gestalt dieses deutschen Kardinals noch einmal die Hingerissenheit der deutschen Mystiker mit der spekulativen Schärfe der Scholastik. – Nikolaus Krebs von Kues an der Mosel entstammte kleinbürgerlichen Verhältnissen. Nach kurzer Rechtspraxis in den Dienst der katholischen Kirche getreten, rückte er in verhältnismäßig kurzer Zeit bis in die höhere Hierarchie der römischen Kurie auf, wurde Bischof in Brixen (Tirol) und Vertreter des Vatikans auf dem Basler Konzil. Seine Kirchenpolitik trug ihm zahlreiche Anfeindungen ein und noch im 19. Jahrhundert schrieb ein anglosächsischer Kirchenfürst über ihn, „daß er ein fähiger, aber engstirniger Mann gewesen sei, der mehr zu Abstraktionen und technischen Einzelheiten neigte als zu religiösem Eifer und staatsmännischer Bedeutung."[3] Die Position von Nikolaus von Cusa in der Geschichte der katholischen Kirchenpolitik steht hier nicht zur Debatte. Dagegen ist uns umsomehr an den Früchten seines philosophischen Denkens gelegen, die er in zahlreichen Abhandlungen niedergelegt hat. Giordano Bruno war einer der wenigen, welche von der Leuchtkraft der cusanischen Gedanken erwärmt wurden und die Ausstrahlung ihrer Wirkung auf die Weiterentwicklung des abendländischen Denkens erkannten. Mit Brunos tragischem Untergang geriet auch des Cusaners Werk in Vergessenheit. Erst im 19. Jahrhundert hat man sich seiner wieder langsam erinnert bis in unserer Zeit der Philosoph Ernst Cassirer die Gestalt dieses profunden Denkers wieder lebendig machte und auf sein Verdienst um die Grundlegung unserer Weltanschauung hingewiesen hat.[4] Eine durchgreifende Nachzeichnung der cusanischen Philosophie brachte in neuerer Zeit Karl Jaspers.[5] Er hat gerade diejenigen Linien der cusanischen Gedankengänge unterstrichen, die Nikolaus von Cusa zum Vorboten unserer modernen Wissenschaft gemacht haben. Die Größe des Cusaners liegt in der Originalität seiner Metaphysik. Jaspers allerdings verwirft den allgemein vertretenen Standpunkt, Cusanus im Konzept des Geschichtlichen

---

3 Corrigan, M. A.: Pastoral Leiter, New York 1889.
4 Cassirer, Ernst: Individuum und Kosmos, Darmstadt 1962, S. 7–76.
5 Jaspers, Karl: Nikolaus Cusanus. München 1963.

als Übergang zwischen Mittelalter und Neuzeit zu sehen. Er geht eher von der Voraussetzung aus, daß Philosophie nicht ein Standpunkt, sondern eine Denkungsart ist.

Die drei großen Themen, von welchen die cusanische Weltbetrachtung ihren Ausgang nimmt, und um welche sie ständig kreist, sind: Geist, Glaube und Wahrheit. Der Schnittpunkt des gesamten cusanischen Denkens liegt in seinem Werke über die „Docta Ignorantia" („Gelehrtes Nichtwissen"). Damit ist der dialektische Gedanke von der „Coincidentia Oppositorum" (Zusammenfallen der Gegensätze) aufs engste verschlüsselt.

Im Gegensatz zu Brunos Lehre stehen sich bei Nikolaus von Cusas Doktrin noch zwei Welten gegenüber. Die endliche Welt, in der wir Sterbliche leben, und an die wir gekettet sind, wie Prometheus an den Felsen. Jenseits dieser Welt aber liegt das Unendliche, das Absolute, dem unsere ungestillte Sehnsucht gilt, das Unermeßliche, die Gottheit selbst, die wir mit dem Verstande nicht begreifen können. Für Nikolaus von Cusa führt kein Weg vom Endlichen zum Unendlichen und es gibt kein Verhältnis zwischen den beiden. Mögen wir auch unaufhörlich dem Maximum, uns dem Größten nähern, ebenso wie dem unendlich Kleinen, endlos geht es über die Grenzen hinaus in eine endlose Endlichkeit. Wir können das Unendlich-Größte und das Unendlich-Kleinste nur im Endlichen und nur quantitativ erfassen. Mögen wir auch die Grenzen unseres Wissens noch so weit hinausschieben, es wird uns nie gelingen, die Mauer zu übersteigen. Nur im Nichtwissen unseres Verstandes – so lehrt der Cusaner – kann das Unerreichbare, nie Meßbare geahnt werden. Es ist dieses „wissende Nichtwissen", die „docta ignorantia", die uns einen beschränkten Ausblick auf die absolute Wahrheit ermöglicht. Es ist aber auch eine völlig andere Denkungsart, in der sich schließlich die Gegensätze, welche die endliche Welt beherrschen, nicht mehr gegeneinander absetzen. Erst im Unendlichen, im Gegenstandslosen, im Göttlichen heben sich alle im Endlichen möglichen Gegensätze auf, im „Zusammenfallen der Widersprüche", in der „coincidentia oppositorium", die nichts anderes ist als eine andere Form des Nichtwissens. Sie bestimmt die Grenzen unseres Verstandes. In ihr führt uns das wissende Nichtwissen zur ewigen, absoluten Wahrheit, die nur in Gott gefunden werden kann.

Wo später die Anknüpfungspunkte liegen, in denen Brunos Ideenkreise die cusanischen Denkinhalte tangieren, sich aber im gleichen Augenblick wieder von ihnen abstoßen, wird erst deutlich, wenn wir uns etwas eingehender mit der cusanischen Weltordnung abgeben. Der Cusaner hat seine eigene Symbolwelt, in welcher die Symbole tiefer strahlen- aber als Rätsel und Gleichnisse nicht entschwinden. Seine Welt ist wohl eine sinnlich-gedachte, aber sie ist von der Strahlkraft des Übersinnlichen durchleuchtet. Hier ist es, wo Brunos Welt sich von der des Cusaners absetzen muß. Bei Cusanus liegt in der offensichtlichen Gegenüberstellung von Gott und Welt der Schwerpunkt immer im Göttlichen und endigt in der Erkenntnis, daß der Sinn alles Wissens vom Endlichen in der Erfahrung der Offenbarung, im Göttlichen liegt. Es ist eine jener Wahrheiten, die sich nicht mehr mit dem Verstande erfassen läßt. Dieser kann niemals mehr sein als ein Mittel des spekulativen Aufschwungs zu jener absoluten Wahrheit, die – wie Jaspers sagt – jenseits der Mauer, im Unendlichen liegt. Für Cusanus hat die Wissenschaft nur eine Bedeutung als ein Weg zur Gotteserkenntnis. Löst man daher die cusanischen Gedankengänge aus ihren spezifisch christlichen Einkleidungen, dann bleibt immer noch die Frage nach dem Sinn der Wissenschaft. Und da ist es, wo die Denkelemente des Nolaners über die des deutschen Kardinals hinausgehen. Beiden ist die Welt eine „explicatio" der Gottheit, aber während bei Cusanus die Unendlichkeit jenseits der Mauer liegt, wird bei Bruno die Unendlichkeit selber zum Absoluten, die unendliche Welt wird identisch mit dem göttlichen Geiste. Während bei Cusanus alle endlichen Werte sich durch die coincidentia oppositorum in der Unendlichkeit Gottes auflösen, gibt das dialektische Werkzeug der coincidentia Bruno die Möglichkeit, die göttlichen Werte in die Wirklichkeit der Welt zu projizieren. Es ist der konsequente Schritt über die theologische Gebundenheit der cusanischen Anschauung hinaus und einer der Wege, auf dem es Bruno gelingt, zu einer Annäherung des Endlichen an das Unendliche zu gelangen.

## Die Dialektik der coincidentia oppositorum

Diese Umkehrung der dialektischen Methode, welche Bruno der cusanischen Doktrin entlehnt hat, wurde von weittragender Wichtigkeit für den gesamten Aufbau Brunoscher Beweisführung. Trotzdem scheint es nicht berechtigt, Bruno deswegen als einen von Cusanus abhängigen Eklektiker abzutun. Er hat auch hier von seinem Vorgänger lediglich eine Handhabe übernommen, die er in einer sinngemäßen Weise für den Ausbau seiner eigenen Philosophie eingesetzt hat. Im Übrigen aber weicht er gerade in den fundamentalen Wesenszügen seiner Metaphysik von den Theorien des Cusaners ab.

Diese Abweichungen sind zum Teil sehr wesentlich, und man wende nicht etwa ein, daß sie nicht über das Semantische hinausgehen. So ist es richtig, daß Nikolaus von Cusa die Endlichkeit der Welt ablehnt und ihre Begrenzung durch himmlische Sphären. Aber er ist weit davon entfernt, eine positive Unendlichkeit der Welt zu akzeptieren. Sorgfältig vermeidet er – ebenso wie später Descartes – dem Weltall das Attribut unendlich zuzugestehen. Das reserviert er für Gott und Gott allein. Das Universum des Cusaners ist nicht ein „infinitum", sondern ein „interminatum" d. h. es ist grenzenlos – es ist nicht umschlossen von einer äußeren Hülle. Niemals erreicht es ein Ende. Es ist unbeschränkt. Infolgedessen kann es nicht Objekt einer genauen und totalen Erkenntnis sein, sondern bestenfalls einer teilweisen und mutmaßlichen. Es ist die Anerkennung dieser Aspekte, die es Cusanus unmöglich macht, eine allgemeine und objektive Vertretung des Universums aufzubauen. Einer dieser Aspekte ist die docta ignorantia, die Cusanus heranzieht als ein Mittel, der Beschränkungen unseres rationalen Denkens Herr zu werden.[6] Wir haben oben gesehen, wie Bruno unter Einbeziehung der coincidentia oppositorum diese Beschränkungen überwindet, wodurch er sich über den noch immer dualistischen Standpunkt des Cusaners hinausschwingen kann. Das zeigt sich auch bei einer anderen Behauptung von Nikolaus von Cusa, der sagt, daß nirgends *im* ganzen Universum eine Unveränderlichkeit festgestellt werden kann.

## Der Begriff Unendlichkeit

Bruno geht weit darüber hinaus. Für ihn sind Bewegung und Änderung Anzeichen von Vollkommenheit und nicht etwa Mangel derselben. Ein unwandelbares Universum wäre ein totes Universum. Ein lebendiges Universum aber muß fähig sein, daß in seinem Innern ein steter Prozeß der Wandlung stattfindet. Aus dem Vorangegangenen ergibt sich, daß der Unendlichkeitsgedanke auch das Rückgrat aller metaphysischen Überlegungen von Giordano Bruno ist, und daß seine gesamte Philosophie nicht verstanden werden kann, wenn man nicht von ihm ausgeht und nicht immer wieder darauf zurückkommt. Diese Bedeutung des Unendlichkeitsbegriffes als Schlüssel der Brunoschen Metaphysik ist schon früh von den italienischen Brunoforschern erkannt worden. Einer der am tiefsten in den Gegenstand eingedrungen ist, war Bertrando Spaventa.[7]

Er hat sehr ausführlich über das Konzept der Unendlichkeit geschrieben; besonders auch darüber, daß Cusanus als Brunos Vorläufer bei der Entwicklung des Begriffes von mathematischen Ableitungen ausgegangen ist. Es läßt sich nicht von der Hand weisen, daß Bruno sich auf diese mathematische Beweisführung des Cusanus bezogen hat. Spaventa glaubt, es bedürfe, um Brunos Unendlichkeitsbegriff zu erklären, der Hilfestellung von Spinoza, ebenso wie er auch der Auffassung ist, daß Spinoza vieles von Bruno übernommen habe. Während wir diese Frage für spätere Erörterungen zurückstellen müssen, können wir hier nur diejenigen Gesichtspunkte herausgreifen, die sich mit der Klärung des Unendlichkeitsbegriffs befassen. Es sei auch dahingestellt, ob es so sehr der Hilfestellung Spinozas bedarf, um Brunos Unendlichkeitsgedanken in die richtige Perspektive einzurücken. Jedenfalls war Philosophie zu Brunos Zeiten bei weitem nicht so entwickelt, um einem so komplizierten Denken wie dem spinozistischen, folgen zu können. Spinoza ging von der Idee aus, daß es eine richtige und eine falsche Unendlichkeit gäbe. Er spricht von einer Unendlichkeit der Vorstellung (imaginatio) und einem Unendlichen der Gedanken (intellectus) oder wie er es nennt: infinito actu. Das mathematische Beispiel, durch welches er das wahre Unendliche erklären will, ist das Bild von zwei konzentrischen Kreisen. Es ist hier nicht der Ort, um darauf ein-

---

[6] CUSA: Philosophische Schriften. Lat. Text hrsg. Alfred Petzelt Stuttgart 1949.
[7] Spaventa, Bertrando: Rinascimento, Riforma, Controriforma, Venezia 1928.

zugehen, und wir begnügen uns mit dem Hinweis, daß Spinoza die Unendlichkeit deswegen eine solche der Serie nennt, weil er sie mathematisch als den Bruch 2/7 (0,285714 ... oder algebraisch 1 plus a plus $a^2$ plus $a^3$ plus ... $\frac{1}{1a}$) darstellen kann. kann.

Das Unendliche des Gedankens, das infinitim actu, das Unendliche als die wahre und reine Relation zu sich selbst, ist von ungleich größerer Bedeutung. Es ergibt sich daraus (was auch Spaventa in einer seiner besten Formulierungen zum Ausdruck bringt): Keine Unendlichkeit ohne Gott – noch gibt es ein Universum ohne Gott. Gott muß für Bruno da sein, weil das Universum sonst keinen Sinn hätte. Gott ohne Universum würde eine abstrakte Unendlichkeit sein, die der Realität entbehrt, weil das Unendliche dann außerhalb Gottes sein würde. Das aber wäre eine Unendlichkeit des Nichts oder – um mit Spinoza zu sagen – eine falsche Unendlichkeit.

Diese Unterscheidung von zwei Arten von Unendlichkeit war ursprünglich auch bei Bruno vorhanden, wie wir im vorigen Kapitel gesehen haben, nur geht dieser zuerst einmal vom kosmologischen Gesichtspunkt aus, woraus sich eine räumliche Unendlichkeit ergibt. Das ist eine Wirklichkeit, die zu Brunos Zeiten erst mal erlebt werden mußte, während das ein Jahrhundert später bei Spinozas Gedankengängen keine Rolle mehr spielte. Bruno ist aber so wenig wie Spinoza bei dieser Version stehen geblieben. Da bei ihm das Unendliche mit dem Gottesbegriff zusammenfloß, mußte sich konsequenterweise ergeben, daß das Unendliche nicht nur ein räumlicher Begriff, etwa ein astronomischer terminus technicus oder eine mathematische Größe, sondern ein geistiges Phänomen war. Spinoza spricht dabei von intellectus, Bruno nennt es mens. Beiden gemeinsam ist dabei, daß darin der Begriff des Inkommensurablen enthalten ist. Das Geistige, das über jede Vorstellungsform hinausgeht, entzieht sich jeder Möglichkeit, in körperlichen Vorstellungen erfaßt zu werden. Trotzdem spielen hier Begriffe hinein, welche die gesamte Brunosche Lehre ungemein schwer verständlich machen.

Das ist Brunos Applikation dessen, was er „materia" nennt oder „sostanza" (Substanz), und die Rolle, die er der „anima del mondo" (Weltseele) zuteilt. Es zeigt sich auch hier wieder, daß diese Begriffe bei Bruno ebenso austauschbar sind wie in seiner Atomlehre die Begriffe Atom – Monas, Minimum – Maximum auswechselbar sind.

In der Tat ist „materia" bei Bruno nichts Körperliches. Sie ist weder sichtbar, noch teilbar. Sie ist die Substanz, und zwar die *geistige* Substanz, aus der alle die zusammengesetzten und veränderlichen Formen entstehen. Diese sind die teilbaren Dinge. Die Körper aber sind nicht etwa aus Atomen zusammengesetzt (das ist eine naturwissenschaftliche Vorstellung des 19. Jahrhunderts), sondern gewissermaßen eine Ausdehnung der minima, ein Vorgang, der erst aus einer eingehenden Untersuchung von Brunos Monadologie erklärt werden kann.

Aus alledem geht jedoch hervor, daß Spaventa nicht recht hat, wenn er betont: „L'unica differenza tra Bruno e Spinoza consiste nella diversita de' vocabuli." Es wird sich später noch deutlicher erweisen, daß diese Auffassung nicht aufrecht erhalten werden kann. Die Differenz liegt nicht im Ausdruck, sondern in dem Akosmismus[8] Spinozas. Nach Spinoza existiert nichts in der Welt außer Gott (nicht außerhalb Gottes). Alles ist nur modus und akzidens.

Giordano Bruno ist jedoch weit entfernt von einem solchen Gedanken.

## Die Weltseele

Der andere Unterschied liegt in der Weltbeseelung, für welche in dem mathematischen System Spinozas kein Platz ist. Dieser Begriff der Weltseele ist schon so alt wie die Philosophie selbst. Unter den Griechen sagt Anaximenes: „Wie unsere Seele uns als Lufthauch zusammenhält, so umfaßt Atem und Luft das ganze Weltall." Damit bezeugt er den antropomorphen Ursprung seines Weltprinzips. Die Welt wird erklärt nach Analogie unseres Lebens, dessen Kriterium der Atem ist. Für Anaximenes ist die Welt ein lebendes Wesen, das als solches besteht, indem es atmet. Er sieht als Weltgrund den Lebensgrund und findet ihn im Atem, ohne den es kein Leben gibt. „Wie die Seele, so die Welt!" sagt er. Wir finden also hier schon die Lehre der Renaissance-Mystik von der Einheit von Welt und Seele im Leben, die Lehre von der Weltbeseelung. Bei Cardano und Telesio, zwei Naturphilosophen der Renaissance, die Bruno vorangegangen sind, war die Weltseele eher identisch mit dem durch das Universum verbreiteten beseelten Äther, oder ein beseelter Wärmestoff war der Mittelpunkt ihrer Spekulation. Erst in dem metaphysischen Denken Brunos gelangte der Gedanke von der Weltseele zu seinem Höhepunkt. Für Bruno ist die Weltseele, insofern sie beseelt und gestaltet, ein innerer und formaler Teil des Weltalls. An anderer Stelle sagt er:

„Die Weltseele ist also das kontinuierliche Formalprinzip des Universums und dessen, was es enthält, d. h. wenn das Leben sich in allen Dingen findet, so ist die Seele Form aller Dinge."

Diese Beschreibung führt Bruno im Einzelnen aus:

„Ein Ding sei so klein und winzig wie es wolle, es hat in sich einen Teil der seelischen Substanz, die, sobald sie einen geeigneten Träger findet, sich entwickelt, sei es zu einer Pflanze, sei es zu einem Tier ... Seele findet sich in allen Dingen, und es ist auch nicht das kleinste Körperchen, das nicht einen solchen Anteil davon hätte, daß es sich nicht beleben könnte."

Im Gegensatz zu seinen Renaissance-Vorgängern ist also die Seele – womit die Weltseele gemeint ist – eine geistige Macht,

„die sich in allen Dingen vorfindet und in gewissen Abstufungen die ganze Materie erfüllt. So ist der *Geist* offenbar die wahre Wirklichkeit und die wahre Form aller Dinge."

[8] Aus dem Griechischen, in dem es „weltlos" bedeutet. Hegel wandte den Begriff auf Spinozas Lehre an. Allgemein bezeichnet es ein System, das *nur* Gott und Mensch kennt.

Wie es um das eigentliche Wesen der Weltseele bestellt ist, und daß sie für Bruno tatsächlich eine *geistige Potenz* ist, erläutert er mit den folgenden Worten:

„die universelle Vernunft ist das innerste, wirkliche und eigenste Vermögen und ein potentieller Teil der Weltseele. Sie ist ein Identisches, welches das All erfüllt und die Natur unterweist, ihre Gattungen ... hervorzubringen."

Bruno schließt sich also nicht dem Telesio an, für den die Weltseele nur eine Erklärung liefert, warum sich in seinem mechanischen Weltgebäude die Körper anziehen und abstoßen müssen, ein Vorläufer unseres physikalischen Energiebegriffs.

Bruno greift eher auf die Griechen zurück, auf die Pythagoräer, bei denen die Beweger Erreger des Universums genannt werden, auf die Platoniker, die sie als den Weltenbaumeister bezeichnen.[9] In einem wichtigen Punkte identifiziert sich Bruno sogar mit dieser platonischen (eher neuplatonischen) Auffassung, wenn er ausführt, daß dieser Baumeister aus der höheren Welt, welche völlig eins ist, in diese sinnliche Welt hinübergeht, welche in die Vielheit zerfallen ist. Diese Vernunft – wie wir oben erfahren haben –, der potentielle Kern der Weltseele, bringt alles hervor, indem sie etwas von dem ihrigen in die Materie eingießt und ihr zuteilt.

Wenn Bruno sich hier an Plato anlehnt, bleibt er sich selbst nicht konsequent. Denn Plato läßt keinen Zweifel darüber, daß er damit meint, die Welt als vernünftiges Wesen sei durch Gottes Vorsehung geschaffen. Es ist ein Dualismus, den Bruno anderwärts mit großer Entschiedenheit bekämpft. Es tritt uns hier eine der Inkonsequenzen entgegen, über die oft geklagt worden ist. Solange Bruno alle Bewegung und Wirksamkeit in der Natur auf ein inneres Leben in den Dingen zurückführt, und alle mechanischen Zusammenhänge der Ursachen nur als eine Erscheinungsform dieses inneren Lebens darstellt, bleibt er klar und verständlich. Die Konsequenz dieser Auffassung stellt ihn in einen strikten Gegensatz zu den ihm folgenden Vertretern der naturwissenschaftlichen Entwicklung des 17. Jahrhunderts, die wie Galilei und Descartes alle Erscheinungen der Natur auf mechanischen Bewegungen fundieren. Gleichgültig, ob Bruno von Weltseele, Substanz oder Geist spricht, wesentlich ist, daß er sich dagegen wehrt, Phänomene und Gegenstände als gleichwertig zu betrachten. Dieser Standpunkt wird weitgehendst von ihm verteidigt, obgleich immer wieder dunkle Äußerungen auftreten, die dieses Bild trüben. Im Allgemeinen hält sich jedoch Bruno daran, daß Organisches und Anorganisches nur verstanden werden kann, wenn wir sie auffassen als zwei Äußerungsformen eines und desselben kosmischen Wesens, d. h. als verschiedene Erscheinungsformen ein und derselben Substanz. Was daher für unsere sichtbare Welt dem intellektuell ausgerichteten Verstand als ein Dualismus erscheint, wird

---

9 Giordano Bruno: De la causa, principio e uno. commento da Augusto Cuzzo, Firenze 1933, S. 18 f

zu einer inneren Einheit und der Manifestation einer monistischen Welt. Es ist diese Weltanschauung, die dem Werk Brunos seinen besonderen Wert verliehen hat, da sie die Stellungnahme aller derer stützt, welche den reinen Materialismus und die ihm wesensverwandte mechanistische Denkweise nicht für ausreichend halten, um die innere Einheit des Lebens zu erklären. In seinen lateinischen Lehrgedichten gibt Bruno wiederholt dieser Auffassung Ausdruck (u. a. opus lat. I. III p. 28)

„Die Natur ist eine ewige, unteilbare Wesenheit, das Werkzeug göttlicher Vorsehung, welches vermittels der ihm eingepflanzten Weisheit wirkt, alles zweckmäßig betreibt, aber ohne Vorstellung und Überlegung ... sich selbst verwirklicht, indem sie die Welt verwirklicht, unvermeidlich bestimmte Formen mit Notwendigkeit überall entfaltet, ein Vermögen der intellektuellen Seele, nicht einen fremden, sondern ihr eigenen Stoff, nicht äußerlich, sondern innerhalb, nicht nach freier Wahl, sondern ihrem Wesen gemäß, ewig gestaltend."

## Materie und Substanz

Die Ansicht von der allgemeinen Beseelung der Welt und aller Dinge in der Welt, welche der Naturphilosophie des 16. Jahrhunderts nicht fremd ist, wird bei Bruno zu einem Hauptpunkt seiner Lehre. Sie gewinnt aber erst eine Vertiefung, wenn er etwas näher auf das Wesen dieses Weltseelenmotivs eingeht. Auch hier ist wiederum die Unendlichkeit das Verbindungsglied. Sie bildet mit der göttlichen Weltseele eine Einheit, und da, wie bereits an anderer Stelle zitiert wurde, alle Gegensätze lediglich wechselnde Erscheinungsformen einer unendlichen Substanz sind, ist die Unendlichkeit auch das Kriterium dessen, was Materie oder Substanz genannt wird. Bruno erklärt daher:

„daß in dem einen Unendlichen, das die Substanz, das Seiende ist, sich die Vielgestaltigkeit findet, welche Ding für Ding individualisiert und dadurch bewirkt, daß das Seiende von vielfacher Art und Form ist."

Als Substanz bleibt nur übrig die reine Materie, aus der alles hervorgeht und in die alles wieder zurückkehrt. Nur die äußeren Formen wechseln und vergehen, weil sie keine Dinge sind, sondern lediglich zu den Dingen gehören; es sind keine Substanzen, sondern sie gehören zu den Substanzen. Mit dieser Auffassung wendet sich Bruno gegen einen gewissen „Araber", namens Avicebron, von dem er anführt, daß er in seinem Buche „Fons vitae" behauptet, daß die Materie allein die Substanz der Dinge sei und ebenso die Natur der Gottheit ausmache. Avicebron geht in seinem eben erwähnten Werke von 3 Gesichtspunkten aus.[10]

10 Avicebron, manchmal auch Avencebrol, war kein Araber, sondern ein Hebräer, der jüdische Gelehrte und Dichter Salomo ibn Gabirol, (1020–1070) der in Spanien lebte und auf den sich Bruno mehrfach bezieht. Erst S. Munk wies 1845 die jüdische Herkunft von Avicebron nach.

1. Das ewig unveränderliche absolute Wesen als unerforschlicher, reiner Geist.
2. Die aus Materie und Form zusammengesetzte Welt.
3. Das Medium zwischen Gott und der Welt, der in der absoluten Intelligenz sich manifestierende Wille, welcher streng genommen nichts anderes ist als der Logos von Philo von Alexandrien und die Weisheit der Kabbala.

Avicebrons (oder Avencebrol oder auch ibn Gabirol) Lehre ist ein gewisser Pantheismus. Gottes Wille und die Welt sind als Form und Materie eins, analog zu Seele und Körper im Menschen. Materie und Form bilden zusammen das All in der Gottheit. Diese aber ist der reine „Geist", und dieser göttliche Geist ist unendlich: nichts besteht in Wirklichkeit außer ihm. Eines seiner Attribute ist die Materie, das Urelement als Atom – das unendlich kleine. Atome haben keinerlei Attribute und Gott, der reine Geist ist erhaben über alle Attribute. Eine Abhängigkeit Brunos von Salomo ibn Gabirol ist nur in dem einen Punkt zu konstatieren, daß der Nolaner ebenfalls eine geistige Materie annimmt und diese mit der körperlichen zu einem einheitlichen Sein vereinigt. Gleicherweise treffen sich die beiden Denker in der Annahme, daß wir von der Materie der akzidentiellen zu derjenigen der substantiellen Formen, von der Materie der körperlichen zu jener der geistigen Wesen vordringen. Darüber hinaus scheint der Einfluß des judäo-arabischen Philosophen auf Bruno nicht gegangen zu sein.[11] Er erwähnt ihn später nochmals in dem Buche „De vinculis in genere", wo er ihn zusammenspannt mit David von Dinant (um 1200), einem Mystiker, der lehrte, Gott, Vernunft und Materie sei eines und dasselbe. Brunos Lehre zeigt viel eher eine Verwandschaft mit der Mystik von David von Dinant, als mit der Philosophie des ibn Gabirol, dessen zwischen Gott und Welt vermittelnde geistige Wesenheit Bruno schroff ablehnte. Brunos Pantheismus ist daher ungleich klarer und reiner im Begriff als der von ibn Gabirol.

Je schärfer man in diese labyrinthischen Gedankengänge Brunos eindringt, desto augenfälliger wird, daß sich in seiner Beweisführung eine Reihe von dunklen Abgründen findet, über die er in seinem metaphysischen Standardwerk nicht hinausgekommen ist. Was er Materie nennt, bleibt ein Phantasiegebilde. Mit sinnlicherfaßbaren Dingen hat es nichts mehr zu tun. Es ist nichts anderes als die Hypostasierung einer logischen Abstraktion, des Begriffes der Möglichkeit.

Der Brunosche Begriff Materie hat weder eine räumliche Ausdehnung noch sinnliche Wahrnehmbarkeit. Grundfalsch ist es daher, wenn neuere Philosophen[12] aus Bruno einen Materialisten machen wollen. Diese formlose Materie ist eine reine Möglichkeit, die noch nicht wirklich ist. Sie soll den Keim zur Formung in sich enthalten, durch welche erst die Vielgestalt der weltlichen Dinge geschaffen wird.

Das war eine These, der viele Philosophen des 19. Jahrhunderts und selbst solche, die Bruno wohlwollend gegenüberstanden, nicht folgen konnten. Was ihnen völlig unzugänglich blieb, war das Prinzip, daß jedes körperliche Substrat aus dem Geistigen hervorsprießen kann. Der Prozeß der Hypostasierung war ihnen fremd

11 Wittmann, M.: Giordano Brunos Beziehungen zu Avicenbrol. Berlin 1900
12 Horovitz, I.: The Renaissance-Philosophy of Giordano Bruno. New York 1952.

und deshalb glaubten sie, daß Brunos nicht immer klare und zugegebenermaßen manchmal mehrdeutige Begründungen darauf hinauslaufen, daß das Geistige in der Materie sei und die Mannigfaltigkeit der Formen heraustreibe. Wie konnte sich aber etwas aus einer Materie entwickeln, die nur eine Abstraktion, also ein Nichts sei? Brunos Auffassung lief jedoch gerade in der umgekehrten Richtung. Es ist der Geist, aus dem das corporeale in unendlich-endlichen Formen hervorsprießt. Es ist diese Tendenz, die auf ein letztes einheitliches Prinzip zur Erklärung aller Erscheinungen hinweist, ohne daß man wie Aristoteles oder Thomas von Aquino zu einem „primus motor", zu einem ersten Beweger, seine Zuflucht nehmen mußte. Es bedarf keiner von außen stoßenden Kraft, keiner von außen treibenden Zwecke, um das Weltall in Gang zu bringen. Der große tragende Gedanke von Bruno ist daher das Motiv der Immanenz, und das Fundament für einen schlackenlosen Pantheismus.

## Die Welt, ein lebendiger Organismus

Die Welt Giordano Brunos ist ein lebendiger Organismus, welcher alle Kräfte seiner inneren Bewegung, alle Prinzipien vernunftgemäßer und notwendiger Ordnung in sich selber trägt. – Ein Beweis für diese Annahme läßt sich aus Brunos Schrifttum nicht ableiten, auch nicht aus Brunos Standardwerk „De la causa". Als Pantheist sucht der Philosoph Bruno die oberste Einheit in den Erscheinungen der Natur. In seinem großen lateinischen Lehrgedicht hat Bruno das auf die kürzeste und prägnanteste Formel gebracht: „Die Natur," so ruft er aus, „als die ewige Ordnung der Dinge ist die herrlichste Gottheit".[13] Der gläubige Christ erhebt sich in seinem Glauben über die Natur hinaus zu einem transzendenten Gott, zu einer Gottheit, die außerhalb der Natur die Geschicke des Universums lenkt. Indem jedoch Bruno neben dem klaren Begriffsverhältnis von Materie und Geist an der Weltseele festhält, indem er diese zum obersten Formalprinzip der gesamten Natur erhebt, verläßt er das höchste Gesetz der Immanenz des Göttlichen, ja, er wird zurückgeschleudert in das Kraftfeld eines transzendenten Gottes. Die krampfhafte Bemühung Brunos, die Immanenz zu verkünden, trotzdem aber der Welt der Gläubigen ihren transzendenten Gott nicht zu versagen, kommt nirgends auffälliger zutage als in „De la causa". Im 2. Dialog sagt Dicsono: „Ich -- weiß, daß es ein großer Unterschied ist, ob man sagt, alles, was außerhalb der göttlichen Natur liege, bei Akzidenz (eine unwesentliche Eigenschaft) -- geschieht. Mit diesem letzteren Ausdruck wollt Ihr, glaube ich, die Wirkungen der göttlichen Tätigkeit bezeichnen, welche zwar die Substanz der Dinge, ja die natürlichen Substanzen selbst, aber doch nur gleichsam die entferntesten Akzidenzen sind, wenn man zu einer vollkommenen Erkenntnis des göttlichen, *übernatürlichen* Wesens gelangen will."

13 in „De immenso..." Liber II, caput XII, v. 76 – „Physis optima Deitas."

Theophilo bekräftigt das mit einem entschiedenen „Ihr habt recht" und der Schüler zählt einige Beispiele auf, welche das *übernatürliche* Wesen des Göttlichen illustrieren sollen. Er führt u. a. an, daß wir von der göttlichen Substanz nur

> „eine leise Spur erkennen können, wie die Platoniker sagen oder eine entfernte Wirkung, wie die Peripatetiker behaupten; die Kabbalisten lehren, es sei nur die Hülle, und die Talmudisten erklären, daß wir sie (die göttliche Substanz) nur von der Rückseite betrachten können oder im Spiegel, als Schatten oder Rätsel, wie sich die Apokalyptiker ausdrücken."

Es ist offensichtlich, daß Bruno vermeiden will, mit der kirchlichen Lehre in Konflikt zu geraten. Weder die Kirche der Renaissance-Zeit, noch die Theologen des 20. Jahrhunderts haben diese Inkonsequenz Brunos Ernst genommen. Solange die Weltseele keiner äußeren Hülle bedarf und die reiche Vielfalt der Erscheinungen aus sich selbst zu schaffen vermag, kommt es zu der heretischen Auffassung von der Autonomie der Welt. In einer unendlichen Welt wird Gott zu einer zwecklosen Hypothese oder, wie der unglückliche protestantische Theologe Dietrich Bonhöffer[14] es ausdrückte: „Ein unendliches Universum – wie immer es auch gedacht sein mag – ruht in sich selbst: Etsi deus non daretur."

## Monismus und Dualismus

Die große Diskussion, welche die Philosophie der gesamten westlichen Welt vom Altertum in die Scholastik und von ihr bis in unsere Zeit übernommen hat, ist der Streit der Geister, ob unser Weltbild von zwei sich polar gegenüberstehenden Prinzipien beherrscht werde oder ob diese dualistische Auffassung von einer monistischen Weltanschauung überwunden werden müsse. Es ist die Vorstellung, daß das gesamte Universum aufgebaut sei als ein einheitliches Ganzes und die Gegensätze von Gott und Welt, Materie und Form, Kraft und Stoff, Natur und Geist nur auf die Betrachtungsweise des Menschen zurückzuführen seien.

Seit den Tagen von Aristoteles hat sich die Philosophie dem Banne der dualistischen Weltanschauung nicht mehr entziehen können. Im 12. Jahrhundert hat sich das Christentum angesichts dieser Frage befunden, die bis dahin nur eine Angelegenheit des Glaubens war. Aber der Anspruch der Kirche, das gesamte Leben der Menschen zu beherrschen, schloß unausweichlich die Wissenschaft mit ein, und so mußte sich die Kirche entscheiden, ob sie mit oder gegen die einzige Wissenschaft bestehen könne, die damals noch als ein gewaltiges Reservoir des Wissens aus der Antike in die mittelalterliche Universalwelt hineinragte. Der geniale Thomas von Aquino löste das Problem, indem er die christliche Lehre von Gott und Welt mit der aristotelischen Philosophie des „esse et essentia" in einen

---

14 Dietrich Bonhöffer war Privatdozent der theologischen Fakultät an der Berliner Universität und Studentenpfarrer an der Techn. Hochschule Berlin, sowie Direktor des Predigerseminars der Bekennenden Kirche. Er wurde am 9. April 1944 auf Befehl Hitlers ermordet.

neuen Dualismus verschmolz. Es war eine Lösung, welche den Keim der Auflösung von Anfang an in sich trug. In der Renaissance kam dann der unter der Decke schwelende Kampf zwischen der christlichen Heils- und Sündenlehre des Augustinus und der griechischen Ideologie zum Ausbruch. In dieser Thematik ist Bruno – wie in manchen anderen Problemen – nicht ein Bahnbrecher, sondern *der* Denker, der am Übergang von den scholastischen Denkformen zu der Begriffsbildung der Naturphilosophie des 16. Jahrhunderts die Fragestellung am leidenschaftlichsten zu einer Entscheidung vorangetrieben hat. Die Bemühungen seiner Vorgänge, wie Telesius und Patritius, zielen darauf ab, die Vormachtstellung des aristotelischen Weltbildes zu brechen, aber ihr Konzept reicht nicht aus, es durch ein anderes System zu ersetzen. Bruno geht jedoch weit darüber hinaus. Er lockert das Problem dadurch auf, daß er es von zwei verschiedenen Seiten angreift: von der kosmologischen und der metaphysischen. Diese beiden Wege vereinen sich bei Bruno in einer genialen Gesamtschau eines monistischen Weltbildes. Solange das Christentum in der katholischen Kirche ein universelles Instrument hatte, in der es nur *eine* Religion und nur *eine* Wissenschaft gab, war es stark wie ein unangreifbarer Monolith. Es gab eben nur eine Wissenschaft, die katholische Theologie. Die Philosophie mußte immer ihr Diener bleiben. Die höchste Wissenschaft war der Glaube und der höchste Glaube die einzige Wissenschaft. Im letzten Grunde hat sich daran nichts geändert. Wissenschaft, welchen Charakters auch immer, ist in ihren letzten Erkenntnissen nichts anderes als ein Glaube.

Wahrscheinlich kann keiner von beiden des Dogmatischen entraten. Da die Suche nach der Wahrheit, das unstillbare Streben nach immer weiteren Erkenntnissen, der ewige Drang nach dem Neuen sich nicht zurückdämmen läßt, konnte ein Eindringen wesensfremder Elemente in die abgeschlossene Welt des Christentums auf die Dauer nicht aufgehalten werden. Es kam zur Spaltung von Glauben und Wissen, zu der für die Kirche verhängnisvollen Lehre von der doppelten Wahrheit. In dem Genius Bruno brach diese Erkenntnis klar auf. Vor allem erfaßte er, daß der dualistische Kern der Aristotelischen Philosophie, wie sie von den arabischen Philosophen interpretiert wurde, einen Keil in das christliche Lehrgebäude getrieben hatte. Auch daß der thomistische Kompromiß die Kluft von Glauben und Wissen nicht mehr länger überbrücken konnte, war ihm bewußt geworden. Dazu kam noch ein anderes.

Die wirklichen Krisen der Menschen sind nicht die geschichtlichen, wie wir immer wieder geneigt sind, anzunehmen. Die wahren Krisen sind die geistigen, die den historischen vorausgehen. Brunos Genie sah den Abgrund. Zuerst war es kein Akt intellektuellen Denkens, sondern ein solcher der Intuition. Der Gedanke, daß das Weltall eine Einheit ist, in der es keine Spaltung von Gott und Welt gibt, ebensowenig wie eine von Materie und Geist oder Substanz und Seele, muß ihm eines Tages blitzartig gekommen sein. Auch die daraus hervorgehende Idee, daß aus diesem Grunde Materie oder Substanz nicht das Stoffliche sein konnte, sondern daß sie nur Daseinsformen waren, in der sich der Geist – anima del mondo – dem Menschen offenbarte, war eine Inspiration.

Mögen wir sie mystisch nennen, sie war jedoch die gegebene Antwort, ein Füllhorn, aus dem so viele bis dahin ungeklärte Fragen einer Beantwortung zugeführt werden konnten. Jedenfalls aber lieferte sie den Schlüssel zur Überwindung der dualistischen Weltanschauung, die den suchenden Menschen nur immer tiefer in den Zwiespalt hineintrieb. Hierdurch fällt auf metaphysischem Wege der unfruchtbare circulus vitiosus, in dem sich die scholastische Philosophie dank ihrer Verbrüderung mit dem ihr wesensfremden Aristotelischen Gedankengebäude verwirrt hatte, auseinander. Der Gedanke, daß die Substanz aller Dinge auf der Synthese zweier Prinzipien beruhe, kann nicht mehr aufrecht erhalten werden. Zuerst mußte daher die dualistische Auffassung des Seienden, die von der aristotelischen Schule gelehrt wurde, überwunden werden.

Die damalige Philosophie hatte doziert: Die Substanz der Dinge beruht auf der Synthese zweier Prinzipien. Die Materie ist das passive, die Form das aktive Prinzip. In dem aktiven Prinzip liegt ein Moment dynamischer Kraftenfaltung, die erst der Materie, in der das Potential des Möglichen verborgen ist, zur Verwirklichung und daher zur Begrenzung verhilft. Im Mittelalter hat man oft zur Erklärung dieser Prinzipien die Schaffung eines Kunstwerks herangezogen, da der Schöpfer der Materie, d. h. des Stofflichen bedarf, um in der Form das Schöpferische zum Ausdruck zu bringen. Für das Mittelalter war also die Substanz – ebenso wie im Altertum – das Materielle, das dem geistigen Prinzip gegenüberstand.

Wie konnte dieser, auf die peripatetische Schule zurückgehende Dualismus überwunden werden?

Es ist evident, daß der entscheidende Unterschied in der Verschiedenartigkeit des Begriffes Substanz liegen muß. Für Bruno ist sie eine völlige Einheit, in der sowohl das potentielle wie das dynamische Element eingebettet liegen. Schon aus dieser Grundauffassung entspringen alle anderen umstürzenden Ideen, die Bruno später entwickelt. Denn ein solcher Begriff der Substanz schließt in sich ein: einmal das Element des Beharrens alles Seienden und damit unverbrüchlich verbunden das der Unendlichkeit des Universums. Hiermit fallen aber auch alle Voraussetzungen zeitlicher Gebundenheit und Begrenztheit: Substanz ist somit das schlechthin Vorhandene. Es begreift in sich alles Geistig-Seelische und es schließt alles aus, was diesen universalen Begriff etwa einschränken könnte. Somit bedarf es keines anderen Begriffes – es offenbart sich selbst und es bestimmt sich selbst.

Damit ist das System von den zwei Urprinzipien aufgelöst – diese bilden von Ewigkeit zu Ewigkeit ein unzerstörbares Ganzes. So gibt es auch keinen „primus motor" mehr, den Träger der thomistischen Lehre, der zu Anbeginn der Welt das Chaos in Bewegung setzt, und den Streit, daß der Geist die Materie zuerst erschaffen habe, klingt allmählich ab. All die vielen anderen Weissagungen, Theorien und Hypothesen, was da zu Anfang gewesen sein mag, fallen ins Unendliche, in dem das Endliche ruht.

Es ist die vollendete Form eines Pantheismus, einer Welt, in welcher der Geist alles in sich begreift und die Materia nichts anderes ist als eine Daseinsform, in welcher er von den Menschen allein sinnlich wahrgenommen werden kann.

Soweit die Materie nun aus dem Unendlichen hervorgegangen, jedoch in ihrer unendlichen Mannigfaltigkeit nur endlich erfahren werden kann, vermag sie dem Menschen nur in der dualistischen Spaltung offenbar zu werden. Während sich das Geistige in ihr der menschlichen Erschaubarkeit auf ewig entzieht und auch in alle Ewigkeit seine Einheit, seine Monas, nicht verlieren kann, vermag der Mensch das Materielle nur in der Zweiheit, eben durch die ihm integrale Zweigesichtigkeit aufzunehmen. Darin ist er der Spiegel des Makrokosmischen, daß sich das zwiespältige Bild, das seine beiden Augen empfangen, im Fokus seiner Linsen wieder zur einheitlichen Anschauung sammelt. –

Doch die Welt offenbart sich uns nicht nur in der sinnlichen Wahrnehmung, sondern auch im geistigen Erkennen. Es liegt im Wesen unserer geistig-denkerischen Organisation, daß auch Begriffe, die abgezogen sind von der sinnlichen Wahrnehmung und die einzig und allein in unserer Gedankenwelt lebendig werden, uns nur in ihrer Gegensätzlichkeit bewußt werden. So wie das Licht nur durch das Dunkel, das Schöne nur durch das Häßliche, das Harte nur durch das Weiche, das Laute nur durch das Leise, das Große nur durch das Kleine, schlechthin alle sinnlichen Attribute des Materiellen nur in ihren Relationen erfahren werden können, so erschließt sich unserem Denken das Gute nur durch das Böse, das Edle nur durch das Niedrige, das Schwache nur durch das Kraftvolle, der Haß nur durch die Liebe, der Kampf nur durch den Frieden, die Einfalt nur durch die Weisheit, die Milde nur durch die Härte – kurzum, jeder Begriff gewinnt nur Gestalt durch seinen Gegenbegriff.

Hiermit schließt sich der Kreis. Es ist ein ewiges Spiel und Widerspiel von Auflösung und Sammlung. Nur das Göttliche, das Absolute, das Geistige begreift das All im Kleinsten wie im Größten in seiner Einheit, in seiner Monas, und präsentiert sich von Ewigkeit zu Ewigkeit „de monade", das Sinnhaft-Materielle kann von den Sterblichen nur in seiner Aufspaltung, in seinem „dualistischen Spiegelbild" erkannt werden. *So bricht sich der Strahl des Unendlichen im Prisma des Endlichen.* Denn wir Menschen gleichen nur „dem Geist, den wir begreifen". So wie in der coincidentia oppositorum des Cusaners alle weltlichen Gegensätze verschmelzen in der unendlichen Gottheit, vollzieht sich das Weltbild des Nolaners in einem vollendeten Monismus.

Makrokosmos ist daher nichts anderes als die höchste Ausdrucksform monistischer Einheit des Universums. Mikrokosmos nichts mehr als die monistische Anschauungsform. Mikrokosmos ist schließlich der Mensch selbst, in dem sich die kosmische Einheit widerspiegelt. Es ist das Geistige, daß sich solchermaßen in der kleinen Welt der Sterblichen niederschlägt und ihnen die Schöpferkraft verleiht, die Unendlichkeit des Universums in der Endlichkeit, in menschlicher Erdgebundenheit und zeitlicher Begrenzung zu erleben und in ihrem Ebenbilde nachzuschaffen.

## Makrokosmos und Mikrokosmos

Wie aus der gesamten vorangegangenen Darstellung hervorgeht, treten innerhalb der metaphysischen Anschauungen Brunos *drei Themen* auf: Einmal das *universalistische*, das unmittelbar auf Brunos kosmologischen Grundanschauungen ruht, und das wir deswegen auch im Anschluß an das astronomisch-physikalische Weltbild behandelt haben. Das zweite Thema ist das *individualistische;* das dritte: *Die Einheit im All.* Die beiden letzteren hängen aufs engste miteinander zusammen, ebenso wie aus dem individualistischen Thema wiederum eine Querverbindung zu dem nächsten Hauptkapitel über „Die sittliche Weltordnung" gezogen werden kann.

Soweit es die metaphysischen Tendenzen angeht, liegt der Nukleus des individualistischen Themas in dem Mikrokosmos-Makrokosmos-Motiv, das sich besonders in der Renaissance-Zeit durch die Weltvorstellungen hindurchzieht. Auch hierbei lassen sich die Vorarbeiten von Nikolaus von Cusa nicht übergehen. Wir stoßen besonders auf sie, wenn die Weiterentwicklung des Mikro-Makrokosmos-Motivs in die Monadenlehre Giordano Brunos übergeht, in welcher die metaphysischen Bestrebungen des Nolaners zu einer gewissen Abrundung kommen und es ermöglichen, seine dritte große These, die von der *Einheit* im *All* profilierter herauszuarbeiten, als das ohne die oben angedeuteten Voraussetzungen möglich wäre.

Wie diese Themen durch das gesamte Schrifttum Brunos fluktuieren, zeigt sich auch hier wieder, wenn wir nach Hinweisen bei Bruno suchen, die sein Verhältnis zu der mikrokosmischen Idee illustrieren. Einer seiner prägnantesten Ausdrücke befindet sich in seinem Hauptwerk über die Philosophie der Moral, das den Titel trägt: Lo Spaccio de la bestia trionfante – (Die Vertreibung der triumphierenden Bestie) *„In jedem Menschen betrachtet sich eine Welt, in jedem Individuum ein Universum".* Auch in seinem lateinischen Lehrgedicht „De immenso" spricht er ähnliche Gedanken aus und erwähnt ein „speculum infinitatis", ein Spiegelbild des Unendlichen in jedem einzelnen Wesen. Das Problem der großen und der kleinen Welt geht allerdings viel weiter zurück in der Geschichte, die von dem Verhältnis von Mensch und Welt handelt. Sie taucht vor allem im neuplatonischen Gedankenkreis auf, dem Bruno so viele Anregungen zu verdanken hat. Solche Reflexionen gehen, genau so wie die über die anderen Hauptthemen Brunos, durch die antiken Spekulationen der Peripatetiker, der Stoiker. Sie alle diskutieren darüber und selbst Johannes Eriugena macht gewisse Andeutungen. Dagegen weiß die scholastische Philosophie des Mittelalters weniger davon, denn ihre Gedanken kreisen vielmehr um das Problem von *Gott* und Welt. Der Mensch spielte in den vorherrschenden philosophischen Zirkeln des christlichen Abendlandes nur eine untergeordnete Rolle. Dagegen treten solche Tendenzen unter orientalischen Denkern, besonders unter den jüdischen Mystikern, wie dem vorerwähnten Avicebron, wieder stärker auf. Auch ein gewisser Josef ben Zaddik hat im 12. Jahrhundert ein Buch über Mikrokosmos verfaßt, in welchem er davon spricht, daß „der Mensch eine Welt im Kleinen ist und daß sein Körper die materielle, seine Seele die geistige

Welt" repräsentiere. Die einzige Schrift aus dem abendländischen Kulturkreis stammt von dem französischen Neuplatoniker und Mystiker, Bernhardus von Tours (auch Silvestris genannt), der ein um die Mitte des 12. Jahrhunderts vielgelesenes Buch: „De mundo universitate seu megacosmus e microcosmus" schrieb, das jedoch über obskure Andeutungen nicht hinauskommt. Bruno hat es wohl kaum gekannt. Interessant ist in Bernhards Aufzeichnungen, daß er von einer Materie spricht, die von der Weltseele geschaffen, und daß er die letztere – in Anlehnung an Aristoteles – der Entelechia gleichsetzt. In vielem aber herrscht darin noch die Verworrenheit gotischen Denkens, eingetaucht in die magischen Lichter jener Zeit. Versteckt findet sich auch bei Thomas von Aquino ein Ausspruch, aber für ihn ist der mikrokosmische Begriff nur ein Übergangsmotiv, das ihm dazu dient, das Verhältnis des göttlichen Urgrunds zur Welt in eine andere Perspektive hineinzustellen.

Erst bei jenem wunderlichen Wundarzt Philippus Theophrastus Bombastus Paracelsus von Hohenheim treten die Beziehungen zwischen der Großen und der Kleinen Welt wieder stärker in das Blickfeld naturphilosophischer Anschauungen. Mehr noch als an Cusanus lehnt sich Bruno an diesen knorrig-grüblerischen Riesen an, der aus dem mittelalterlichen Dunkel einer abergläubigen Schwärmerei hineinragt in die scharfe, klare Luft der Renaissance-Helle. Bruno erwähnt ihn in dem 3. Dialog von „De la causa" und in dem Buche „Sigillus Sigillorum", in welchem er selbst noch so viel Rückstände einer überkommenen Zeit aufarbeitet. Am meisten tut er Paracelsus Ehre an, wenn er ihn am 8. März 1588 in seiner großen Abschiedsrede von der Universität Wittenberg im Verein mit Albertus Magnus, Nicolaus Cusanus, Palingenius und Copernicus als einen der großen Deutschen preist, aus deren Ideen seine Weltanschauung hervorgegangen ist.[15]

Ist es hier die illustre Gesellschaft, anderwärts des Paracelsus Heilkunst, so kommt dieser an einer anderen, weniger bekannten Stelle wesentlich schlechter weg.[16] Dort behauptet Bruno, daß Paracelsus aus der Lehre des „göttlichen Cusa" nachweisbar alles entnommen habe, was er über Leib und Seele zutage gefördert hat. Auch wirft er ihm vor, daß er die Früchte ernten durfte, die Lullus ausgestreut hat. (Was Bruno eigentlich eher von sich selbst sagen könnte.) Aber als „Fürst der Ärzte", der allein neben Hippokrates den Thronsitz einer höheren Heilkunde teilen darf, lobt er den bombastischen Hohenheimer auch hier.

Trotz einer ausgiebigen Forschung und Literatur wissen wir nicht allzuviel über die Lebensumstände von Paracelsus. Selbst Geburts- und Todesjahr (1493–1541) sind in Dunkel gehüllt. In der Schweiz geboren, kam er aus einem verarmten, schwäbischen Landadelsgeschlecht. Der Vater soll Arzt gewesen sein und sei in Villach in Kärnten, wo er lange Jahre praktizierte, gestorben. Einfluß auf das Stu-

---

15 Palingenius, ein Italiener namens Manzoli, Verfasser einer astrologischen Schrift „Zodiacus vitae" s.a. Koyré, A. Closed world. S. 280.
16 Huser, Joh.: Quartausgabe sämtlicher Werke von Paracelsus, Basel 1591. Sudhoff, K. u. Matthiesen, W. Sämtl. Werke von Paracelsus, München 1924.

dium von Paracelsus soll der berühmte Abt von Sponheim, Johannes Trithemius, gehabt haben. Hohenheims Leben gleicht dem des Nolaners darin, daß auch er ein rast- und restloser Wanderer war. Nach seinen eigenen Angaben hat er sich in seinen Studienjahren auf deutschen, französischen und italienischen Hochschulen herumgeschlagen. Der Wandertrieb und die Abenteurerlust lagen ihm im Blute. So treibt es ihn durch Spanien und Portugal, durch Preußen und Polen, nach Ungarn und der Wallachei, nach Siebenbürgen und den Karpathen. Er selbst erzählt von diesen unsteten Fahrten, allerlei Händeln mit Badern und Feldscherern, gelehrten Doktoren und Schwarzkünstlern, die Weiber nicht zu vergessen. Dieses Jahr in den Niederlanden, das nächste in Dänemark, Irrsale und Wirrsale, Kriegsläufte und ruhige Tage in Klöstern und Spitälern, bei Astrologen und Alchemysten, bei Edlen und Unedlen, Klugen und Einfältigen, Herren und Bauern. In Straßburg bei den Chirurgen und in Basel, wo er den berühmten Buchdrucker Froben kuriert und wo er mit den Großen der Zeit, mit Erasmus von Rotterdam, vielleicht auch mit Holbein, dem Jüngeren, zusammenkam. Kurze Zeit hat er dort eine Professur, bis er von der neidischen, medizinischen Fakultät vertrieben wird. Ähnlich erging es ihm in Nürnberg und an anderen Orten. Gegen Ende seines Lebens kam er wieder nach Österreich. Geheimnisvoll zog es ihn nach Kärnten, dem Lande seiner glücklicheren Jugendzeit. Zuletzt treffen wir ihn in Salzburg, wo er im Jahre 1541, erst 48 Jahre alt, gestorben ist. Dort ist er auch begraben. Die zahllosen Legenden über sein wildes Leben, denen sich leider auch Bruno nicht entzogen hat, und die mancherlei Gerüchte über seinen Tod können wir hier übergehen.

In seinen zahlreichen Werken, die sich auf fast alle Bildungsgebiete seiner Zeit erstrecken, tritt uns die dämonische Unrast seines gehetzten Lebens, aber auch die universelle, geniale Persönlichkeit des Mannes entgegen. Richtig ist, daß er das Werk des Cusaners fortgesetzt hat; doch tut ihm Bruno bitter Unrecht, wenn er behauptet, daß seine Philosophie nichts anderes als eine Nachahmung von den Ideen des Nikolaus von Cusa sei.

In fast allen seinen weltanschaulichen Schriften findet man Bezüge auf das Problem vom Spiegel des Makrokosmos im Mikrokosmos. Nirgends ist jedoch dieses Motiv kantiger herausgemeißelt, als in seinem Buche „Astronomia Magna oder die ganze Philosophia Saga der großen und der kleinen Welt Phillipi Paracelsi Theophrasti." Wenn er nun auch den Gegenstand selbst von Cusanus übernommen haben mag, wie anders prägt er sich doch in dem etwas holprigen und durchwachsenen Deutsch des Hohenheimers aus. Cusanus ist in der ganzen Anlage seiner Konzeption noch sehr entschieden auf die göttliche Beziehung eingestellt. Bei Paracelsus aber überwiegt die Existenz des Menschlichen – eine Erdnähe, wie sie zu jener Zeit noch selten anzutreffen ist. Es ist gerade diese, die man auch in Brunos Interpretation vermißt, wobei man allerdings berücksichtigen muß, daß bei der größeren Differenzierung seiner Gedankenentfaltung die makrokosmische These von anderen Fragenkomplexen überschattet wird. Das gilt mehr als sonst für seine monadologischen Begriffsbildungen, deren Wurzeln, wenigstens bis zu einem gewissen Grade, tief in das Mikrokosmos-Motiv hineingewachsen sind.

Inwieweit nun Bruno seine Anregungen auf diesem Gebiete eher dem ihm geistesverwandten Paracelsus als dem schon weiter entfernten Cusaner verdankt, ist schwer zu sagen. Paracelsus war doch vor allem ein Mensch, der sich im Vergleich zu dem vornehmen Kirchenfürsten von Brixen ausnahm wie eine aus einem groben Klotz herausgehauene, massive Skulptur zu einem Tanagrafigürchen. Alles an dem Cusaner war aufs Sublimste verfeinerte Renaissancekultur. Paracelsus derbe, grobschlächtige und gradlinig-schwäbische Natur wollte dazu schlecht passen. Daher ist auch sein deutscher Sprachgebrauch etwas ungehobelt und schwerfällig und er sagt selbst: „Ich schreib' nicht von der Sprach' wegen, sondern wegen der Kunst meiner Erfahrenheit." Er sagt geradewegs, was er zu sagen hat; oft stößt er die tiefsten Gedanken mit rücksichtsloser Offenheit heraus. Von Buchweisheit hält er nicht viel; die Natur ist sein bester Lehrmeister und in all dem bildet er auch einen scharfen Gegensatz zu dem brillanten Stilisten Bruno, dessen elegante Feder sich wie ein spitzes Florett gegen den breiten, wuchtigen Schläger des schwäbischen Ritters ausnimmt.

Aber in der Gedankenarbeit stehen die beiden gar nicht so weit voneinander, und Bruno hat wohl gewußt, warum er diesen biederderben, deutschen Haudegen unter seine geistigen Vorbilder eingereiht hat. Ist Paracelsus doch einer, der klarer und entschiedener von der Struktur des Menschen spricht: „Zu gleicher Weis' als der do aufzeucht von einem Leib' und Seel' oder den Geist" und aus dem folgt für ihn „daß der Mensch ist die kleine Welt, Mikrokosmus; aus der Ursachen, daß er die ganze Welt ist, in dem, daß er ist ein Auszug aus allen Sternen, aus allen Planeten, aus dem ganzen Firmament, aus der Erden und allen Elementen – und allein in dem ist die Unterscheid zwischen der großen Welt und dem Mikrokosmo."[17]

War schon das ganz nach dem Herzen des Nolaners gesprochen, so erfahren wir früh genug, daß dieser Mann Paracelsus, der die körperlichen Gebrechen der Menschen auf so wunderliche Art zu heilen verstand, viel mehr wußte. Es lag im untersten Seelenschacht des großen Arztes ein Geheimnis, das viel mehr Aufschluß geben könnte, worin seine Kunst bestand, als die „arcanischen Recepte", nach denen die Paracelsus-Forscher bis heute vergeblich suchen.

Paracelsus kannte den ganzen Menschen, er war ihm ein ungeteilter Organismus, eng verbunden mit allem Lebendigen im Himmel und auf Erden. Ihm war, wie auch Bruno, alles eine große Einheit, denn er wußte eines in der Tiefe seiner großen, grundgütigen, verstehenden Seele: das, was ein Ding zu etwas macht, ist seine Einheit. Nicht der Stoff, nicht das Vielerlei der Dinge, noch die Wahrnehmbarkeit der Sinne. Nur die Einheit ist vernehmbar, nicht sinnlich, und alle Realität ist uns mithin nur esoterisch gegeben.

Es liegt im Wesen der mystischen Spekulation – und wer wollte bestreiten, daß dieser clairvoyante Paracelsus, wenig geneigt zu rationalen Erwägungen, nicht aufs

---

17 Hartmann, Franz.: Grundriß der Lehren des Paracelsus, Leipzig 1898.

Innigste dem gottseligen Naturgefühl eines schwärmerischen Mystikers hingegeben war – durch den Kampf der Gegensätze zur Einheit zu gelangen.

Dieses Streben nach Einheit stak ihm im Gemüt. Man höre nur, wie er es herausholt aus dem großen Mysterium, von dem er nicht müde wird, zu schreiben: „Denn es ist weder Philosophey, daß die Blümelein sollen ohn' Ewigkeit sein. Wiewohl sie verderben, so werden sie doch an der Sammlung aller Geschlechten erscheinen. Denn es ist nicht geschaffen aus Mysterio Magno, es wird haben ein Bildnus außerthalb den Ätheren." Dieses Mysterium Magnum ist für Paracelsus „die Materia aller Ding und nicht ein Begreiflichkeit auf keinerlei Wesen gestellt, noch in kein Bildnus formieret." Auch hier sind deutliche Ansätze für den Brunoschen Begriff der Materie. So wie Paracelsus hier die Vergeistigung der Materie durch das Mysterio Magno erkennt, so lebt der Geist auch in der Natur. „Die Natur" – so sagt er – „die alle Dinge lernet und was sie nicht kann, das erwirbt sie vom Heiligen Geist, der sie lernt und der Heilig' Geist und die Natur sind eins, das ist, täglich ist die Natur aus dem heiligen Geist." Da sind sichtbare und unsichtbare Kräfte in der Natur,- „unsichtbar Leib und sichtbar Leib – Es ist alles eins". Daraus folgt:

„daß alles, was wir auf Erden haben, aus Gott do ist, nichts ausgenommen. Nun ist es bei uns, nit als ein Geist, sondern als ein Natur."[18]

Das bringt uns zurück auf eine der ältesten Weisheiten der Menschheit, die wir auch bei Paracelsus wieder treffen, dem der Tod des Menschen nichts anderes ist, „als eine große Separation der drei Substanzen Leib, Seel' und Geist." Dabei gibt er, der doch so stark im Sinnlichen denkt, dem Geiste die Vorherrschaft. „Denn im Geist liegt des Menschen Urteil über die Seel' und über den Leib."

Selbst zu dem Hylozoismus Brunos sind bei Paracelsus unverkennbare Ansätze vorhanden, wenn er „von dem Leben eines jeden Dinges" spricht, daß es „anders nicht ist als ein spiritualisch Wesen, ein unsichtbares und unbegreifliches Ding und ein Geist und ein geistliches Ding." Dieser Lebensgeist ist bei Paracelsus der Archeus. Auch er ist ein Vorgänger für die Brunosche Vorstellung von der Monade, nicht nur, weil er letzten Endes für Paracelsus die Krönung des Motivs von Mikrokosmos und Makrokosmos ist; er hat seinerseits ein Gegenbild in der Entelechie des Aristoteles, obwohl sich diesem alles Entstehende aus der bereits vorhandenen Idee entfaltet; bei Paracelsus hingegen entsteht die Vielheit organischer Ordnung aus der ideellen Einheit des Archeus.

Das aber ist eine gegebene Überleitung zu der Brunoschen Hypothese von der Dreiheit der Minima, durch die er versucht, die Spannungsfelder zwischen Materie und Form und zwischen der Einheit im Unendlichen und den Gegensätzen im Endlichen aufzulösen.

18 Kayser, Hans: Schriften Theophrasts von Hohenheim, genannt Paracelsus. Leipzig, Insel-Verlag, 1924. S. 249.

## Das dreifache Minimum und die Monade.

Die Arbeiten von Giordano Bruno, aus denen sich seine Hypothese über die Einheit im All und seine Theorie von der Monade entnehmen lassen, sind in seinen drei großen, lateinischen Lehrgedichten: „De Immenso", „De Triplici minimo" und „De Monade" enthalten. Doch ist es nicht das letztere, wie man dem Titel nach vermuten sollte, sondern das Gedicht: „Über das Dreifach Kleinste", worin der größte Teil der Brunoschen Monadenlehre entwickelt wird. Das Gedicht „De Monade" befaßt sich fast ausschließlich mit Brunos Zahlenmystik und fällt infolgedessen fast ganz aus dem metaphysischen Bereich heraus. Einzelne Elemente der Brunoschen Monadologie finden sich auch verstreut unter verschiedenen Abschnitten in „De Immenso". Wenn nun auch in „De Triplici" der Kern der Brunoschen Monadenlehre vorgetragen wird, so kann auch hier keineswegs von einer methodischen Ableitung die Rede sein. Poetische Schilderungen sind durchsetzt von Prosastücken und es sind in erster Linie diese, denen wir eine verhältnismäßig klare Darstellung des Gegenstandes zu verdanken haben. Über den Titel, d. h. über die Dreifaltigkeit der Minima und welcher Art diese sein mag, ist viel geschrieben worden, was vielleicht gar nicht von Bruno beabsichtigt war. Aus dem langatmigen, lateinischen Titel „De triplici minima et mensura ad trium speculativorum scientiarum et multarum activarum artium principia" läßt sich kaum bestimmtes herleiten. Bruno selbst war nicht zur gegebenen Zeit am Verlagsort anwesend, und so hat nicht er, sondern einer der Verlagspartner von Wechel und Fischer in Frankfurt am Main ein kurzes Vorwort verfaßt, das sich in keiner Weise darauf bezieht, was Bruno mit dem Dreifach Kleinsten gemeint hat. Die natürlichste Interpretation, für welche sich gewisse Belegstellen im Text finden, könnte man kurz zusammenfassen in die folgende Sentenz. Es gibt drei Minima:

Ein *geometrisches* Minimum: der Punkt
Ein *physikalisches* Minimum: das Atom
Ein *metaphysisches* Minimum: die Monade.

Die Lehre Giordano Brunos von der Monade geht von dem Grundgedanken aus, etwas auszusagen über die kleinsten Einzeldinge in der Natur und ihre Relation zu dem gewaltigen und zusammengesetzten Ganzen.

Von vornherein wird eines klargestellt. Das Minimum, das Bruno auch zuweilen Atom nennt, ist zwiefacher Art. Er spricht von solchen der Qualität und solchen, die sich auf die Quantität der Dinge beziehen. Die letzteren sind sekundärer Natur, insofern sie erst dann in Betracht gezogen werden können, wenn sich aus den minima der Qualität Dinge entwickelt haben, die zum Gegenstand einer Größenmessung werden. Die Größen, die hier bestimmt werden, beziehen sich auf Dinge, die in Beschaffenheit und Wesenheit völlig unabhängig voneinander sind. Sofern diesen quantitativen Minima das Attribut der Unteilbarkeit zugeteilt wird, beschränkt es sich auf die physikalische Struktur und die cemische Zusammensetzung der Körper. Die minima der Qualität hingegen sind die Substanz aller

Dinge und ein Element der Materie und die wahren *Ureinheiten* oder *Monaden*. „Untersuchst Du die Monade genauer" – sagt Bruno einmal – „dann wirst Du feststellen, daß sie Substanz und Form in einem ist." Diese Ureinheiten sind ganz in einem Ganzen, und ganz in jedem Falle desselben. Sie bilden letzte und unteilbare Einheiten. Auf ihnen baut Bruno seine ganze Forschungsmethode auf.

Was die Minima der Quantität, die Bruno auch die physikalischen Atome nennt, für das räumliche Universum bedeuten, repräsentieren die wahren Ureinheiten, die Monaden, in ihrem Verhältnis zum Unendlichen. Denn diese Monaden sind die Substanz aller Dinge und als solche *geistige* Einheiten. „Der ganze Geist" – führt Bruno wörtlich aus – „der von allen Seiten herausströmt ohne Form, alle Dinge durch ihre Symbole unterscheidend." Da sie Wesen und Substanz aller Dinge in einem geistigen, metaphysischen Sinne im Unendlichen sind, so sind diese Monaden als Minima der Qualität, dem Maß und der Größe nicht unterworfen. Sie tragen daher alle Gegensätze in sich und sind zugleich nicht nur das kleinste, sondern auch das größte aller Dinge, das höchste, sowohl als das tiefste, das größte und höchste aller Wesen, nämlich – da sie völlig außerhalb der meßbaren Größenwelt liegen, sind sie Minimum und Maximum zugleich. Denn ihre Wesenheit liegt nicht mehr im Quantitativen, nicht mehr in einer räumlichen Begrenzung, und so sind sie Wesenheit aller Wesenheiten, Substanz aller Substanzen – die Ureinheit schlechthin, die dem All zugrunde liegt und daher nicht mehr anders denn als Identität des Größten und des Kleinsten begriffen werden kann.

Da die Monaden keine körperlichen, vielmehr geistige Einheiten sind, werden sie weder durch eine Kraft erzeugt, noch können sie durch eine solche zerstört werden. Sie sind daher unveränderlich und unvergänglich, unwandelbar und ewig. Wir haben bisher nur von dieser einen, gewissermaßen stationären Qualität der Monade gesprochen. Doch aus dem Urstandsverhältnisss, das zwischen dem quantitativen und dem qualitativen (monadischen) Minimum besteht, ergibt sich, daß die Monade eine lebendige Einheit ist, auf der alle individuellen Daseinsformen beruhen.

Erinnern wir uns daran, daß die Monade gleich ist der Substanz und Materie, daß diese aber, ein geistiger, unkörperlicher Begriff, alles Körperliche aus sich selbst heraustreibt. So ist denn auch die Monade, die geistige Ureinheit alles Substanziellen, das Zentrum jeglicher Aktivität, in allem Lebendigen und die Basis alles dessen, was Bewegung, Gestalt und Ausdehnung besitzt. Eine Kette der Monaden läuft durch die ganze Schöpfung. Diese Monadenkette tritt ein in jeden Lebensprozeß und in jede andere Existenzform als ein lebendiges und ständiges Prinzip.

Alle Daseinsformen, in welcher Phase ihrer Existenz sie auch auftreten mögen, sind nur verschiedene Aggregatverbindungen der Monaden. Alle natürlichen Prozesse, einfach oder kompliziert, sind nur Variationen, Transformationen und Abarten dieser Ureinheiten.

*Monas* heißt nichts anderes als *Eins* und steht als solche für die Zahl eins. Für Bruno aber ist diese Zahl eins nicht nur eine Zahl. Sie ist in einem übertragenen

Sinne eine *Einheit*.[19] Die Einheit aber ist nichts anderes als die Gottheit selbst, in der alles wieder in der Einheit aufgeht. So sagt Bruno im 1. Kapitel des 1. Buches von „De triplici" in einer bei ihm leider seltenen Eindeutigkeit:

„Deus est Monas omnium numerorum fons"
„Gott ist die Einheit – aller Zahlen Urquell".
Was ihm das bedeutet, finden wir im 2. Kapitel des Werkes kommentiert:

„Die Zahl ist eine wesentliche Eigenschaft der Monade.
Die Monade aber ist das Wesen der Zahl."[20]

Das liegt durchaus in der Konsequenz der Brunoschen Vorstellung, denn die Monade ist ja etwas rein Geistiges, ja, sie ist der Urstand alles Geistigen, das für Bruno die Basis aller Dinge ist – auch der abstrakten Begriffe und so auch des Abstraktesten – der Zahl.

Wir begegnen hier ohne Zweifel einem tiefliegenden Grundgedanken von Brunos Monadentheorie. Bruno bedient sich des Gesetzes und der Ordnung der Zahlenwelt als einer Analogie, durch die er seine Monadentheorie erklären will, etwa so, wie sich Descartes einer mathematischen Ausdrucksweise bedient hat, um das Wesen seiner philosophischen Begriffe in ein klareres Licht zu stellen.

Immer aber tritt die Monade auf als die ewige Einheit jeden Gegenstandes. Jede besondere Daseinsform wird repräsentiert durch ihre eigene, ihre integrale Bestimmung. Da sind endlose Zuordnungen, Organisationen in der Natur, denen ebensoviele Zahlenkombinationen entsprechen mögen. Subtile und komplexe Formationen mögen von einer weit größeren Anzahl von Monaden zusammengesetzt sein, als eine Species einfacherer Ordnung. Aber jede einzelne Daseinsform wird vertreten durch eine ihr allein eigene Wesensart und diese wiederum entfaltet eine eigene Spezialmonade, genau wie in der Mathematik die Zahl 10 die Basis – oder sagen wir auch hier – die Einheit eines Logarithmensystems ist.[21]

Bruno führt diese Zahlenanalogie mit einer gewissen Konsequenz durch. So weist er darauf hin, daß in der Monade das gestaltende Prinzip vorhanden ist, bewirkende Ursache alles Seins. Ebenso wie die All-Einheit jede vorstellbare Unterschiedlichkeit und Gegensätzlichkeit einschließt, wie groß auch immer die gegenseitigen Differenzen sein mögen, so umfaßt die Zahl unendlich ($\infty$) jede denkbare numerische Quantität, gleichgültig wie verschieden solche Quantitäten auch untereinander sein mögen. Den summarischen Einheiten verschiedener Begriffe des absoluten und unermeßlichen Ganzen steht daher eine Zahlenreihe von eins zu unendlich ($1 : \infty$) gegenüber.-

---

19 Abraham ibn. Esra: Buch der Einheit. Übers. v. Ernst Müller, Berlin 1921, S. 15 ff.
20 De Triplici Minimo p. 140.
21 ebenda S. 18, Fußnote 1 über das dekadische System.

Auf der anderen Seite von Brunos metaphysischem Weltbild erhebt sich jedoch über alle Begrifflichkeit hinaus die Monas als göttliche Einheit, als Sein, das schlechthin jedes Moment der Zahl und Messung übertrifft (super omnis momentum, innumerabile et immensum). Ihr aber, der Monade, als göttlicher Einheit der *Monas Monadum*, tritt die Natur gegenüber in jedem endlichen Dinge, eine zählbare Zahl, eine meßbare Größe, ein erreichbares Moment. Das zwiespältige Problem, das zu Aufstellung und Ausbau der Brunoschen Monadentheorie führte, lag in der Frage, wie es überhaupt möglich sei, Minimum und Maximum in einer metaphysischen Identität aufzuheben. Die schmale und gebrechliche Brücke, auf der Bruno versucht, diesen Weltenabgrund zu überqueren, errichtet er auf zwei Pfeilern. Der eine dieser Brückenträger ist – wie wir oben ausgeführt haben – die bereits von Paracelsus konsolidierte polarische Idee vom Mikro- und Makrokosmos. Bruno verbreitert den soliden Unterbau durch seine Lehre vom dreifachen Minimum. Doch erst der andere mächtige Brückenkopf gibt dem Nolaner die Möglichkeit, den luftigen Bogen zu spannen, auf dem er die schwindelnde Schlucht traversieren darf: Nikolaus von Cusanus' dialektische Theorie von der coincidentia oppositorum.[22] Seine Aussage, daß überall im Kleinsten das Größte ganz darin einbegriffen ist, weitet Giordano Bruno aus zu einem Hohelied von einer unerhörten und bis ins Innerste erschütternden Religion. Wie sehr er sich dabei auch an viele Denkelemente des Cusaners anlehnt, er schreitet doch mutig über die transzendente Gottgläubigkeit von Nikolaus von Cusa hinaus. Nicht der Mensch allein ist ein Spiegel des Weltganzen. In jedem Einzelding wird der Weltzusammenhang offenbar. In dieser Individuation reflektiert sich die gesamte unendliche Gestaltungskraft. Es ist der konstituierende Wesenskern, den Bruno in dem Individuum entdeckt und als Monade proklamiert. Darin liegt das absolut *Un*-Teilbare, in dem wir das Element des Weltzusammenhangs zu suchen haben; nicht ein Stück Materie, nicht irgend ein lebloses Atom. Es ist die Monade als eine aus ureigenen Quellen hervorsprudelnde, individuelle Form des Weltendaseins. Das ist auch die große, über alles sich emporschwingende Aufgabe der Monade. Kein Leben ohne Monade; in jeglichem Einzelding steckt der Lebenskeim aller Dinge. Unaufhörlich muß die Monade diese Aufgabe erfüllen: das Streben zur Entfaltung. Sie darf sich nicht abschließen von allem anderen, und da sie überall und in allem ist, so verstehen wir jetzt, daß sie nur eine andere Ausdrucksform dessen ist, was wir früher in Brunos begeisterten Jugendtagen als die Weltseele, als die Kraft der Natur kennen gelernt haben.

In dieser mystischen Parallelisierung liegt eine andere Tiefe philosophischer Einsicht verborgen. Aus den vielfältig möglichen Kombinationen, jede wieder individuell in ihrer Art und ihrem Wesen, geht die unübersehbare Welt der endlichen

---

22 Védrine, Hélène: La Conception de la nature chez Giordano Bruno, Paris 1967, p. 145. „Grâce à la coincidence des contraires, telle quelle était affirmée des le début de la Docte Ignorance dans les termes mêmes que reprend ici Bruno, le minimum est en même temps le maximum, puisque l'infini rest indivisible."

Erscheinungen hervor, und auch hier manifestiert sich ein eklatanter Gegensatz, auf den hinzuweisen Bruno nicht müde wird.

Als Spur, als Ebenbild der Unendlichkeit (speculum infinitatis) ist auch das Kleinste eine Welt für sich, ja ein doppelter Spiegel, einmal als der der universellen Unendlichkeit und dann in der soeben bezeichneten individuellen Darstellung in seiner unaussagbaren Eigentümlichkeit. Im Bereiche des physikalischen Atoms ist diese Individuation nicht vorhanden. Nur in der mathematischen Abstraktion gibt es zwei vollständig gleiche Strecken, zwei absolut gleiche Gewichte, zwei kongruente geometrische Gebilde. „In der Natur", ruft Bruno aus, „ist nicht ein Ölbaum so gestaltet wie ein anderer, nicht ein Mensch dem anderen gleich."[23]

Die moderne physikalische Forschung liefert uns Beispiele für diese These Brunos, welche für Jahrhunderte nur als Hirngespinst eines mystischen Schwärmers abgetan wurde. Ein solches Exempel bringt Erwin Schrödinger, ein bekannter Nobelpreisträger der Physik, in seiner Schrift „Was ist Leben":

„Moleküle von Wasserstoffgas bei 20 Gr. Celsius haben eine durchschnittliche Geschwindigkeit von 6336 km pro Stunde. Das sind natürlich nur mittlere Geschwindigkeiten. Viele elastische Zusammenstöße mit seinen gleichfalls beweglichen Nachbarteilchen sorgen für eine ständige Ablenkung von der Geraden, so daß die Bahn eines Teilchens ein wirres zickzackartiges Hin- und Hergeworfensein darstellt. Die Anzahl der in dieser Weise bewegten Moleküle in 2 Gramm Wasserstoffgas, die bei gewöhnlichem Luftdruck einen Raum von 22 Litern einnehmen, ist unvorstellbar groß – $6 \times 10^{23}$, eine Zahl mit 23 Nullen, die sog. Loschmidtsche Zahl. Machen wir uns den Gegenstand noch klarer:
Die Beziehungen eines Körpers zu seiner Umgebung werden durch seine Oberfläche bestimmt. Nehmen wir ein Stück blankes Eisen, das durch den Luftsauerstoff nach einiger Zeit mit Rost bedeckt wird. Je größer die Oberfläche, umso intensivere Beziehungen und reichere Reaktionsmöglichkeiten. Wodurch werde ich diese steigern können? Indem ich die Oberfläche dadurch vergrößere, daß ich den Körper zerteile, zerschneide, zerstampfe. Wie stark hierdurch bei gegebenem Gesamtvolumen die Oberfläche wächst, möge folgendes Beispiel darstellen: Ein Würfel von 1 cm Kantenlänge besitzt eine Oberfläche von 6 cm². In Würfelchen von 1 Millimeter Kantenlänge zerlegt, hat er bereits eine Gesamtoberfläche von 60 Zentimetern. Denken wir uns ihn schließlich in Würfelchen von der ungefähren Größe chemischer Moleküle zerlegt, so wächst hierdurch seine Gesamtoberfläche auf: 60.000.000 cm² an; das sind 6000 Quadratmeter. In so gigantischer Weise vermehren sich die Beziehungsmöglichkeiten zur Umwelt durch die molekulare Gliederung der Materie."

Dies ist eine Methode der Darstellung und Interpretation für die Auffassung Brunos, wie auch im Bereiche der irdischen Unermeßlichkeit ein nicht mehr vorstellbares Größtes in einem Minimum verborgen liegt. Eine Reihe von Kräften und Gesetzen treten hier ins Spiel, wie wir sie in der modernen Naturwissenschaft antreffen – Kausalität, Energie, chemische Affinität u.a.m. und legen den Gedan-

---

23 Ein moderner Philosoph schreibt über dieses Phänomen, daß Bruno in dieser Schilderung der irdischen Unendlichkeit jedes einzelnen Weltelements in dem unerschöpflichen Reichtum seiner Individualität Leibniz vorgegriffen habe.

ken nahe, daß im Keime diese modernen, naturwissenschaftlichen Forschungsergebnisse in der Brunoschen Monadentheorie bereits vorhanden waren. Jedenfalls liefert uns hier die moderne Naturwissenschaft ein Beispiel, was Bruno gemeint hat mit seiner Aussage, daß „überall im Kleinsten das Größte einbegriffen ist".[24]

Dabei ist irrelevant, ob Brunos Hypothesen, von mancherlei mittelalterlich-mystischer Obskurität überwuchert, für die heutige Zeit noch einen praktischen Wert besitzen. Diese Frage geht, wie uns die folgenden Kapitel lehren sollen, verloren. Als eine Brücke von den griechischen und römischen Atomisten über die Monadologie von Leibniz und geläutert in den entelechischen Gedanken Goethes bis zu den Naturphilosophen und Naturwissenschaftlern des 20. Jahrhunderts werden sie immer ihre Bedeutung behalten.

Zurückkommend auf die cusanische Grundstellung, die niemals bei Bruno übersehen werden darf, ergibt sich noch ein anderer Aspekt. Er mündet in die von Bruno nie außer Acht gelassene Lebensphilosophie, für ihn die Grundlage, das gesamte Weltall als einen über alle Größenvorstellungen hinausgehenden Organismus anzusehen. Diese Erwägungen überschreiten bereits die Grenzen einer rein metaphysischen Betrachtung und tragen uns nahe heran an das, was Giordano Bruno über die ethischen Grundlagen auszusagen hatte. Sie beginnen mit einem etwas rätselhaften Ausspruch:

„Die Geburt ist die Ausdehnung eines Zentrums, das Leben die Aufrechterhaltung der dadurch geschaffenen Sphäre, der Tod das Zusammenziehen in das (frühere) Zentrum."
„Nativitas ergo est expansio centri, vita consistentia sphaerae, mors contractio in centrum" (De triplici, libri I, caput III, p. 13).

Bruno schließt sich auch hier an ein metaphysisches Bild von Cusanus an, in das aber mathematische Vorstellungen hineinspielen, wie ja Nikolaus von Cusa öfters auf geometrische Vorbilder zurückgeht, um zu philosophischen Erklärungen zu gelangen. So wie der Punkt als Mittelpunkt sich zum Kreise erweitert, multipliziert sich die Monas in zahllose Kreaturen. Ebenso ist die Welt eine „multiplicatio" Gottes. Von hier aus präsentiert sich auch die Gott am nächsten stehende Kreatur: der Mensch. Sein geistiges Zentrum ist wiederum die Monas, in der sich der ganze Reichtum der Welt birgt und sich in zahllosen Erscheinungen ausbreitet (explicatio). So entfaltet sich das Leben Gottes einmal aus der Gottes-Monade – der Monas Monadum –, Leben gestaltet sich hier durch eine gedoppelte Aktivität. In seiner Gesamtheit ist es die Ausdehnung der Monas, in seiner Zusammenziehung des individuellen Daseins der Tod alles Lebendigen. Nur die Monade selbst ist unvergänglich und stirbt nicht im Augenblick der Auflösung. Die unsterbliche Monade kann niemals vergehen, sondern lebt weiter, um ihrer Aufgabe als Wesenskern neuer Individuen zu dienen.

---

24 De triplici minimo p. 147.

Bruno spricht das in „De Immenso" in einer klassisch-knappen Form dahingehend aus, daß jeden dieser monadischen Wesenskerne eine dreifache Sendung erwartet:

Hinsichtlich der Dauer: die Ewigkeit
Hinsichtlich des Raumes: die Unendlichkeit
Hinsichtlich der Existenz: die Fülle aller Daseinsformen
"(Manet ergo substantiam omnium pro duratione aeternitatis, pro loco immensitas, pro actu omniformitas)"

Es ist eines der geflügelten Worte, die uns Bruno hinterlassen hat, das sich noch umso stärker abhebt von dem Hintergrund des Satzes: „Anima sapiens non timet mortem", die weisheitsvolle Seele fürchtet den Tod nicht.
Das ist – wie immer wieder betont wird – Brunos großes Bekenntnis zur Unsterblichkeit der Seele.

Giordano Brunos Monadenlehre findet in einem gewissen Sinne ihren Abschluß in seinen Auslassungen über die menschliche Seele. Der Glaube an die Unzerstörbarkeit der Seele, wie er aus dem Credo des Nolaners hervorgeht, deutet mit unabweisbarer Folgerichtigkeit auf die Lehre von der Seelenwanderung hin, die jedoch einer späteren Betrachtung vorbehalten werden muß.

Die Monadenlehre von Giordano Bruno ist eine der großen tragenden Themen seiner Philosophie. Durch sie allein werden die Widersprüche zwischen der Einheit im Unendlichen und der Gegensätzlichkeit im Endlichen überbrückt und der Dualismus von Materie und Form überwunden. Die Verbundenheit des immer gegenwärtigen Begriffs der Unendlichkeit mit der Vergottung des Weltalls führt zur Aufhebung aller Gegensätze, die lediglich wechselnde Erscheinungsformen einer unendlichen Substanz sind. Alles drängt zu einer gewaltigen und grandiosen Einheit des Seins. Gott, die Monas Monadum, als Substanz und Materie verkörpert darin das rein geistige Prinzip, das ewig und unvergänglich ist. Nur die individuellen Daseinsformen der Natur, die aus der Schöpferkraft jener ewigen Prinzipien von Ewigkeit zu Ewigkeit geschaffen werden, sind den Gesetzen von Entstehen und Vergehen, von Ursache und Wirkung, von Freiheit und Notwendigkeit unterworfen.

## Die metaphysischen Grundbegriffe

Was wir bis jetzt bearbeitet haben, gibt uns in großen Zügen eine Gesamtansicht von dem metaphysischen Gedankenbau Giordano Brunos; keinesfalls jedoch einen vollständigen Umriß aller philosophischen Einzelfragen, mit denen er sich in der großen Reihe seiner Schriftwerke auseinandergesetzt hat. Manche davon kehren in vielen seiner Niederschriften wieder, wie z. B. seine Auslassungen über die Sinnenwelt, über Gott, über Natur, über Möglichkeit und Wirklichkeit und über Freiheit und Notwendigkeit. Bruno hat versucht, diese verschiedenen Probleme zu koordinieren und sie auf seine grundlegenden Leitgesetze abzustimmen, um seinem Weltbild ein einheitliches Profil zu verleihen. Ein solcher Versuch liegt in seinem Werke „Summa terminorum metaphysicorum..." (Kompendium der metaphysischen Begriffe) vor, ohne daß man sagen könnte, daß er dem vielversprechenden Titel gerecht geworden wäre. Noch weniger ist das bei seinen philosophisch-kritischen Schriften der Fall, die alle zu sehr von der Polemik gegen seinen ideologischen Gegner voreingenommen sind. Am ehesten hat er sich noch in der Abhandlung „Camoeracensis Acrotismus seu ratione articulorum physicorum adversus peripateticos" (Streitschrift des Nolaners Giordano Bruno gegen die Peripatetiker vor den Hörern des Collège de Cambrai über die Grundsätze der physikalischen Artikel) zu einer klaren Diktion durchgerungen.[25] Die Schrift ist im großen und ganzen eine Wiederholung mit erweitertem Kommentar zu seiner Streitschrift gegen Aristoteles, welche er für die große Pariser Disputation im Jahre 1586 unter dem Titel: „Centum et viginti articuli de natura et mundo adversus Peripateticos" (120 Thesen gegen die Peripatetiker über Natur und Welt) präpariert hat.

Da eine eingehende Analyse aller dieser Schriften zu weitausladend würde, dürfte es sich empfehlen, deren Inhalt und die in diesem Kapitel enthaltene Skizzierung von Brunos Metaphysik nochmals in einer Übersicht und Definition der Terminologie und der inneren Zusammenhänge seiner metaphysischen Grundbegriffe zusammenzufassen.

Giordano Brunos Weltanschauung geht aus von einer Kritik der aristotelischen Philosophie. Sein metaphysisches System lehnt sich in vielem an die vorsokratische Naturphilosophie, sowie an die von ihm selbst genannten Vorgänger Nikolaus von Cusa und Theophrastus Paracelsus an. In wesentlichen Punkten schreitet er jedoch über diese hinaus und kommt zu den folgenden, eigenen Ergebnissen:
*Ursache* – ist, was äußerlich zur Entstehung eines Dinges beiträgt. *Prinzip* – ist, was innerlich zur Entstehung eines Dinges beiträgt. Im allgemeinen spricht man von 3 Ursachen: der formalen, der kausalen und der finalen; für Bruno jedoch gibt es nur eine Ursache, die *kausale*, wirkende Ursache. Sie ist eins mit der Weltseele, denn alles ist belebt. Die *Weltseele* ist das Prinzip, das jeglichem Erzeugten innewohnt, eine von innen her ordnende Macht. Solchermaßen gibt es im Bereiche der endlichen Dinge weder etwas Formloses, noch etwas Unbeseeltes. In der Beseelung sieht Bruno 3 Stufen:
1. eine materielle – Prinzip der leblosen Dinge
2. eine vegetative – Prinzip des Lebendigen
3. eine rationale – Prinzip des geistigen Lebens (vom Menschen, im Unterschied zu den Tieren).

Darauf basierend lehrt Bruno eine ursprüngliche Einheit alles Wirklichen und zeigt, wie dieses ein lebendiges Ganzes bildet in seiner These vom einzigen, ursprünglichen Grunde alles Seienden.

---

25 S.a. Abel Groce: Giordano Bruno – Der Ketzer von Nola, Band I. S. 109.

Dieser ursprüngliche Grund, die überall wirkende *Einheit* ist *Gott. Die göttliche Urkraft ist identisch mit der Substanz* und mit jener allgemeinen Vernunft, die nach alter, platonischer Auffassung über aller Vernunft liegt. *Der Sitz dieser göttlichen Vernunft liegt in der Materie*, d. h. die Materie ist eins mit der göttlichen Vernunft und wird durch sie von innen heraus gestaltet. Das Göttliche kann also nur mit der Materie gedacht werden; man kann daher auch sagen: *Die Materie ist das Göttliche.* Das aber bedeutet ein *absolutes Zusammenfallen von Gott und Natur* oder mit and. Worten eine *immanente* Gottheit.

## Der Pantheismus Giordano Brunos

Es ist ein *Pantheismus*, den Bruno in die Worte kleidet: „*Physis optima deitas*" – oder in freier Übertragung: „*Die Natur als die ewige Ordnung der Dinge ist die herrlichste Gottheit.*"[26] Die Materie als solche ist also bei Bruno ein unkörperliches Prinzip, ein Umstand, der für das Verständnis von Brunos Weltanschauung von ausschlaggebender Bedeutung ist.

Bei Aristoteles stehen sich noch Materie und Form in einer dualistischen Auffassung gegenüber. Bei Bruno jedoch bilden Materie und Form eine ursprüngliche Einheit, die alles durchwirkt und belebt. *Substanz* ist bei Bruno, wie eingangs bereits festgestellt, nicht mehr eine Synthese zweier Prinzipien – der Materie als dem empfangenden – der Form als der wirkenden – sondern die ursprüngliche, sich selbst bestimmende Einheit des Ganzen. Es ist das ewige, durch alle Verwandlungen hindurch bestehende Urprinzip.

Die ewige Substanz ist nichts anderes als die Materie, die allem Sein zugrundeliegt. Diese Materie ist daher nichts Empirisches. Nur ein Naturwissenschaftler betrachtet einen Gegenstand innerhalb der Sinneserfahrung. Der Pilosoph geht über diese Grenze hinaus und betrachtet das wahre Wesen. Das wahre Wesen der Materie aber ist, daß sie keinen körperlichen Charakter hat; sie ist keinerlei Begrenzung ausgesetzt, weder in der Ausdehnung, noch in der Richtung, noch in der Quantität. *Sie ist nicht körperlich, sondern geistig.* Körperlich wird sie erst, wenn sie in der Form, der Erscheinung, sinnlich-wahrnehmbare Gestalt annimmt, dann aber ist auch sie dem Gesetz eines unaufhörlichen Gestaltwandels unterworfen. Sie ist zu denken als etwas, das jede Möglichkeit in sich schließt, und ist deswegen auch nicht in der Form dem wirklichen Prinzip entgegengesetzt. Sie begreift in sich daher Möglichkeit und Wirklichkeit gleicherweise.

Da die Materie aber keinerlei Begrenzungen hat, da sie geistig, da sie, wie oben gesagt, Sitz der göttlichen Vernunft, ja eins mit dieser ist, so ist hierin das *Unendliche* gegeben und im metaphysischen Sinne festgestellt. Die Unendlichkeit aber ist – da die Materie auch mit der göttlichen Weltseele verbunden ist – das Kriterium

26 Giordano Bruno: De immenso et innumerabilibus opera latina conscripta, I i. p. 305. L II cap. XII, Fromann, Stuttgart 1967.

der Materie. In der Unendlichkeit heben sich alle Gegensätze des endlichen Seins auf, und so muß denn auch, von hier aus betrachtet, die Materie göttlich und von allen Gegensätzen befreit sein. *Gott aber ist das absolut Größte* und da er als solches ewig und aller Gegensätze ledig ist, offenbart sich Gott auch in der kleinsten, individuellen Existenz.

Diese Erkenntnis, daß kein Unterschied mehr ist zwischen dem Kleinsten und dem Größten hat Bruno in seiner *Lehre von dem Dreifach-Kleinsten* mit seiner These von dem einzigen, ursprünglichen Grunde alles Seienden vereinigt. Aus ihr geht seine *Monadenlehre* hervor und bildet damit einen harmonischen Abschluß seiner Metaphysik. Bruno sieht seine *Minima* in einer dreifachen Gestalt – geometrisch, physikalisch und metaphysisch.

*Das metaphysische Minimum ist die Monade*; von ihm auch im Gegensatz zu den Minima der Quantität – Minima der Qualität genannt. *Diese Monaden sind die wahren Ureinheiten.* Sie sind Wesen und Grund aller Dinge, denn aus ihnen, den Minima der Qualität, gehen erst die Minima der Quantität hervor. Während diese quantitativ begrenzt sind, sind die *Monaden letzte, unteilbare Einheiten,* nicht in einem physikalischen, sondern in einem geistigen Sinne. Daher gibt es auch in ihnen keine Gegensätze mehr der Größe nach, und sie sind daher *zugleich nicht nur das Kleinste, sondern auch das Größte.*

Das aber kann nur immer wieder die Gottheit selbst sein. Da aber das Wesen Gottes auch durch den Gedanken der Einheit bestimmt ist, ist *Gott gewissermaßen Monas Monadum, die Monade der Monaden*, die alle die unzähligen Monaden im Universum und in der Natur umfaßt. Die Monas Monadum aber muß unvergänglich und unsterblich sein und überträgt diesen Charakter auch auf die unzähligen Monaden, die als *Wesenskerne neuer Individuen* in den Bereich des Endlichen eintreten.[27] Als solche verleiht ihnen Bruno eine dreifache Mission:

Zeitlich – sind sie ewig, räumlich – unendlich,
existentiell – die Fülle aller Daseinsformen.

So stellt sich denn erst in der Lehre von den Monaden das gesamte Sein dar als eine *All-Einheit* von Ursache und Wirkung, Materie und Form, Gott und Natur. Die Betrachtung des Weltalls ist daher kein naturwissenschaftliches, sondern ein metaphysisches Anliegen. Damit ist auch die empirisch-materialistische Auffassung überwunden. Wirklichkeit ist nicht mehr das Ergebnis stofflicher Elemente; sie geht zurück auf eine *geistige* Voraussetzung, auf das Göttliche.[28]

27 Op Lat. I. 4. Summa Terminorum p. 25–p. 75/76/77/79.
28 Die Einstellung Giordano Brunos zu dem Begriff „Gott" ist nicht immer ganz eindeutig. Über allem steht jedenfalls die Feststellung: Deus seu mente – Gott oder Geist und das wird kommentiert: Deus ergo substantia universalis in essendo, qua omnia sunt, essentia omnis essentiae fons (Gott ist daher die allgemeine Substanz im Seienden, durch das alles existiert. (Seine) Wesenheit ist der Quell aller Wesenheit) Wenn Bruno dann später von „mundus est productus a Deo" (Welt ist das Erzeugnis Gottes) spricht oder noch ent-

Die Quintessenz des gesamten Weltbildes Giordano Brunos liegt in der Überwindung der anthropomorphen Gottesvorstellung. Der führende Gedanke der Cusanischen, aber auch der Paracelsischen Philosophie war eine Vergottung der Welt. Noch Paracelsus sagt:

„Also, daß der Philosoph nichts anderes findet, im Himmel und in der Erde, denn was er im Menschen auch findet."

Bruno macht jedoch einen gewaltigen Sprung über diese immer noch anthropomorphe Gottesauffassung. Man projizierte schon immer alle menschlichen – bei den Griechen sogar allzu menschlichen – Eigenschaften und Handlungen in den Sitz der Götter. Es blieb immer ein primitives Denken, ob es sich im hohen Olymp, in der Götterburg Walhall oder im Paradies der Seligen verfing, wo man statt dem Klirren der Schwerter und Schilde nur noch den sanften Harmonien der Serafim und Cherubim lauschte.

Giordano Bruno überwindet diese mythologischen Vorstellungen durch das geläuterte Erlebnis des kosmischen Weltgefühls von der All-Einheit. Sein Gottesbegriff verläßt den Orbit des vermenschlichten Götterhimmels. Sein Urbild Gottes ist nicht mehr der Mensch, sondern das dem Menschen nicht mehr erreichbare, nicht mehr vorstellbare optimum maximum. Seine mysterio magno entschwebt in ätherische Fernen einer reingeistigen Welt.

Was göttlich ist, darf weder menschliche Formen, noch menschliche Eigenschaften besitzen. Es muß über alle menschlich-kleinlichen Vorstellungen erhaben sein. Die bisherige Gotteswelt – gleichgültig, ob die antike oder die christlich-abendländische – war aufgebaut im Bilde des Menschen; aber dieses Bild des Menschen ist ein synthetisches, zusammengesetzt aus tausend Widersprüchen und Gegensätzen. Die Gotteswelt Brunos jedoch ist die Einheit im All, in der alle Gegensätze verschmelzen. Sie ist nicht mehr das Spiegelbild des Menschen oder seine makrokosmische Umkehrung. Sie ist die All-Einheit des Unendlichen.

Deswegen gibt es bei Bruno keine Furcht vor dem Göttlichen, auch nicht in dem Gestaltwandel des Vergehens – des Todes. Denn die Monade ist unvergänglich, unsterblich, ewig und ewig kehrt sie wieder in den Wesenskernen der unzähligen Individuen, die von Ewigkeit zu Ewigkeit aus der Monas Monadum hervorstreben. Es gibt keine Furcht, es gibt nur noch eine Ehrfurcht vor dem Göttlichen. Darin berührt Giordano Brunos genialer Geist sich mit den Grundbegriffen der modernen Naturwissenschaften, vor denen jeglicher Anthropomorphismus verblaßt. Denn

28 schiedener „natura enim aut est Deus ipse, aut divina virtus in rebus ipsis manifestata (die Natur nämlich ist entweder Gott selbst oder der göttliche Geist manifestiert in den Dingen) so deckt sich das nicht völlig mit „Deus seu mente", sondern steht dem „Deus sive natura" (Gott oder Natur), dem wir bei Spinoza begegnen, näher. Darin liegen gewisse Widersprüche. Sie klären sich erst auf in der Monadentheorie, aus der sich ergibt, daß die endlichen Dinge (also auch die in der Natur) erst aus der Monas Monadum, dem göttlichen Geiste, entspringen.

alle Erkenntnis und alles Suchen nach dem Unbekannten, nach dem Unerforschlichen kann sich nur entwickeln aus dem Wissen dessen, was wir kennen, und es kann nur geboren werden aus jener „docta ignorantia", aus den dunklen Ahnungen göttlichen Geistes, der in allem Lebendigen wirkt und webt.

Das leitet uns wieder hinüber aus den eisigen Gefilden einer metaphysischen, reflektierenden Gedankenwelt zu den warmen Strömen des menschlichen Lebens und Giordano Brunos Hinwendung zu der begrifflichen Prägung einer seelisch-kulturellen Vollendung seines Weltbildes.

*Drittes Kapitel*

# Die sittliche Weltordnung

Von der Würde des Menschen

Der innere Drang nach einer geistigen Erneuerung offenbart sich in dem Gesamtwerk Giordano Brunos und kehrt in fast allen seinen Werken wieder. Brunos spekulative Art des Denkens verband sich mit einer unbewußten Symbolik, und wenn auch seine tragenden Ideen ihren Ursprung in einer ihm eigentümlichen Formbildung kosmischen Erlebens haben, so ist doch sein Werk durchpulst von einer starken, individuellen Gefühlswelt, die sich selbst in seinen abstraktesten Schriften durch eine leidenschaftliche Sprache verrät. Es sind zwei Postulate, die Bruno nicht müde wird, immer wieder von neuem zu erheben: Die Autonomie des Wissens und die Freiheit des Denkens, beides Kanäle, durch welche die Anschlüsse von dem zyklischen Kreislauf des naturphilosophischen und metaphysischen Denkbetriebs in den Erlebnisreichtum einer erhabenen Persönlichkeitskultur fließen. Giordano Bruno, geläutert und gestärkt durch eine reflektierende Wesensschau von Gott und Welt, steigt herunter in den Kreis des Menschlichen, findet in der Einbeziehung des Schicksalsgebundenen in die ewigen Gesetze von Natur und Kosmos eine Verwirklichung seiner großen Ideen von der sittlichen Steigerung des Menschen und seiner Stellung im unendlichen Universum. Es ist nicht erstaunlich, daß bei Bruno von hier aus die neue geistige Standortsbestimmung des Menschen ihren Ausgang nehmen muß.

Das Copernicanische Weltbild, welches der Erde ihre zentrale Stellung im Weltraum entzogen hatte, mußte folgerichtig auch zu einer Erschütterung des bisherigen Autoritätsbewußtseins der Menschen führen. Für die mittelalterliche Welt war der erdgebundene Mensch der ruhende Pol im gesamten kosmischen Geschehen, das in seiner Vorstellung durch die Heimat des Göttlichen und des Paradieses der Seelen in der jenseitigen Sphäre des Himmels beschlossen war. In dieser Gebundenheit lag für den Menschen ein harmonischer Ausgleich und das beruhigende Gefühl von Sicherheit und Geborgenheit. Es verlieh dem frommgläubigen Menschen einen inneren Gleichgewichtspunkt der Seele, der ihm versagt blieb, seitdem ihn die Copernicanische Sonnentheorie aus dem Mittelpunkt der Welt verdrängt hatte. Wie tief diese Zentralstellung im Kosmos in das Bewußtsein des Menschen eingedrungen war, zeigt noch die berühmte Stelle in der Schrift „Über die Würde des Menschen" von Giovanni Pico de la Mirandola (1463–1494):

„Daher ließ sich Gott den Menschen gefallen als ein Geschöpf, das kein deutlich unterscheidbares Bild besitzt, stellte ihn in die Mitte der Welt und sprach zu ihm: . . . . . Ich habe Dich in die Mitte der Welt gesetzt, damit Du von dort bequem um Dich schaust, was es alles in dieser Welt gibt." . . . . .

Die Erkenntnis von der Unendlichkeit der Welt und der Welten, um welche Bruno die Theorie von Copernicus bereicherte, hebt alle Schranken auf. Zuerst einmal rein gegenständlich:

„Ihr werdet es" – sagt Bruno – . . . . . „nicht für wahrscheinlich halten . . . . . daß es im unermeßlichen Raum keinen Unterschied gibt zwischen hoch und tief, rechts und links, vorn und hinten."

und im „Aschermittwochsmahl" erwidert er auf die dritte Behauptung des Nundinius, daß er das

„All für unendlich halte und daher keinen einzigen Körper in demselben für dessen Mittelpunkt ansehe, sondern im Universum nur relative Mittelpunkte und Grenzen mit Beziehung auf bestimmte Körper annehme."

Wenig später untersucht er das nochmals und sagt, er sei davon überzeugt, daß es in diesem All ein wirkliches Zentrum nicht gäbe. Damit beschreibt Bruno nicht allein einen gegenständlichen Prozeß. Die Manifestierung des Unendlichen allein reißt schon die Schranke einer Dualität scholastisch-mittelalterlichen Gepräges ein. Das Unendliche tritt hinaus über die bisherige Welt und enthüllt sein wahres Gesicht als ein Phänomen, das sich nicht mehr auf die Ebene der sinnlichen Erscheinungen herunterdrücken läßt. Die alte platonische Einteilung in eine Welt der Ideen und Erscheinungen, jenes Reich der Phänomena und der Noumena gerät ins Schwanken, ihre Grenzlinie verschwimmt vor der Idee der All-Einheit, in der keine Zentren mehr anerkannt werden.

Damit aber hebt sich eine der fundamentalen Hemmungen auf, die das Sonnensystem dem Menschen so unerträglich gemacht haben. In einer gebundenen, geschlossenen, auf allen Seiten begrenzten Welt hatte es die Zentralstellung des Menschen erschüttert. Die Würde, die ihm noch Pico de la Mirandola zugesichert hatte, war ihm verloren gegangen, und er fand sich achtlos auf die Seite geschoben. Für den mittelalterlichen Menschen bedeutet das weit mehr als etwa eine räumliche Verschiebung. Es ging hier um die Zerstörung eines tief eingewurzelten seelischen Erlebnisses. Die Zentralstellung des Menschen war aufs innigste verknüpft mit dem Glauben an die göttliche Autorität. Der Mensch sah in der Hierarchie der mittelalterlichen Universalkirche die von der göttlichen Bestimmung ernannte Stellvertretung ihrer Autorität auf Erden.

Diese Würde, für ihn an den tellurischen Sitz unauflösbar gebunden, zerfiel mit der Entthronung der Erde in ein Nichts, ohne daß er diesem Gefühlsmoment etwas gegenüberzustellen hatte. Die Abtretung der Zentralposition an die Sonne mußte der Mensch als eine heidnische Blasphemie empfinden, die ihn selbst aus seiner eigenen beherrschenden Stellung des ihm vertrauten Weltbildes herausgestoßen hatte und ihn einem unerträglichen Gefühl der Leere und Bedeutungslosigkeit überließ. Giordano Bruno hatte jedoch mit seiner Lehre von der absoluten Unendlichkeit den Menschen wieder in seine Würde eingesetzt und das Gleichgewicht wiederhergestellt, aus dem er – nur scheinbar – durch das System des Copernicus verdrängt worden war. Denn in einem All, in welchem es keine absolute Mitte gibt, wird der Mensch wieder zum Subjekt. Von nun an ist die Zentrierung der Welt ein geistiger Prozeß. Es ist der Mensch selbst, der den Mittelpunit bestimmt an der Stelle, wo er selbst steht, und von wo aus er die Welt betrachtet. Bruno hatte in der Tat den Menschen wieder in das geistige Zentrum der Welt hineingestellt, denn die nolanische Erweiterung des Copernicanischen Weltbildes entsprang einer geistigen, nicht einer naturwissenschaftlichen Anschauung. Dabei mußten auf der einen Seite allerdings manche Vorstellungen und Bilder, die dem Menschen noch aus grauer Vorzeit überkommen waren, zurückgedrängt werden, so wie jeder neue Keim als ein Werdendes aus dem Vorhergehenden entsprießt. Auf der anderen Seite wurde jedoch dem Menschen eine völlig neue Aufgabe zugeteilt, insofern als dieser geistige Mittelpunkt den Menschen aktiv an dem Prozeß der Schöpfung beteiligte. Sein früherer Zentralstand, bestimmt von der kosmischen Position der Erde und verankert in der göttlichen Zuweisung aus einer intelligiblen Welt, war ihm zudiktiert von einer ihm unzugänglichen Transzendenz. Es war eine passive, eine stationäre, dem Anschein nach unveränderliche Grundhaltung, adaequat einem in sich hermetisch geschlossenen Kosmos. Das neue Weltbild jedoch nach dem Konzept, das ihm Bruno gegeben hatte, löste zwar den Menschen aus seiner bisherigen, starren Grundstellung, gab ihm jedoch gleichzeitig eine Handlungsfreiheit, die ihn verpflichtete, selbst den Mittelpunkt zu wählen, zu bestimmen und in tätigem Mitschaffen in dem Werdeprozeß des Weltalls seinen eigenen Standort zu manifestieren.

Es dauerte lange Zeit, bis es dem Menschen gelang, sich dieses dynamische Weltgefühl zu eigen zu machen, sich loszureißen von der bisherigen Gebundenheit, und zu einem Bewußtsein der lebendigen Zusammenhänge der menschlichen Seele mit einer geistigen Welt des Unendlichen durchzubrechen.

Doch die Wiederaufrichtung der Würde des Menschen, die zu einer Vereinheitlichung des Universums, ebenso wie zu seiner geistigen Durchdringung führt, war hiermit vollzogen und damit auch für Giordano Bruno die Voraussetzung geschaffen für die Erkenntnis, daß es sich um Grundfragen von fundamentaler Bedeutung handelt, die aufs engste mit den Problemen einer neuen Ethik und einer neuen sittlichen Weltordnung verwoben sind. Diese sittliche Weltordnung, basiert auf der Wiederaufrichtung der Würde des Menschen und seiner Stellung innerhalb des Kosmos, stützt sich anderseits auf ein immer mehr erstarkendes Selbstbewußtsein des Menschen. Eine solche Erscheinung tritt uns bei Bruno, der sich bereits losgelöst hatte von jedem konfessionellen Bezug, umso stärker entgegen, je intensiver er seine ethischen Grundsätze einzugliedern sucht in eine klarumrissene Lehre vom individuellen Leben. Es ist einer jener Gedanken, in welchen Giordano Bruno einen Anschluß findet an die aufkommenden Ideen seiner Zeit. Jakob Burkhardt, der Entdecker und Historiograph der Kultur der Renaissance, hat gerade auf diesen Bewußtseinsumbruch mit einer Klarheit hingewiesen, die bis heute noch nicht ihre Bedeutung verloren hat. Er setzt auseinander, wie das Bewußtsein, gespalten in eine Hinwendung zur Welt und einer Besinnung auf sich selbst, sich allmählich aus seiner mittelalterlichen Befangenheit befreit. Der Mensch war, um es in einer vulgären Form auszudrücken, noch nicht zu sich selbst gekommen. Er sah sich nicht als Einzelner, sondern nur als Glied einer Gemeinschaft, einer Familie, einer Gruppe, einer Zunft, einer Rasse oder einer Volksgemeinschaft. Erst in Italien beginnt das Erwachen aus einer solchen Gemeinschaftsexistenz, und der Mensch sprengt auch diese Barriere mittelalterlichen Herdengefühls und arbeitet sich durch zu einer neuen Bewußtseinslage des geistigen Individuums. Mit all seinen wachen und feingliedrigen Kräften schaltet sich Bruno ein in die ersten Anläufe dieses Bewußtseinsumbruchs. All seine geistig-produktiven Energien setzt er an diese Aufgabe, die er mit bewundernswerter Hellsichtigkeit erkennt. Je tiefer er in dieses Problem hineinsteigt, desto schärfer profiliert sich dieses Anliegen für ihn. Bruno sieht sich mit all der Unerbittlichkeit, die seinem freien Geiste eigen ist, vor die Forderung gestellt, die auf die kirchliche Autorität gegründeten Moralgesetze des Mittelalters abzulösen durch eine sittliche Weltordnung, die von einer natürlichen Ordnung im Weltgeschehen ausgeht und die Erhebung zu dem individuellen Ausleben des Menschen zum Ziele hat.

## Das Humanitätsideal der Renaissance

Um sich einen Weg zu diesem Ziel zu bahnen. bedurfte es einer umfassenden Vorarbeit eines Wandels der Denkart, die sich nicht allein auf die Bildung einer neuen naturphilosophischen Logik beschränken durfte. Es bedarf keines besonderen Beweises, daß alles, was so eng aus den seelischen Urkräften des Menschen floß, auf die Anlehnung an die studia humanitatis nicht verzichten konnte.

Ein Denker wie Giordano Bruno, so tief entrückt in das Gedankengut der Antike, konnte sich unmöglich den Bildekräften, die sich ihm von dieser Richtung her erschlossen, entziehen. Ein überragender Anteil der humanistischen Denkelemente ist in den Gedankenteppich Brunos hineinverwoben. Allerdings läßt sich nicht verhehlen, daß der Humanismus in der Spätrenaissance allzuweit entartet war, und daß er einem freien Geiste wie Bruno in der Form, wie sich der humanistische Wissenschaftsbetrieb um jene Zeit repräsentierte, kein arbeitsfähiges Instrument mehr bot. In seinem Urstand war der Humanismus aus einer Sublimierung des wahren Freiheitsgedankens hervorgegangen. Freie Meinungsäußerung, unbestochene Kritik waren die Voraussetzung für den obersten Grundsatz, der die Forderungen der von allen Vorurteilen unberührten studia humanitatis krönte: Erlösung des Menschen im Menschlichen. Dieses Humanitätsideal, das sich in seiner ursprünglichen Gestalt mit Brunos Eintreten für die Freiheit des Denkens und die Autonomie des Wissens voll und ganz deckte, war in seinen Tagen zu einem Schatten seiner einstigen Stoßkraft verblaßt. Der italienische Humanist, an der Schwelle von Renaissance und Barock, ist nur noch ein Zerrbild der großen Gelehrten, die aus der studia humanitatis, aus der ursprünglichen, philologischen Entdeckung der Antike zu einer vertieften philosophischen Sinngebung des Wortes vorgedrungen waren. Einer der tiefsten Wesenszüge des Menschen liegt in der über alles tierische hinweghebenden Schöpferkraft der Sprache. Im Logos, in der Schaffung des Wortes, in der Gewalt und Wucht, ebenso wie in der kultivierten Verfeinerung des Ausdrucks erhebt sich der Mensch über die Primitivität der animalischen Bereiche hinweg. Tief in den geheimen Kammern solchen Ur-Wissens liegt auch das Kriterium menschlichen Urteils, seines Vermögens der Klassifizierung, der Differenzierung und der Bewertung. Indem sie den homo sapiens in seiner Gänze umfaßt und versucht das Wissen um die Mysterien der Welt mit allen Phasen des Lebendigen zu einer Einheit zusammenzuschweißen, liegt der humanistische Anspruch auf die Wiedergeburt des Menschen in der Fülle des Daseins. Als einmal diese geistige Strahlkraft im Humanismus verglommen war, verknöcherte er zu einer traditionellen Pflege der antiken Sprachen und trocknete aus zu einer leblosen Schulmeisterei, die den ursprünglichen Sinn für eine wahre, vertiefte Bildung verloren hatte. Giordano Bruno, der noch einmal das ganze weitgespannte Bildungsfeld der Renaissance in seiner Persönlichkeit umfaßt, wendet sich mit Abscheu und Widerwillen gegen den Verfall einer Wissenschaft, umsomehr, als er die weitreichende Bedeutung für die Lösung der ihn bedrängenden Fragenkomplexe klar erkennt. Indem er den ganzen Spott und Hohn des Satirikers über die Vertreter dieser Pseudo-Gelehrsamkeit ausschüttet, versucht er die studia humanitatis wieder auf ihren Urstand zurückzuführen und die von ihr gewonnenen Forschungsergebnisse in seinen Arbeitsbereich einzuspannen. Brunos Kampf gegen den Pedanten, wie er die Professoren der humanistischen Zunft zu benennen pflegt, war unumgänglich, um die verworrenen Zustände im Bildungsbetrieb seiner Zeit aufzurollen. Er wurde dabei in einen Zweifrontenkampf verwickelt, um klarzustellen, daß die Interpretation philosophischer Probleme, wie sie sich aus der antiken Literatur ergaben, weder eine literarisch-philologische Angelegenheit ist, noch, daß sie den durch die christliche Dogmatik gehemmten Scholastikern überlassen werden könne.

Die Figur des Pedanten tritt in vielen von Brunos Schriften auf. In der „Kabbala" ist es Coribant, in „De infinito" Burchio, im „Aschermittwochsmahl" Prudentio und schließlich in „De la causa" Polyhimnius. In einem Dialog mit seinem Gegenspieler Gervasius kommt die Auffassung der Humanisten, daß sich das Verständnis philosophischer Texte nur aus philologischen Grundlagen ableiten lasse, am hervorstechendsten zum Ausdruck:

Polyhimnius:

„Wenn man die Worte richtig auffaßt, führen sie auch zum richtigen Verständnis des Sinnes. Auf der Kenntnis der Sprachen, in der ich geübter bin, als irgend ein anderer, beruht die Kenntnis jeder anderen Wissenschaft."

Gervasius:

„Bisher war ich der Meinung, wissenschaftliche Erfahrung sei die Hauptsache. Philosophien gehen zugrunde, nicht weil Worterklärer, weil solche fehlen, die den tieferen Sinn der Dinge ergründen."[1]

Die Anmaßung des Polyhimnius wurde dem Gervasius unerträglich und das Gespräch geriet an die Grenze persönlicher Beleidigung, als Gervasius fortfährt:

„So könnt auch Ihr, Herren Schulmeister, weil Ihr aus aller wissenschaftlichen und philosophischen Arbeit ausgeschlossen seid, und an Aristoteles, Plato und anderen weder Anteil habt, noch hattet, nicht über sie urteilen oder sie mit Eurer grammatischen Schulung und angeborenen Anmaßung verurteilen."

Polyhimnius:

„Dieser ganz unwissende Mensch will also aus der Tatsache, daß ich in den edlen humanistischen Wissenschaften bewandert bin, den Schluß ziehen, ich sei in der Philosophie ein Ignorant."

Die Ausdeutung der klassischen Texte ist daher ein Anliegen der Philosophie und läuft Gefahr, durch die Überbetonung des ästhetischen und grammatikalischen Elements sich in ein Fahrwasser zu verlaufen, in welchem sie sich aus dem Morast öder Wortklauberei nicht mehr befreien kann. Bruno zieht besonders über die Oxforder Humanisten her, deren hohle Aufgeblasenheit er bereits im „Aschermittwochsmahl" gegeißelt hat. So expliziert er in der Gestalt des Philotheus nicht nur die Grammatiker, sondern auch die Rhetoriker, die glauben, ihre wissenschaftlichen Unzulänglichkeiten durch hochtrabende Eloquenz übertönen zu können:

Philotheus:

„Diese (die antiken Philosophen) sorgten sich wenig um Beredsamkeit und grammatikalische Strenge und waren ganz auf Spekulationen gerichtet, die von den heutigen für Sophismen erachtet werden. Trotzdem schätze ich ihre Metaphysik ... höher ein als das, was die Männer der Gegenwart in all ihrer ciceronianischen Beredsamkeit und Vortragskunst zustande bringen können."

Harmessus:

„Das sind aber doch keine verächtlichen Dinge."

1 „De la causa" 3. Dialog.

Philotheus:

„Gewiß nicht. Wenn ich aber zwischen beiden die Wahl treffen soll, dann achte ich die Pflege des Geistes ..... höher als die beredtsten Worte und Sprechweisen."

Im Verlauf der Diskussion karikiert er Polyhimnius, dem die Rolle des Humanisten zugeteilt ist.
Philotheus:

„Dieser lächerliche Pedant ist ..... einer jener steifleinenen Philosophenrichter ..., die, wenn sie eine schöne Satzperiode gebaut, ein elegantes Epistelchen hervorgebracht, einen schönen Satz aus Ciceros Garküche gestohlen haben, triumphierend ausrufen: ‚Hier ist Demosthenes wieder auferstanden, hier blüht Tullius (Cicero), hier lebt Sallust' ... wenn er schließlich verbum verbo reddit – und wilde Synonyme aneinanderreiht – so steigt er voll Hochgefühl von seinem Katheder herab, als wäre er es, der die Himmel geordnet und die Welt reformiert hat."[2]

Dieser Kampf gegen die Schulmeister und Pedanten war jedoch nur der Auftakt für die herkulische Aufgabe, die sich Bruno selbst zugemessen hatte. Es ging um mehr, als mit Wortklauberei und volltönenden Reden aufzuräumen.

## Die Reformation des Himmels

Es ist ein für Bruno charakteristischer Zug, daß er, wenn es ans Reformieren geht, mit einer „Reformation des Himmels" beginnt, und es ist nicht minder typisch für seine Methodik, wenn er sich dabei des Allegorischen bedient und seine Kenntnisse der griechischen Mythologie mit einer bemerkenswerten, künstlerischen Gestaltungskraft ins Spiel bringt. In dem Hauptwerk seiner Moralphilosophie „Lo spaccio de la bestia trionfante" (Die Vertreibung der triumphierenden Bestie) zeigt er sich als ein Meister dieser Darstellungsart. Für die Schulphilosophie seiner Zeit war diese ungewohnte Form, Philosophie zu dozieren, ebenso ungewöhnlich, wie für uns Menschen des zwanzigsten Jahrhunderts die Fabelwelt der griechischen Götter noch mehr entfremdet, noch eigenartiger und ungewohnter erscheint. Brunos Sprache weicht ganz und gar von der herkömmlichen, fachwissenschaftlichen Terminologie ab, was ihn weder den damaligen, noch den heutigen wissenschaftlichen Bauchaufschlitzern sympathischer macht. In manchem mag es uns an einen so eigenwilligen Denker moderner Zeit wie Friedrich Nietzsche erinnern, dessen tiefsinniger „Zarathustra" von den „ernsthaften" Kathederphilosophen seiner Tage ebenso wenig verstanden wurde wie Brunos pittoresker und blumenreicher Sprachstil von Fachgelehrten des 16. Jahrhunderts unpassend, unwürdig und außerhalb

---

2 „De la causa" 1. Dialog.

des Rahmens eines ernstzunehmenden, wissenschaftlichen Werkes erscheinen mußte.

Erst vor hundert Jahren entdeckten die italienischen Gelehrten die Bedeutung dieses Werkes und gaben zu, daß die philosophische Literatur Italiens kaum eine Schöpfung aufzuweisen hat, die phantasievoller, ideenreicher, unerschöpflicher in Anspielungen aller Art wäre als dieses Buch. Man vergleicht es mit einem Gedicht von Ariost in Prosa, eine Art philosophischer Romanze, wo die Namen Roland, Rinaldo, Angelica und Erminia vertreten werden durch Zeus, Mars, Venus und Juno. Es ist eine lebenskräftige Satire, ein packendes Spiel mit künstlerisch-pulsierenden, abwechslungsreichen und prickelnden Dialogen. Schon bei Lorenzo Valla erhielt der antike Mythos eine neue Aufgabe und wurde zu einem Instrument logischer Untersuchungen. In neuerer Zeit hat Ernst Cassirer in seinen Studien über die Ideen der Humanität darauf hingewiesen, welche Bedeutung das alte Prometheus-Motiv für das christlich-mittelalterliche Weltbild angenommen hat, wie es allmählich mit der Adamsgestalt verschmolzen ist und selbst in der Renaissance noch eine fordernde Rolle spielt.[3]

Inwieweit Giordano Bruno hier vorhandene Leitbilder aufgenommen, aufkeimende Ansätze weitergeführt hat, läßt sich nicht mit Bestimmtheit verfolgen. Aber er scheint auch hier mehr ein genialer Vollender, als ein suchender Beginner zu sein und in seinem „Spaccio" die Fäden seiner geistigen Gesamtbewegung wieder aufgespult zu haben. Er hat in kluger Wahl sich die Sternbilder des Zodiac gewählt, die eine so ausschlaggebende Rolle in der astrologischen Lehre des christlichen Mittelalters gespielt haben. Es ist eine unverkennbare Abwendung von dem Aberglauben einer Zeit, die sich in eine verworrene und abstruse Symbolwelt verrannt hatte und für die Sinnbilder zum Selbstzweck geworden waren.

Giordano Bruno will herausführen aus diesem Kosmos geheimnisvoll wirkender, dämonischer Kräfte. Die „triumphierende Bestie", auf deren Austreibung er es abgesehen hat, ist nichts anderes als die Irrtümer, denen der mittelalterliche Mensch in seinem dumpfen Wahn anheimgefallen ist. So wie er das Vorurteil des Kristallhimmels ausrotten mußte, so muß er jetzt die Fabel der barocken Göttergestalten vernichten, mit denen man den Märchenhimmel bevölkert hatte. Auch hier ist Giordano Brunos Weg ein rein geistiger und ein von Grund aus konstruktiver.

Er beschränkt sich nicht darauf, die schöne, heitere Götterwelt zu zerstören, um seine neue Moralphilosophie auf den Trümmern des eingestürzten Olymp (der, wie sich des öfteren dartut, seinerseits nur eine Parodie christlich-paganischer Wahnvorstellungen ist) aufzurichten. Worauf es ihm ankommt, ist, eine neue Ordnung aufzubauen, deren Gestaltung aus dem inneren seelischen Erleben des Menschen dringt. Es gilt aufzuräumen, nicht nur unter den längst verblaßten Sinnbildern der alten Welt, sondern wie Bruno mit größter Aufgeschlossenheit sagt, den Himmel

---

3 Cassirer, Ernst: Individuum und Kosmos in der Philosophie der Renaissance. Darmstadt 1963 (2. Auflage) S. 102.

zu ordnen „che intelletualmente e dentra noi", der geistig im Menschen selbst liegt.

„Denn" – so fährt er fort – „wenn wir unsere Behausung gereinigt und unseren Himmel neu geschaffen haben werden. dann werden auch neue Konstellationen, neue Einflüsse und Kräfte, neue Schicksale herrschen."

Was wir ändern müssen, ist unsere Denkrichtung. Es gilt, die Triebe in unserem Innern von ihren Schlacken zu säubern. Gelingt uns die Neugestaltung jener inneren Welt, dann wird es uns auch möglich sein, die äußere, die sinnliche Welt umzuformen. Diese Umformung wird dadurch verkörpert, daß die bisherigen Götter in allegorischer Weise beschließen, ihr bisheriges Leben von Grund aus zu ändern, und den Tugenden zu überlassen, die Jupiter und die Versammlung an ihre Stelle setzen werden. Der folgende Auszug, dem 3. Teil des ersten Dialogs entnommen, kann nur mit großer Kürzung wiedergegeben werden und vermittelt daher nur eine schwache Andeutung von der bilderreichen Darstellungskraft, mit der Bruno seine überaus lebendigen und farbigen Schilderungen ausstattete. Nach einer längeren Einführungsrede kommt Jupiter endlich zu bestimmten Vorschlägen:

„. . . . . und da ihr nun alle den guten Willen besitzt, die Reform ins Werk zu setzen, . . . . . so will ich damit beginnen, Euch *meine* Ansicht mitzuteilen. . . . . . Sagt, was für ein Urteil fällt Ihr über diese Bärin? Die Götter überließen es Monus und dieser sprach: ‚Großen Tadel verdient es, Jupiter, . . . . . daß Du an den berühmtesten Ort des Himmels dort, wohin Pythagoras . . . . . den oberen Teil des Weltalls verlegte . . . . . und wo die Magier des kalibeischen Spiegels die Orakel von Florenz suchen wollten, dort, wo die Kabbalisten behaupten, Samuel seinen Thron errichten wollte . . . . . daß Du dorthin das greuliche Viech gesetzt hat . . . . . und somit bewirkst, daß es allen Beobachtern auf Erden, auf dem Meere und im Himmel den herrlichen Pol und den Drehpunkt der Weltachse anzeigt. So übel Du also daran getan hast, das Tier dort anzuketten, so gut wirst Du daran tun, es von dort zu entfernen . . . und daß Du uns verständigst, wohin Du es schicken willst, und was Du an seine Stelle setzen willst." – „Es soll gehen," versetzte Jupiter, „wohin es Euch gefällt, entweder zu den Bären nach England oder zu den Orsini und Cesarini in Rom. . . . . ." – „Ich möchte, daß man es im Zwinger in Bern einsperrte", entgegnete Juno. „Keine so harte Strafe, liebes Weib," erwiderte Jupiter. „Es mag gehen, wohin es will, es soll frei sein. Nur soll es seinen bisherigen Platz verlassen, an dem ich, da es der höchstgelegene im Himmel ist, die *Wahrheit* ihren Sitz nehmen lassen will. . . . . . dort wird sie sich als klaren, reinen Spiegel der Forschung bewähren . . . . .". „Was aber willst Du . . . . . an die Stelle des Drachen setzen, hoher Vater?" „Die *Klugheit*," erwiderte Jupiter, „sie muß die nächste Nachbarin der Wahrheit sein, denn diese läßt sich nicht ohne jene handhaben."

Aus den vielen Beispielen, welche das Werk liefert, ist dieses gewählt worden, weil aus dieser Anspielung auf die Wahrheit hervorgeht, daß auch für Bruno die Erforschung der Wahrheit zur vornehmsten Aufgabe seiner Philosophie gehört. Nur ist der Weg zu diesem Ziel ein so entscheidend anderer als der, welchen die damalige Wissenschaft und auch die Bruno im 17. Jahrhundert folgende zu gehen gewillt war.

## Veritas filia temporis

Wenn Giordano Bruno es auch nicht unzweideutig ausgesprochen hat, so geht doch aus vielen seiner Betrachtungen hervor, daß er, gleich Lessing, eine Ahnung hatte, wie wenig der Besitz der Wahrheit den Menschen glücklich machen könnte. Nur im Suchen nach der Wahrheit liegt die Bestimmung des Menschen und nur in dem Forschen nach Wahrheit findet er Glückseligkeit und Befriedigung. Bruno klassifiziert die Wahrheit in drei Gruppen: Die erste nennt er Ursache, die zweite Ding und die dritte Erkenntnis. Alle drei Wahrheiten beziehen sich auf die Dinge. Soweit es sich um die erste Wahrheit handelt, die Ursache der Dinge ist, so befindet sie sich *über* allen Dingen; die zweite Art aber gehört zu den Dingen selbst: sie liegt daher *in* den Dingen; die dritte aber – die Wahrheit der Erkenntnis (oder auch die Erkenntnis der Wahrheit) – ergibt sich *aus* den Dingen. Das klingt sehr stark an die Silbenstecherei des Mittelalters an, an jenen jahrhundertelangen Universalienstreit, bei dem sich die größten Gelehrten scheinbar um Worte stritten. Aber es waren auf dem Hintergrunde jener Zeit doch keine leeren Worte, denn hinter dem Satze „Universalia sunt realia" steht nichts anderes als der Fundamentalsatz der platonischen Philosophie, daß die Ideen das Wirkliche bedeuten – sie sind das eigentlich Reale – die res – die Dinge. Bei dem Streit der Schriftgelehrten ging es vielfach nur um die Formulierungen, nicht um die Sache selbst. Giordano Bruno setzt zu einer Zeit, da diese Abstraktionen längst überholt waren, für die Universalien die drei Wahrheiten ein, und so gesehen sind die Wahrheiten der Ursache nichts als die universalia ante rem, d. h. sie gehen den res, den konkreten Dingen, voraus, sie stehen über ihnen, da sie ihre Ursache sind. Bei Bruno ist da allerdings schon eine wesentliche Abweichung von der Auffassung der strenggläubigen Scholastiker. Diesen war das Vorausgehen, das Darüberstehen, nicht nur eine kausale Angelegenheit. Es war auch eine transzendente. Die Ursache stand darüber im Sinne eines Höheren, einer höheren Rangordnung. Das waren die Universalia ante rem, die Wahrheiten einer über allen Realitäten schwebenden, göttlichen Ursache, Die zweiten Universalien sind die Wahrheit in den Dingen selbst, *in rebus*; das wahre Wesen ist in den res selbst enthalten und offenbart sich als eine im wesentlichen nüchterne Betrachtung. Noch weiter als diese Realisten gehen diejenigen, welche die Universalia nur *post rem* gelten lassen. Hier steht die Wahrheit weder außerhalb, noch innerhalb der Dinge; sie wird vielmehr kraft des menschlichen Erkenntnisvermögens *aus* den Dingen abgeleitet. Damit aber geht die Philosophie mit Entschiedenheit über jeden Realismus hinaus und löst die Dinge in rein abstrakte Verstandeskonstruktionen auf. Als William von Occam mit dieser Gedankenrichtung zuerst auftrat, gab man ihr den Namen Nominalismus. Mit ihm lockert sich bereits die ganze mittelalterliche Denkart auf. Die mittelalterliche Welt war ganz und gar eine Welt des Glaubens. Als man jedoch begann, die Wahrheit aus den Dingen abzuziehen, versank die Welt des Glaubens und machte die Welt zu einem wissenschaftlichen Objekt, ein Phänomen, an dessen Urgrund nicht mehr der Glaube, sondern der Zweifel stand. Von nun an verkehrt sich der Satz „Universalia sunt realia" (die allgemeinen Begriffe sind das Wahre, d. h. Worte sind wahrer als der Gegenstand der Erfahrung) in den Ausspruch „Universalia sunt nominalia" (d. h. die Erfahrung ist wahrer und stärker als das Wort). Die allgemeinen Begriffe sind nur Namen – nur Worte. Occam drehte das ganze Wissen der damaligen Zeit um, indem er erklärte, daß dieses Spiel mit den allgemeinen Begriffen etwas Unwirkliches ist. Damit versetzt er der scharfsinnigen Wortdeuterei der Scholastik den Todesstoß. Worte – Universalien bedeuten nichts mehr; sie sind nur noch leere Symbole für die Dinge. Hohle Kunstausdrücke. Die ganzen Universalia sind nichts mehr als sinnlose Namen von Schall und Rauch. Diese völlige Umkehr der mittelalterlichen Denkart, welche hiermit begann, bedeutete den Anfang einer geistigen Krise, die sich in der Folge als ungleich weittragender erwies als alle großen Entdeckungen und Erfindungen, die das neue Zeitalter einleiteten.

Wie steht nun Giordano Bruno in Wirklichkeit zu der Frage der Wahrheit? Für welche der drei Wahrheiten entscheidet er sich und liegt darin die Lösung seiner neuen Ethik? Es ist wahrscheinlich fruchtlos, bei Bruno nach einer Antwort auf diese Frage zu suchen. Denn Wissenschaft war für Bruno Gegenstand einer stetigen Entwicklung, eines Fortschreitens zu immer neuen Erkenntnissen, Hypothesen und Theorien – im Gegensatz zum Glauben, dem jegliche Veränderung, jeder Wandel fremd ist. Für den Glauben ist Wahrheit deswegen etwas einmalig Gegebenes, etwas Absolutes, an dem nicht gerüttelt werden darf. Es ist der Felsen, von dem Anselm von Canterbury einst gesagt hatte, daß jede Wissenschaft daran zerschellen wird. Für Bruno jedoch ist „*veritas filia temporis*" (Die Wahrheit ist die Tochter ihrer Zeit). Es gibt keine absolute Wahrheit. Auch sie ist dem ewigen Wandel unterworfen. Sie mag einmal ante rem, ein andermal in rebus, ein drittes Mal post rem oder pro re erscheinen; so lange sie sich auf die irdischen Dinge bezieht, bleibt sie wandelbar und wechselnd, ein Kind ihrer Zeit. Bruno äußert sich dazu sehr unzweideutig, indem er von der Erkenntnis sagt:

„sie wird niemals vollkommen sein in dem Sinne, sondern in *dem* Grade, in welchem unsere Vernunft imstande ist, sie zu fassen."

## Das Hohe Lied auf den leidenschaftlichen Helden

Diese prozessuale Sublimation des Wahrheitsbegriffes, welcher der Moralphilosophie in „Spaccio" unterliegt, findet ihre Steigerung und Vollendung in Brunos einzigartigem Werke „De gli eroici furori", seinem Hohen Liede vom leidenschaftlichen Helden. In der Tat sagt Bruno im Vorwort dieses Werkes, daß er daran dachte, diesem Buche einen ähnlichen Titel zu geben, wie dem Buche des Königs Salomo, welches unter der Einkleidung von Liebesliedern und sinnlichen Gefühlen ebenfalls göttliche und heroische Schwärmereien enthält, wie es die Mystiker und Gelehrten der Kabbala auslegen. Er wollte es „cantica" – Hohes Lied nennen.

Brunos hohes Lied auf den leidenschaftlichen Helden ist ein Werk, das in einer bis zu seiner Zeit nie dagewesenen Form vor Augen führt, daß die tiefste Erkenntnis der Rätsel der Welt weder im Dichterischen, noch im Philosophischen liegt, sondern in einer seltenen und idealen Vereinigung der beiden Ausdrucksformen, im heroischen Affekt,[4] in der Gestalt des leidenschaftlichen Helden. Das Bedürfnis – darauf weist Christoph Sigwart hin –[5], seinen philosophischen Gedanken poetische Form zu verleihen, ist Bruno sein Leben lang treu geblieben. Das Studium der Bedeutung der Bilder der deutenden Phantasie macht einen wesentlichen Teil von Brunos Lehre des Denkens aus. Daher wird für jeden, der tiefer in die Gedankenwelt Giordano Brunos eingedrungen ist, sein Werk „De gli eroici furori" immer die Krönung seiner Gesamtleistung bleiben. Denn es erschließt wie keine seiner anderen Schriften, wie die Wesensschau unserer rätselvollen Welt in ihrem innersten Kern, in ihrem tiefsten Grunde nur ein Gegenbild zu der Grundstimmung seines eigenen „Ich" – erlitten, in Leidenschaft und im höchsten Sinne nur von den hierzu Berufenen in der reinsten Verzückung, in der „Liebe" erlebt werden kann. Die Symbolkraft, die sonst einen integrierenden Bestandteil dieses Minnesangs himmlischer Liebe bildet, prägt sich schon in der äußeren Anlage des Werkes aus.

Zuerst in einer in dieser Betonung bei Bruno nie aufgetretenen Hervorkehrung der Emblematik. Sie ist nicht etwa neu in der Literatur des 16. Jahrhunderts.[6] Eher findet sie mit Bruno für lange Zeit einen gewissen Abschluß, wenigstens in dieser Anwendungsform. Meistens beginnt er mit einer einfachen symbolischen Zeichnung, wie um ein Beispiel anzuführen, ein Boot inmitten wildwogender Wellen, und einem lateinischen Motto „Fronti nulla fides". Diesem folgt ein Sonett, welches dieses Sinnbild in dichterischer Form umschreibt, dann aber eine Prosaerklärung, und diese ist der wichtigste Teil, denn darin offenbart sich die tiefere, philosophische Einsicht und die moralische Sentenz, welche hinter der künstlerischen Darstellung zu suchen ist.[7]

Ein Umbruch im Gefühlsleben einer Zeit, das Symptom eines neuen Weltgefühls, ist stets von einem neuen Stil begleitet. Dafür bietet dieses Werk des Dichterphilosophen Bruno ein bemerkenswertes Beispiel. Das Streben nach neuen geistigen, seelischen und sittlichen Grundkräften, nach einer Erhöhung und Läuterung des menschlichen Daseins, nach dem, was hinter der sinnlichen Realität liegt, wie es die symbolische Ausdrucksform des Emblems andeuten will, offenbart sich in erster Linie in dem dichterischen Geist des Werkes als schöpferischer Instanz.

---

4 Dilthey, W.: Weltanschauung und Analyse des Menschen. Leipzig 1921, S. 436.
5 Sigwart, Chr.: Kleine Schriften. Freiburg i. Br. 1889.
6 Der amerikanische Gelehrte P. S. Memmo hat darauf aufmerksam gemacht, daß die Anwendung von Emblemen schon 100 Jahre vor Bruno eingesetzt hat und erwähnt die Werke von Pablo Giovio, Girolamo Rucellai und Andrea Alciati.
7 Die Wissenschaft hat sich erst neuerdings wieder eingehender mit der Emblematik des Mittelalters und der Renaissance befaßt und ihre sinngemäße Wiedergeburt in der deutschen Literatur nachzuweisen versucht.

Diese Vergeistigung der Form präsentiert sich in ihrem sublimiertesten Ausdruck bei Bruno in der Tendenz zu einer neuen Stilisierung, einer Hinwendung zum Hymnisch-Ekstatischen. Das muß natürlicherweise auch ein Gegengewicht finden, das Brunos Werk bis zum heutigen Tage für die Fachwelt ebenso wie für die Laienkreise so schwer zugänglich gemacht hat. Der logische Zusammenhang leidet unter der künstlerischen Formgestaltung und wird aufgelockert zu Gunsten einer sinnbildlichen Ausdrucksfähigkeit, unter welcher Ballung und Konstruktion manchmal dem ästhetischen Gefühl Platz machen müssen und Rücksichten auf logische Geschlossenheit und systematische Konsequenz oft beiseite geschoben werden.

## Die Autonomie des Wissens und die Freiheit des Denkens

Es ist dieser künstlerische Zug des philosophischen Erkennens, den Bruno mit seinen Worten beschreibt, wenn er von dem Lorbeer spricht, dessen sich diejenigen rühmen dürfen, die „in würdiger Weise" heldische Dinge besingen, indem sie Helden – mutige Geister – durch die spekulative und moralische Philosophie heranbilden, sie verherrlichen und als große Vorbilder hinstellen. Es bedarf keiner Erklärung, daß Brunos Helden keine waffenklirrenden, gewaltig umsichschlagenden Kriegshelden sind. Es sind geistige Heroen, die für die Freiheit des Denkens und die Autonomie des Wissens streiten und für ihre höchste Aufgabe erzogen werden müssen. Was sich Bruno unter den Leidenschaften seines Helden vorstellt, erweist sich in *poetischem* Ausdruck aus den folgenden Strophen:

„Ihr Musen, die ich oft zurückgewiesen,
  Die doch von meinen Schmerzen mich erlösten,
  Ihr naht Euch wieder, mich im Leid zu trösten.
  Ihr laßt mir Verse aus dem Herzen sprießen.

Und Leidenschaften, wie sie die genießen,
  Die sich mit Myrte und mit Lorbeer zieren.
  Ihr nehmt mich auf, wenn ich an allen Türen
  Vergebens pochte, alle mich verließen.

Oh, Berge, Quellen, holde Einsamkeit,
  Die mich ernährten, stilles Waldesrauschen,
  Ihr wart mir Zwiespruch, Lehre und Geleit.

Stirn, Geist und Herz hebt sich zu neuer Ferne,
  Ich sehe Tod und Hölle mich vertauschen
  In Leben, Lorbeer und dem Glanz der Sterne."

Aus dieser dichterischen Fassung geht hervor, daß im Mittelpunkt von Brunos Gedankenkreis die „Leidenschaft" steht; nicht allein die Leidenschaft der Menschen, nicht nur die der Dichter, noch die der Philosophen, sondern eine Entwicklung, die alles in sich faßt und bis zu einer Höhe steigert, die bis an die Tore des Göttlichen dringt. Es unterliegt keinem Zweifel, daß die gesamte Konzeption von Brunos Werk sich eng an die Lehre Platons anschließt. Es ist das eine Überzeugung, die fast alle Kommentatoren Brunos teilen, wenn sie auch im Einzelnen in ihren verschiedenen Gesichtspunkten auseinandergehen mögen. Plato sprach ursprünglich von drei Leidenschaften. An die Spitze stellt er ein kontemplatives Erleben. Die zweite Kategorie, die sich mit einem sittlichen Verhalten im alltäglichen Leben begnügt. Die dritte Stufe kennt nur Müßiggang und Wollust. In irgendeiner Weise lehnt sich auch Bruno an diese drei Spielarten der platonischen Leidenschaften an.[8] Aber indem er von der dritten Stufe ausgeht, strebt er kühn über das platonische System hinaus. Sein Aufbau ist in seiner ganzen Anlage ein komplexer Prozeß. Während dieser bei Plato nicht ein allzuwesentlicher Abschnitt seiner Gesamtlehre ist, werden wir finden, daß der Begriff „Leidenschaft" bei Bruno sich als das tragende Element seiner ethischen Philosophie, ja in einem gewissen Sinne als die Spitze seiner gesamten Lehre über das Verhältnis von Mensch und Welt ausweitet. Auch Giordano Bruno kennt die triebgebundene Leidenschaft des animalischen Lebens, das seine Impulse aus dem elementaren Drang der Sinne bezieht.

Aber diesem steht ein Mensch gegenüber, in welchem höhere Seelenkräfte die Triebe der Sinnlichkeit und Eitelkeit und die tierischen Triebe zurückgedrängt haben, und die sich dank einer „divina strazione" – einer göttlichen Verzücktheit – über das gewöhnliche menschliche Maß hinaus veredeln. Es sind diejenigen Menschen, welchen jene an das Göttliche heranreichende Leidenschaft zuteil wird. Bruno hebt sie heraus aus der Masse des „gewöhnlichen Pöbels"; in ihnen offenbaren sich die heroischen Kräfte, welche sie befähigen, der aus dem Tierreich herüberragenden Triebe Herr zu werden. Sie allein treten ein in ein individuelles Leben. Der göttliche Geist lebt und wirkt in ihnen, jedoch – wie Bruno sagt –, ohne daß sie selbst sich des Grundes ihrer Handlungsweise bewußt sein mögen. Sie mögen weder gelehrt, ja, gerade unwissend sein, doch das Göttliche spricht aus ihnen und Bruno meint, sie seien gewissermaßen die Offenbarungswerkzeuge eines höheren Geistes. Wer denkt bei der Schilderung dieser Inspirierten, wie sie Bruno an anderer Stelle bezeichnet, nicht an des Cusaners „docta ignorantia" oder an Richard Wagners reinen Tor Parsifal? Giordano Bruno spricht hier in der Tat von den Sehern und Propheten, aus denen nicht hergebrachte Vernunft des Alltagsmenschen spricht, sondern der göttliche Geist selber, der aus ihnen tönt, ohne daß sie der landläufigen Gelehrsamkeit und des erworbenen Wissens benötigen. Es sind die Künstler und Dichter, die Bruno hier meint, jenes Völkchen, „das in Gottes

---

8 „De gli eroici furori" 2. Dialog-Tansillo.

alte Welt noch eine zweite traumverklärte stellt".[9] Sie bedürfen keiner angelernten Weisheit; ihre Erfahrung kommt aus dem Ursprünglichen und Unableitbaren in einer Art, daß man sagen kann, daß die „divina strazione" nicht durch sie verkündet wird, sondern daß sie aus ihnen redet.

Man sollte meinen, daß Bruno hierin den höchsten Grad der Leidenschaft erkannt hat. Aber hier gelangen wir an eine entscheidende Wendung in Brunos eigener geistiger Entwicklung. Er würde nicht konsequent bleiben, wenn er auf dieser Stufe der Selbstverherrlichung des Menschen stehen bleiben würde. Bruno hat – und darin liegt letzten Endes seine wahre Größe – die beiden entscheidenden Postulate von der Autonomie des Wissens und der Freiheit des Denkens nie aus dem Auge verloren. Mag der heroische Affekt noch so sehr aus der „divina strazione" hervorstreben, will er sich selbst behaupten, will er das Ursprüngliche nicht nur „erleiden", sondern es auch in seinem eigenen Inneren als das höchste Individuum, als der wahre Held der Leidenschaften erleben, so muß er den äußeren, religiösen Urgrund abstoßen und sich durch eine gigantische Steigerung seiner selbst dem Göttlichen nähern. Keiner hat vermocht, diesen höchsten Grad menschlicher Vollendung klarer herauszumeißeln, als Bruno selbst.

„Die anderen aber sind die, welche zu eigener Schau befähigt, mit angeborner Erleuchtung des Geistes und Schärfe des Verstandes begabt, aus innerstem Antrieb und natürlicher Inbrunst, angefacht von der Ehrfurcht vor dem Göttlichen, von der Liebe zur Gerechtigkeit und Wahrhaftigkeit ergriffen werden. Aus der Flamme ihres Erkenntnisvermögens entzündet sich das Licht einer höheren Kraft des Denkens und eine Einsicht von außergewöhnlichem Ausmaß, sodaß sie nicht nur sprechen und handeln als Gefäße und Instrumente einer höheren Macht, sondern selbst zu schöpferischen Künstlern und Helden heranreifen."[10]

In diesen anderen sieht Bruno die wahren Heroen, deren Dasein von einem heiligen Schauer ergriffen ist. Es ist der göttliche Funke der Intuition, der sie erfaßt; ihrer bemächtigt sich nicht allein die „inspiratio" der Dichter und der reinen Toren, sie werden entflammt von dem göttlichen Funken der Intuition. Sie erleiden die Erfahrung des „Ursprünglichen" nicht nur, sie erkennen sie auch. Bruno nennt diese wahren eroici furori nicht Philosophen, aber er gibt uns zu verstehen, daß ihre Leidenschaft nicht in einem Vergessen ihres eigenen Selbst, sondern in einer bewußten Liebe und Sehnsucht zum Guten und Schönen besteht. „Denn, wenn Gott Dicht berührt, wirst Du zu flammender Glut".[11] Bruno hebt dabei sehr bewußt auf das „principium individuationis" ab, durch das er seinen leidenschaftlichen Helden der Menge, der Allgemeinheit gegenüberstellt. Sie wird immer von der Furcht vor Gott gepeinigt sein. Der Heroicus furiosus handelt aus der „Liebe" zur Gottheit, aus einer Erkenntnis, aus einem Willen heraus. Liebe ist immer auch ein seelisches Erleben und nicht ohne Grund prägt Bruno den Satz, daß „der

---

9 Heinrich Hart: Florentinisches Künstlerfest; aus dem „Lied der Menschheit".
10 „De gli eroici furori", 3. Dialog.
11 „De la causa", Gedicht an den eigenen Geist.

menschliche Wille am Steuer der Seele" sitze. Es ist eine von der Sonne der Erkenntnis angefachte Glut, ein göttlicher Drang, der seine Geistesschwingen ausbreitet, sodaß seine Gedanken und Gefühle in Einklang kommen mit der göttlichen und der menschlichen Harmonie und den ewigen Gesetzen, die allen Dinge innewohnen.

Bruno greift hiermit einen außerordentlich wichtigen Gedanken auf. Er bringt mit seinen Worten zum Ausdruck, daß nur *der* zur wahren Erleuchtung, zur höchsten, heroischen Leidenschaft voranschreitet, der nicht bei der dichterischen Inspiration stehen bleibt, auch das Denken, das wahre intuitive Denken geht hervor aus der Erfahrung des Urständigen. Das Dichterische, das von der Imagination inspirierte, dringt noch heraus aus einem unbewußten irrationalen Gefühl, das Denkerische aber ist das Rationale, das Geistige. Es ist nicht ein mystisches Sichverlieren, sondern wie Ernesto Grassi in einer besonders klaren Diktion hervorhebt, ein „Sehen" – „Unterscheiden" – „Sich-Erinnern".[12]

Erst heute wissen wir, daß die Bereitschaft des Menschen, die Ergebnisse der anbrechenden Epoche der Naturforschung in sich aufzunehmen und aus dem zuerst etwas verschwommenen Weltgefühl ein präzisiertes Weltbild zu gestalten, ohne diese Umstellung auf den Bereich einer vierten Dimension, auf ein neues räumliches und zeitliches Denken nicht möglich gewesen wäre.

Daß Bruno von der Überwindung der Zeitgrenze zum mindesten eine dunkle Ahnung hatte, geht aus einem Satze hervor, daß sich die Zeit zur Ewigkeit verhält, wie ein Punkt zur Linie.[13] Über das Phänomen der Intuition, das hier von Bruno angeregt wurde, hat selbst einer der modernen Fachphilosophen, Henri Bergson, in seinem Werke „L'évolution créatrice" eine Auffassung geäußert, die beweist, wie lebendig die nolanische Weltanschauung geblieben ist, obwohl man hieraus nicht auf einen unmittelbaren Einfluß brunonischer Ideen auf den französischen Schöpfer „élan vital" schließen darf:

„Soll aber unser Bewußtsein mit seinem Urgrund irgendwie zusammenfallen, dann muß es sich losmachen vom Fertigbestehenden und sich an das Entstehende heften. Sich von innen nach außen wendend, sich auf sich selber hinwendend, müßte das Vermögen des Schauens eins werden mit dem Akt des Wollens".[14]

In diesem Sinne sieht auch Giordano Bruno die Denkfunktion des Philosophen. Auch er betont, daß er durch eine lebendig-waltende Schau befähigt sein sollte, die ursprünglichen Gestalten und Ereignisse zu erleiden. Es ist eine Lebenshaltung, welche nach der Verwirklichung des *ganzen* Menschen verlangt. Nur dem, welcher in einem heroischen Affekt den Fluß seiner denkerischen Kräfte auf eine von

---

12 Grassi, Ernesto: Giordano Bruno, Heroische Leidenschaften und individuelles Leben, Bern 1947.
13 „De gli eroici furori", 2. Dialog, Tansillo.
14 Bergson, Henry. Le' évolution créatrice. Paris 1911.

allem irdischen befreite, innere Wesensschau des unermeßlichen Universums konzentrieren kann, wird es möglich sein, jenes göttlichen Erschauerns teilhaftig zu werden, das ihn aus seiner irdischen Kleinheit zu der schrankenlosen Unermeßlichkeit des Weltalls emporzutragen vermag. Im Angesicht der Größe des Alls zerfließen die letzten Grenzen von Raum und Zeit.

„Wer so die Güte und Schönheit der Alleinheit in lebendigem Verständnis zu umfassen vermag, der ist der wahre, heroische Mensch, dessen Moralgesetze mit den Naturgesetzen der Welt übereinstimmen werden."

ruft Bruno aus. „Nur diese Wenigen sind befähigt, die Menschheit aus dem Labyrinth der Ideen und der Verworrenheit der Gefühle herauszuführen.[15]"

Das ist die Religion Brunos, der einmal gesagt hat:

„Non si conosce dio, si diventa dio"
(Man kann Gott nicht erkennen, man kann ihn nur ahnen)

Es ist eine Religion des unendlichen Universums, eine Religion des Geistes und der Seele, eine Religion der Religionen. Eine Religion der wenigen, die – abseits der dumpfen Menge – Gott in ihrem eigenen Innern suchen, indem sie nach den ewigen Sternen greifen, und welche die Hoffnung nicht aufgeben wollen, daß der Tag kommen wird, in welchem sich das Menschengeschlecht über alle Schranken der Bekenntnisse und über alle kirchlichen Grenzen hinausheben wird.

Oswald Spengler hat einmal darauf hingewiesen, daß der Organismus eines reinen Geschichtsbildes, wie es die Welt Plotins, Dantes und Brunos war, angeschaut, innerlich erlebt wird und insofern, als es in Gestalt und Sinnbild erfaßt wird, im Grunde nur in dichterisch-künstlerischer Konzeption wiedergegeben werden kann. Soweit es Bruno angeht, so glaube ich, daß er derjenige war, der in keiner Weise irgendeine kontinuierliche, geschichtliche Vorstellung, geschweige denn ein organisches Geschichtsbild in sich getragen hat. Seine begriffliche Bändigung des Denkens ging von einer dem historischen völlig fremden Grundstellung aus. Daß jedoch das Dichterische in ihm ein unersetzliches Instrument seiner philosophischen Erkenntnis gewesen ist, dafür legt sein Werk „De gli eroici furori" stärkeres und beredteres Zeugnis ab als alle seine übrigen Schriften, seine lateinischen Lehrgedichte nicht ausgenommen.

## GIORDANO BRUNO, der Poet

Die Persönlichkeit des Dichters steht bei Bruno innig vereint mit der des Denkers. Bruno hat darüber seine eigene Auffassung, die sich in keiner Weise mit den kon-

---

15 Siehe auch „De gli eroici furori" Übers. Kuhlenbeck, 1. Teil, 3. Dialog, S. 55.

ventionellen Ansichten seiner Zeitgenossen über Ästhetik deckt. Diese hielten sich streng an Aristoteles' „Poetik". Bruno dagegen vertritt den Standpunkt, daß die Dichter nicht nach poetischen Regeln dichten müssen, daß „vielmehr die Regeln aus der Dichtung entstehen." Es mag daher soviel Regeln geben, wie es echte Dichter gibt. Daraus erhebt sich allerdings die Frage: „Woran soll man die echten Dichter erkennen?" worauf Bruno die einfache Antwort erteilt: „Am Klang und Inhalt ihrer Verse". Also an ihrem Rhytmus. Mit Konsequenz kommt Brunos Schülerin zu dem Schluß:

„So haben also gewisse Pedanten unseres Zeitalters unrecht, wenn sie diesen oder jenen bloß deshalb von der Zahl der Dichter ausschließen wollen, weil er nicht ähnliche Fehler und Einteilungen wie Homer und Virgil anwendet."

Bruno führt hier eines seiner eigenen Gedichte an, das seine Auffassung illustrieren soll. Wenn auch die Sprache unter der Übersetzung leidet (hier die von Heinrich von Stein), so vermittelt sie doch einen Eindruck von Brunos dichterischer Begabung:

„Als ich in mir den Parnassos fand
Erklomm ich ihn unverdrossen;
Meine Gedanken ein Musengewand
Waren mir hehre Genossen.

Und wie das Sinnen mich überwand
Sind mir Tränen entflossen,
So schenkte ein Gott mir den Berg Parnass
Musen und Helikons heiligen Haß.

Kaiser und Papst, seht, wie ich wähle,
Könige, Eurer Gunst bin ich satt,
Tränen und Sinnen, o meine Seele,
Und in den Haaren ein Lorbeerblatt."

Was Bruno uns mehr als alles andere vor Augen führen will, ist, daß wahre Dichtung nicht abhängig ist von den Regeln einer Poetik. Ist sie echte Dichtung, dann muß sie ganz auf sich selbst gestellt sein; das Wirkliche liegt in ihr selbst. Es beruht nicht auf irgendwelchen Vorschriften, die von außen an sie herangetragen werden. Die wahre Leiden-schaft, das was ihm Leiden schafft, muß aus dem Inneren des Dichters dringen; er muß seine Gestalten mit seinem inneren Auge sehen, er muß sie erleben und schließlich mit dem Furor, mit dem heiligen Schauer des schöpferischen Menschen „erleiden". Eines der plastischsten Beispiele, die uns Bruno gibt, um uns die Gestalt des schöpferischen Menschen zu zeigen, hat er uns in einem mythologischen Begebnis nahegebracht. Hier geht er geradewegs von der „heroischen Liebe" aus, die er mit der „heroischen Vernunft" verbindet:

## ARTEMIS und AKTAION

„Aus dunkler Wälder dichten Fluren
Aktaion hetzt die Meute auf die Spuren
Edlen Wilds – dem Schicksal folget er, verloren,
Des Zweifels Pfad mit kühnem Schritt.

Dann plötzlich stockt sein Tritt.

Der Göttin Nacktheit gleißt aus heilgen Hainen
Wie Alabasterglanz aus edlen Steinen.
Der Schönheit Strahlen blendet seinen Blick.
Die Hunde selber reißen ihn zurück.

Verwandelt wird der Jäger selbst
Zum Hirsch, zur Beute,
Wohin er auch entflieht,
Ein Raub der wilden Meute.

So kehren sich zum Höhenflug
Des kühnen Jägers mächtige Gedanken,
Und was an Ewigem er in sich trug,
Reißt ihn empor aus aller Erden Schranken."[16]

    Aktaion verkörpert die Vernunft. Die Göttin der Weisheit, die er verfolgt, ist Artemis. Aktaion überrascht sie, auf der Jagd nach ihrer göttlichen Schönheit, in ihrer Nacktheit. Diese bedeutet die Schönheit, welche hier in dem jungen Aktaion die Liebe entfacht. Diese aber hat eine gewaltigere Anziehungskraft als die intelligiblen Formen der idealen Begriffe, denen er auf musischen Spuren nachjagt. Als er die Meute auf die Fährte der Gedanken hetzt, wendet sie sich gegen ihn selbst und zerreißt ihn. Die Jagd ist eine Willenstätigkeit, zufolge deren Aktaion selbst sich in das Objekt verwandelt. Man kann auch sagen: Aktaion, der seinen Hunden, d. h. seinen Gedanken, der Wahrheit, Weisheit und Schönheit nachjagt, verliert sich selber, als er die stolze Schönheit in ihrer vollen Nacktheit erblickt. So wird er, der Intellekt, der die Dinge subjektiv erfaßt, verwandelt in das, was er suchte, in das Objekt und er erkennt, daß er die Gottheit, die in ihm selbst verborgen war, gar nicht außer sich hätte suchen sollen.

    Bruno treibt das Gleichnis noch weiter und führt aus, daß aus dem einfachen Menschen, als er in ein immer tieferes und entlegeneres Gebüsch – also in die Region der unerforschlichen Dinge – eindringt, ein leidenschaftlicher Held wird, der nach der Göttin der Weisheit und Wahrheit greift. Als er dabei ein Opfer seiner eigenen Willenshandlung wird, „beginnt er ein neues Leben im Geiste und lebt fortan das Leben der Götter".

16 Freie Nachdichtung des Verfassers.

So zerreißen die Gedankenhunde der göttlichen Dinge diesen Aktaion, indem sie ihn zwar in den Augen der Menge töten, in Wahrheit ihn aber aus den Fesseln der verwirrten Sinne erlösen, freimachen aus dem Kerker des Materiellen. Es ist besonders bemerkenswert, wie Bruno diese antike Fabel in ihrer Sinngebung verbindet mit der sublimsten Spitze seiner Metaphysik. Er schaut die Amphitrite, den Urquell, als Zahl aller Arten und Begriffe, welche die Monade, die wahre Wesenheit aller Dinge ist. Wenn er sie nicht ganz in ihrer Wesenheit sieht, so sieht er doch in seiner Entstehung selbst das Bild, das ihr ähnlich ist. Denn von der Monade, welche die Gottheit ist, geht jene Monade aus, welche die Natur, das Universum, die Welt ist und worin, wie im Monde die Sonne, jene sich betrachtet und spiegelt, durch welche sie uns erleuchtet, da sie sich in der Hemissphäre der intellektuellen Substanzen befindet. Solchermaßen reduziert Bruno Artemis zu dem Einen, welches das Seiende selber ist. Das gleiche Seiende, welches auch die begreifbare Natur ist, als Einheit, die sich scheidet in zeugende und erzeugte, in schaffende und geschaffene, in eine natura naturans und eine natura naturata. Bruno schließt die Sinngebung dieses großartigen Gleichnisses mit den Worten:

„Nun werdet Ihr selber die Würde und den höheren Erfolg des Jägers erschließen können. Der Held ist zur Beute der Göttin geworden. Er hat sich ihr ergeben. Er hat ein Ziel, das unmöglich von einer anderen Natur erlangt werden kann, folglich und gebührlicher Weise nicht einmal gewünscht werden kann."

Das Motiv der „enthusiastischen Liebe" spielt auch in diesem Gleichnis eine führende Rolle. Es ist das Grundmotiv, das durch das gesamte Werk hindurchzieht und es einreiht in den Kreis der italienischen trattate d'amore, die alle auf der neuplatonischen Philosophie beruhen. Analog den drei Stufen der Leidenschaften kannte Plotin auch drei Arten der Liebe, welche Bruno in seinem Werke in aller Breite schildert. Es ist die musische, die philosophische und die erotische Liebe.[17] Die erste begnügt sich mit dem Genusse des Anschauens und der Unterhaltung, die zweite erhebt sich vom Anblick der körperlichen Form zum Anschauen der geistigen und göttlichen, die dritte läßt sich vom Anschauen fortreißen zur körperlichen Berührung; es ist die niederste Form der Liebe, die der Sinnenlust fröhnt und oft in ihr versinkt, wie Tannhäuser im Venusberg. Bruno läßt keinen Zweifel darüber, daß die drei verschiedenen Arten der Liebe in dem Leben des gleichen Individuums auftreten mögen. Bestimmend ist nur, welche Spielart sich am stärksten in einem Menschen ausprägt und die Oberhand in seinem Leben gewinnt.

Unter den 73 Gedichten, welche das Werk vom leidenschaftlichen Helden enthält, treten eine große Anzahl im Gewande reiner Liebesgedichte auf und manche, besonders diejenigen, welche Bruno von seinem Gönner, dem Dichter Luigi Tansillo, übernommen hat, mögen nie in einer anderen Absicht geschrieben worden sein. Aber die Liebe, welche die Vollkommenheit und Seligkeit der Menschen ausmacht, beruht im Sinne der gesamten brunonischen Weltanschauung auf der

17 John Nelson: The Renaissance-Theory of Love. New York 1958.

Erkenntnis der unendlichen Vollkommenheit der Welt und der Erhebung zu ihrem höchsten Grunde. Es ist die Durchführung dieses Gedankens, denen die Gespräche über den leidenschaftlichen Helden gewidmet sind. Eines der schönsten Beispiele von Brunos Dichtkunst ist das, mit welchem der zweite Dialog des ersten Teils beginnt und in welchem Bruno dem Gedanken Ausdruck geben will, daß es weder Lust noch Schmerz ohne Gegensätzlichkeit gibt. Der Dichter stellt hier seine hohe Ausdruckskunst unter Beweis und schreibt eines seiner schönsten, lyrischen Gedichte, das auf den ersten Anblick nichts von der Gedankenblässe des Philosophen verrät:

„Ich trage das herrliche Banner der Liebe,
Erstarrt alles Hoffen, erglüht alle Triebe,
So eisig die Zeit, als brennend mein Sehnen,
Ich lebe und sterbe, ich lache in Tränen.

Ich schweige – und all der Himmel erschallt,
Mein Auge in Strömen, mein Busen in Flammen,
Vulkanus und Thetis herrschen zusammen
In mir durch Feuers- und Flutengewalt.

Das andere liebend, muß selbst ich noch hassen,
Zum Felsen sich wandelnd – ich bin wie ein Flaum.
Beständig verfolg' ich sie – nimmer zu fassen

Fliegt sie empor durch den Sternenraum,
Um mich wie Blei am Boden zu lassen,
Hört nimmer mein Rufen, verschwebt wie im Traum."[18]

Was Bruno an vielen Beispielen erweisen will, ist die wunderbare Seelenverwandtschaft zwischen wahren Dichtern, Musikern, Malern und Philosophen. In „De imaginus" sagt er einmal wörtlich:

„Alle wahre Philosophie ist zugleich Musik oder Poesie und Malerei. Wahre Malerei ist zugleich Musik und Philosophie. Wahre Poesie ist eine Art göttlicher Weisheit und Malerei."

Die Verbindung dichterischer und philosophischer Denkart, die in Bruno selbst einen ihrer hervorragendsten Vertreter, wenn nicht ihren Höhepunkt am Ausgange des 16. Jahrhunderts findet, ist noch in einer anderen Hinsicht von großer Bedeutung und enthüllt einen Aspekt, auf den ganz besonders der oben genannte Brunoforscher Ernesto Grassi hingewiesen hat. Es wird dabei davon ausgegangen, daß die Hervorkehrung des individuellen Erlebens nicht in einem allgemeinen und herkömmlichen Sinne aufgefaßt werden darf. Es wurde vorher schon zum Ausdruck gebracht, daß dem von der wahren Leidenschaft erfüllten Menschen sich die pla-

---

18 „De gli eroici furori" I. Teil, 2. Dialog, Tansillo.

tonische Welt des Wahren, Schönen und Guten nicht auf dem Wege reiner Sinneserfahrung, ebensowenig wie auf dem Wege des diskursiven Denkens enthüllt. Der Heroicus, diese begnadete Kombination von Dichter, Denker, Seher und Philosoph verdankt seine Erkenntnis einer ursprünglichen, nicht vom Dinglichen ableitbaren, Erfahrung, dem Vermögen, das Ur-Ständige, das Ur-Wesentliche im vollen Sinne des Wortes zu „erleben" und zu „erleiden". In diesem „Erleiden", das nicht mehr mit unseren alltäglichen Maßstäben erreicht werden kann, liegt der Begriff der Leidenschaft. Mit anderen Worten: der von der Leidenschaft Ergriffene erfaßt das Wesen der Dinge, die Ideen, die sich dahinter verbergen, in seiner Gänze. Daß er sie erfaßt in der Form des Wahren, Guten und Schönen, unterscheidet ihn von der Welt des dumpf dahinlebenden Tieres und aller Menschen, denen diese höhere Einsicht verwehrt bleibt. Bruno äußert hier einen prinzipiellen Gedanken, der erst im 18. Jahrhundert im Goethischen naturphilosophischen Denken neu auflebte.

Bildung des Menschen bedeutete daher für Giordano Bruno etwas Grundverschiedenes von dem, was das Erziehungsideal seiner Zeit und der kommenden Jahrhunderte als ihr Ziel hingestellt hatte. Es handelt sich darum, den ganzen Menschen, das Einzelne, wie die Gesamtheit in der Totalität zu erfassen. So wenig wie unzählig endliche Dinge die Unendlichkeit ausmachen können, so ist es auch nicht möglich, die Bildung eines Menschen auf einer Akkumulation von wissenschaftlichen Fakten aufzubauen. Wissen allein wird niemals zur Weisheit führen. Es ist der Weise, nicht der Wissende, den Bruno zum Bildungsideal erhebt.

Deswegen auch sein lebenslanger Kampf gegen die pedantische Schulmeisterei. Aber er kehrt sich nicht nur gegen diese. So sehr er in seinem Werke „De gli eroici furori" vom Dichterischen ausgeht, so ernsthaft warnt er davor, daß sich höchste Erkenntnis allein darauf stütze. Da, wo Bruno mit aller Klarheit von dem Wesen des wahrhaft Ergriffenen spricht, unterscheidet er deutlich zwischen den „Inspirierten" und jenen anderen, die der inneren intuitiven Schau teilhaftig geworden sind, und die das Göttliche nicht allein „erleiden" sondern, die auch darum wissen.

## Ehrwürdig wie die Esel

Von den ersteren aber, von den Dichtern, sagt er mit Bestimmtheit:

„Gli primi hanno piu dignità, potestà ed efficacià
in se, perche hanno la divinità. Gli primi son
digni come l'asino che porta gli sacramenti."

„Die ersten haben höhere Würde, Macht und Wirksamkeit,
denn sie besitzen den Geist des Göttlichen...
Die ersteren sind ehrwürdig wie die Esel, die das
heilige Sakrament tragen."

Was an dieser Stelle besonders bemerkenswert ist, bezieht sich auf diejenige Anmerkung, welche die Inspirierten mit jenem Esel vergleicht, der das heilige Sakrament trägt. Das Eseltum hat bei Giordano Bruno von Anfang an eine sehr wesentliche Rolle gespielt. Es ist jedoch ein Irrtum anzunehmen, daß es immer nur eine verächtliche war. Noch weniger kann die Meinung vertreten werden, daß es sich hier um ein Synonym handelt, das er beliebig für die Pedanten einsetzt, wenn auch vereinzelte Stellen sich finden mögen, aus denen solche Schlüsse gezogen werden könnten. Gerade aus diesem soeben angezogenen Zitat aus „eroici" geht hervor, daß Bruno mit dem „Eseltum", dem er hier das Prädikat ehrwürdig zubilligt, etwas ganz anderes verstanden haben will. Wenn er von denjenigen spricht, die Gott in sich tragen, ohne um ihn zu wissen, so meint er damit jenen Funken der kritiklosen Gläubigkeit, die in jedem Menschen verborgen liegt, dessen schöpferische Leistung oder dessen Eins-Sein mit dem Göttlichen aus der kindlichen Einfalt des Herzens und des Gemütes strömt im Gegensatz zu dem Eins-Sein mit dem unermeßlichen All, das bereits abgelöst ist aus dem traditionellen, religiösen Urgrund. Mehr als aus „eroici" erfahren wir aus Brunos Buch über „Die Kabbala des Pegasus mit der Zugabe des Kyllenischen Esels". Dieser kyllenische Esel erhielt seinen Namen von dem arkadischen Berge Kyllene, wo Hermes, der Schutzgott aller freien Künste und Wissenschaften, verehrt wurde. Nach Bruno geht der Eselskult zurück auf die alten Hebräer, in deren Pentateuch der Esel an vielen Stellen als ein verehrungswürdiges Tier genannt wird. Saulino, der in dem genannten Buche Brunos Mundstück ist, sagt, es sei ein Irrtum, ja eine Ketzerei, zu behaupten, daß der Eselskult seinen Ursprung in Gewalt und Unterdrückung habe. Im Gegenteil. Er sei vielmehr von der Vernunft angeordnet und dem Prinzip der Auswahl zu verdanken. Eseltum ist daher nicht eine Bezeichnung für etwas Minderwertiges. Zu dieser Auffassung haben gewisse Stellen beigetragen, wie jene Erzählung aus Genua. Als Bruno dort ankam, wurde gerade ein Kirchenfest gefeiert, bei dem die Mönche von Castello die berühmteste Reliquie ihres Klosters zeigten. Es war der Schwanz des Esels, auf dem angeblich der Heiland bei seiner letzten Osterfahrt geritten sein soll. Die Gläubigen strömten herbei in Scharen und die Mönche schrieen: „Dies ist der Schwanz des heiligen Esels. Küßt den Schwanz! Nicht anfassen!" Bruno hat auf dieses Begebnis ein Spottgedicht verfaßt, das ihm sehr übelgenommen wurde, sodaß er später vorzog, das ganze Buch aus dem Verkehr zu ziehen:

„O' heilges Eseltum, o' heil'ge Ignoranz,
O' heil'ge Dummheit, heil'ge Frömmelei,
Dir schafft die Seligkeit ein Eselschwanz
Doch Wissenschaft gilt Dir als Teufelei.

Was frommt es auch der fernen Sterne Glanz,
Zu prüfen oder in der Bücherei
Zu grübeln über der Planeten Tanz.
Das Denken bricht ja nur den Kopf entzwei.

> Was nützt Euch Denkern alles Spekulieren?
> Ihr dringt nicht in das Herz der Mücke ein.
> Und möchtet Mond und Sterne visitieren?
> Vergeblich sucht Ihr stets der Weisen Stein.
>
> Kniet lieber hin und faltet fromm die Hände,
> Denn die Vernunft ist eine Satansdirne.
> Drum betet, daß Euch Gott den Frieden sende,
> der sonder Zweifel wohnt im frommen Eselshirne."[19]

Der Eselskult war auch dem Altertum nicht fremd. Im 2. Jahrhundert n. Chr. schrieb der griechische Satiriker Lukian einen Roman, der dann durch die ausgezeichnete Überarbeitung des Römers Apulejus unter dem Titel „Der goldene Esel" in die Weltliteratur eingegangen ist. In der Renaissance-Zeit – besonders, nachdem das gedruckte Buch aufgekommen war – hatte er eine weite Verbreitung gefunden. Apulejus war ein in die Mysterien eingeweihter Neuplatoniker. Der Kern des Buches liegt in einem tiefschürfenden, esoterischen Hinweis, nicht zuletzt in der schönen Wiedergabe der mythologischen Erzählung von Eros und Psyche, obgleich manches davon durch laszive Schilderungen bacchantischer Orgien in einem anderen Lichte erscheint.

War so das Eselstum in Brunos Zeit weder etwas Neues, noch Ungewöhnliches, so ist es bei ihm doch nicht lediglich ein Tummelplatz für satirische Anspielungen und Ausfälle, wie das schon aus dem obigen Zitat hervorgeht. Es wird von Bruno weiter vertieft in dem Buche von der „Kabbala", wo er den Esel als ein Symbol göttlicher Inspiration, natürlicher Güte und Intelligenz erwähnt. Wörtlich fährt er dann fort:

„aber bevor ich den Beweis dafür erbringe, überlegen Sie ein wenig, ob diese Hebräer und andere Genossen ihrer Heiligkeit jemals die Idee und den Einfluß der Esel gering geachtet haben? Hat etwa der Patriarch Jakob, als er die Entstehung und das Blut seiner Nachkommenschaft und die Väter der 12 Stämme in 12 Tieren verherrlichte, die Kühnheit gehabt, den Esel beiseite zu lassen? Wissen Sie nicht, wie er dann den sechsten Sohn *Isaschar* zum Esel macht, indem er ihm als Testament jene schöne und geheimnisvolle Prophezeiung ins Ohr raunt?: ‚Isaschar, mein starker Esel, der Du zwischen den Grenzen ruhest und ein gutes und fruchbares Gebiet gefunden hast, Deine starken Schultern unter der Last beugst und zu Fronarbeiten bestimmt bist?' "

Wer je Giordano Bruno frivoler Äußerungen über die Bibel geziehen hat, mag weder diese schönen, ehrfürchtigen Worte gelesen haben, noch die mit großer, künstlerischer Vollendung vorgetragenen aus dem Segen des Propheten Bileams, wenn er von der hohen Warte eines Berges auf die Lagerstätten der Kinder Israels herunterblickt. Besonders hervorgehoben zu werden verdient hier die esoterische Andeutung Brunos, der darauf hinweist, daß die 12 Stämme den 12 Zeichen des

---

[19] Bergfeld, M.: Giordano Bruno, Berlin 1929, Seite 14.

Tierkreises entsprechen. Bruno schließt diese Erklärung des alten Testaments mit einer erhebenden Schilderung aus dem Leben Jesu. Er nennt ihn nicht beim Namen, aber er spricht von jenem erleuchteten Propheten, der durch eines Esels Stimme vom Willen der Gottheit unterrichtet wurde. Auf einem Esel reitend, hat er das Volk gesegnet

„um klar zu bezeugen, daß jene saturnischen Esel, die unter dem Einfluß der Gefiroth, des urbildlichen Esels, stehen, durch Vermittlung des natürlichen und prophetischen Esels eines so großen Segens teilhaftig werden,"

Das entspricht durchaus Brunos Meinung, die er aus dem Studium der Kabbala gewonnen hat, in welcher der Esel und das Eseltum als ein Symbol der Weisheit aufgeführt wird. Auch in „Spaccio" nimmt er den gleichen Standpunkt ein und wird nicht müde, auch nochmals in „Kabbala" darauf zurückzukommen. „Die Torheit, Unwissenheit und Eselheit dieser Welt entspricht in jener anderen Welt Weisheit, Gelehrtheit und Vollkommenheit."

## Die Liebestraktate der Renaissance

Deutet dieser kurze Blick auf das Symbol des Esels deutlich auf die kabbalistische Tradition von Brunos Werk hin, so kann das doch nicht darüber hinwegtäuschen, daß die „Eroici" unter neuplatonischem Einfluß geschrieben worden sind. Es unterliegt auch keinem Zweifel, daß Bruno dabei nicht immer auf Plotin und die griechischen Urquellen zurückgegriffen hat. Wir verdanken den amerikanischen Renaissance-Forschern Paul O. Kristeller[20] und John C. Nelson[21] besonders fruchtbare und wohlfundierte Arbeiten über den Einfluß der neuplatonischen Schule auf die Philosophie der Renaissance. Nelson hat sich dabei in einer umfangreichen Monographie in das Liebesmotiv in der Renaissance vertieft und Brunos Werk darin einen führenden Platz eingeräumt.[22] Er sieht in Brunos „Eroici" den Höhepunkt einer über hundert Jahre alten, italienischen Tradition von Abhandlungen über die Liebe (Trattati d'amore). Nach Brunos Zeit finden sich keine platonisierenden Liebesdialoge mehr, welche dieses Thema als Sprungbrett ihrer Philosophie wählen. Brunos Dialoge, in ihrer Gesamtheit genommen, vereinigen die großen Fragenkomplexe des 16. Jahrhunderts mit den ersten Schritten zu den wissenschaftlichen Aufgaben, welche sich das nächste Jahrhundert gestellt hat. Ob uns das jedoch berechtigt, in Bruno einen Vorgänger von Galilei zu sehen, wie es Nelson vertritt, scheint mir deswegen nicht durchführbar, weil der letztere von einer völlig anderen Grundstellung ausging als der Nolaner. Galilei war ein reiner Naturwissenschaftler; in der Tat der erste Naturwissenschaftler der neuen Zeit. Er ist der

---

20 Kristeller, P. O.: Studies in Renaissance-thought and letters Rome 1956.
21 Nelson, John C.: Renaissance-Theory of Love, New York 1958.
22 Ebenda, Kapitel III, S. 163 ff u. Kapitel IV, S. 234 ff.

Begründer der neueren mechanistischen Naturphilosophie, indem er ein ganz neues Denken, die induktive Schlußerfahrung, einführte. Es ist eine ganz und gar rationalistische Denkweise, welche die jahrtausende-alte Methode der Beschreibung und Formbetrachtung der Natur ablöst, indem sie versucht mit Hilfe von Mathematik und Mechanik die Welt auf rein mechanistische Weise zu begreifen. Bruno jedoch war ein Philosoph, bis zu einem gewissen Grade ein Naturphilosoph. Er aber wendet sich mit aller Entschiedenheit gegen den Anspruch, das Universum auf rein mathematisch-mechanistische Weise zu erklären. Wenn er auch unter allen Philosophen der Renaissance derjenige ist, der am verwegensten in eine neue Betrachtung des Kosmos vorstößt, so ist er doch in vielem durch scholastische Denkgewohnheiten gehemmt. Zwar ist er der erste, der das System des Copernicus anerkennt und es verteidigt, und in diesem einen Punkte mag er ein Vorgänger Galileis gewesen sein. Aber Bruno ist doch noch völlig von spekulativen Gedankengängen eingekreist, was Galilei seinerseits mit aller Entschiedenheit ablehnt; eine systematische Naturbeobachtung, eine methodische Naturforschung ist Bruno noch ebenso fremd wie eine wissenschaftliche Anwendung der Mathematik.

Nichts scheint mir beweiskräftiger für diese Grundhaltung Brunos als sein Werk über den leidenschaftlichen Helden, worin, wie in keinem anderen Buche seines gesamten Schrifttums, sein Bildungsideal, ebenso wie seine von der scholastischen, als auch der naturwissenschaftlichen grundverschiedene Denkmethode am schärfsten herausgearbeitet wird.

Zu der Zeit, in der Bruno seine „Eroici" schrieb, war er erfüllt von den Bemühungen der platonischen Gelehrtenschulen und insbesondere der Florentiner Akademien, welche die Lehren Platos mit der Doktrin von Aristoteles auszusöhnen versuchten. Bruno ging einen anderen Weg. Indem er sich der Naturphilosophie zuwandte, kehrte er sich mit Entschiedenheit gegen die aristotelische Weltanschauung und näherte sich mehr den Gedankengängen Platos. Besonders Brunos Erstlingswerk „De umbris idearum" (Im Schatten der Ideen) ist davon erfüllt; aber auch noch „De la causa" zeigt neuplatonische Anklänge.

Überblickt man die Liebestraktate der Renaissance, so ergeben sich verschiedene Gruppen, die charakteristisch sind für das allgemeine Denken der Renaissance-Philosophie. Da ist vor allem die Gruppe, die von Marsilio Ficino geführt wird, auf deren Bedeutung für die Weltanschauung der Renaissance zuerst Professor Kristeller aufmerksam gemacht hat.[23]

Ficino hat versucht, die antiken und die christlichen Theorien der Liebe auf einen Nenner zu bringen. Anders liegt es bei den Traktaten von Bembo und Castiglione. Sie setzen die christliche Auffassung als gegeben voraus. Die platonische Liebe (ein Begriff, den Ficino zum ersten Mal geprägt hat) ist der krasse Gegensatz zur höfischen und weltlichen Liebe. Überhaupt neigt der Mensch der Renaissance dazu, in dem Konzept der Antithese zu denken. Bei Bruno zeigt sich diese Tendenz am Ausgesprochensten.

23 Kristeller, P. O.: The Philosophy of Marsilio Ficino, New York 1943.

Derjenige jedoch, der den platonischen Liebesgedanken als ein philosophisches Prinzip in den Mittelpunkt eines geschlossenen Lehrsystems eingebaut hat, war ein aus dem Spanien Ferdinands und Isabellas vertriebener Jude namens Jehuda ben Abravanel. Unter dem Namen Leone Ebreo sind seine italienisch geschriebenen „Dialoghi d'amore" in die Weltliteratur eingegangen.[24] Die höfischen Theoretiker hatten die ursprüngliche platonische Idee insofern verlassen, als bei ihnen das antike Ideal der Knabenschönheit durch die weibliche Anmut ersetzt wird. Ihre Traktate werden zu einer Art Minnesang in Prosa, eine verspätete, italienische Auflage des Troubadour in einem vergeistigten Sinne. Das Milieu hatte jedoch eine entschiedene Änderung erfahren. – An Stelle der Fanfarenherrlichkeit des Turnierplatzes sind es die Hofhaltungen kunst- und feinsinniger Frauen. Anstatt des Wettstreits mittelalterlicher Lanzen sind es die Wortgefechte geistreicher Männer, für welche sich die Dame der Renaissance begeistert, oder wie Bruno es spöttelnd ausgedrückt hat, „Ihr seid erhaben über allen Witzen, zu denen sich die Gänsefedern spitzen".[25]

Es ist John C. Nelsons großes Verdienst darauf hingewiesen zu haben, wie sehr Brunos „Eroici" sich an die „Dialoghi d'amore" des Leone Ebreo anlehnen. Beide benützen die platonische Liebe als literarisches und sprachliches Instrument für den Ausdruck eines ethischen Konzepts. Es ist jedoch weniger die Form des Dialoges und der ausgesprochen philosophische Inhalt, den Bruno von Leone übernommen hat. Beide hat Bruno schon in seinen vorangegangenen italienischen Schriften angesetzt. Hier aber erweitert Bruno den Eros zum durchgeistigsten Heroentum, das von einem furor angespornt wird, von einem heiligen Erschauern. Genährt wird dieser furor von einem kosmischen Feuer, eine Flamme, an der sich Brunos philosophische Erleuchtung von jeher entzündet hat. So bringt Bruno einen völlig neuen Aspekt in die bisherige Form der Traktate von der platonischen Liebe. Einmal stellt er sich in Gegensatz zu Ficino, Pico und der ganzen Florentiner Akademie, indem er den Unterschied zwischen dem antiken Eros und der christlichen Liebesidee schärfer herausarbeitet. Er geht aber auch über Leone Ebreo hinaus, wenn er den ursprünglichen, neoplatonischen Charakter ausweitet in eine kosmologische Doktrin, und die Unendlichkeit des Göttlichen mit der Unendlichkeit des Weltalls zu einer Einheit zu verbinden sucht. Poetisch bringt er das in einem Achtzeiler, der mit zu der besten Gedankenlyrik gehört, die wir von Giordano Bruno besitzen.

---

24 Leone Ebreo: Dialoghi d'amore. hrsg. v. Carl Gebhardt, Heidelberg 1924.
25 Von anderer Seite, die in Brunos Philosophie mehr die dialektisch-materiellen Elemente hervorhebt, wird auf den aristotelischen intellectus agens, die reine, unvergängliche allen Menschen gemeinsame Vernunft hingewiesen. Er soll das Verbindungsglied zwischen den Renaissance-Platonikern u. den Denkern der Aufklärung sein, wie das Spinozas Frühwerk „Kurze Abhandlung von Gott, dem Menschen und seinem Glück" erweist.

„Zurück zum Widder muß die Sonne kreisen,
Auch all die andern Wandelsterne ehren
Des Kreislaufs Satzung in verschlungen Gleisen.

Zum Ozean, aus dem sie stammen, kehren
Zurück' die Ström', in mannigfachen Weisen,
Kehrt Erd' zum Erdengrund, zum Ursprung des Begehren,

So muß denn auch mein Geist, von Gott erzeugtes Denken,
sich wiederum in Gott als seinen Grund versenken."

## Im Schatten der Ideen

Wie „De gli eroici furori", ausgehend vom Dichterischen ein Werk der neuplatonischen Tradition ist, so basiert auch Brunos frühe Prosaschrift „De umbris idearum" auf platonischem Denken. Schon der Titel weist auf die platonische Patenschaft hin. Die Schrift besteht aus drei Hauptteilen: einem einleitenden Dialog, einem methodologischen Teil von 30 „Intentionen" und ebensoviel „Konzeptionen" und einem rein mnemotechnischen Anhang, den Bruno „Ars memoriae" betitelt.

Diese Abhandlung verrät schon früh die Charakteristik der Brunoschen Schreibweise. Die Überladenheit der Dialoge mit allerlei mythologischem Flechtwerk, eine oft ungezügelte Phantasie, die sich in einer ausschweifenden, allegorischen Darstellung gefällt und deren schwülstiger Wortreichtum, es dem Leser schwer macht, zu dem Kern des ohnehin nicht leicht verständlichen Stoffes vorzudringen. Entkleidet dem wortreichen Rankwerk, entpuppt sich jedoch Brunos Buch als eine ernsthafte, philosophische Abhandlung, in welcher der Versuch gemacht wird, eine Lehre der Gedächtnisübung, wie auch des folgerichtigen Denkens aufzustellen, und es in Einklang mit den ewigen Gesetzen des Universums zu bringen.

In den intentiones und conceptiones wird die Diktion etwas klarer. Bruno geht davon aus, daß der Mensch im Grunde kein vollkommenes Wesen ist und daher nicht die Fähigkeit besitzt, die absolute Wahrheit zu erkennen. Diese ist letzten Endes das Göttliche, das Seiende, das Vollkommenste selbst. Gott ist das Ur-Licht, die Ur-Idee; die zahllosen Einzelwesen in der Natur sind nur der Abglanz, der Schatten dieser Ur-Idee. In der Sinnestätigkeit und im Denken schaut unser Geist die Bilder des göttlichen Denkens, denn der Mensch und seine Seele sind nur ein Teil des göttlichen Geistes oder der Weltseele, und daher zeigen sich auch die Bilder nur in mannigfaltigen Abstufungen. Da nun aber das göttliche Denken eins ist mit der unendlichen Fülle der Erscheinungswelt, so stimmen die Schatten der Ideen in der Außenwelt, d. h. mit den Dingen überein.

Die Schatten der Ideen sind durchaus schemenhafte Gebilde; sie sind weder Substanz, noch Eigenschaften (accidentes) der Körper. Wenn nun diese Vorstellung in derselben Weise miteinander verknüpft wird wie die Erscheinungen in der Natur, so sind die Voraussetzungen für die Höchstleistungen des menschlichen Intellekts und der Gedächtniskraft gegeben. Durch die Schatten erkennt der Mensch das Göttliche, durch sie wird seine Intelligenz und damit auch seine Gedächtniskraft gefördert und gelenkt. Bruno verwendet das Bild der Antike von der catena aurea, der güldenen Kette, von der die Alten glaubten, daß sie vom Himmel herunter bis zur Erde gespannt sei und die Verbindung herstelle zwischen Göttern und Menschen.

Diese grundsätzlichen Gedanken stellt Bruno hinein in eine Einheit der Natur und ihrer stufenmäßigen Ordnung, die starke Anklänge an die Lehre Plotins vom harmonischen Aufbau des Kosmos hat. Brunos spätere Bestrebungen zu einer monistischen Weltanschauung zu gelangen, findet hier frühe, wenn auch unvollkommene und nicht folgerichtig durchgeführte Ansätze. Er spricht zwar – und das manchmal in einer undurchsichtigen Sprache – von der Einheit der Ordnung, von einem einheitlichen „Leib des gesamten Wesens". „Eins sei das Prinzip, eins die Herrschaft, eins das Ende und eins der Anfang". Aber diese Theorien werden wieder abgeschwächt durch seine Auffassung von Ordnung und Zusammenhang im Universum, indem sich bei ihm noch geistige mit materiellen Dingen mischen, ein durchaus neuplatonischer Gedankengang, der sich in keiner Weise mit den darauf aufgepfropften Einheitsideen verträgt.

Es ist einer der tiefen Widersprüche, die nie ganz in Brunos Weltbild überwunden werden und die auch dadurch nicht ausgemerzt werden, daß die Schatten, je mehr sie aus dem sinnlichen Urbilde heraustreten und sich der Ur-Idee nähern, je vollkommener werden. Es liegt hierin schon eine leichte Andeutung, daß die Verschmelzung beider zu der letzten Einheit erst im Unendlichen stattfinden kann.

Einige Kommentatoren gehen so weit, auch in dieser Schrift eine der großen Voraussagen zu sehen, indem sie sich auf die 7. Intention beziehen. Dort sagt Bruno, daß „unter allen Dingen Ordnung und Zusammenhang herrscht, insofern als die niedrigen Körper den mittleren und die mittleren den höheren folgen und sich mit den zusammengesetzten vereinigen."In dieser Idee von der stufenweisen, allmählichen Entwicklung höherer Organismen aus niederen will man eine Andeutung der Darwinschen Evolutionstheorie erblicken. Das gehe insbesondere auch aus den Worten hervor, daß (nach dem Klange von Apollos Leier) Niederes stufenweise in Höheres wieder auflebe, und auf diese Weise Niederes durch Mittelglieder hindurch die Natur von Höherem annehme.

Ist es an und für sich schon weithergeholt auf Grund von nebenbei erwähnten Bemerkungen Bruno zu einem Darwinisten aufzubauschen, so muß allgemein einmal mit Entschiedenheit auf die Überheblichkeit einer solchen Betrachtungsweise hingewiesen werden. Wenn wir mit solcher Spitzfindigkeit und Geistreichelei die Schriften großer Denker durchkämmen, so werden wir auf eine ganze Reihe von gedanklichen Andeutungen und Anklängen stoßen, die sich später als große und tragende Theorien anderer Denker und Forscher wiederfinden. Das Ausschlaggebende ist, daß man, wie Anaxagoras, „alles in allem" finden kann, doch ist eine hie und da aufblitzende Idee nicht unbedingt als ein Vorläufer einer ganzen Lebensarbeit wie z. B. hier diejenige Darwins zu werten. In diesem Falle ist jedoch auch die Behauptung sachlich nicht richtig. Bruno erklärt schon im Nachsatze „daß die Erde sich verdünnt zu Wasser, während das Wasser in Festland übergeht". In der gleichen Weise sehen wir die Luft in Feuer, das Feuer in Luft, diese wieder in Wasser und das Wasser sich wieder in festes Land verwandeln. Bruno spricht also gar nicht von Organismen im engeren Sinne, sondern von geologischen Formationen, bestenfalls von den Übergängen in andere Agregatzustände, wodurch die ganze Theorie der Evolutionsschnüffelei ohnedies in sich zusammenfällt.

Fruchtbarer ist dagegen der Gedanke, den Bruno in intentio XV anschlägt, wo er die Auffassung vertritt, daß es in der Natur kaum scharfe Abgrenzungen gibt, sondern nur allmähliche Übergänge. „Der Schatten bereitet das Licht vor; er mildert das Licht", und wie oft bei Bruno bleibt es nicht bei dem sinnlichen Bilde, sondern die Feststellung wird auf das Gedankliche übertragen. In seiner ihm eigenen Sprache: „Durch den Schleier der hungrigen und durstigen Seele nähern sich die besonderen Boten der Dinge." Er erkennt darin diejenigen Schatten „durch welche der Intellekt und das Gedächtnis gefördert und gelenkt werden". Mit anderen Worten: auch in unserer Gedankenwelt gibt es nicht immer ausgesprochen scharfe, extreme Grenzen. In vielen mischen sich Elemente aus den verschiedensten Ideologien. Wir leben auch hier in einer Welt von ineinander fließenden Übergängen und nicht immer in radikalen Gegensätzen.

„De umbris idearum" ist ein Frühwerk Brunos. Es ist weder völlig originell, noch ist die Grundanlage immer neu. Aber die alten Ideen sind durch den Schmelzzofen von Brunos Genialität gegangen, und Gedanken von neuer, fruchtbarer Eigenart sind daraus hervorgegangen, wenn auch das Werk in seiner Gesamtanlage noch nicht gleichmäßig ausgewogen ist.

## Die Fackeln der dreißig Standbilder

Eines der wesentlichsten Probleme, die zur Erhaltung der Beziehungen zwischen Mensch und Welt beitragen, finden sich in Giordano Brunos Seelenlehre. Auch auf diesem Gebiete hat uns der Nolaner kein geordnetes System hinterlassen, und er ist bei weitem weder so methodologisch noch so systematisch wie der von ihm oft zu Unrecht geschmähte Aristoteles in seiner viel zitierten Schrift „De anima". Der Kern der Brunoschen Seelenlehre ist in seiner Schrift „Lampas triginta statuarum" (Die Fackeln der dreißig Standbilder) niedergelegt. Erst im Jahre 1866 fand der Russe Abraham de Noroff[26] in Paris ein sehr gut kopiertes Manuskript; ein zweites wurde 1889 von dem Würzburger Professor Remigio Stoelzle in der Stadtbibliothek

26 Noroff, A.: Notice bibliographique sur un manuscript de Giordano Bruno. Leipzig 1868.

Augsburg entdeckt.[27] Eigentlich wird die Schrift unter die Lulliana gerechnet, weil sie große Teile enthält, die sich mit der Gedächtniskunst befassen. Die dreißig Standbilder sind Gestalten aus der hellenistischen Götterwelt, denen der phantasiereiche Verfasser dadurch neues Leben einhaucht, daß er sie mit philosophischen Ideen erfüllt. Die Fackel der Vernunft beleuchtet diese mythischen Vorstellungsbilder gegen den Hintergrund einer metaphysischen Betrachtung, die von einer Dreifaltigkeit ausgeht. Sie erhebt sich aus drei gestaltlosen Wesen: Dem Chaos, dem Orkus und der Nacht, (dem Dunkel des Weltalls). In moderner Begriffsführung heißt das: Raum, Zeit und Stoff, denen Gott-Vater, Gott-Geist und Gott-Liebe gegenüberstehen. Die immer wieder bei Bruno auftretende mystische Zahl 9 gibt die hierarchische Basis ab, auf der eine philosophische Handlung in einem allegorischen Gewande abrollt. An die 9 hierarchischen – eigentlich gestaltlosen – Wesen schließen sich die Statuen der Gottheiten Saturn, Vulkan, Prometheus, Apollo, Mars, Oceanus, Tellus, Sagittarius, Achelous, Daedalus, Cupido und die weiblichen Minerva, Juno, Venus, Thetis, Amalthea, Eris, Vesta und die drei Gorgonen an. Jede einzelene dieser Statuen verkörpert bestimmte, abstrakte Begriffe. Es war Brunos Darstellung der Lullischen Denkmaschine, welche Grundbegriffe ersetzt durch Buchstaben aus mehreren Alphabeten verschiedener Kombinationen, auf Kreisscheiben angeordnet. Die Drehung der Kreisscheiben ergab alle möglichen Assoziationen. Das ganze war eine mechanische Version einer logischmetaphysischen Maschine. Bruno verwendet dagegen mythologische Standbilder und wandelt an ihnen die Grundlinien seiner Weltanschauung in einer sinnlichen Darstellung ab. Die Phantasie des Dichters tritt hier ganz im Sinne des leidenschaftlichen Helden an die Seite des Philosophen und baut ein wundervolles Pantheon auf von Göttern und Ideen, durch die nun der Heroicus furiosus mit der Fackel der Vernunft einherschreitet, und statt eines mechanistisch-nüchternen Denkspiels der lullischen Maschine blickt neues Leben aus den heroischen Gestalten der griechischen Mythologie. Für die moderne Wissenschaft mag das eine mehr wunderliche als wundervolle Darstellungsform philosophischer Grundbegriffe sein; aber sie gewinnt insofern eine Bedeutung als Bruno sie benützt für einen Leitfaden seiner Auffassung von der menschlichen Seele. Worauf es ihm dabei zuerst ankommt, ist, zu beweisen, daß die Seele nichts zusammengesetztes ist und infolgedessen nicht unter die damals mit dem Wort Akzidens bezeichneten Eigenschaften oder Zustände gezählt werden kann. Sie ist vielmehr selbst als eine Substanz, d. h. als ein Ur-Wesen oder Subjekt anzusehen. Es ist ein Punkt, der dadurch Wichtigkeit gewinnt, weil er, wie wir in einem der folgenden Kapitel erfahren werden, bei einem von Brunos großen Nachfolgern eine außerordentliche Weiterentwicklung gewonnen hat. Hier müssen wir uns allerdings auf die fundamentalen Grundsätze beschränken und können der weitläufigen Auseinandersetzung Brunos, warum die

---

27 Stoelzle, R.: Beschreibung der Augsburger Manuskripte von Giordano Bruno, Archiv f. d. Geschichte der Philosophie Berlin 1890/III. 389–393, 573–578, siehe auch W. Lutoslawsky, ebenda, Band II, S. 526–571.

Seele nicht Akzidens, sondern Substanz sein muß, schon deswegen keinen Raum geben, weil sie für unsere moderne Betrachtungsweise vollständig unerheblich geworden ist.

Andere Gesichtspunkte dagegen sind deswegen erwähnenswert, weil sie die Voraussetzung liefern für Brunos Beweis der Unsterblichkeit der Seele und die Formen ihrer Weiter-Existenz nach dem Tode. Die Seele ist ein immaterielles Wesen, sagt Bruno. Sie kann sich von dem (menschlichen) Körper trennen und ohne ihn existieren. Sie ist daher ein Wesen, wie jede einfache Form, die keine Ausdehnung besitzt und kein Zustand ist. Denn keine Eigenschaft und kein Zustand kann für sich selbst bestehen. Er ist immer an ein Subjekt gebunden. Das Wesen der Seele selbst aber besteht weder aus der Materie, noch ist es an die Materie gebunden. Die Seele bildet ein Glied der Ordnung und des Aufbaus der Wesensleiter (scalae substantiarum), da sie auf der Grenzscheide (confinio) der geistigen, physischen oder stofflichen Substanz liegt. Das aber heißt nichts anderes, als daß sie zwischen dem Leiblichen und dem Geistigen als Verbindungsglied eingeschaltet ist. *Offensichtlich ist aber der Leib eher um der Seele willen, als die Seele des Leibes wegen da.* Daher ist der Leib eher das Werkzeug als das Prinzip der Seele und wird von ihr beherrscht, bewegt und regiert. In der intelligiblen Welt gilt die Seele als letzter Zweck. Sie ist, wie Bruno wörtlich sagt, „ein Ebenbild Gottes und eine Tochter des Geistes."

In „De gli eroici furori" findet diese Seelenlehre noch eine weitere Vertiefung. Hier setzt Bruno auseinander, daß der Leib nicht als der Raum-Ort der Seele betrachtet werden kann. Es liegt eher ein umgekehrtes Verhältnis vor. Die Seele befindet sich nicht räumlich im Leibe; sie verhält sich zum Körper wie eine innerliche Gestalt zu einem äußerlichen Gestalter, und *daher ist der Leib in der Seele, wie die Seele im Geiste und der Geist in Gott ist.* Diese Bemerkung Brunos steht im Zusammenhang mit seiner Monadenlehre, in welcher er zu der Feststellung kommt, daß Geist und Seele nicht etwa zwei miteinander verbundene Teile sind. Sie sind verschiedene Richtungen der gleichen Monade, die der organisierenden und vorstellenden Tätigkeit zugrundeliegen. Das ist auch eine Anlehnung an neuplatonische Interpretationen, die davon sprechen, daß der Geist der höhere Teil der Seele sei und zwar derjenige, in welchem die Vernunft vorherrsche. Denn das Wort Seele beziehe sich wesentlich auf die Gestaltung, d. h. Organisierung und Erhaltung des Leibes, wie das schon in „Lampas" erwähnt wurde. An einer anderen Stelle sucht Bruno auch darauf aufmerksam zu machen, daß sich die Seele da befinde, „wo sich zur lebhaften Erfassung des Intellekts hilfreich der kräftige Antrieb des Gefühls gesellt", und er prägt dafür den dichterischen Ausdruck vom „Mittagskreis der Seele".

Viel ausführlicher aber als mit dem Wesen der Seele beschäftigt sich Bruno jedoch in „Eroici" mit der Unsterblichkeit der Seele. Er vergleicht ihre Funktion mit derjenigen der Sonnenstrahlen, welche die Erde berühren und sich mit niederen und dunklen Dingen der Erde vereinigen. Gleichermaßen wird die Seele, da sie im Grenzgebiet der Natur steht, gleichzeitig körperlich und unkörperlich. Sie wird mit dem einen Pol von den höheren Wesen, mit dem anderen von den niederen angezogen. Es ist besonders aufschlußreich, daß Bruno bei anderer Gelegenheit auf diese eigenartige Wendung, die Seele stehe im Grenzgebiet der Natur, zurückkommt. In der Natur findet eine Wandlung und ein Kreislauf statt, demzufolge die höheren Wesenheiten sich den niederen zukehren und sich zu den höheren erheben. Wir können die außergewöhnlich beziehungsvollen Konsequenzen dieser Anschauung hier nicht weiter verfolgen. Diese Stelle in Brunos Schriften ist nur insofern von großer Reichweite, als sie Brunos Vorstellung von der Unsterblichkeit der Seele in unsere Betrachtung einzuführen geeignet ist. Wir geben dazu Bruno das Wort:

„Wenn der Sinn (Anschauung) zur Einbildung, die Einbildung (imaginatio) zum Verstande, der Verstand zur Vernunft, die Vernunft zum reinen Denken emporsteigt, dann wandelt sich die ganze Seele in Gott und wohnt in der intelligiblen Welt, von wo aus sie umgekehrt auf dem Wege des reinen Denkens, der Vernunft, des Verstandes, der Einbildung, der Sinnlichkeit und Belebung wieder zur sinnlichen Welt herabsteigt."

Bruno verbindet hier seine Seelenlehre mit der des leidenschaftlichen Helden in einer Form, die wir bereits einmal erwähnt haben, indem er von drei Graden der Intelligenz spricht. In dem einen übersteigt das Intellektuelle das Animalische; das sind die himmlichen Intelligenzen; in dem anderen dagegen übertrumpft das Triebhafte den Geist; das ist die gewöhnliche, menschliche Intelligenz; wo aber beides, Wille und Vorstellung, Anschauung und Vernunft, sich im Gleichgewicht befinden, wird der leidenschaftliche Held geboren. Bruno schließt sich damit der neuplatonischen Dreigliederung an, die sich bei Plotin und Jamblichos nachweisen läßt.

Ferner erfahren wir von Giordano Bruno, daß alle bedeutenden Denker diesen Intelligenzen einen Kreislauf des Auf- und Niedergangs zuschreiben, so daß diejenigen, die sich über dem Schicksal befinden (die Abgeschiedenen) sich zeitweilig dem Schicksal der Zeit und der Veränderung unterwerfen und dann wieder zu jener Stelle emporsteigen. In einem späteren Kapitel bezieht sich Bruno auf die „Wiederkunft aller Dinge" und kommt dabei auf seine Legende von den neun Blinden zurück. Er bemerkt dazu:

„Bei den christlichen Theologen ist die Ansicht verbreitet, daß aus jeder der neun Ordnungen viele Legionen Geister in den niederen und dunklen Regionen beheimatet sind, und daß andererseits viele von den Seelen, die hier in menschlichen Leibern walten, zu jener Herrlichkeit berufen sind."

Von besonderer Anregung ist Brunos Auslegung der Wiederkehr der Seelen im Zusammenhang mit der Blindheit, die von der Zauberin Kirke über die Menschen verhängt wird. Sie ist ein Symbol der allgebärenden Materie, und solange die Menschen bei ihr weilen, werden sie durch den Akt der Zeugung und kraft eines Zauberspruchs, d. h. eines verborgenen, harmonischen Verhältnisses in Blinde verwandelt.

„Denn die Zeugung und die Inkarnation ist die Ursache des Vergessens und die Blindheit, wie dies die Alten unter dem Bilde von Seelen darstellen, die sich in Lethe baden und berauschen."

Eines Tages aber, durch den Anblick des Ideals durch die Trinität der Vollkommenheit – Wahrheit, Weisheit und Schönheit – werden die Menschen (Blinden) wieder erleuchtet. In diesen Beziehungen verbirgt sich eine tiefsinnige Ahnung des Zusammenhangs zwischen Zeugung und Tod, zwei Rätsel, die nur miteinander gelöst werden können.

Bruno kreist in seinen Gedanken immer wieder um die Mythologie der hellenischen Welt. Wenn er aber in „Eroici" seinen leidenschaftlichen Helden die Ursprünglichkeit des Göttlichen in einem beständigen Kampf der Seele „erleiden" läßt, dann zieht er den Menschen in den engsten Bereich seiner Erfahrung. Trotzdem schwingt bei Bruno der Kosmos und seine Unendlichkeit immer wieder zurück ins Menschliche.

„Wer den heroischen Akt der Selbstbehauptung und Selbsterweiterung nicht in sich selbst findet, der bleibt auch für die Unermeßlichkeit des Universums blind."

Es ist ein asymptotische Linie, auf die eine Kurve zustrebt, ohne sie je zu erreichen, es sei denn im Unendlichen.

## Die neuplatonische Tradition

Abgesehen von der Überleitung seelischer Verinnerlichung und Selbsterkenntnis in die Gestalt des leidenschaftlichen Helden und der Verknüpfung der seelischen Substanz mit der Lehre von der Monade, enthält die gesamte Lehre Brunos von der Seele nichts, was nicht bereits zu seiner Zeit allgemeines Gedankengut der philosophischen Wissenschaft gewesen wäre. Brunos überreichliche Anwendung allegorischer Mythendeutung ist überhaupt nur zu verstehen, wenn man sich der Mühe unterzieht, sie zurückzuverfolgen auf die Tradition, die eine so überaus breite Rolle in seiner gesamten Entwicklung gespielt hat: die neuplatonische Mystik. Es ist eine der drei Phasen, welche sich in Brunos weitausgespanntem Werk am häufigsten nachweisen lassen.[28] Die beiden anderen sind der eleatisch-pantheistische Monismus und die atomistische Periode. Alle drei wurzeln in der griechischen Philosophie, ohne deren bestimmenden Einfluß der gesamte Gedankenbau der Brunoschen Weltanschauung nicht denkbar ist.

Ohne im Augenblick auf die Berechtigung der Gesamteinstellung einzugehen und mit bewußter Vernachlässigung der beiden anderen Phasen, bedarf es einer kurzen Behandlung der ersten, der neuplatonischen Tradition.

[28] Siehe auch Kristeller, P. O. Studies in Renaissance-thought and letters, Rome 1956, S. 61/62.

Sie ist diejenige, welche Brunos Gedankengängen in fast allen seinen Schriften eine bestimmte Tendenz verleiht und deren überragender Einfluß in allen seinen Schaffensperioden, ebenso wie in allen seinen Werken festgestellt werden kann. Der Neuplatonismus ist eine typische Verfallserscheinung der Antike. Ihr bedeutendster Vertreter Plotin hat ungefähr um 270 n. Chr. gelebt und in sein philosophisches System alles einbezogen, was tausend Jahre lang von den hervorragendsten Denkern des Altertums erdacht und ersonnen worden ist. Aber Plotin und schon seine Vorgänger haben diese Fülle von fruchtbaren und weittragenden Gedanken abgesetzt gegen den Hintergrund eines tiefschürfenden religiösen Gefühls. Für alle diese Denker, die im abendländischen Kulturkreis die letzte Bastion der antiken Philosophie besetzen, war der ewige Grund des Menschen eingebettet in ein Reich des Gemütes und des Herzens. So entsteht ein System der Metaphysik, das auf einer breiten philosophischen Grundlage und einer religiösen Verinnerlichung errichtet ist, und diese ganze Gedanken- und Gefühlswelt versucht ihre Denkelemente in eine ihr eigentümliche Sprache der Philosophie zu fassen. Von dem Alexandriner Philo entlehnt sie die gewaltige Idee des Logos, welche eine so große Rolle unter den Denkern des ersten Christentums gespielt hat. Die Transzendenz Gottes ist eine der unerläßlichen Voraussetzungen der neuplatonischen Lehre. Die daraus hervorgehenden Probleme werden ebensosehr zu einem charakteristischen Merkmal dieser spätantiken Weltanschauung wie die für ihre Methode typisch gewordene Heranziehung mythologischer Allegorien. Auf der Suche nach neuen Wegen zur „Wahrheit" ballten sich, nachdem einmal die Aufklärungszeit der griechischen Philosophie unter Aristoteles ihren Höhepunkt erreicht hatte, in den nächsten Jahrhunderten die verschiedensten Bewegungen und Disziplinen zusammen. Pythagoräische Gedanken leben wieder auf, orphische Weisheiten, mystische und eschatologische Lehren bis zu den seltsamsten Wunderglauben. Kosmogenische und vitalistische Begriffe – all das kondensiert sich und fließt in die Quellströme dieser neuplatonischen Schule; nicht zu vergessen die Einflüsse aus der Gedankenwelt des Hermes Trismegistos, die sich immer wieder in den Neuplatonismus einschalten. Je mehr solcherlei Doktrinen sich im Neuplatonismus breit machen, desto mehr mußte er sich von der geistigen Disziplin der klassischen Philosophie entfernen. Die Bahn nach innerer Selbstbesinnung führt nicht nur zu einer geistigen, sondern stärker als je zu einer seelischen Krise. Das Moment der Kritik, der Skepsis, der exakten Forschung wird immer mehr aus dem Bereich der Erkenntnis beiseite geschoben und macht der Überzeugung Platz, daß der Pfad zur höchsten Vernunft, zur Einheit im Göttlichen nicht durch die Funktionen des Denkens, sondern nur noch durch ekstatische und schwärmerische Zustände erfahren werden kann. „Wenn die Seele erkennt, daß sie eins ist mit Gott" – lehrt Plotin – „dann wird sie eins mit sich selbst und findet sich selbst im Göttlichen". Hier ist es die mystische Verzücktheit, welche die nüchterne Vernunft zurückdrängt, und es kommt anstelle disziplinierten, philosophischen Denkens zu der sehnsüchtigen Vereinigung mit dem All. Orakel und Askese, Weissagungen und Theophanien treten an die Stelle kühler wissenschaftlicher Systematik. Gewiß ist Plotin ganz durchdrungen von der philosophischen Höhe seines großen Vorbildes, ein reingeistiger Mensch ersten Ranges. Er bemüht sich, System hineinzubringen in die übereinander stolpernden mannigfaltigen Verzettelungen der überhandnehmenden allegorischen und mythologischen Ausdeutungen. Das gelingt ihm in erster Linie auf dem Gebiete der Seelenkunde. Er versteht es, eine geschlossene Metaphysik des Seelenlebens aufzustellen und sie mit einer Unendlichkeitsmystik zu vereinigen. Alles Weltgeschehen wird auf die Tätigkeit der Seele und des Geistes zurückgeführt, Einzelseele und Weltseele in ursächliche Zusammenhänge gestellt und das alles zum Gegenstand einer intellektuellen Anschauung gemacht, welche eine Reduktion des Geistigen auf eine materielle Organisation der Welt nicht aufkommen läßt. Es bedarf keines weiteren Eingehens auf die Plotinschen Gedankengänge, um zu erkennen, wie tief die Brunosche Seelenlehre in der neuplatonischen Tradition verwurzelt ist. Die verwandtschaftlichen Züge sind bis auf viele Einzelheiten deutlich erkennbar. Trotzdem ist jedoch ein sehr wesentlicher Unterschied vorhanden, aus dem hervorgeht, daß Bruno nicht in einer eklektischen Weise der neuplatonischen Doktrin verfallen war, sondern nur auf ihren Erkenntnissen aufbauend seinen eigenen Weg gegangen ist. Einer der wesentlichen Grundsätze der Plotinschen Lehre ist die Transzendenz Gottes – Plotins Emanationslehre, wonach das Endliche aus der unendlichen Fülle der Gottheit stufenartig in den Bereich des Menschlichen hinuntersteigt. Das ist ein Gedanke, der Bruno völlig fernsteht. Die Immanenz des Göttlichen bleibt immer das Rückgrat seiner gesamten Metaphysik und bricht aus in seiner Ethik. Hier überwindet Bruno die neuplatonische Tradition in einer unzweideutigen Richtungsänderung, obwohl er auch hierbei sich immer noch nicht dem Kraftfeld der griechischen Denkwelt zu entwinden vermag.

## Die hermetische Tradition

In diesem Zusammenhang muß erwähnt werden, daß die Beziehungen zur neuplatonischen Tradition mit diesen knappen Hinweisen keineswegs genügend durchgearbeitet sind. Zur Vertiefung solcher Quellenuntersuchungen haben die Publikationen des amerikanischen Gelehrten Prof. John C. Nelson bedeutende Beiträge geliefert und neue Ausblicke auf diesem Gebiete eröffnet.[29]

Eine der Quellen, die mit der Entwicklung der neuplatonischen Mystik in enge Verbindung gebracht wird, ist das Schrifttum, dessen Ursprung auf die orientalisch-ägyptische Gestalt des Hermes Trismegistos zurückgeführt wird. Der Neuplatoniker Jamblichos hat darüber ausführlich berichtet, ohne daß damit das Dunkel gelichtet wäre, welches das Bild dieser mysteriösen Persönlichkeit umschattet. Wahrscheinlich hat die Figur dieses „dreifach-mächtigen" Magiers mit der Weisheit des altägyptischen Priestertums nicht das Geringste zu tun. Hermes Trisme-

---

29 Siehe auch John Charles Nelson: Renaissance Theory of Love New York 1958, S. 164 ff.

gistos, dessen Herkunft auf den ägyptischen Gott Thot zurückgeführt wird, ist vermutlich nichts anderes als ein Phänotyp des untergehenden Hellenismus, und die Schriften, die ihm zugeschrieben werden, haben mit der altägyptischen Kultur wenig gemeinsam. Vermutlich sind diese theosophisch-mystischen Traktate erst im 2. und 3. Jahrhundert n. Chr. entstanden – fast gleichzeitig mit der Blüte des Neuplatonismus. Sie sind ein mehr oder minder unklares Sammelsurium von allerlei Heils- und Erlösungslehren, mystisch-ekstatischen Verkündigungen, vermischt mit Elementen aus pythagoräischen, orphischen, esoterischen, ja selbst Überkommenheiten der jüdisch-alexandrinischen Philosophien, die man in einen Mantel altägyptischer Nekromantik und in verworrenen Okkultismus gehüllt hat, um sie dem schwärmerisch-verzückten Zeitgeist der verglimmenden Antike mundgerecht zu machen. Diese hermetische Literatur blieb das ganze Mittelalter hindurch ein Kollektivname für das nie abbrechende Pseudoschrifttum aller apokryphischen Wissenschaften von der Alchemie bis zur Astrologie und erlebte im 15. Jahrhundert in Marsilio Ficino, dem Haupte der berühmten florentinischen Akademie, eine Wiederbelebung.[30] Ficino übersetzte nicht nur die Werke von Plato und Plotin, sondern trug durch seine Übertragungen solcher Hermetica wie „Pimander" und „corpus hermeticorum" viel dazu bei, daß die hermetische Kunst durch so skurrile Persönlichkeiten wie Agrippa von Nettesheim wieder einen neuen Aufschwung nahm und bei allen in Mode kam, die im 16. Jahrhundert und sogar noch später den geheimen und okkulten Künsten frönten.

Es unterliegt keinerlei Zweifel, daß der Hermetismus eine nicht zu übersehende Rolle in der Entwicklung der neuplatonischen Mystik gespielt hat, ebenso daß diese wiederum auf Brunos Weltanschauung einen mitbestimmenden Einfluß ausgeübt hat. So ist es sehr wohl zu begreifen, daß die moderne Brunoforschung die hermetische Tradition einer ernsthaften Bearbeitung unterzogen hat. Neuerdings hat eines der verdienstvollsten Mitglieder der Bruno-Forscher, die Engländerin Frances A. Yates, einen weitausgreifenden Versuch gemacht, Brunos bestechende Persönlichkeit auf die hermetische Tradition zurückzuführen, die sie besonders mit Marsilio Ficino und der neuplatonischen Mystik in enge Verbindung gebracht hat.[31]

Das Werk dieser eminenten Gelehrten beruht auf gründlichen, jahrelangen Studien, läuft aber darauf hinaus, aus dem Naturphilosophen Giordano Bruno, dem mutigen Kämpfer für die Freiheit des Denkens, einen hermetischen Magier und Hexenmeister zu machen, der versuchte, den christlichen Glauben durch die Wiedererneuerung eines hermetisch-ägyptischen Aberglaubens abzulösen. So gesehen erscheint auch der Märtyrertod Brunos als die rechtmäßige und wohlbegründete Hinrichtung eines dämonischen Zauberers altägyptischer Verwandtschaft. Das Material, das hier zusammengetragen worden ist, beweist einen immensen For-

---

30 Siehe auch Kristeller, P. O. The Philosophy of Marsilio Ficino. New York 1943.
31 Yates, Frances: Giordano Bruno and the hermetic tradition, Chicago 1963.

scherfleiß; trotzdem erscheint es, wertmäßig genommen, nicht hinzureichen, um zu solch einseitigen Entscheidungen zu gelangen. Die direkten Bezüge Giordano Brunos auf die Doktrin des Hermes Trismegistos selbst, dessen Schriften, wie Miss Yates selbst zugesteht, umstrittenen Ursprungs sind, bleiben trotz Brunos ausgedehntem Schrifttum verhältnismäßig spärlich. Dagegen begegnet man in Brunos Schriften auf Schritt und Tritt Zitaten und eingehenden Hinweisen auf die judaeohebräische Mystik, wie sie von den jüdischen Weisen des Mittelalters in den Werken der Kabbala niedergelegt worden sind. Während Miss Yates diese kabbalistischen Referenzen als eine den hermetischen Quellen unter- und nachgeordnete behandelt, gewinnt man den Eindruck, daß man sehr wohl zu einem umgekehrten Standpunkt kommen und von einer ausgesprochenen kabbalistischen Tradition in Brunos Werk sprechen könnte. Selbst wenn man Miss Yates' Auffassung folgend unter dem Begriff „hermetic tradition" lediglich den florentinischen Aufguß versteht, und mit Miss Yates darin übereinstimmt, daß Bruno die neuplatonischen Ideen vielfach in der hermetischen Färbung von Ficino und seiner Schule absorbiert haben mag, gibt das keinen zureichenden Grund, den Kern der gesamten Lebensarbeit von Giordano Bruno in hermetischen Denkelementen zu sehen.

## Die kabbalistische Tradition

Damit allein läßt sich allerdings die außergewöhnliche Leistung der englischen Forscherin nicht beiseite schieben. Im Rahmen des hier vorliegenden, allgemein gehaltenen Werkes wird zwar von einer kabbalistischen Tradition gesprochen, jedoch unter dem Vorbehalt, daß die wissenschaftlich durchgearbeiteten Untersuchungen von Frances A. Yates eine breitangelegte Parallelstudie verdienen, welche die kabbalistischen Wurzeln von Brunos magischen Anlehnungen mit größter Gründlichkeit und Sachkenntnis auf der Basis des vorhandenen Quellenmaterials nachprüft. Jedenfalls kann innerhalb dieser Darstellung auf die kabbalistische Tradition nur in großen Zügen und im Zusammenhang mit Brunos Schriften über Magie und Zahlenmystik eingegangen werden. Welches aber auch die Ergebnisse einer Untersuchung über den kabbalistischen Einfluß auf Brunos Werk sein mögen, eines muß und kann schon heute festgestellt werden. So wenig es geboten erscheint, auf Grund der hermetischen Einflüsse Giordano Bruno zu einem ägyptischen Zauberer zu stempeln, ebensowenig dürfte es angebracht sein, die kabbalistischen Anspielungen Brunos zu Proportionen aufzubauschen, die aus Bruno einen kabbalistischen Mystiker machen wollen. Daran ändert auch der Umstand nichts, daß Bruno einem seiner italienischen Dialoge den Titel:

"CABALA DEL CAVALLO PEGASEO con l'aggiunta DELL' ASINO CILLENICO, descritta dal Nolano"

Entscheidend für die Frage, inwieweit Bruno, der aus so vielen Brunnen der Weisheit getrunken hat, unter den Einfluß der kabbalistischen Mystik geraten war, ist nicht die Anzahl der Stellen in seinen Schriften, in denen er die kabbalistischen Lehren und Lehrer wörtlich erwähnt. Ausschlaggebend ist, wie tief er in die Gedankengänge der jüdischen Mystiker eingedrungen ist, was er davon in sich aufgenommen und in welcher Weise er dieses Gedankengut bearbeitet und weitergeführt hat.

Die Anschlußverbindungen liegen aller Wahrscheinlichkeit nach auf dem Gebiete der Seelenlehre, in welcher mehr als in jeder anderen Disziplin der Philosophie der klare kritische Blick für die fundamentalen Beziehungen getrübt wird durch die Neigung zum Symbolismus und allerlei allegorischen Verknüpfungen. Hier aber führt der Weg von Bruno zuerst immer wieder auf die griechischen Denker und wahrscheinlich auch auf deren späte hellenistische Periode zurück, wo er über die jüngere Stoa und nicht zuletzt über die Zwischenkette der hellenistisch-jüdischen Schule von Alexandria (Philo) geradewegs in den Bereich der Urprinzipien von Leib, Seele und Geist und ihren mannigfachen Ausdeutungen führt.[32]

Was den Älteren, noch auf Heraklit ausgerichteten, der ins Geistige vorgeschobene Begriff des Pneuma war, wird in der alexandrinischen Schule mehr und mehr zu der großen, formenden Welt – und Wortkraft des Logos, sicherlich einer jener weitausladenden Denkkonzentrationen, aus denen Weltbeseelung und pantheistische Ideen zu Wegbereitern neuer Erkenntnistheorien aufblühten. Hier liegen die Verbindungslinien zur Kabbalistik.[33] Denn die alttestamentarischen Begriffe von Ruach und Nefesch keimen in unmittelbarer Nachbarschaft zu den Pneuma-Logos-Vorstellungen der Hellenisten. Hier weht ein lebendiger Odem durch die ganze weltanschauliche Atmosphäre einer von inneren Krisen aufgewühlten Zeit; hier ist es, wo alle diese Vorstellungen von Geist, Seele, Körper die Brücke bildeten von der spätjüdischen Mystik über die jüdisch-alexandrinische Philosophie bis hinein in das frühe Christentum und all die synkretistischen Sektenbildungen, welche an den Grenzen von Logos und Magus entlanglaufen. Wenn Bruno in Verbindung kam mit den jüdischen Esoterikern, so war es in aller Wahrscheinlichkeit im Zuge seines nie abreißenden Studiums der griechischen Geisteswelt - der tiefste und ertragreichste Quell, aus dem sein unersättlicher Wissensdrang sich immer wieder neu Erfrischung und Anregung holte.[34]

Hinter dem allegorischen Titel des Brunoschen Dialogs von der 'Cabala des Pferdes Pegasus und des kyllenischen Esels' verbirgt sich jedoch keineswegs ein auf der Kabbala aufgebautes Werk. Bruno wendet sich in dieser Schrift in der Hauptsache gegen die Ignoranz eines korrumpierten Mönchtums. Er selbst bezeichnet

---

32 Spiegler, Julius: Geschichte der Philosophie des Judentums. Leipzig 1890, S. 72 ff.
33 Das hebräische Wort Kabbala bedeutet Überlieferung, so daß die Verbindung „Kabbalistische Tradition" eine Tautologie ist. Erst später hat das Wort einen Sinn erhalten, in welchem es als ein Gesamtausdruck für die esoterischen Schriften der jüdischen Mystiker und ihrer Geheimlehren gebraucht wird.
34 Das deutsche „Kabale" im Sinne von Intrige wie bei Schiller kann nur als eine Verächtlichmachung des ursprünglichen hebräischen Wortes angesehen werden.

das Buch in seinem Vorwort als ein philosophisch-theologisches mit dem Wortspiel:

„Ich spreche zu Ihnen von einer Kabbala theologischer Philosophie, von einer Philosophie kabbalistischer Theologie und von einer Theologie philosophischer Kabbala."

Die Kabbala, eine Geheimlehre jüdischer Theosophen, war schon Raymundus Lullus bekannt, und es mag wohl sein, daß Bruno von ihm die ersten Anregungen erhalten hat. Ob Bruno selbst genügend hebräisch kannte, um die Schriften der Kabbala – den Sohar und das Buch Jezira – in der Ursprache zu lesen, wird bezweifelt. Es steht jedoch fest, daß er in die schwierige Zahlenmystik der jüdischen Esoteriker an Hand der kabbalistischen Studien seines Landsmannes Giovanni Pico de la Mirandola eingedrungen ist. Die Kabbala fand in Italien etwa um die gleiche Zeit in christlichen Kreisen Beachtung wie die neuplatonische Mystik. Ebenso hat Bruno die Schrift des großen Humanisten und Hebraisten Johannes Reuchlin „De arte cabbalistica" gekannt. Mehr als auf diese beiden stützte er sich jedoch auf das fünfbändige Werk „De occulta philosophia" von Heinrich Cornelius Agrippa von Nettesheim.[35] Diese weitbekannte Geheimlehre scheint Brunos ergiebigste Quelle der kabbalistischen Lehren gewesen zu sein. Er hat die Kabbala selbst wahrscheinlich nur aus zweiter Hand gekannt.

Der Kern der kabbalistischen Schriften selbst ist eine Art Kosmogenie, in welche sich schwärmerische, divinatorische Visionen mischen. Es sind diese mystisch-verzückten Einschläge, welche die Kabbala so eng an die neuplatonische Bewegung herangerückt haben. Zeitlich beginnen diese kabbalistischen Strömungen unter den Juden ebenso wie die neuplatonischen am Übergang der heidnisch-christlichen Welt, obgleich sich die Entstehung des Sohar und seiner Kommentare bis ins 13. und 14. Jahrhundert hinzieht.[36]

Einer der Grundgedanken ist die Lehre von den zehn Sephiroth, die Bruno auch in seinem italienischen Dialog „Cabala del cavallo Pegaseo" erwähnt. Darüber hinaus ist es aber vor allem die gematrische Auslegung der heiligen Schrift und der Propheten, welche die Bücher der Kabbalisten anfüllt. Pico und Reuchlin bleiben die von allen am meisten ernst zu nehmenden christlichen Bearbeiter der Kabbala, die ähnlich wie auch die Neuplatoniker die Vereinigung mit der Gottheit mehr durch ein ekstatisches Erlebnis denn kraft eines intellektuellen Erkenntnisvermögens anstrebt. Pico faßt einmal seinen Gesamteindruck in den lapidaren Satz zusammen: „Die Philosophie sucht die Wahrheit, die Theologie findet sie, die Religion aber besitzt sie."

---

35 Agrippa von Nettesheim: Magische Werke. Deutsche Übersetzung in 5 Bänden, Hrsg. v. Hermann Barsdorf Verlag, Berlin 1921.
36 Das Buch ‚Jezira' soll nach *Gershon Scholem ‚Zur Kabbala u. ihrer Symbolik' Darmstadt 1965* zwischen dem 3. u. 6. Jahrhundert von einem jüdischen Neupythagoräer niedergeschrieben worden sein. Sein Name ist verschollen.

Das war jedoch keineswegs Brunos Auffassung, und daher war für ihn die kabbalistische ebenso wie die neuplatonische und die hermetische Tradition nur Gegenstand fruchtbarer Anregung.[37]

Er hat sie mit aufgenommen in seinen weitausgespannten Bildungskreis, aber er ist den Geheimlehren der Kabbala ebensowenig kritiklos gefolgt wie den Mysterien der neuplatonischen Mystik oder den okkulten Beschwörungen des Hermes Trismegistos.[38]

## Die magischen Schriften

Dagegen werden wir in diesem Zusammenhang einen kurzen Blick auf diejenigen Schriften werfen, die in engster Verbindung mit den Geheimlehren der Kabbala stehen: die magischen Schriften. Es handelt sich dabei zuerst um drei Abhandlungen, deren Niederschrift Bruno Mitte März 1590 in Helmstedt begonnen hat: De Magia – Theses de Magia – De Magia Matematica, im Ganzen zusammen mit der Schrift „De rerum principiis" 170 Seiten in der großen lateinischen Nationalausgabe. De Magia schließt sich in vielem an das Schrifttum von Agrippa von Nettesheim an. Doch ausgesprochene Hinweise auf die Kabbala finden sich darin nicht allzuhäufig. Ganz am Anfang nimmt Bruno Bezug auf die „Cabalistae apud Hebraeos" und später erwähnt er die drei Engelsstufen, welche die Kabbalisten Fissim, Seraphim und Cherubim nennen. Bemerkenswert ist noch seine Definition eines Magus. Indem er sich gegen die Auffassung der „unwissenden Priester" wendet, die einen Magier einen Menschen nennen, der Umgang mit einem bösen Dämon oder Teufel hat, weist Bruno daraufhin, daß von den Philosophen unter einem Magier ein Mensch verstanden wird, der die Fähigkeit besitzt, weisheitsvoll zu handeln. Das Thema aller magischen Schriften Brunos bezieht sich auf die Möglichkeiten, solche weisen Handlungen zu vollbringen, und die Art und Weise, in welcher dieser Tätigkeit Ausdruck verliehen wird. Im Übrigen erweist sich, daß in „De Magia" sehr wenig über Zauberei und Hexenkünste zu finden ist. Dagegen stellt Bruno 20 Kategorien auf, die er „vinculi", d. h. (geistige) Bänder nennt und wo er sich des öfteren auf Pythagoras, Plotin und Porphirius bezieht. Wesentlich bedeutender ist die nächste Abhandlung: „Theses de magia". In den 56 Thesen spiegelt sich die gesamte Doktrin Brunos. Sein Prinzip der Magie gründet sich auf eine Stufenfolge von göttlichen Wesenheiten, wobei er nicht vergißt, auf die natürlichen Dingen zurückzugreifen. Im Übrigen wird auch hier mehr von Seele und

---

37 *Papus* erwähnt in seinem Buche: *Die Kabbala. Deutsch v. Julius Nestler, Leipzig 1921'* in der Bibliographie No. 127: *Jordano Bruno* De specierum scrutinio et de lampade combinatoria, de progressu et lampade venatoria logicorum.

38 Die zahlreichen Hinweise auf die Religion der Hebräer und ihre Geheimlehre in „Lo Spaccio de la bestia trionfante „können wir hier leider nicht zitieren. Sie müssen der angedeuteten Untersuchung über Brunos Beziehungen zur Kabbala überlassen werden.

Geist und ihrem Zusammenhang mit der Welt und der Weltseele gesprochen als von irgendwelchen zauberhaften Wundertaten. Bruno kann auch hier nicht verleugnen, daß die Weltseele und der Einheitsgedanke nach wie vor im Zentrum seines Gedankenkreises stehen, ebenso wie seine naturphilosophischen Ideen auch in diesen sogenannten magischen Schriften immer wieder durchbrechen. In „De principiis rerum et elementis et causis" unterscheidet Bruno drei magische Kategorien: die göttliche, die natürliche und die mathematische. Die beiden ersteren sind von guten Kräften beherrscht; bei der mathematischen Magie mögen sich ungünstige Einflüsse durchsetzen, je nachdem, in welcher Weise sie von den Magiern gehandhabt werden. Dieser mathematischen Magie hat Bruno einen besonderen, kurzen Traktat gewidmet, indem er auf kabbalistisches Gedankengut Bezug nimmt und mit einigen Sätzen auf die „göttlichen" Namen eingeht und eine besondere Bemerkung über den Gottesnamen macht, „den die Hebräer „Hajod Hakodosch" nennen.[39]

Man kann in diesem Zusammenhang nicht an dem Umstand vorbeigehen, wie nahe Magie und Mystik beieinanderwohnen. Besonders im Mittelalter gabeln sich die Wege von Scholastik und Mystik, zu der die rationalistische Fundierung der Scholastiker kaum einen Zugang hatte. Daher auch der Satz: „In der Mystik schwingt sich die Seele zu Gott, in der Scholastik der Geist." Es waren jedenfalls seelische Motive, durch deren ursprüngliche Kraft die Mystik ihre höchste Steigerungspotenz erhielt. Es ist nicht der Verstand, die Vernunft, sondern die Macht des Gemütes, welche für das religiöse Erlebnis bestimmend wird. Aber Mystik ist andererseits auch Sehnsucht. Streben nach Einheit und das Bewußtsein eines körperlichen und zum Teil seelischen Verbundenseins mit dem Weltall. Ihr Ursprung liegt daher in der Naturphilosophie,[40] was übrigens von manchen Forschern bestritten worden ist. Es ist jedenfalls auf dem kosmologischen Wege, auf welchem die Mystik die Fähigkeit zeigt, sich mit kabbalistischen Elementen zu verschmelzen. Auf alle Fälle hat der mystisch-neuplatonische Monismus der Orientalen viel zur Bildung einer mystischen Naturphilosophie beigetragen, die an der Gestaltung des Weltbildes der Renaissance teilgenommen hat. Im 16. Jahrhundert hat sie dann in Giordano Bruno ihren ausgesprochensten Vertreter gefunden.

Für den modernen Menschen des 20. Jahrhunderts haben viele dieser Einzelgedanken Giordano Brunos wenig Sinn. Die ganze Theorie des Magus, von welcher Seite man sie auch betrachten mag, gehört in das Reich der Fabel und beweist, daß Bruno Schaffensperioden gehabt hat, in denen ihn seine mystischen Entrückungen allzuweit von einer disziplinierten Beherrschung des Denkens abgetrieben haben. Vielfach spielen dabei die lullischen Einflüsse eine Rolle und tragen dazu bei, daß Bruno nicht immer imstande gewesen ist, sich völlig von den Ketten mittelalterlichen Denkens zu befreien.

Intuition und einer an hellseherische Momente grenzenden Offenbarung ist eine weit größere Rolle in Brunos Denkfunktionen zuzuschreiben als einer systemati-

39 deutsch: die geheiligte Hand.
40 Joel, Karl: Der Ursprung der Naturphilosophie aus dem Geiste der Mystik, Jena 1926.

schen Kritik und geordneten wissenschaftlichen Organisation. Deshalb konnten kabbalistische, neuplatonische und sicher auch hermetische Einflüsse einen so breiten Raum in seinen Gedankengängen einnehmen. Ewig schwankt dieser unausgegorene Geist zwischen der Skylla des scharfen, rationalen Denkens und der Charybdis einer irrationalen Gefühlswelt. Die zwei Seelen, von denen Goethe so beredt dichtet, kämpfen unaufhörlich in der Brust dieses leidenschaftlichen Helden. In dieser Gestalt hat Bruno sein bestes Selbstbildnis gezeichnet. Der Kampf zwischen dem Denker, der unablässig nach Wahrheit und Klarheit ringt, und dem Dichter, vor dessen seherischem Geiste immer kühnere und gewagtere Divinationen aufblitzen, muß sich tief in das vom heroischen Wahn durchfurchte Antlitz des Denkers eingegraben haben. Mehr als einmal mag es ihn der Nacht des Wahnsinns nahegebracht haben. Sicherlich erschauerte er unter der Eiseskälte der einsamen Höhe, auf die ihn sein nie endender Aufstieg führte. Wie ein Blitzstrahl beleuchtet jenes Wort von dem Schauder vor dem Freunde die grenzenlose Verworrenheit, die diesen Dichter-Denker erfaßt haben muß:

„Deshalb, ich weiß nicht, es ist wie ein Gespenst und Schauder im Anblick eines Freundes, denn nie kann ein Feind so wie er Unheilvolles und Furchtbares in sich tragen."[41]

Eine unübersteigbare Wand nach der anderen richtet sich vor diesem ahnungsvollen, genialen Geiste auf. Hat er die eine erstiegen, stemmt sich ihm eine neue entgegen. Welche furchtbare Seelennot muß sich oft seiner bemächtigt haben, wenn er hineinlauscht in das ewige Schweigen, das ihn umgibt, und das ihn bis an den Rand der Verzweiflung getrieben haben mag.

Und doch liebt dieser Süditaliener das heiße, wilde Leben. Es müssen Tage gewesen sein, an denen er Vergessen suchte im tollsten Gewühl der Menge, der er doch innerlich so völlig fremd und verständnislos gegenüberstand.

Als dann eines Tages das große Unglück über ihn hereinbrach, hatte er längst die „große und die kleine Welt" kreuz und quer durchwandert und alle Höhen und Tiefen der Welt durchmessen. Die Zeit war erfüllt führ ihn. Er mußte mitten hinein ins Licht fliegen. Es ergreift ihn inmitten des Gewimmels jener leichtlebigen, lebenshungrigen Stadt, gleisnerisch und verführerisch an der blauen Adria. Da schließt sich der Himmel über ihn, und die Dunkelheit bricht über ihn herein bis zu jener Stunde, in der die grausigen Flammen um ihn schlagen, und er eins wird mit dem ewigen All, nach dem er sich ein Leben lang gesehnt hatte.

## Il pensiero Bruniano

Eine weit wichtigere Aufgabe als die Verfolgung der Quellen, aus denen Giordano Bruno geschöpft hat, mag in der Frage erblickt werden: Worin besteht – wie die

---

41 Opera di Giordano Bruno publ. da Ad. Wagner Op. I, 171.

Italiener sagen – il pensiero bruniano? Was ist das Fazit dieses fast unentwirrbaren Flechtwerks seiner Ideen, und wie scheidet sich die Spreu von dem Weizen seines Werkes? Und wenn all diese schwierige Sichtung beendigt ist, was bleibt dann noch an Wertvollem, an Keimtragendem übrig, das unserem gegenwärtigen Denken noch etwas bedeuten könnte?[42]

Die Meinungen der Gelehrten über das Gesamtwerk von Giordano Bruno und seine Bedeutung bis in unsere heutige Zeit stehen sich oft diametral gegenüber. Viele lehnen überhaupt ab, Bruno als einen ernst zu nehmenden Philosophen anzuerkennen. Wenn auch nur eine Minderzahl ihn als einen schwärmerischen Mystiker abfertigt, einige ihn sogar für einen bösartigen Zauberer und Hexenmeister halten, der im rechten Augenblick von der Kirche dingfest und unschädlich gemacht wurde, so bleibt doch eine große Zahl zum Teil ernsthafter Gelehrter übrig, die Bruno seine Geltung in der Geschichte des menschlichen Wissens nicht abstreiten. Abgesehen von der Hochschätzung, die Bruno auf marxistischer Seite erfährt, kann hier pars pro toto der Physiker und Mathematiker Norbert Whitehead genannt werden, der sicherlich nicht in den Verdacht kommt, unter die Anhänger von Mystikern und Schwärmern gezählt zu werden. In einer Bemerkung über das 16. Jahrhundert sieht er die geistige Gestalt Brunos in einem Lichte, wie sie vielen modernen Philosophen und Naturforschern verständlich wird. Giordano Bruno war auch für Whitehead ein Märtyrer. Aber es war nicht Wissenschaft im Sinne Whiteheads, für die er litt, sondern das freie, phantasievolle Denken. Sein Tod eröffnet recht eigentlich das erste Jahrhundert der modernen Wissenschaft. Denn das nun folgende wissenschaftliche Denken war voll Mißtrauen gegen seine spekulative Art des Philosophierens.[43] Noch positiver äußerte sich 1957 der Wissenschaftshistoriker Alexander Koyré. Zwar läßt er nicht außer Acht, daß das Werk Brunos vielfach mit magischen Elementen verwoben und manchmal eine komplexe Mischung von lullischen Assoziationen, cusanischen Motiven und lukretianischer Dichtung ist. Aber er bewundert Brunos fruchtbare und oft prophetische Konzeption und seine Kombination von poetischem Gefühl und rationalem Denken. Dieses Denken – so meint er – " hat die moderne Wissenschaft und Philosophie so tief beeinflußt, daß wir nicht umhin können, Bruno einen außerordentlich bedeutenden Platz in der Geschichte des menschlichen Wissens einzuräumen.[44]

Das kann natürlich die Forschung nicht davon abhalten, der oben gestellten Fundamentalfrage sehr ernstlich auf den Grund zu gehen. Wir kommen nicht aus mit der Behauptung, daß es sich um einen kontinuierlichen Werdegang von Bruno handelt, der von der neuplatonischen Mystik über die eleatisch-pantheistische

---

42 Die Bibliographie der Bruno-Literatur, welche zuerst im Jahre 1926 von Virgilio Salvestrini herausgegeben worden ist, enthielt damals schon über 2600 Nummern. Die 2. Auflage dieses grundlegenden Werkes der Brunoforschung veröffentlichte Luigi Firpo im Jahre 1958. Sie wurde noch um Hunderte, zum Teil wertvolle Arbeiten bereichert.
43 Whitehead, A. N. Wissenschaft und moderne Welt, Zürich 1949.
44 Koyré, Alexander: Études d'histoire de la pensée philosophique, Paris 1961.

Weltanschauung zur atomistischen Philosophie führt. Wenn z. B. einer der italienischen Gelehrten[45] eine Entwicklungslinie des Brunoschen Denkens von einem mystischen Platonismus zu einem vorsokratischen Materialismus zieht, so kann er das, abgesehen von anderen, gewagten Gedankensprüngen, nur tun, indem er bedenkenlos über ein so bedeutendes Standardwerk wie die „Eroici" hinwegsieht. Ein anderer besteht wiederum darauf, daß die drei großen lateinischen Lehrgedichte ein für allemal eine radikale Kehrtwendung gegen den neuplatonischen Mystizismus seien. Demgegenüber muß man sich jedoch mal vor Augen halten, daß sich überhaupt keine kontinuierliche Entwicklungslinie in Brunos Schrifttum verfolgen läßt. Überblickt man die Reihe seiner Schriften chronologisch, so erhält man das folgende Bild:

1582 – De umbris idearum – neuplatonisch
1583 – La cena de le ceneri – kosmologisch-naturphilosophisch
1584 – De la causa, principio e uno – eleatisch-pantheistisch
1584 – De l'infinito, universo e mondi – Kosmologisch-naturphilos.
1584 – Lo spaccio de la bestia trionfante – neuplatonisch – kabbalistisch.
1585 – Cabala del cavallo Pegaseo – antiklerikale Polemik
1585 – De gli eroici furori – rein neuplatonisch.

Bruno beginnt mit einer fast rein-neuplatonischen Einstellung; er springt dann über zu Werken, die auf einer naturphilosophischen und stark vorsokratischen Philosophie aufgebaut sind; Elemente aus der Aufklärungszeit der Griechen, Anlehnungen an die Atomisten und Epikuräer sind vorherrschend. Zwischenhinein kommen ausgesprochen satirische und moralisierende Schriften und schließlich ein so auf Plotins Schule basierendes Werk wie Eroici. Es ist ein andauerndes Schwanken: ein Hin und Her, das außerdem immer wieder von obskuren lullischen Schriften und Abhandlungen über allerlei Magie unterbrochen wird. Selbst die lateinischen Lehrgedichte sind keine Trilogie im Sinne einer einheitlichen philosophischen Grundlage. Alle drei sind zwar von allerlei mythologischem Gerümpel durchsetzt. Aber während das endlose und sehr zusammengestoppelte „De Immenso" eine Art Renaissance-Imitation von Lukrez' „De rerum natura" ist, hauptsächlich epikuräisch fundiert, enthält „De triplici minimo" eine Zusammenfassung der Monadentheorie, obwohl Bruno sich auch hier gelegentlicher Abschweifungen schuldig macht. „De monade" aber fällt vollständig aus dem Rahmen. Zahlenmystik wechselt ab mit schwer verständlichen, magischen Teilen, die weltanschaulich meilenweit weg von dem Konzept der beiden ersten Frankfurter Gedichte führen. Dann kommt wiederum der Sprung zu einem rein philosophischen Werk wie „Summa terminorum metaphysicorum", das ein angesehener Brunoforscher[46] einmal „La estrema formulazione del pensiero del Bruno"

---

45 Corsano, A. Il pensiero di Giordano Bruno. Florenz 1940.
46 Antonio Corsano, siehe S. 133.

nannte. Gerade hier aber muß man sich die Frage vorlegen, wie sich das entschiedene „Deus seu mens" „intellectus seu idea" oder gar „amor seu anima mundi" mit all dem Vorangegangenen vereinbaren läßt.

Ist es da zu verwundern, daß viele ernste Interpretatoren zu dem Ergebnis kommen, Bruno als einen Eklektriker beiseite zu stellen oder ihn gar als einen konfusen Kopf abzutun? Kaum einer kommt zu einem befriedigenden Resultat. Bei keinem finden wir eine handfeste Erklärung für diese Zickzackwege und Widersprüche. Weder die überwiegend philologische Methode eines so hochangesehenen Gelehrten wie Felice Tocco, noch die philosophischen Kommentare der anderen italienischen Gelehrten vermögen die sprunghaften Standpunkte miteinander zu versöhnen, und einen allgemein annehmbaren Generalnenner der Brunoschen Doktrin zu finden.

Damit soll keinesfalls die mühevolle, ja oft geistreiche Arbeit, die geleistet worden ist, mit einer generellen Geringschätzung abgefertigt werden. Fast in jedem dieser zahlreichen, wissenschaftlich beachtlichen Werke finden sich neue originelle Ideen, Hinweise auf bisher nicht bekannte Zusammenhänge. Aber der Kardinalfrage gehen die meisten – und nicht nur die italienischen – Forscher aus dem Wege. In diese Diskussion, die sich auf viele Jahrzehnte erstreckt, bringt der verdienstvolle Herausgeber von Brunos italienischen Dialogen, Giovanni Gentile, ein Neu-Hegelianer, einen ganz neuartigen Aspekt.[47] Im Gegensatz zu Tocco und anderen philologisch ausgerichteten Textkritikern, denen er vorwirft, daß sie vor lauter Bäumen den Wald nicht mehr sehen, versucht Gentile das Gesamtwerk Brunos, der ja nicht nur Philosoph, sondern auch Dichter war, in einem kulturhistorischen Lichte zu umschreiben. Gentile erinnert uns daran, daß Bruno als eine typische Persönlichkeit der Renaissance zu werten ist und zwar jener Spätperiode, die überschattet wird von den düsteren Wolken der Gegenreformation, einer Zeit, die bereits als eine Übergangsperiode von der Spätrenaissance zur Frühbarocke betrachtet werden muß.[48]

Bruno steht an dieser Schwelle. Es gab kaum eine Zeit, die heutige vielleicht ausgenommen, die so sehr im Zeichen einer anarchistischen Geistesverfassung stand wie das 16. Jahrhundert. Man hatte den Glauben verloren und nichts gefunden, was man an seine Stelle zu setzen vermochte. So sehr, daß tiefe Kenner dieser Zeitepoche nicht davor zurückschrecken, sie als eine heidnische Epoche wenigstens an gewissen Plätzen und zu gewissen Zeiten zu bezeichnen.[49]

47 Gentile, Giovanni: Il pensiero italiano del rinascimento, Florenz 1940, S. 261 ff.
48 Julie Braun-Vogelstein, der wir einzigartige und seltene Aufschlüsse über das Wesen der künstlerischen Idee verdanken. hat darauf aufmerksam gemacht, wie tiefe Gegensätze sich zwischen Renaissance und Barock auftun. In der Dynamik des Barocken bewahrt sich „Maßbedachte Form". Sie ist ein bewußter und betonter Gegensatz zu dem furor der Giordano Bruno berauscht. Auch er beruft sich auf die Natur, auf die gleiche Instanz, von der auch Ungestüm und Leidenschaft die Rechte ableiten. Siehe auch Julie Braun-Vogelstein: Geist und Gehalt der abendländischen Kunst, Haag 1957.
49 S. a. Kristeller. Studies in Renaissance – thougt letters, Rome 1956.

Wo steht Bruno inmitten dieses geistigen Aufruhrs? Und wie gelingt es ihm über die Wirbel und Strudel seiner Zeit hinwegzukommen? Nehmen wir das Ergebnis voraus: Als Mensch ist er untergegangen, als geistige Kapazität hat er sich darüber hinweggeschwungen. Im Mittelpunkt des brunonischen Gedankengebäudes steht der Kampf der Geister, die um die Grenzabsteckung zwischen den Gebieten der Religion und den Parzellen der Philosophie gerungen haben. Es ist die Entscheidung zwischen Autorität und Gedankenfreiheit, zwischen Theologie und Philosophie, um die der Streit hin- und her wogt. Die vorausgegangenen Kämpfe der Reformation haben das Feld freigelegt, nachdem erst einmal eine Bresche geschlagen worden war in die Universitas, in die Unantastbarkeit der katholischen Kirche. Bruno wurde – man mag getrost sagen unglücklicherweise – in diese Zeit hineingeboren.

Ein kühner und verwegener Mann, ein Neuerer, der er war, mußte er den Kampf aufnehmen, und sich zum Bannerträger der Gedankenfreiheit machen. Gentile sieht in seiner Haltung die notwendige Folge auf dem Wege des Fortschritts und der Entwicklung des menschlichen Geistes, ebenso wie einen der Vorläufer des spinozistischen Pantheismus. Es ist der „Deus in rebus" (der göttliche Geist innerhalb der dinglichen Welt) der immanente Gott, den Bruno proklamiert, und nicht „mens super omnia" (Geist über Allem).[50]

Ich glaube jedoch, daß man mit alledem weder Bruno, noch den Ausführungen Gentiles gerecht wird.

Was das Verhältnis zu Spinoza angeht, so muß hier auf das nächste Kapitel verwiesen werden. Aber ganz abgesehen davon, haben wir mit dem vorstehenden allein nicht die große Linie erreicht, die Gentile in seiner unnachahmlichen Sprache entfaltet, wenn er Brunos Stellung innerhalb der Gedankenwelt der Renaissance schildert. Es ist das beste und genialste, was bis heute über Bruno geschrieben worden ist. In Deutschland hat sich nur noch Wilhelm Dilthey dieser Höhe der Auffassung von Brunos Werk und Schaffen genähert. Beide Forscher haben erkannt, daß man, will man in die Tiefe der brunonischen Idee eindringen, den Philosophen nicht vom Dichter trennen darf, so wenig man jemals Friedrich Nietzsche gerecht werden könnte, wenn man versuchen würde, die Tiefen seiner Gedankenwelt nur philosophisch auszuloten. Ebensowenig kann man sich in den labyrinthischen Gedankenschächten Brunos zurecht finden, wenn man nicht versteht, was er gemeint hat, als er das Wort prägte „Veritas filia temporis". Die Wahrheit ist ebensosehr eine Tochter der Renaissance, wie Bruno ein Kind seiner Zeit ist und kann nur als solches verstanden werden.

Wenn man nicht hiervon ausgeht, wird man auf immer Bruno fremd gegenüberstehen, und in ihm einmal den Neuplatoniker, ein andermal den Pantheisten, einmal den materialistischen Atheisten und dann wieder einen schwärmerischen Mystiker sehen. Auch Gentile kommt zu dem Entschluß: „La posizione specula-

---

50 De triplici minimo et mensura, Op. Lat. Libr. Cap. I, Fromann, Stuttgart I, 3. S. 136.

tiva del Bruno, rappresentante della philosophia di rinascimento era intrinsecamente contradittoria." – (Die spekulative Einstellung von Bruno als Vertreter der Renaissance-Philosophie war in ihrem innersten Wesen ein Widerspruch).

Wie überwindet Gentile diesen Widerspruch in der inneren Haltung Brunos? Für ihn ist Giordano Bruno die logische Zusammenfassung der gesamten Geisteshaltung der Renaissance. Er meint, daß es mehr als zwei Jahrhunderte gedauert hat, bis wir zu dieser Wertschätzung vorgedrungen sind. Denn die Renaissance, indem sie einen Schlußstrich unter eine abtretende Weltanschauung zog, umfaßt in sich alles, was der Welt der Vergangenheit in einer gegenständlichen Weise gegenüberstand, ohne selbst zu einer vollen, klaren Diktion zu kommen.

## Brunos Stellung im Kulturbereich der Renaissance

Aus diesem Grunde war sie in aller Entschiedenheit eine Übergangsperiode, aus deren Schoß erst die großen, neuen Denkrichtungen entsprungen sind, an denen die nächsten zwei Jahrhunderte so reich waren. Angefangen von dem Bereich der Kunst, die in der Renaissance nur eine zeitgemäße Application der antiken Kunstformen war, bis zur Übernahme der Copernicanischen Theorie, die ein neues Bild des Universums einleitete, und das Verhältnis des Menschen zu seinem Planeten umstellte, umfaßte dieses Zeitalter entscheidende Veränderungen in der gesellschaftlichen und wirtschaftlichen Struktur der Länder, ganz besonders in Italien.

Die Aufgabe ist, das geistige Profil des Umstürzlers Bruno aus dem edlen Marmor der Spätrenaissance scharf herauszuhauen. – Dazu bedarf es jedoch einer viel eingehenderen Darstellung des Zeitcharakters. Denn das 16. Jahrhundert zeigt auf keinem Gebiete ein homogenes Bild. Die Gegenreformation war z. B. eine völlig anachronistische Bewegung und schneidet mitten hindurch durch ein Jahrhundert, das von ganz anderen Strömen durchzittert war. Es ist grundsätzlich falsch, das Cinquecento als einen einheitlichen Block zu behandeln, und man wird bei dieser Feststellung erst so recht inne, daß in der Heterogenie des 16. Jahrhunderts eine auffallende Parallele zu dem zickzackartigen Werdegang seines größten Philosophen zutage tritt.

Damals begann, um mit der politischen Geschichte anzufangen, der Verfall des heiligen römischen Reiches deutscher Nation, das in der zwitterhaften und von mysteriösen Schlaglichtern umhuschten Gestalt Karls V. einen letzten Kaiser großen Formats und nochmals eine letzte Blüte und die größte Ausdehnung seines Herrschaftsbereiches erlebte. Aber gleichzeitig erfuhr auch die weltliche Macht der römischen Kirche einen Stoß, von dem aus man den Niedergang ihres Einflusses auf die politischen Geschicke Europas zählen darf. Machiavelli proklamiert diese Entwicklung in einem genialen Werk, das ebenso führend für seine Zeit geworden ist, wie die anderen geistigen Bewegungen, die dem 16. Jahrhundert sein Gepräge gegeben haben. Selbst der Skeptiker Pietro Pomponazzi, der den Glauben an die

Unsterblichkeit der Seele bestritt, und Telesio, der erste italienische Naturphilosoph, der seinen Lehren ein empirisches Prinzip zugrunde legte, hatten auf Brunos Denken einen entscheidenden Einfluß.

Trotzdem wird man, wenn man den Dingen tiefer auf den Grund geht, zu dem Schluß kommen, daß die Renaissance, die im 14. und 15. Jahrhundert mit einer Wiedergeburt des Geistes der Antike begann, schließlich im 16. Jahrhundert damit endet, diese Richtung und die von ihr bestimmte natürliche und menschliche Wirklichkeit zu zerstören.

Aber immer noch waren Männer wie Giordano Bruno da, in welchen starke Rudimente der antiken Ideale lebendig waren. Viel weittragender war die Tatsache, daß die Renaissance auch nicht im 16. Jahrhundert imstande war, die alten Tabus, welche sie übernommen hatte, völlig zu negieren. Sie schleppte sie mit sich herum und konnte sich nicht von ihnen losreißen, und ob wir nun von Ficino und Pico und später von Telesio und Patrizio sprechen, in einem gewissen Sinne sind sie alle noch nicht befreit aus den Fesseln dieser überkommenen Vorstellungen. Welches sind nun diese Tabus?

1. Der transzendente Gott, der noch immer jenseits der Welten schwebt.
2. Ein Glaube, der immer noch den Versuch macht, ohne Verstand und Vernunft auszukommen.
3. Eine Kirche, die einzige, welche sich als Staat präsentiert. Zwar ist sie kein wahrer Staat; in Wirklichkeit aber ist sie zu Zeiten machtvoller als jeder weltliche Staat.
4. Ein Gewissen, ein zwiefaches Gewissen. In jedem intellektuellen Menschen lebt dieses doppelte Gewissen. Einmal das Gewissen des Glaubens und dann das Gewissen des Wissens. Man hat das fein säuberlich abgegrenzt, ganz nach dem Muster der Kirche, deren Oberhaupt einmal der Stellvertreter Gottes auf Erden und ein andermal der Regent eines weltlichen Staates ist, der seine Macht unter den Staaten zu befestigen und zu erweitern sucht, ein Staat unter Staaten, der auf seine Machtbefugnisse pocht, und mehr als einmal Anleihen macht bei dem Gottesstaat. Alles lebt nach diesem ungeschriebenen Gesetz der doppelten Buchführung. Der Papst, die Kirchenfürsten, (die oft alle ihre mehr oder weniger bescheidene Hausmacht haben) der Politiker, der Philosoph, der Dichter, der Künstler, und schließlich auch der neue, langsam sich bemerkbar machende Stand des Wissenschaftlers. Es geht hinauf bis in die höchsten Schichten, bis zu dem nie überwundenen Schisma von Papst und Kaiser, hie Welf – hie Waibling. Nur nach unten macht es Halt. Der Pöbel hat kein Wissen, und ein soziales Gewissen kannte man noch nicht. Auch Bruno hatte noch keines, und darin ist er ganz und gar ein Sohn seiner Zeit. Er weiß, daß die Unwissenheit die Mutter der Glückseligkeit ist und des sinnlichen Behagens. In „Lo spaccio" sagt er unverhohlen: „Einen Gegensatz zwischen einem jenseitigen Göttlichen und einer diesseitigen Natur glaubt nur der dumme Pöbel."[51] Für ihn besteht kein

---

51 Siehe „Lo Spaccio de la bestia trionfante, Übersetzung von Paul Seliger, Berlin 1904.

Zweifel darüber, daß es immer wieder nur ein kleiner Kreis Ausgewählter sein wird, der imstande ist, zu wissen; die Masse wird auf den blinden Glauben angewiesen sein. Und so sehr sie einem Glauben ohne Gott ausgeliefert ist, so entwickelt sich allmählich aus der reinen Wissenschaft ein Geist ohne Glauben. Das ist das Italien der Renaissance, das in Bruno sein Ende findet, allerdings nur, um später wieder aufzuerstehen. Deswegen muß man das ganze 16. Jahrhundert verstehen, um die Gestalt Giordano Brunos im rechten Lichte zu sehen.

Dieses Jahrhundert hat in Wirklichkeit keine religiöse Überzeugung mehr. Der Dichter ist nur noch ein poetischer Literat, weil er weder eine Moral, noch einen Gott hat, und ebenso ist es in der Kunst. Es ist eine l'art pour l'art, wie in allen solchen Zwielichtzeiten. Die Kunst ist nur noch da um ihrer selbst willen, alles andere in ihr ist erloschen, zuletzt auch die Liebe zum Göttlichen, die höchste und reinste Aspiration des Menschen. So wird denn die Literatur zu einem Handwerk und artet aus in akademische Rhetorik. Ähnlich geht es mit der Berufsphilosophie. Es wird eine Philosophie der jesuitischen Seminare und verrosteten Universitäten, die auf Aristoteles wie ein Dogma schwören, und von dem Apostaten Bruno nichts wissen wollen. Es ist eine sehr gelehrte Philosophie, und nach Brunos Tode gebärdet sie sich einmal cartesianisch; einmal ist es Spinoza, einmal ist es Leibniz, und trotzdem wird sie die alten scholastischen Eierschalen nicht ganz los.

Wie sich nun Giordano Bruno zu dieser falschen Welt eingestellt hat, ist eine der großen Tragödien seines Lebens. Ich meine hier zunächst nicht seine physische Existenz. Das Tragische lag in seiner geistigen Haltung, die leider ebenso widerspruchsvoll blieb wie sein verworrener Werdegang. Denn, daß diese falsche Welt in ihren Grundfesten von den brunonischen Gedanken erschüttert werden mußte, war doch schließlich eine der unabänderlichen Konsequenzen, die aus seiner gesamten Weltanschauung hervorgehen mußte. Daß die unheilvolle Trennung von Glauben und Wissen in der dualistischen Weltansicht der Scholastiker von langer Hand vorbereitet war, wußte Bruno, und er hat es, wenn auch nicht in unserer modernen Ausdrucksweise, mehr als einmal erwähnt. In den rationalistischen Denkwegen der Scholastiker war jedoch kein Platz für das mystische Erlebnis der Gottesnähe, und Bruno wußte sehr wohl, daß es einer seiner großen Aufträge war, die heterogenen Kräfte der scholastischen Gedankeninhalte zu überwinden. Das aber war nur möglich durch eine monistische Geisteshaltung, die dank einer, aus inneren seelischen Triebkräften fließenden, Wesensschau die widerstrebenden Elemente zu einer harmonischen Verbindung zusammenzuschweißen vermochte. Es war eines der großen Ziele von Brunos Naturphilosophie, diesen Abgrund von Glauben und Wissen zu überbrücken. Mystisch-kontemplative und rational-geistige Grundhaltung mußten miteinander vereinigt werden, und es besteht kein Zweifel, daß in Brunos geistigem Schaffen alle Komponenten enthalten waren, um dieser gewaltigen Aufgabe gerecht zu werden. Brunos Verstrickung in eine tragische Schuld liegt m. E. darin, daß er sowohl in Venedig, als auch in Rom in diesem entscheidenden Punkte nicht konsequent blieb und immer wieder darauf abhob, daß seine Schriften und Erkenntnisse eine Angelegenheit der Wissenschaft seien.

Bleibe dem Glauben überlassen, was des Glaubens ist. Er habe nie versucht, daran Hand anzulegen, und man beschuldige ihn deshalb zu Unrecht der Heresie. Das war Brunos Sünde gegen seinen eigenen Geist. Sollte er nicht wissen, daß er diese Grenze längst überschritten hatte?

So hat denn auch er sich ausgelebt in den Widersprüchen und Mißverständnissen des 16. Jahrhunderts, und so ist er denn schließlich nicht nur gestorben für seine Überzeugung, sondern auch für die Schuld, die er auf sich genommen hatte, indem er seinen Gegnern ein Zugeständnis machte, das unvereinbar war, mit seiner gesamten Weltanschauung, ja mit seinem ganzen von Kämpfen und Leiden erfüllten Leben.

Hiermit sind wir der eingangs gestellten Frage etwas näher gerückt, können aber keinesfalls die gegebenen Antworten als erschöpfende und befriedigende hinnehmen. Es handelt sich, wie wir uns erinnern, um die Frage, ob in Giordano Brunos Schaffen irgendwelche Keime und Ansätze vorhanden sind, die auch noch für uns Menschen des 20. Jahrhunderts eine lebendige Wirksamkeit haben. Das ist letzten Endes der Prüfstein für jeden Denker. Darin allein besteht sein Beitrag zur Entwicklung des menschlichen Denkens, und wenn wir das problematische Wort hier einsetzen wollen, des menschlichen Fortschritts. Es genügt nicht, daß Brunos Werk eine Erklärung und Sinngebung findet aus dem Geiste seiner Zeit und für seine Zeit; es genügt nicht, daß es uns gelingt, eine klare und einheitliche Linie zu ziehen, in die schließlich all sein mühseliges Denkwerk mündet, wenn dieses Werk mit seiner Zeit versandet und sich keine neuen Triebe zeigen, die von künftigen Denkern aufgenommen werden. Entscheidend für die Bedeutung eines Denkers sind nur die Ideen, die so zeitlos sind, daß sie über seine eigenen Lebenstage hinausreichen und den Boden vorbereitet haben, auf dem von den nachkommenden Geschlechtern für unser Dasein neue Früchte angesetzt werden können. War es wirklich so, daß Giordano Bruno mehr durch seinen Tod für die Menschheit geleistet hat als durch das geistige Erbe, das er hinterlassen hat, wie das gewisse Kreise wahrhaben wollen? War es nur ein Abschluß und kein Anfang?

Endet Brunos Bedeutung damit, daß er im Kampfe für die Freiheit des Denkens auf dem Felde *seiner* Ehre gefallen ist? Die nachfolgenden Kapitel, welche dokumentieren, wie tiefgehend der Einfluß war, den nicht nur sein Martyrium, sondern seine Gedankenwelt auf eine große Zahl der ihm folgenden Denker ausgeübt hat, würde diese Auffassung allein schon in einem hohen Maße entkräften. Diese Dokumentation wäre jedoch nicht zufriedenstellend, solange sie sich nur auf Zitate beschränkt, welche die Meinungen anderer, wenn auch noch so erlauchter Geister wiedergibt. Worauf es ankommt, ist die Verbindungsgräben freizulegen, die von Brunos Denkwegen bis in unsere moderne Gedankenwelt hineinführen, und nur, wenn uns das gelingt, können wir den Beweis antreten, ob in der Tat Brunos Lebenswerk und nicht nur sein tragischer Tod der Geistesgeschichte neue Wege geöffnet hat.

Um der Lösung der gestellten Aufgabe näher zu kommen, sehen wir uns gezwungen nochmals zurückzugreifen, auf die kultur- und geistesgeschichtliche

Situation des Menschen zu der Zeit, als Giordano Bruno in das große Gespräch über die weltanschaulichen Probleme eintrat. Die kulturellen Grundlagen des gesamten Lebens der abendländischen Welt standen zu jener Zeit unter der Vorherrschaft der römischen Kirche. Die philosophische Schulung des Katholizismus beruhte immer noch auf der Gedankenrichtung der großen griechischen Denker. Es war der harmonische Kosmos des Plato, ein Abbild der ewigen Welt im Reiche der Ideen, und die encyclopädische Struktur der aristotelischen Wissenschaft, ein sich in den Begriff der Entelechie verwirklichendes Gefüge.

In der Organisation der christlichen Kirche materialisierte sich die Synthese griechischer und orientalischer Kultur und hat dem Okzident mehr als ein Jahrtausend seelischer Geborgenheit und gesetzlicher Ordnung geschenkt. Es war das Christentum in seinen erhabensten, esoterischen Uranfängen, das die alte Kosmosidee der Griechen mit dem Mysterium asiatischer Mystik durchtränkt hat.

Die nie wieder erreichte Größe jenes Urstandes des Erlösungs- und Offenbarungsglaubens wurde im Laufe der nächsten Jahrhunderte von einer Schutzmauer festumrissener Dogmen umgeben, die durch zum Teil geistreiche, zum Teil auch ausgeklügelte Interpretationen aufrechterhalten wurden. Kritische Wissenschaft war damals noch nicht bekannt. Der christliche Glaube entzog sich der herrschenden Autorität. An den Universitäten wurde innerhalb der christlichen Lehre debattiert; die Professoren waren Lehrer und Oratoren, keine Forscher. Aristoteles, in der nachklassischen Zeit nochmals von genialen, arabischen Philosophen kommentiert, wurde von Thomas von Aquino auf die Grundsätze der katholischen Lehre abgestimmt und in einen mittelalterlichen Theologen verwandelt. In diesem thomistischen Aufguß wurde er zum Leibphilosophen der katholischen Kirche, neben welchem keine anderen Götter mehr geduldet wurden, und damit war die Einzäunung des mittelalterlichen Denkens für Jahrhunderte gegen jede äußere Beeinflussung abgeschlossen.

Trotzdem wich der blinde Autoritätsglaube allmählich einer kritischen Skepsis. Vom 15. Jahrhundert an und im Zuge der frühbürgerlichen Entwicklung wird die Gültigkeit der Dogmen langsam gebrochen. Bisher widerspruchslos hingenommene, theologische Beweismittel werden nach und nach zurückgedrängt. –

## Brunos Ethik: eine neue Sinngebung des Lebens

Langsam beginnt man auch die Vorherrschaft des Aristoteles zu erschüttern. Das ist der Zeitpunkt, in welchem Bruno zum ersten Male auf die Szene tritt. Mit einem Frontalangriff gegen die philosophische Monopolstellung des Stagiriten erscheint er zuerst auf dem Kampfplatz der Geister. Hand in Hand damit geht die Loslösung des Individuums aus der mittelalterlichen Gebundenheit, ein Prozeß, der sich bei Bruno bis zur Propagierung des individuellen Lebens steigert. Die Gestalt des heroicus furiosus bedeutet die Krönung einer neuen Ethik und einer neuen Sinngebung des Lebens.

Daneben bereitet sich eine revolutionäre Umstellung des Denkens vor. Die Wendung begann mit einer neuen Art zu „Sehen", so wie jeder der gewaltigen Umbrüche in der Geistesgeschichte mit einer Erweiterung der menschlichen Sehfähigkeit begonnen hat, durchaus nicht eine lediglich-körperliche Funktion. Bruno ist der Mann, der auch diese Bresche geschlagen hat. Allerdings folgt auf diesen ersten Anhieb ein außerordentlich wichtiges Phänomen von grundsätzlicher Tragweite. Man lernt die Natur, bisher nur scheu gefürchtet und gemieden, systematisch zu beobachten. Von der sorgfältigen Aufzeichnung von Tatsachen schreitet man fort zu einer methodischen Überprüfung der Ergebnisse durch das Experiment, bis man schließlich dazu übergehen kann, die qualitative Arbeit durch Heranziehung mathematischer Hilfsmittel in die exakten Bahnen der Messung und Wägung zu leiten. Ein völlig neuer Weg der Wahrheitssuche beginnt: die induktive Forschung, der Anfang der modernen Naturforschung. – Brunos jüngerer Zeitgenosse, Galileo Galilei, ist der geniale, bahnbrechende Gelehrte der neuen Wissenschaft. Baco von Verulam wird etwa um die gleiche Zeit ihr erster Philosoph, der mit unerbittlichem Scharfsinn gegen die Fruchtlosigkeit des spekulativen Denkens eifert. Er ist der Begründer einer neuen weltanschaulichen Schule des Empirismus und der Vorläufer des Materialismus der bürgerlichen Neuzeit.

Die neue Forschung beschwört eine völlig neue Problemstellung herauf. Im Gegensatz zu dem bisherigen deduktiven Denken gewinnt die induktive Methode der Erkenntnis durch Aufbildung des Allgemeinen aus einzelnen Wahrnehmungen und Betrachtungen Raum. Es ist eine Begriffsbildung, welche die Allgemeingültigkeit und Gesetzmäßigkeit aus der Sammlung, Sichtung und Wertung einzelner Tatsachengrundlagen ableitet. Es ist offensichtlich, daß der Forscher auf diesem Wege wohl zu einer Fülle von neuen und konkreten Tatbeständen gelangt; aber nicht in der Lage ist, über die tiefer liegenden Ursachen und inneren Zusammenhänge eine Aussage zu machen. Der Weg der induktiven Forschung muß daher in der letzten Analysis zu einer bedenklichen Verengung und Einschnürung des geistigen Horizontes führen.

So wenig wie ein Chirurg die Seele eines Patienten freilegen und auffinden kann, so wenig kann die Naturwissenschaft zu anderen Ergebnissen gelangen als zu solchen, die sich im Prinzip immer wieder auf der Ebene des experimentellen und der sinnlichen Wahrnehmung bewegen. Die Erfahrung ist die Grundlage, die Verwertbarkeit das Ziel der neuen Wissenschaft, sodaß die Resultate einer solchen Tatsachenjagd sich nur einseitig in einer rational-pragmatischen Richtung entwickeln können. Sie werden schließlich zur Basis praktischer Verwendbarkeit der Forschung und zur Steigerung zivilisatorischer Bedürfnisse, nicht aber zur Hebung kulturellen Niveaus führen. Eine solche Betrachtungsweise und wissenschaftliche Disziplin endete zwingender Weise in einer hochentwickelten Technokratie und half den Boden für eine materialistisch-mechanistische Weltansicht vorbereiten.

Giordano Bruno stand dieser Entwicklung der neuen induktiven Wissenschaft völlig fremd gegenüber. Ihm war die Welt kein toter Mechanismus, der durch induktive Analyse in seine Teile zerlegt und mathematisch berechnet werden konnte. Die Welt Giordano Brunos war ein beseelter Organismus; ein dynamischer Prozeß des Lebens, ein ewiger Wandel des Werdens und Vergehens, voll von Wundern und Rätseln, die nicht durch das Seziermesser der Anatomen erschlossen, noch einseitig in rationale Denkelemente aufgelöst werden konnte. Ebenso verständnislos stand er einer Betrachtungsweise gegenüber, welche die Teile vor dem Ganzen sah und glaubte, aus Anhäufung und Summierung einer sich stetig multiplizierenden Zahl von Tatbeständen zu einer geschlossenen Anschauung des Weltganzen gelangen zu können. Eine solche Auffassung mußte ihm als ein sinnloser Irrweg erscheinen, der seinem Weltbild diametral entgegengesetzt war.

Giordano Brunos Anschauung ging aus von dem Prinzip der Einheit des Alls, einer Wesensschau, welche die Welt in ihrer Gänze und nicht in ihren Teilen erkannte. Es war ihm völlig undenkbar, daß eine Einzelwissenschaft, wie auch immer sie beschaffen sei, imstande sein könne, die Gesamtheit unserer unermeßlichen Welt in ihrer Ganzheit zu erkennen. Deshalb war Philosophie für ihn diejenige Wissenschaft, der die Aufgabe zugeteilt war, die Ergebnissumme aller Einzelwissenschaften in ein gewaltiges Gesamtbild zusammenzufassen und ihr auf dem Wege einer ganzheitlichen Wesensschau durch Wertung und Gestaltung einen lebendigen Sinn zu verleihen. Philosophie – Anschauung der Welt – konnte kein anderes Anliegen kennen, keinen anderen Auftrag haben, als die letzten und ursächlichen Beziehungen der Menschen zu der Welt, deren schöpferischer Teil der Mensch ist, zu erkennen, und diese Relationen in seinen Grundprinzipien zu erfassen.

Es gibt keine wirkliche Philosophie, die nicht das Ganze, die Einheit erblickt, und die nicht imstande ist, auch nur eine einzige Seele zu erheben und den Menschen einen neuen Glauben zu schenken. Das ist der Kern der Brunoschen Weltanschauung; das ist in Wahrheit „il pensiero bruniano", den auch ein so historisch eingestellter Gelehrter wie Giovanni Gentile nicht in seiner vollen Schärfe erkannt hat.

Der Einbruch des neuen Forschungsweges an der Schwelle des 17. Jahrhunderts erfolgte mit einer solchen Schnelligkeit, daß die Menschheit keine Zeit gefunden hat, diesen unerhörten Vorstoß „into the unknown" geistig zu absorbieren und eine adäquate Philosophie, ein neues System zu entwickeln, um die wissenschaftliche Welt der induktiven Forschung in eine gleichwertige, weltanschauliche Denkzucht einzubeziehen. Die Folgen dieser fast explosiven Wirkung sind leicht zu überblicken. Sehr bald führte die neue Wissenschaft zu einer autonomen Weltanschauung, die eingedenk ihres Ursprungs nichts anderes als ein einseitig mechanistischer und materialistischer Atheismus werden konnte. Die Philosophie geriet in das Schlepptau der neuen Wissenschaft und je weniger sie imstande war, der Prädomination der Naturforschung eine eigene Welt- und Wesensschau gegenüberzustellen, je weniger gelang es der Philosophie, ein System universaler, wahrer Wissensbeherrschung aufzurichten, und der neuen Wissenschaft, mit einer adäquaten Sinngebung und ethischen Zielsetzung voranzugehen, desto unaufhaltsamer mußte eine Atomisierung des gesamten Geisteslebens Platz greifen.

Damit sind wir eigentlich den Ereignissen etwas vorausgeeilt und haben Giordano Bruno und die stürmischen Jahre des 16. Jahrhunderts hinter uns gelassen. Es kann gewiß nicht die Rede davon sein, daß Bruno diese sich auf Jahrhunderte erstreckende Entwicklung der Naturwissenschaften und der Technik in allen Einzelheiten vorausgesehen hat. Was er aber ohne jeden Zweifel erkannt hat, war die große Gefahr, den Aufstieg der Einzelwissenschaften ohne jede bewußte und planmäßige Disziplin des Denkens in eine einseitig mechanistisch-materialistische Richtung davonlaufen zu lassen. Brunos Konzept war, wenn wir uns auch mit schwerer Mühe durch seine etwas skurrile Darstellungsweise durcharbeiten müssen, völlig klar. Was sich da vor seinem geistigen Auge entwickelte, war eine Überbetonung der Erfahrungswissenschaften, die unter sinngemäßer Anwendung quantitativer Kriterien und Maßstäbe auf eine ins Kraut schießende Anhäufung von einzelnen Tatbeständen hinauslief.

Vor den Folgen einer solchen Entwicklung erhob Bruno seine warnende Stimme. Er war tief davon durchdrungen, daß Welt und Leben weder allein im rationalen, noch in einem irrationalen Lichte begriffen werden können. Das Ganze wird immer wieder nur aus den tief in seinem unzugänglichen Inneren eingeschlossenen Widersprüchen erfaßt werden können. Das ist der unauflösliche Rest, den wir nicht überwinden können; das Danaergeschenk der Götter, das wir bis in alle Ewigkeit mit uns schleppen, eine Kette, die wir niemals abstreifen können. Sie ist das letzte, das unveräußerliche Glied, das uns von der göttlichen All-Einheit scheidet. Wer sich dieser Einsicht entzieht, wird die Welt in ihrer Ganzheit nie verstehen; er wird die Teile in der Hand haben, aber das geistige Band wird ihm, wie der Dichter sagt, verwehrt bleiben. Deswegen ist Brunos Atomistik niemals eine mechanistische, sondern eine metaphysische Angelegenheit gewesen. Die Welt, die Dinge, das Leben in den Teilen zu sehen, ist ein Hirngespinst, und wer immer diesen Weg verfolgt, wird bis in alle Ewigkeit einer Chimäre nachjagen.

Das und das allein ist die wahre Bedeutung Brunos. Daß er an der Wende der Zeiten und der Geister, als der Mensch sich endlich aus dem Panzer der mittelalterlichen Dogmenherrschaft befreit hatte, warnend die Hand erhob, nicht sinnlos vorwärtsstürmend in das andere Extrem hineinzurennen, und darüber das Ganze, die Einheit aus dem Auge zu verlieren.

Von hier aus laufen die Fäden der brunonischen Denkrichtung in die Jahrhunderte hinaus, und spinnen sich über Spinozas von mittelalterlichen Schlacken gereinigtem Pantheismus zu Leibniz entelechisch unterbauter prästabilierter Harmonie, finden ihren Weg zu Schellings Identitätsphilosophie bis zu dem Weltbild des Denkers und Naturphilosophen Goethe, der zum ersten Male wieder den Kern der brunonischen Idee erkannte. Auch er sah die Welt und ihre Phänomene in ihrer Totalität, in ihrem Ur-Bild, in der Wesensschau der All-Einheit. Auch er sah das Universum als einen Organismus.

Und als auch über diesen Weisen die Sturzwellen der mechanistisch-materialistischen Weltanschauung hinwegbrachen, ist es Rudolf Steiner, der den geistigen

Standort Goethes und mit ihm den von Bruno erkennt, und ihn zum Fundament eines neuen Weltbildes erhebt.[52]

Doch die Welt bleibt nicht stehen. Auch in unseren Tagen schreitet ein neues Denken weiter, zu dem Giordano Bruno und Goethe aufgerufen haben, und wir erleben eine Wiedergeburt der Wesensschau in der Lehre einer neuen holistischen Weltanschauung, die wiederum beginnt, wo jene geendet haben: Das Ganze vor den Teilen zu schauen, zu werten und zu gestalten.

Es ist ein mühsamer und dorniger Weg von Giordano Bruno zu Goethe und den Denkern der modernen organistischen Weltanschauung.[53]

Werfen wir zunächst einen Blick auf die Etappe, welche der brunonische Gedanke durchlaufen mußte, bevor wir am Ende unserer Ausführungen den Spuren dieses Gedankens im Gewande modernen Denkens folgen können.

---

52 Steiner, Rudolf: Goethes Weltanschauung. Freiburg i. Br. 1948. Die fundamentale Rolle Brunos in Goethes philosophischer Entwicklung wird in dieser Schrift völlig übergangen, dagegen in anderen Arbeiten von St. desto eingehender behandelt.
53 S. a. Meyer-Abich, Adolf: Naturphilosophie auf neuen Wegen, Stuttgart 1948. Jordan, Pascual: in „Organik" Beiträge zur Kultur unserer Zeit. Berlin 1957.

*Viertes Kapitel*

# Giordano Brunos Einfluß-Sphäre

## John Toland, der Wegbereiter

Unter allen Ländern, in denen Brunos Werk schon im 17. Jahrhundert einen nachhaltigen Einfluß ausübte, steht England an der Spitze. In katholischen Ländern, vornehmlich in Italien, wo sich der Index am stärksten auswirkte, war eine Beschäftigung mit Brunos Ideen nicht zu erwarten. England dagegen hatte sich von der römischen Kirche losgesagt. Bruno hatte dort Jahre verbracht, und persönliche Verbindung mit einer Reihe von bedeutenden Menschen erworben. Hier war ein aufnahmefähiger Boden, in der Hauptsache Gelehrte, die von der Copernicanischen Theorie angeregt waren.[1]

Aus der Zahl dieser Männer seien nur zwei Persönlichkeiten herausgegriffen. Die eine ist John Toland (1670–1722), der sich als ein würdiger Nachfolger Brunos bewährte, da er Zeit seines Lebens für die Ideale Brunos auf allen Gebieten gekämpft hat. Seine Veröffentlichungen über Bruno kamen allerdings erst im 18. Jahrhundert heraus. Es gab eine Überssetzung von Brunos „Lo Spaccio" unter dem Titel „The expulsion of the triumphant beast", die im Jahre 1713 erschien. Die Übersetzungsarbeit wird Tolands Schwager W. Moorehead zugeschrieben, aber Toland verfaßte dazu eine Einführung. Auch wurde posthum (1726) ein „Account of Jordans book of the Infinite and innumerable worlds" von über 50 Seiten und ein kurzer Artikel „De genere loco et tempore mortis Jordani Bruni Nolani" veröffentlicht. Toland war auch derjenige, der zuerst das Wort Pantheismus in die philosophische Literatur eingeführt hat.[2]

Sehr beachtenswert ist, daß Dorothea Singer auf Samuel Coleridge (1772–1834) und seine Beschäftigung mit Bruno aufmerksam gemacht hat. Die Forscherin hat interessante Manuskripte gefunden, in denen Coleridge aus den lateinischen Lehrgedichten Brunos zitiert und auch Stellen aus „De umbris idearum" heranzieht.[3] Einschneidender für die Weiterführung der im vorigen Abschnitt angeschnittenen

---

1 Dorothea Singer ist diesen Spuren in ihrem Heimatland in einer wissenschaftlich gründlichen Arbeit gefolgt. Sie hat darüber in ihrer Biographie Brunos berichtet, so daß es sich erübrigt, diese Angaben zu duplizieren.
2 Toland, John: Briefe an Serena. Berlin 1959 hrsg. von Pracht. Es ist eine bemerkenswerte wissenschaftliche Arbeit, die, von den Gedankengängen des Materialismus ausgehend, sich durch sorgfältige Anmerkungen des deutschen Herausgebers auszeichnet.
3 England war auch das Land, das schon 1887 eine vollständige Biographie Brunos (von Frith) herausbrachte, der dann 1903 die von McIntyre und 1914 die von Boulting folgten. Beides umfangreiche und gründliche Werke.

Fragen ist jedoch Brunos Einfluß auf die führenden Geister, welche die Fackel der Erkenntnis durch die Jahrhunderte vorangetragen haben. Unter den Philosophen, welche in der ersten Reihe der europäischen Denker im 17. und 18. Jahrhundert stehen – vor allem Descartes, Spinoza und Leibniz – ist kaum einer, den man nicht zum mindesten bezichtigt hat, an irgendwelche Gedanken von Bruno angeknüpft zu haben. Es ist an und für sich selbstverständlich, daß solche umfassenden Köpfe das Gedankengut der vorausgegangenen Geschlechter in ihren Bildungskreis einbezogen haben. Keiner kann darauf verzichten, die Ergebnisse vergangener Epochen zu studieren. Wir alle stehen mehr oder weniger auf den Schultern unserer Altvorderen, und tragen ihr Erbe weiter, mögen wir es zugeben oder nicht. Entscheidend ist, daß wir ihre Gedanken nicht kritiklos hinnehmen, sondern daß ihre Arbeit in den Schmelzofen unseres eigenen Denkprozesses eingeht, und wir uns zu einer eigenen Anschauung und Überzeugung durchkämpfen und lernen, unsere eigene Handschrift zu schreiben.

Es ist völlig irrelevant, wenn man gefunden haben will, daß Descartes Anleihen in Brunos „De immenso" gemacht habe. Bruno und Descartes sind zwei originelle Denker, und niemand kann darüber hinweggehen, daß der große Franzose die Menschheit gelehrt hat, wieder ganz von Anfang an zu denken. Er hat den Zweifel an den Beginn der Wissenschaft gestellt. Und das hat auch Bruno getan; wie jeder, der selbständig denken will, gezwungen ist, das Überkommene über Bord zu werfen und seine eigene „aurea catena" zu finden. Auch Bruno hat einmal in frühen Jugendjahren der Zweifel angepackt, als er entdeckte, daß unsere sinnliche Wahrnehmung trügen kann, und uns nur dient, wenn sie von der menschlichen Vernunft gelenkt wird. Sein Denken liegt allerdings auf einem völlig anderen Koordinatensystem als dasjenige von Descartes.

## Die beiden Thesen des Baruch Spinoza

Ganz anders aber liegen die Verhältnisse bei Spinoza. Seine Biographen haben berichtet, daß man unter den 160 Bänden einer bescheidenen Handbibliothek, die er bei seinem Tode hinterlassen hat, sich ein zerlesenes Exemplar von Brunos „De la causa" gefunden habe.[4] Schon Sigwart hat den Nachweis geliefert, daß Spinoza Brunos Schriften gelesen habe, und daß sein „Traktat von Gott und dem Menschen" diese Spuren aufzeige.[5]

Richard Avenarius, ein anderer Spinoza-Forscher, hat den gleichen Eindruck gehabt, und schließlich betont Dilthey ganz ausdrücklich, daß Spinozas metaphysische Grundlehre von der unendlichen Natur, welche von Gott nicht unterschie-

---

4 Colerus, Joh. in Carl Gebhardts: Spinoza – Lebensbeschreibungen 1925.
5 Sigwart, Chr. v. Spinozas unentdeckter Traktat von Gott. dem Menschen und dessen Glückseligkeit, Gotha 1886. S. 38–43.

den ist, nicht von Descartes, sondern von der monistischen Bewegung der Renaissance und ihren Vertretern Telesio und Bruno abgeleitet ist.[6]

Was uns veranlaßt, etwas näher auf das Verhältnis von Bruno und Spinoza einzugehen, hängt damit zusammen, daß Spinozas Philosophie auf einer Bruno verwandten Ebene liegt, ungleich Descartes, der von einer ganz anderen Grundstellung ausgeht. Es ist daher von großer Wichtigkeit, die Beziehungen beider Denker zu untersuchen und nachzuprüfen, inwieweit sich aus dem Lebenswerk Spinozas eine Fortführung und in gewissem Sinne eine Steigerung des pensiero bruniano nachweisen läßt.

Wir müssen dabei zwei Hauptthemen herausgreifen, die bei beiden Denkern eine prinzipielle Rolle spielen. Das eine, das Thema Gott – Natur, das andere Freiheit und Notwendigkeit. Die Differenz in der Auffassung der beiden Philosophen besteht darin, daß wir bei Bruno einer gewissen Unschlüssigkeit in seinem Konzept von Gott begegnen. Einmal ist Gott das übernatürliche und übersubstantielle Prinzip, dann aber ist er wieder völlig gleich mit Natur und Substanz. Jener ist der Gott der Theologen, dieser der Philosophen. So ist bei Bruno immer noch ein Rest von dem außerweltlichen und übernatürlichen Wesen zu finden, wenn auch reduziert zu infinitesimalen Proportionen. In Spinoza ist von dieser alten Theologie nichts mehr vorhanden. Spinoza gibt sich voll und ganz mit der unendlichen Natur zufrieden. Beide, Giordano Bruno und Spinoza, treffen sich in dem Satze: *,,Deus sive natura''*. Trotzdem ist die Auffassung beider nicht gleich.

Bruno konnte niemals das Natürliche vom Übernatürlichen unterscheiden oder er hat nicht die Kraft gehabt, sich vom Übernatürlichen völlig zu trennen, und deshalb bleibt ihm noch ein gewisser Glaube, den Spinoza nicht mehr besitzt. Wenn ich dabei von Glaube spreche, meine ich nicht eine bestimmte Konfession, sondern jene spirituelle Aktivität, deren Wurzel im Übernatürlichen zu suchen ist, und ohne die eine Konfession überhaupt nicht denkbar wäre. Bruno, der immer mit der Kirche zu kämpfen hatte, konnte das nie ganz abstreifen. Bei Spinoza ist davon nichts mehr vorhanden. Sein *,,Deus sive natura''* ist kristallklar, und jeder Glaube an ein übernatürliches Geschehen schaltet aus. Bei Brunos Begriff der Unendlichkeit ist das jedoch nicht der Fall. Übernatürlichkeit heißt bei ihm nicht, daß Gott etwa doch außerhalb der natürlichen Welt existiere. Im Gegenteil. Er ist ebenso in dieser Welt oder die Welt in ihm wie bei Spinoza. Aber bei Bruno sind innerhalb dieser Welt Kräfte vorhanden, die über das menschliche Begriffsvermögen hinausgehen; ich würde sie magische Kräfte nennen, etwas, was dem Weltbild Spinozas völlig fremd gewesen ist.

Deshalb ist Brunos Konzept immer noch etwas obskur; das Spinozas aber einfach und klar. Gott ist in dieser Welt Spinozas da, durch sein bloßes Walten und jede Übernatürlichkeit, in welcher Spielart sie auch auftreten mag, wird resolut zurückgewiesen. *,,Deus cogitatur, ergo est''* Gott ist immanent und unmittelbar, in dem Gedanken: *Natur*. In Bruno dagegen besteht die Einheit in dem einfachen Zusam-

---

6 Dilthey, Wilhelm: Weltanschauung und Analyse des Menschen, Leipzig 1921, S. 463.

menfallen, und nicht etwa in dem Eingehen des Seins in das Denken. Bruno braucht dafür noch die Cusanische Zauberformel der coincidentia oppositorum. Spinoza benötigt sie nicht mehr, da Gott eins mit der Welt ist in jedem Sinne. Da er die Natur selbst ist, klammert sich alles aus, was nicht natürlich ist. Deswegen wird der Begriff des Zusammenfallens der Gegensätze völlig überflüssig, denn nichts in dieser Welt geschieht, was nicht einer inneren Notwendigkeit der Sache entspringt.

Damit sind wir folgerichtig bei dem zweiten Hauptthema Spinozas angelangt: Freiheit und Notwendigkeit. Vorher müssen wir jedoch noch etwas einschalten, was bei der Untersuchung der Beziehungen zwischen Brunos und Spinozas Denken nicht übersehen werden darf. Ohne Zweifel scheint Spinozas Immanenz eine Fortentwicklung der brunonischen Idee zu sein. Bei Bruno war dieser Gedankengang noch nicht bis zu seiner vollen Reinheit und Unbedingtheit entwickelt. Man glaubt auf den ersten Blick, daß in Spinozas Rösselsprung alle Begriffe fein säuberlich in den für sie vorgesehenen Platz hineinpassen. Ist das wirklich so? Geht das große Welträtsel so einfach auf?

Erinnern wir uns einen Augenblick daran, daß bei Bruno Gott das Maximum ist. Dieses Maximum ist unendlich, und es schließt alles ein, was im All vorhanden ist. Aber nicht etwa in einem statischen Sinne. Es ist bei Bruno nicht eine Welt, die, wie Goethe sagt, „ruht in Gott dem Herrn". Sie ist eine dynamische Welt. Die unendliche, unermeßliche, nicht mehr vorstellbare Gottheit umfaßt nicht eine in sich ruhende Welt, sondern ein unaufhörlich und ewig aus der Gottheit hervorgehendes Getriebe in seiner Allmächtigkeit; die endlichen Prozesse der sich gegeneinander ausbalancierenden Gegensätze im Endlichen lösen sich in unzähligen dialektischen Prozessen in der unendlichen Gottheit auf.

Für den Spinozisten liegt hier der Defekt in Brunos Gedankengang. Es ist hier, wo das Übernatürliche immer wieder aus dem Kasten springt. Denn das Weltall mag ein dynamischer Prozeß sein in seinem So-Sein, es ist ein statischer in seinem Da-Sein.

Das Problem Freiheit und Notwendigkeit steht im engsten Zusammenhang mit der Aufrechterhaltung des Autoritätsglaubens, dem wir in dem Vorausgegangenen eine ausreichende Betrachtung gewidmet haben. Solange das Gesetz nur in dem autoritären Willen eines transzendenten Gottes ruhte, bedurfte es keines inneren Kampfes, sondern nur einer Nivellierung seines eigenen Selbst. Nachdem aber einmal die Axt an die Unbedingtheit dieser Autorität gelegt war, und der Mensch dazu übergegangen war, weite Gebiete des menschlichen Schicksalsweges in eigene Verwaltung zu nehmen, mußte eine völlige Neuorientierung der Moralphilosophie eintreten. Wir haben bei der Behandlung von „Lo spaccio" einen Einblick gewonnen, in welcher Weise sich Giordano Bruno in diese Umstellung der ethischen Werte eingeschaltet hatte, und es ist uns dabei mehr und mehr zu Bewußtsein gekommen, daß das 16. Jahrhundert dasjenige Zeitalter war, in welchem der menschliche Geist die Ketten zerreißt und sich von dem brüchig gewordenen Autoritätsglauben befreit. Bruno hat auch auf diesem Felde die ersten Keime einer modernen Philosophie gelegt. Er ist der Erste, der eine Moralphilosophie im Sinne einer absoluten Notwendigkeit aufgebaut hat, wenn auch sein Fundamentalsatz: *,,Libertas et necessitas est unum"* (Es gibt eine Einheit von Freiheit und Notwendigkeit) lange Zeit nicht verstanden worden ist. Und doch war er es, der lange Jahre, bevor Descartes erschien, und viele alte Trümmer und Überbleibsel aus dem Wege räumte, dem Gedanken, der Idee an sich, das Prinzip des Wissens und des Handelns unterstellte. In diesem Sinne wurde der Mensch wirklich innerlich frei, da er sich nicht mehr gegen seine eigene, ihm angeborene Natur entwickeln mußte. Den Zeiten von Bruno mangelte es an einem absoluten Prinzip. Alles war der Willkür und dem Zweifel überlassen. Es herrschte ein blinder Glaube: Man mußte erst wieder lernen, die Dinge, vor allem auch die ethischen Werte, aus ihrem eigensten Wesen frei zu begreifen. Aus dieser Situation wurde notwendigerweise ein im höchsten Sinne freier Geist geboren, der bereit war, sich selbst der Freiheit zum Opfer zu bringen. Es war aus diesem Geiste, daß ein Mann wie Giordano Bruno dieser Zeit erstand. Sein Ideal war die Wahrheit, nicht allein als Fundament des Moralischen, auch im gesamten Bereich der Wissenschaft. Doch für die wahrhaftige Aufrichtung der Moral schmolz Freiheit und Notwendigkeit zu ein und derselben Sache. Diese Aktion war von absoluter Freiheit erfüllt, denn der Wille verlangt nach nichts als sich selbst, und er ist ebenso absolut notwendig, denn sein Inhalt ist nichts anderes als die reine Vernunft selbst. Der wahrhaft moralische Mensch ist das Ebenbild Gottes auf Erden, in welchem sich Freiheit und Notwendigkeit nicht mehr auseinanderhalten läßt. Seien wir uns darüber klar, daß dieser prachtvolle Grundsatz des italienischen Denkers einen idealen Grenzfall darstellt, dessen Verwirklichung so wenig erreichbar ist wie die Quadratur des Kreises.

## Die Determination des Willens

Der unsterbliche Mensch ist nun einmal eingespannt in einen beschränkten Zeitlauf. Es scheint mir daher völlig unmöglich, daß er sich jemals bis zur absoluten Einheit von Freiheit und Notwendigkeit erheben könnte. Denn was sich der Gottheit in ihrer Unmittelbarkeit ergibt, versagt sich der Unzulänglichkeit des menschlichen Geistes.

Das ist auch, mit gewissen Modifikationen, die Auffassung von Spinoza. Wir haben oben gesehen, daß in seiner von Gott erfüllten Welt nichts geschieht, was nicht einer inneren Notwendigkeit der Sache entspringt. Ob er diesen Grundgedanken zuerst durch das Studium von Brunos Schriften erfahren hat, läßt sich nur vermuten. Fest steht, daß es bei Bruno vorläufig nur eine tiefgründige Idee, ein Keim war, der dazu beigetragen haben mag, die Grundlagen einer praktischen Philosophie innerhalb der Geschichte vorzubereiten, und es ist m. E. unerheblich, ob Spinoza von Brunos Ansätzen zu einer autonomen Moralphilosophie angeregt worden ist. Jedenfalls lehnte auch Spinoza diese sogenannte Freiheit des Willens, die Fähigkeit einer unbestimmten Aktivität alle Richtungen anweisen zu können, ebenso entschieden ab wie Bruno. Aber bei Spinoza wurde daraus ein System des Determinismus, das so innig mit seiner ganzen Philosophie verschlüsselt ist, daß sie ohne diese nicht gedacht werden kann. Bruno hat wohl mit seinem Satze von der Libertas und necessitas ein unzweideutiges Urteil abgegeben, daß er nicht gewillt ist, der Willkür der Freiheit die Bestimmung des menschlichen Willens zu überlassen. Insofern mag er die Saat gesät haben, die bei Spinoza aufgegangen ist; dieser aber ist jedenfalls auch in diesem Problem der große Vollender.

Der Streit um diese schwierige Frage konnte bis heute nicht entschieden werden. „Mit der Theorie der freien Willkür als den letzten Ausdruck praktischer Handlungsweise wird jeglichem Despotismus Tür und Tor geöffnet, sei es politisch oder religiös. Mit der Theorie der Freiheit, die Hand in Hand mit der Notwendigkeit geht, wird das innere wie das äußere Leben des Menschen nichts anderes sein als die reale und fortschrittliche Manifestation der absoluten Handlung und der Unabhängigkeit des Geistes."[7]

## Die Monadenlehre Brunos und die Monadologie von G. W. Leibniz

Unter den Philosophen, die im 17. Jahrhundert Giordano Bruno folgten, ist Gottfried Wilhelm Leibniz, ein Zeitgenosse Spinozas, deswegen für unsere Untersuchungen von besonderer Bedeutung, weil sein Werk über „Monadologie" in eine gewisse Nachbarschaft zu Brunos Monadenlehre gerückt ist. In einem weiteren Zusammenhang damit stehen auch die viel später bekannt gewordenen Aufzeichnungen und Äußerungen von Goethe über das Problem der Monaden. Obwohl das Verhältnis Goethes zu Brunos Werk so grundlegender und ausgedehnter Natur ist, daß es in einem besonderen Abschnitt behandelt werden muß, ist es angebracht, Goethes Stellung zu der Lehre von den Monaden den Betrachtungen über das Verhältnis von Bruno und Leibniz auf diesem Gebiete anzuschließen.

Zu der Frage, inwieweit Leibniz überhaupt von Bruno in seinen Arbeiten über die Monade beeinflußt worden ist, gehen die Meinungen sehr auseinander. Soweit es sich darum handelt, ob Leibniz das weitläufige Schriftwerk des Nolaners genauer gekannt hat oder eingehender studiert hat, lassen sich keine genauen Fakten feststellen mit Ausnahme der Kenntnis von „Lo Spaccio". Von englischer Seite ist darauf aufmerksam gemacht worden, daß Leibniz sich in einem Brief über John Tolands Ausgabe von Brunos „Spaccio" und die oben erwähnten Abhandlungen Tolands kurz geäußert habe. Sein Urteil ist nicht gerade zustimmend. Weder über Toland, noch über Bruno. Den letzteren verabschiedet er ziemlich barsch: „Son génie paroit mediocre et je ne crois pas qu'il est été un grand astronom, n'y un grand philosophe." Leibniz war bekanntlich ein tief religiöser Mensch. Was ihm an Bruno und Toland besonders mißfällt, war deren Gleichsetzung von Religion und Aberglauben. Der Freidenker John Toland war ihm daher in keiner Weise

---

7 Siehe auch Spaventa, Bertrando: Dei principii della filosofia pratica di Giordano Bruno, Genova 1851.

sympathisch. Jedenfalls geht aus dieser kurzen Andeutung hervor, daß Leibniz Brunos Werk gekannt haben muß.

Einige philosophische Kapazitäten sprechen Leibniz eine Beeinflussung durch Bruno zu, obwohl Leibniz Bruno an keiner anderen Stelle mehr erwähnt hat. Ähnliche Behauptungen stellt auch Christoph von Sigwart auf und ebenso Wilhelm Dilthey. Der erstere bemerkt in seiner Schrift über den neuentdeckten Traktat von Spinoza: „ist doch Leibnizens Monadenlehre im Grunde nichts als die Auswertung der Idee des Nolaners, und auch der Gedanke von der prästabilierten Harmonie ist schon bei Bruno zu finden." Sigwart gibt, was die letztere Bemerkung anbelangt, keinen dokumentarischen Beleg. Worauf er seine Behauptung stützt, ist daher nicht nachprüfbar. Sie ist auch unwahrscheinlich, da die Idee der prästabilierten Harmonie sich in keiner Weise mit Brunos Philosophie vereinbaren läßt.

Ich stimme schon deswegen Sigwart nicht zu, weil sich wahrscheinlich bei den meisten Denkern Motive finden, die in der oder jener Form, in diesem oder jenem Zusammenhang, bei früheren aufgetreten sein mögen. Bruno liefert selbst das beste Schulbeispiel dafür, obgleich er in vielen Fällen nicht nur auf seine Vorgänger hinweist, sondern sich des Lobes nicht genug tun kann. Das ist leider bei Leibniz nicht der Fall. Aber das Entscheidende ist, daß er, wenn er einmal einen solchen Grundgedanken aufgegriffen hat, er ihn mit seinem eigenen Geiste durchdringt. Was bei einem anderen erst Keim wird, wird Kern, aus dem sich eine völlig anders geartete Frucht entwickelt.

So liegt es auch bei Leibniz Monadologie. Richtig ist, daß die Monadenlehre für Bruno mehr als ein Ideenansatz oder nur ein Motiv war. Und mag es auch so sein, daß Leibniz in manchem angeregt wurde, trotzdem ist seine Monadologie eine völlig selbständige Konzeption, die in mehrfacher Hinsicht über Brunos Monadenlehre hinausgeht.

Vor allem muß darauf hingewiesen werden, daß Leibniz seine Monadenlehre in eine wissenschaftlich-systematische Darstellung zusammengefaßt hat, während eine solche konzentrierte Geschlossenheit bei Bruno leider nicht vorhanden ist. Brunos Monadenlehre ist unter einer Anzahl von Schriften, lateinischen, wie italienischen zerstreut und leidet unter diesem Mangel an methodischer, wissenschaftlicher Strenge. Mehr als das aber ist Leibniz' Monadenlehre tiefer und durchdachter ausgebaut und eine mehr in sich vollendete Gedankenkette, ein wohlfundiertes, abgerundetes Werk.– Wenn auch die in der gleichen Zeitperiode entstandene Schrift „Principes de la nature et de la grâce" in vielem wörtlich mit der Monadologie übereinstimmt, so ändert das nichts an der Tatsache, daß Leibniz eine geordnete und klare Fassung seiner Monadenlehre hinterlassen hat.

Deswegen tut es der Sache selbst keinen Abbruch, ob, wie Wilhelm Dilthey sehr bestimmt sagt, „Giordano Bruno hat bekanntlich nachweisbar einen bestimmenden Einfluß auf Leibniz ausgeübt", oder ob er an anderer Stelle betont, Leibniz habe von Bruno das Prinzip der individuellen Verschiedenheiten aufgenommen. Andere wieder weisen daraufhin, daß Leibniz jenen Satz aus „De triplici", „Die Geburt ist das sich Ausspannen eines Mittelpunktes, der Tod das sich Zurückziehen etc.", häufig angewandt habe, ohne seinen Urheber zu nennen. Es ist meines Erachtens nicht zu bezweifeln, daß Brunos Philosophie Leibniz bekannt war. Neuerdings hat man auch auf Leibniz' Frühschrift „De arte combinatoria" aufmerksam gemacht, aus der hervorgeht, daß Leibniz in den Schriften von Raymundus Lullus bewandert gewesen sein muß, wobei der Gedanke nicht fern liegt, daß er bei dem Studium der Lullischen Schriften auf die zahlreichen Arbeiten Brunos über die

Daneben hören wir andere Stimmen. So behauptet Ludwig Stein, daß Leibniz den Terminus „Monas" von Francis Mercurius van Helmont übernommen habe, mit dem er persönlich bekannt war.[8]

Die Debatte über den Gegenstand ist selbst in der heutigen Zeit wieder aufgenommen worden, darunter von einem so ausgezeichneten Kenner der Materie wie Dietrich Mahnke, der u. a. darauf hinweist, daß mehrere Bücher von Bruno in der Herzoglich Braunschweigischen Bibliothek in Wolfenbüttel vorhanden waren, deren Aufsicht Leibniz unterstand, und zu welchen er sicher leichten Zugang hatte.[9]

Was von all diesem geschichtlichen Tatsachen-Material übrig bleibt, scheint zu sein, daß genügend Voraussetzungen vorliegen, um einen Einfluß Brunos auf Leibniz anzunehmen, und daß derjenige, welcher den Terminus „Monade" 125 Jahre vor Leibniz am ausgesprochensten zum Mittelpunkt seiner philosophischen Lehre gemacht hatte, Giordano Bruno gewesen ist. Vielleicht hat das alles doch noch einen tieferen Sinn insofern, als man daraus entnehmen kann, daß der große humanistische Gedanke, der letzten Endes der Antrieb war, Europa von den Fesseln der mittelalterlichen Beschränkung des menschlichen Geistes zu befreien, in einem wissenschaftlichen Rahmen in Deutschland erst mit dem universellen Genie von Leibniz Platz gegriffen hat. Erst nachdem die unseligen Glaubenskämpfe überwunden waren, war die Luft geklärt für eine weltweite Erhebung und eine Ausweitung der Philosophie, wie sie Leibniz vorbereiten konnte. Von Italien, der damaligen Hochburg der abendländischen Bildung ausgehend, hatte Bruno 130 Jahre früher unter ungleich engeren und erschwerteren Bedingungen den Vorrenner gemacht. Er hatte dafür mit seinem Leben, Deutschland mit einem verlorenen Jahrhundert bezahlt.

Wesentlich erscheint mir eine vergleichende Studie der beiden Lehren von der Monade, woraus sich ergeben müßte, inwieweit sich ein Einfluß der Brunoschen Arbeiten auf Leibniz' Arbeiten an bestimmten Gedanken-Elementen nachweisen läßt.

Hier können nur einige Hauptpunkte herausgezogen werden, zumal bei einer solchen Studie in Berücksichtigung gezogen werden muß, daß die Ursprache der Leibnizschen Lehre französisch, die der Brunoschen zum Teil lateinisch, zum Teil italienisch ist. Leibniz bringt in der zuerst von Erdmann 1840 veröffentlichten Fassung 90 Thesen, von denen der Herausgeber sagte, daß sie eine Encyclopädie der

8 Stein, Ludwig: Leibniz und Spinoza. Berlin 1890.
9 Mahnke, Dietrich: Eine neue Monadologie. Berlin 1917.

Philosophie von Leibniz seien. Das mag insofern richtig sein, als das Verständnis der Monadologie von Leibniz eine gründliche Kenntnis seines Gesamtwerks voraussetzt.

Es gibt verschiedene gemeinsame Ausgangspunkte, die in beiden Lehren zum mindesten ähnlich, wenn auch nicht gleich sind. Für beide ist die Monade eine metaphysische Einheit. Für Bruno sowohl wie für Leibniz ist sie eine individuelle, schöpferische Kraft. Beide leiten, wenn auch in einer völlig verschiedenen Art, das Prinzip der individuellen Verschiedenheiten von einer monas monadum ab. Die Affinitäten gehen bis in weitreichende Einzelheiten. Jede Monade ist ein Spiegelbild des gesamten Kosmos; sie sind keine quantitativen Größen, und doch ist keine der anderen gleich; ebenso wie in der Welt des Wirkens und der Wirklichkeit, die aus unzähligen, monadologischen Kombinationen gebildet ist, nicht zwei Dinge einander gleich sein können. Die Zahl der Monaden ist unendlich. Für Bruno, weil die Welt für ihn unendlich ist. Für Leibniz, weil es für ihn im Sinne einer prästabilierten Harmonie die vollkommenste aller Welten ist. Hier beginnt der Bruch in den beiden Gedankenreihen. Schließlich sind Monaden nicht nur Elemente einer komplizierten Welt; sie sind auch Seelen. Aber auch hier trennen sich die Geister. Denn für Bruno war die ganze Welt ein Organismus. Nichts gibt es in der Welt, mag es noch so klein, noch so geringfügig sein, ohne diese Seele. So wie es eine monas monadum, eine höchste Monade aller Monaden, gibt, so eine Weltseele für alle Seelen. Leibniz kämpft mit all der Schärfe seines Verstandes gegen die Weltseele. Aber Bruno blieb die subtile Verfeinerung von Begriffen wie Perzeptionen noch verschlossen. Er wußte noch nicht viel von Bewußtseinseinheiten der Seele, nichts von Monaden als Differentiale des Bewußtseins und kaum etwas von den Funktionszusammenhängen des Lebensprozesses. Werfen wir daher, nachdem wir die Tangentialen der beiden Lehren kurz gestreift haben, einen Blick auf die grundsätzlich verschiedenen Denkformen. Einer der Grundsätze der Leibnizschen Monadologie ist der Satz: „Die Monade hat keine Fenster, durch die etwas hinein oder hinaustreten könnte." Das heißt: jede Monade ist ein Subjekt, das die sämtlichen von ihm möglichen Aussagen, die ganze Fülle seiner Erlebnisse in sich enthält. Darum lebt jede Monade nur ihr eigenes Leben und kann durch keine andere in der Entwicklung ihres Lebensprinzips gestört werden.

Nach Leibniz leben daher alle Monaden als in sich abgeschlossene Wesen in äußerster Vereinsamung. Jede erzeugt, ganz in sich gekehrt, aus sich selbst ihre Individualität. Keine Leibnizsche Monade kann auf die andere wirken. Hierin besteht der Unterschied gegenüber der Brunoschen Monade. Brunos Monaden haben einen einheitlichen Funktionszusammenhang, und sie müssen ihn haben, da sie einer Notwendigkeit entspringen und daher eine Freiheit besitzen, die für Bruno so typisch ist in jedem Lebensprozess. Ebenso wie jenes andere große Prinzip, das der All-Einheit, das tief in dem Begriff der Brunoschen Monade eingebettet liegt. Leibniz dagegen kann seine fensterlosen Monaden, die ein Ausdruck eines transzendenten Akosmismus sind[10], erst durch das Eingreifen eines göttlichen

---

10 Dankert, Werner: Goethe, der mythische Urgrund seiner Weltschau. Berlin 1951.

Wunders, durch eine prästabilierte Harmonie, in eine innere Abstimmung bringen. Bei Bruno, in dessen Welt die Gottheit immanent ist, schafft die Monade aus ihrem eigenen, notwendigen und freien Innern.

Ein weiterer tiefgreifender Unterschied ergibt sich in § 6, wonach die Monaden nur durch Schöpfung entstehen und durch Vernichtung enden. Brunos Monaden kennen keine Schöpfung. Sie entstehen nicht mit einem Schlage und enden nicht plötzlich. Sie sind ewig und zeitlos, da sie geistigen und nicht körperlichen Charakters sind. Ebenso hält es Leibniz in § 10 für ausgemacht, daß jede Monade sich stetig ändert. Brunos Monaden sind unveränderlich. Nur endliche, körperliche Dinge unterstehen dem Gesetz physischer Wandlung.

Am einschneidendsten bleibt immer wieder die Seelenlehre von Leibniz. Sie ist auf der einen Seite außergewöhnlich komplex, und darin unterscheidet sie sich sehr wesentlich von derjenigen Brunos. Auf der anderen Seite lesen wir bei Leibniz, „daß es keine gänzlich abgetrennten Seelen gibt und keine körperlosen Genien, Gott allein ist gänzlich frei von Körper."

Was sich Leibniz unter einer Entelechie vorstellt in ihrem begrifflichen Verhältnis zur Monade, geht aus seinem § 62 am klarsten hervor.

„Obwohl demnach jede erschaffene Monade das ganze Universum repräsentiert, vertritt sie mit besonderer Deutlichkeit den Körper, der zu ihr gehört, und dessen Entelechie sie ausmacht."

Leibniz gebraucht hier das Wort Entelechie in starker Anlehnung an den von Aristoteles geprägten Begriff, bei welchem es eine Form ist, welche die dem Organismus innewohnende Kraft zur Vollendung treibt. Das Wesentliche scheint dabei, daß das Ziel (telos) des Wirkens in ihr enthalten ist. Das, was Leibniz an anderer Stelle die Intention der Monade nennt, mündet in diesen aristotelischen Begriff der Entelechie. Es ist das Potential, das in der Monade vorhanden ist. Im Keim ist es bereits in der Monade enthalten und ist dasjenige, was sie von innen her zur Vollkommenheit steigert.

Goethe nennt deswegen die Monade schlechthin eine Entelechie, obgleich es doch nur eine Seite ihres Wesens ist und es scheint, daß er diesen Ausdruck von Leibniz übernommen hat oder ihn in einem erweiterteten Sinne anwendet als dieser.

## Goethes entelechische Monade

Wenn man Goethes weltanschauliche Schriften und Äußerungen in diesen Kreis der Betrachtungen zieht, so darf man dabei nicht vergessen, daß Goethe seiner ganzen Anlage, Temperament und Genie nach ein Künstler gewesen ist und kein Philosoph. Es kann daher auch bei ihm nicht von einer Monadenlehre die Rede sein, sondern nur von gelegentlichen Auslassungen, die aber deutlich aufzeigen, daß die

Monade in der Organisation und Struktur der Welt, wie sie Goethe sieht, einen nicht ersetzbaren Platz einnimmt. Für uns wirft sich die Frage auf, ob Giordano Brunos Monadenlehre einen bestimmenden Einfluß auf die Bildung von Goethes Auffassung und Vorstellung von der Monade gehabt hat. Wie eingangs erwähnt, wird sie nur deswegen im Anschluß an diesen Abschnitt behandelt, weil viele Goetheforscher vielfach nicht Bruno, sondern lediglich Leibniz als denjenigen bezeichnen, der richtungsweisend für Goethes Vorstellung von der Monade gewesen ist. Es gibt verhältnismäßig wenig Belegstellen, in denen sich Goethe über den Begriff Monade oder, was bei ihm gleichbedeutend ist, Entelechie äußert. Die allererste Erwähnung finden wir in einem Brief an seine Schwester Cornelia vom 6. Dezember 1765. Goethe war zu jener Zeit noch ein blutjunger Student in Straßburg. In welcher Weise er das Wort auch gebraucht hat, es ist kaum anzunehmen, daß es irgend einen Eindruck auf das junge Mädchen gemacht hat; dagegen gibt es uns einen Hinweis, daß Goethe damals durch den Philosophen Christian Wolff auf das Studium der Leibnizschen Philosophie gelenkt und dabei auf das Problem der Monade gestoßen ist. Mehr als eine Annahme ist das jedoch nicht, und sie mag ebenso sehr oder so wenig haltbar sein, wie diejenige, welche darauf besteht, daß Goethe in Straßburg auch die Monadenlehre von Giordano Bruno zum ersten Male kennenlernte, die er „als wahlverwandschaftlich empfunden hätte".[11] Der nächste dokumentarisch belegte Hinweis findet sich erst in Goethes Altersperiode in einem Gespräch mit dem Schriftsteller Johann Daniel Falk (1768–1826) am Begräbnistag von Goethes Freund Christoph M. Wieland am 25. Januar 1813. Falk hat die Unterhaltungen mit Goethe 1832 in einem Buche veröffentlicht.[12] Hier besitzen wir die umfang- und aufschlußreichste Äußerung Goethes zu diesem Thema. Dann vergehen wieder 14 Jahre, bis wir auf einen Hinweis in Goethes Brief an seinen Freund Zelter vom 19. März 1827 treffen.[13] Goethe erwähnt hier kurz „die entelechische Monade" ohne dabei irgend einen Namen zu nennen. Ein Jahr später, am 11. März 1828, verzeichnet Eckermann[14] eine Bemerkung Goethes über Entelechie, ebenso am 1. September 1829 und schließlich am 3. März 1830. In all diesen Briefen und Gesprächen wird der Name von Giordano Bruno nicht erwähnt. Dagegen bezieht sich Goethe im Gespräch mit Johann Daniel Falk und auch in dem vom 3. März 1830 auf Leibniz. In letzterem sagt er wörtlich:

„Wir reden fort über viele Dinge und so kommen wir auch wieder auf die Entelechie. Die Hartnäckigkeit des Individuums und daß der Mensch abschüttelt, was ihm nicht gemäß ist

---

11 S. a. Dankert, Werner: Goethe, der mythische Urgrund seiner Wesensschau. Berlin 1951.
12 Falk, J. D.: Goethe aus näherem persönlichem Umgang dargestellt in „Goethes Gespräche" hrsg. v. Flodoard v. Biedermann, Bd. 2 und Wolfgang Götz: Goethe, sein Leben in Selbstzeugnissen, Berlin 1938.
13 Briefwechsel zwischen Goethe u. Zelter. Hrsg. Ludwig Geiger, Leipzig o. J, Bd. II, S. 458.
14 Eckermann, Joh. Peter: Gespräche mit Goethe. Stuttgart o. J., S. a. Bd. III, S. 146/147.

– sagte Goethe – ist mir ein Beweis, daß so etwas existiere. Leibniz – fuhr er fort – hat ähnliche Gedanken über solche selbständigen Wesen gehabt und zwar, was wir mit dem Ausdruck Entelechie bezeichnen, nannte er Monaden."[15]

Daraus allerdings nun zu schließen, daß Goethe seine Auffassung über die Monade ganz und gar auf Leibniz aufgebaut habe, wäre sicherlich nicht berechtigt. Was Goethe ablehnte, war eine Monade als eine mathematische Formel. Für ihn war die Monade die Intention auf eine Idee; darin verbarg sich das Prinzip des Lebens. Auch die geistige Bewegtheit, über welche Goethe zu Falk gesprochen hat, und die aus dem göttlichen Attribut der Monade entspringt, ist darin enthalten. Das allein ist aber noch nicht hinreichend, daß die Analogien der Denkformen mehr auf der Seite von Bruno als auf der von Leibniz liegen. Die stärkste Beweiskraft ergibt sich aus dem oben angeführten Gespräch mit Falk, obwohl sich gerade hier der entschiedene Verweis „lassen Sie uns immer diesen Leibnizschen Ausdruck behalten" findet. Aber über den Ausdruck hinaus gehen die Anlehnungen selten. Vor allem wird Goethe die „fensterlosen" Monaden von Leibniz nicht übernehmen können, denn der Gedanke einer völlig isolierten Monade war sowohl Goethe wie Bruno fremd. Beiden war die Monade ein weltoffenes Element. Ebenso wie für Bruno stehen die Monaden lebendig und wirkend in dem großen All-Einheits-Prozeß der Welt. Auch für Goethe ist die Welt eine Einheit. Die in ihr wie in jeder Monade wirkende göttliche Kraft ist eine integrierende Erscheinung und allgegenwärtig; sie ist immer da, sie kann nicht vergehen. Keinesfalls aber dringt sie aus den Wolken eines transzendenten Gotteshimmels zu uns. Gott ist der uns immer immanente Geist, der sich nie wandelt und nicht in einer sagenhaften Außenwelt schwebt. Das war eine der tiefsten Überzeugungen Goethes, die er mit Bruno, ebenso wie mit Spinoza, teilt und es bedarf daher nicht der Leibnizschen Transzendenz, um in dem Reich der Monaden die von einem übernatürlichen Gott verfügte Ordnung und Harmonie aufzurichten. In diesem Prinzip kann es kein Schwanken geben für Goethe und es erweist sich daraus, daß Goethes Monade alle Merkmale der Brunoschen immanenten All-Einen Gottheit trägt.

Eine weitere, sehr tief in das Goethe-Weltbild verwobene Grundauffassung ergibt sich aus den wenigen Worten, die Goethe am 1. September 1829 Eckermann anvertraute:

„Ich zweifle nicht an unserer Fortdauer, denn die Natur kann die Entelechie nicht entbehren. Aber wir sind nicht auf gleiche Weise unsterblich, und um sich künftig als große Entelechie zu manifestieren, muß man auch eine sein."

Was hier angedeutet wird, zielt geradewegs auf Goethes Metamorphosenlehre. Goethe teilt mit Bruno die Auffassung, daß in jeder Monade der Keim verschlossen liegt zu dem Zustand, aus dem sich die Nächstfolgende entwickelt. Das betont

---

15 Gesamtausgabe von Goethes Werken von Ernst Beutler, Zürich, Artemisverlag 1948, 25 Bände, Bd. 22, S. 673 ff.

er besonders in dem Gespräch mit Falk, wo er jedem Himmelskörper einen höheren Auftrag zuweist, vermöge dessen seine Entwicklungen ebenso regelmäßig und nach demselben Gesetze „wie die eines Rosenstocks durch Blatt, Stiel und Krone zustande kommen müssen."

Einen ins Gewaltige und Kosmische weisenden Ausblick eröffnet Goethe, wenn er von der Geschichte unserer Monaden nach dem Ableben spricht. Ein geheimer Zug führt die Monade dorthin, wo sie hingehört, und in das Geheimnis ihrer zukünftigen Bestimmungen. Spricht er dann von jener Weltmonade, so glaubt man Brunos Stimme von der Weltseele und jener monas monadum zu vernehmen, „in der Fortdauer von Persönlichkeit einer Weltmonas finde ich durchaus nichts Undenkbares." – „So gut wie es Menschenplaneten gibt" – fährt Goethe fort – und er bezieht sich auf eine frühere Unterhaltung, in welcher er „den Menschen das erste Gespräch" – genannt hat – „das die Natur mit Gott hält." Es ist nicht daran zu zweifeln, meint Goethe, daß das Gespräch auf anderen Planeten viel höher, tiefer und verständiger gehalten werden kann. Die Annäherung an Bruno ist hier so eklatant, daß an dem Einfluß von Bruno auf Goethes Weltanschauung kein Zweifel mehr herrschen kann. Einer der Kernpunkte jenes denkwürdigen Gesprächs von Goethe mit Falk scheint nach dem Vorstehenden darin zu liegen, daß die Monas auf dem Wege ihrer Metamorphosen, ihrer Vervollkommnung und Vollendung alle Formen des Seins annehmen kann. Es ist beziehungsvoll, daß Goethe an dem Grabe seines Freundes über den Moment des Todes nachdenkt, den er eine Auflösung nennt, bei der die Hauptmonas alle ihre Untergebenen entläßt.
Das Vergehen ist ein ebenso selbständiger Akt wie das Entstehen dieser, nach ihrem eigentlichen Wesen uns noch unbekannten, Hauptmonas. Nur die Monaden vergehen nicht. Sie verlassen wohl die körperliche Vereinigung, aber – und das scheint mir eine überaus bedeutsame Stelle bei Goethe – „sie scheiden nur aus den alten Verhältnissen, um auf der Stelle wieder neue einzugehen." Goethe läßt demnach die entelechischen Monaden nicht irgendeine Wanderung antreten; er treibt sie nicht durch limbo und inferno, läßt sie nicht in danteske, paradiesische Gefilde entschweben oder verstößt sie in höllische Purgatorien, sondern sagt wörtlich:

„Alle Monaden aber sind von Natur so unverwüstlich, daß sie ihre Tätigkeit im Moment der Auflösung selbst nicht einstellen sondern noch in demselben Augenblick wieder fortsetzen."[16]

Goethe differenziert dabei zwischen Menschenseelen und Tierseelen und weist daraufhin, daß alles darauf ankommt, wie mächtig die Intention ist, die in dieser oder jener Monas enthalten ist. So entsteht in ihm der Gedanke, daß Wieland, der Freund, ihm im Laufe der Jahrtausende wieder begegnen könne als ein Weltkörper,

---

16 *Goethe. Natur.* Schriften, Gedanken, Briefe, Gespräche, hrsg. Droemersche Verlagsanstalt, München 1962, Goethes Gespräch mit J. D. Falk am 25. Jan. 1813 nach dem Tode Wielands. S. 144.

ein Stern erster Größe, und daß er als eine ewigmitschaffende Kraft der Gottheit teilhabe an ihren göttlichen Freuden."

Man kann diese Worte des alternden Goethe nicht ohne eine gewisse Erschütterung lesen. Denn was sich hier offenbart, ist nichts anderes als die anthropozentrische Weltsicht Goethes. Hier beginnen auch die Fäden wieder ineinanderzulaufen, die bei Giordano Bruno begonnen haben. Denn dieser anthropozentrische Gedanke, den Goethes abgeklärte Weltweisheit offenbart, wenn er den verklärten Freund als eine im Getriebe des Weltprozesses mitschaffende Kraft erblickt, war einer der positiven harmonischen Gedanken, auf den wir hingewiesen haben, als wir Brunos Seelenlehre in Verbindung mit der Gestalt des leidenschaftlichen Helden behandelten. Hier präsentiert Bruno *seine* anthropozentrische Weltsicht:

„Die anderen aber sind die, welche aus eigener Schau mit angeborener Geistesklarheit und Verstandesschärfe begabt, aus innerlichem, eigenem Antriebe und natürlicher Inbrunst von der Liebe zur Gottheit, von der Glut seiner Sehnsucht und in bewußtem Streben nach einer Idee entflammt werden, zu höherer Denkkraft und hellerer Einsicht, sodaß er mehr als ein gewöhnlicher Mensch sehen könne. Dieser handelt nicht als bloßes Werkzeug höherer Mächte, sondern wird selbst zum Schöpfer, Könner und Künstler."[17]

Eine weitere Analogie liegt darin, daß schon Bruno deutlich differenziert zwischen einer Seelenwanderung (metempsicosi), welche er auf die von den Ägyptern stammende Idee der Seelenwanderung bezieht, und einer stufenartigen Wandlung der menschlichen Seele, welche er als eine Metamorphose bezeichnet (metamorfosi de l'anima).

Von hier aus gesehen verliert die Frage, ob Goethes Monadengedanken sich um Bruno oder um Leibniz gruppieren, viel von ihrer Bedeutung. Das breitangelegte Bildungsband, das durch die Entwicklung eines so reichen Geistes zieht, hat Raum für Eindrücke von vielen Seiten, und alle mögen dazu beigetragen haben, um die Goethische Version des monadologischen Gedankens zu fügen.

Damit haben wir einen Teil der Gedankenverbindungen freigelegt, die von Bruno zu Goethe führen. Bis jetzt haben wir uns jedoch Goethe nur von einer Seite genähert. Zum vollen Verständnis der Beziehungen von Brunos und Goethes Gedankenwelt bedarf es jedoch eines weiteren Eindringens in das aufschlußreiche Verwandschaftsverhältnis der beiden Denker und Dichter. Es wird sich dabei herausstellen, daß der Weg zum Verständnis dieser Beziehungen über die Universalität Goethes läuft und in seinem überbrückenden Eingreifen in den geistesgeschichtlichen Weltprozeß der beiden Erkenntnis- und Gestaltungshemisphären, der naturwissenschaftlichen und der kulturwissenschaftlich- künstlerischen gesehen werden muß.[18]

17 Dieses Zitat aus Brunos Schriften, bereits anderen Ortes angeführt, wird hier wiederholt, weil in diesem Zusammenhang unerläßlich.
18 Rudolf Steiner steht das Verdienst zu, als erster die vorausdeutende Geltung des Naturforschers und Denkers Goethe erkannt und durch seine kommentierten Ausgaben von

## Der junge Goethe verteidigt den Nolaner

Nach den Aufzeichnungen, welche Goethe selbst hinterlassen hat und die in der großen Weimarer Ausgabe festgehalten worden sind, hat der Dichter die folgenden Werke von Bruno gelesen und benutzt: De la causa, De immenso, De triplici minimo, De monade, Il candelaio. Außerdem soll er das Büchlein von Friedrich Heinrich Jacobi: Über die Lehre des Spinoza, das im Anhang Teile von Brunos De la causa brachte (in deutscher Übersetzung), besessen haben.[19] Es lassen sich drei Perioden feststellen, in welchen sich Goethe mit dem Schrifttum von Bruno befaßte. Die Frühperiode in Straßburg um das Jahr 1770, durch Herder angeregt; die zweite im Jahre 1812 und die dritte um die Weihnachtszeit 1829.

Im Jahre 1770 war der Dichter auf den Artikel Giordano Bruno in Pierre Bayles Diktionär gestoßen. Der Verfasser hatte nur einige der Schriften Brunos gelesen und äußerte sich nicht sehr günstig über den Nolaner. Goethe setzte sich damit auseinander.[20] Er stützt seine Erwiderung auf das Studium von „De la causa", woraus er mehrere Stellen zitiert. Der französisch geschriebene Artikel nimmt sofort eine unzweideutige Haltung ein:

„Je ne suis pas du sentiment de Mr. Bayle a l'égard de Jordanus Brunus et je ne trouve ni d'impiété, ni l'absurdité dans les passages qu'il cite quoique je ne prétende pas d'excuser cet homme paradoxe."

Die betreffende Stelle aus „De la causa" lautet:

„daß das eine, das Unendliche, das Seiende und das, was in allem ist, überall das ubique selbst ist und daß somit die unendliche Ausdehnung, weil sie nicht Größe ist, mit dem Individuum zusammenfällt, und daß die unendliche Vielheit, weil sie nicht Zahl ist, mit der Einheit zusammenfällt."

Goethe meint dazu, daß der Satz eine mehr philosophische Erläuterung verdient, als Bayle ihm gegeben habe. Es ist leichter, einen etwas unklaren und widersprüchlichen Ausspruch betont hervorzuheben, als ihn zu erklären und den Gedanken eines großen Mannes zu folgen. Ohne auf den weiteren Inhalt der Auseinandersetzung einzugehen, läßt sich schon hieraus entnehmen, daß Goethe sich bereits damals in die Brunoschen Ideen vertieft hat, und obgleich auch er Bruno paradox findet, versucht er scheinbare Widersprüche aufzuklären. Er sieht sofort in Bruno das Genie, dem man verpflichtet ist, Gerechtigkeit widerfahren zu lassen. Man ver-

---

Goethes naturwissenschaftlichen Schriften erschlossen zu haben. Siehe auch Kindermann, R. Das Goethebild des 20. Jahrhunderts. Wien 1951.
19 Jacobi, F. H. Über die Lehre des Herrn Spinoza in Briefen an den Herrn Mendelssohn. Breslau 1789.
20 „Ephemerides" Weimarer Ausgabe Abt. I, Bd. 37, S. 82.5.

spürt hier schon in dem jungen Menschen den weitsehenden Denker, der, sicherlich sich dessen noch unbewußt, eine seiner eigenen Denkweise verwandten Seite herausgefühlt hat, Köpfe von solcher Spannweite ihrer geistigen Flügel sind viel zu reich, als daß sie bereit wären, ihre Gedanken und Erlebnisse auf einfache Formeln zu bringen. Man will sich die Unbefangenheit nicht rauben lassen und schreckt davor zurück, ein Problem ein für allemal abzuschließen, indem man ihm eine definitive Patentlösung gibt. Goethe sagt das einmal sehr prägnant in dem Wort: „Der Mensch ist nicht geboren, die Probleme der Welt zu lösen, wohl aber zu suchen, wo das Problem angeht und sich dann in der Grenze des Begreiflichen zu halten." Dieser Satz wirft ein Schlaglicht auf die geistige Besonderheit der beiden Männer. Er zeigt von vornherein das, was Goethe mit Bruno gemeinsam hatte. Beide waren sie nicht nur Denker, sondern auch Dichter, wenn auch in einem umgekehrten Verhältnis. Aber bei beiden liegt etwas klaftertief im Unterbewußtsein, tief unten in ihren Denkschächten, die Scheu, die Erscheinungen ein für allemal in das Prokrustesbett einer unabänderlichen Gesetzmäßigkeit zu zwingen. Diese geistige Verwandtschaft fußt auf zwei Grundhaltungen, die das innerste Wesen sowohl von Bruno wie von Goethe erfüllen. Das eine ist der Gedanke, daß alles in eine Unendlichkeit eingelassen ist, wodurch erst die ganze überreiche Fülle des Daseins sich herleitet; das zweite ist der Begriff der All-Einheit und der Einheit im All, die beiden so tief im Blute sitzt, daß sie das endgültige Kriterium für alle ihre Gedankenkreise wird. Alles wird, ob bewußt oder unbewußt, auf diese beiden Prinzipien abgestimmt. Sie sind die Prüfsteine ihrer Weltanschauung. Und darin liegt eben dieses Streben nach der Einheit. Darin glüht auch das beiden Männern gemeinsame Licht, das aus allem herausstrahlt, was sie geschrieben und gesagt haben. Denn diese beiden sind Brüder im selben Geiste, weil sie ihre Gedanken „erleben". Erleben aber ist Leben in dem Sinne, daß es ein nie erlöschender, immer allgegenwärtiger Prozeß ist. Es ist dieses „Stirb und Werde". Diese tiefste Erleuchtung, daß es keine Grenzen gibt zwischen Leben und Tod, daß das nur zwei verschiedene Richtungen sind derselben Monade, derselben Entelechie, derselben Seele. Und ob diese Monade für Bruno ein im geistigen Infinitum schwebender Teil der Weltseele, der monas monadum, oder bei Goethe die Zentralmonade ist, aus der alle Daseinsfülle entspringt, es ist der gleiche Geist des Universums, der sie umfängt. Aus diesem überwältigenden Gefühl entringt es sich der Brust des alternden Goethe:

„Im Grenzenlosen sich zu finden,
. . . . . . . . . . . . . . . . .
da löst sich aller Überdruß;
. . . . . . . . . . . . . . . . .
Weltseele komm – uns zu durchdringen!
Denn mit dem Weltgeist selbst zu ringen,
Wird unserer Kräfte Hochberuf.

Und umzuschaffen das Geschaffne,
Damit sichs nicht zum Starren waffne,

. . . . . . . . . . . . . . . . . . . .
Wirkt ewiges, lebend'ges Tun.
. . . . . . . . . . . . . . . . . . . .
Es soll sich regen, schaffend handeln,
Erst sich gestalten, dann verwandeln,
Nur scheinbar steht's Momente still.
Das Ewige regt sich fort in allen:
Denn alles muß in nichts zerfallen,
Wenn es im Sein beharren will."

Bevor wir hineinschreiten in den Kreis, bevor wir die Schwelle des Pentagramma überschreiten, das ihrer beider Lebens- und Gedankenkreis umgibt, versuchen wir erst einmal, das Gemeinsame zu finden, das ihnen innewohnt.

Die Bestätigung der Richtigkeit mag auch darin zu sehen sein, daß weder Bruno noch Goethe vermochten, den gewaltigen Umkreis ihrer überreichen Gedankenwelt in ein geschlossenes System zu pressen. Es wäre der inneren Natur der beiden Männer vielleicht zuwider gewesen, denn der eine war immer Dichter, wenn er dachte, und der andere immer Denker, wenn er dichtete.

## Der alternde Goethe nimmt das Bruno-Studium wieder auf

Die dokumentarischen Belegstellen sind zu zahlreich, als daß wir auf jede einzelne eingehen könnten. Wir müssen uns darauf beschränken, die meisten nur nachzuweisen, um später einiges herauszugreifen, worin besondere Aufschlüsse enthalten sind. Die beiden wichtigsten Quellen sind Goethes Tagebücher und Briefe. Dort finden sich Eintragungen am 15. März 1802, am 18., 19. und 20. Januar 1812, sowie am 15. August 1812 – eine kurze Bemerkung, die nicht mehr als die Lektüre von Brunos Schriften vermeldet. Nur in einer Eintragung vom März 1812 zitiert Goethe Brunos Satz „ad tenebris per colores ad lucem datur ingressus" (aus diesem Abgrund der Finsternis zu jener Fülle des Lichtes), welcher dem Nachruf entnommen ist, den Bruno am 1. Juli 1589 bei dem Schluß der Bestattungsfeierlichkeiten des Herzogs Julius von Braunschweig-Lüneburg in Helmstedt gehalten hat.

Im Juli 1818 weilte Goethe in Karlsbad zur Kur, und selbst dahin hatte er sich Brunos Bücher mitgenommen und studierte sie während der Nacht. Im nächsten Jahre machte er eine Reise nach Jena, und wir finden eine Eintragung am 19. September, aus der hervorgeht, daß er sich mit Bruno beschäftigte. Dann liest man – wenigstens in den Tagebüchern – lange Zeit nichts mehr darüber. Da erhält der Achtzigjährige zu Weihnachten 1829 die Wagnersche Ausgabe der italienischen Dialoge Brunos.[21] Offenbar hatte er sich sofort an die Lektüre begeben und berichtet darüber:

21 Diese Äußerung machte Goethe in den Tagebüchern Band 4, Lesarten in der Weimarer Ausgabe. In der großen italienischen Staatsausgabe der lateinischen Werke (Opera Latine

"Sendung von Adolf Wagner in Leipzig. Die Werke des Jordanus Brunus, in welchen ich gleich zu lesen anfing; zu meiner Verwunderung wie immer zum ersten Mal bedenkend, daß er ein Zeitgenosse Bacos von Verulam gewesen."

Er scheint nach seiner Aufzeichnung die beiden Weihnachtstage mit dem „Candelaio" verbracht zu haben. Am 26. Dezember schreibt er in sein Tagebuch:

„vorgemeldetes Stück abgeschlossen. Höchst merkwürdige Schilderung der sittenlosen Zeit, in welcher der Verfasser gelebt."

Wenden wir uns nun den Briefen zu, so müssen wir wieder einige Jahre zurückgreifen, auf die zweite Bruno-Periode in Goethes Leben. Es ist ein Briefwechsel mit seinem Schwager F. H. Schlosser, am 1. Februar 1812 geschrieben:

„Lassen Sie mich nun zum Schlusse für die gesendete Übersetzung des Jordanus Brunus danken. Dieser außerordentliche Mann ist mir niemals ganz fremd geworden; doch habe ich die Geschichte der mittleren Philosophie niemals so sorgfältig studieren können, um zu wissen, wo er eigentlich hinaus will, warum er gegen gewisse Vorstellungsarten so heftig streitet und auf gewisse Punkte so sehr bejahend appuyiert. Noch manches andere, das Sie selbst wissen, steht dem Verständnis seiner Werke entgegen. Da Sie aber wahrscheinlich mehr übersetzt haben, so wünschte ich, das 15. Kapitel der Minima existentia p. 94 welches anfängt: ('Non minus hic falso fide: Fundamine sensus, imbuit insanes' sowie den Schluß des Buches „de innumerabilibus et immenso, worin er sich selbst als einen wilden Faun beschreibt. (Er fängt an: Sic non succifluis occurro poeta labellis,) in Ihrer Übersetzung zu lesen. Wir haben ein Pröbchen davon gemacht, allein, daß es gelingen sollte, ist nicht zu hoffen, da wir weder Zeit noch Sammlung haben, und uns auch die Übersicht des Ganzen mangelt, welches doch in jedem einzelnen Theil wieder hervortritt. Sie werden sich dadurch das Verdienst machen, mich diesem wunderbaren Manne wieder nähergebracht zu haben."[22]

Zehn Monate darauf folgte ein Brief am 31. März und auch ihn möchte ich hier wiedergeben, denn er gehört zu den wenigen zusammenhängenden Zeugnissen, die wir aus Goethes Feder über sein Verhältnis zu Bruno und sein Urteil über ihn besitzen:

„Da sich nicht schon eine Folge von Studien über Jordanus Brunus bei Ihnen findet und Sie mehr, wie ich vermutete, „.. in einer gewissen Lebensepoche sich geübt und unterhalten haben, seine Werke stellenweise zu übersetzen, so will ich sie nicht besonders dazu aufgemuntert und angeregt haben. Was er uns hinterlassen, sofern ich es kenne, reizt uns zwar ungemein, isofern wir streben, denn es ist nicht leicht ein lebhafterer Apostel der Originalität

---

21 conscripta) Band I/1 Oratio consolatoria findet sich jedoch ein anderer Wortlaut. Es heißt dort S. 38: „de caeca tenebrarum abysso, ad lucis inaccessibilis plenitudinem" (S. a. Übertragung Kuhlenbeck, Bd. 6, S. 103.) = 2) Weimarer Ausgabe, Tagebücher, Abt. 3, Bd. 12, S. 171.
22 Weimarer Ausgabe – Briefe Abt. 4, Bd. 22, S. 257/258.

der unmittelbaren Bildung an und aus der Natur (zu finden). Allein ich müßte mich sehr irren oder wir sind seit jener Zeit weiter, ja in eine Art von Natur gerückt, wo uns jene nicht mehr helfen und zusagen kann, besonders da sie doch durch eine mystische Mathematik äußerst verfinstert ist. Doch von solchen Dingen läßt sich kaum sprechen, geschweige schreiben, weil man sich doch darüber nicht ganz ausreden kann."[23]

Am 19. September 1818 entnehmen wir dann noch eine Notiz an Weller (vermutlich der Bibliothekar):

„Sie empfangen hierbei zwei Jordanus Brunus von Nola, der akademischen Bibliothek gehörig, wogegen mein mehrjähriger Zettel einzulösen wäre."[24]

Inwieweit der Schwager Goethes seinen Wunsch erfüllt hat, läßt sich nicht feststellen. Aus der obigen Notiz geht hervor, daß Goethe 2 Bände von Brunos Werken sechs Jahre lang von der Weimarer Bibliothek ausgeliehen hatte. Welche das waren, läßt sich nicht mehr mit Bestimmtheit sagen. Goethe las Latein, wie jeder Gebildete dieser Zeit, bestimmt diejenigen, deren Erziehung noch in das 18. Jahrhundert zurückreichte. Der Historiker Schlosser aber scheint, was mit seinem Beruf zusammenhing, mehr Übung im Übersetzen von lateinischen Texten gehabt zu haben. Das Mönchslatein Brunos war nicht immer leicht übertragbar, ganz abgesehen davon, daß vieles in Brunos Schriften begrifflich nicht sehr klar war, was Goethe den Seufzer abrang, daß er manchmal nicht so recht dahinter komme, worauf der Italiener hinaus wolle. Das Italienisch, das Goethe dank seines jahrelangen Aufenthaltes in Italien fließend sprach, hat ihm wahrscheinlich weniger Schwierigkeiten bereitet, obgleich z. B. „Il candelaio" mit einer Reihe von napolitanischen Kolloquialismen durchsetzt ist, deren Übersetzung ins Deutsche größte Schwierigkeiten bereiten dürfte und eine gründliche Kenntnis der damaligen Umgangssprache voraussetzt.

Am stärksten bringt Goethe diese Schwierigkeiten zum Ausdruck in einer Äußerung, die sich ebenfalls in der Weimarer Ausgabe von Goethes gesammelten Werken vorfindet.[25]

„Zur allgemeinen Betrachtung und Erhebung des Geistes eigneten sich die Schriften des Jordanus Brunus von Nola; aber freilich das gediegene Gold und Silber aus der Masse jener unglaublichen Erzgänge auszuscheiden und unter den Hammer zu bringen, erfordert fast mehr als menschliche Kräfte vermögen."

Dieser Mühe haben sich im Laufe der Jahrhunderte eine Reihe von Gelehrten mit mehr oder weniger Erfolg unterzogen. Es sind Versuche angestellt worden, bestimmte Goethesche Verse zum Teil als unmittelbare Wiedergabe, zum Teil als

---

23 Weimarer Ausgabe – Briefe Abt. 4, Bd. 22, S. 309.
24 ebenda, Bd. 29, S. 283.
25 ebenda, Abt. I, Bd. 36, S. 7.

Übersetzungen Goethes aus Brunos lateinischen Gedichten nachzuweisen. Im allgemeinen halte ich dieses philologische Einzelwerk für nicht sehr ertragreich. Worauf es ankommt, sind nicht solche Vers-Spielereien. Wir werden einiges davon später anführen, werden uns aber immer bewußt bleiben, daß weder solche Beispiele, noch die Anzahl der Goetheschen Tagebuchaufzeichnungen etwas über die inneren geistigen Beziehungen der beiden Männer aussagen.

Einer der bedeutendsten Forscher, der ein außerordentlich reichhaltiges Material zusammengetragen hat, war Werner Sänger. Er hat aber auch, weit über die Kleinarbeit hinaus, einen wertvollen Beitrag zur Geschichte und Kenntnis der Goetheschen Weltanschauung geleistet.[26] Eine Übersetzungsprobe aus „De immenso" schrieb Goethe im Jahre 1812[27] in sein Tagebuch mit der Überschrift:

„Grundsätze des Jordanus Brunus, eines Italieners, der zu Anfang des vorigen Jahrhunderts in Rom als Atheist verbrannt worden ist."

Es ist eine Prosastelle von 20 Paragraphen, von denen wir hier nur eine Auswahl bringen können:

„1. Divina essentia est infinita.
   (Das göttliche Wesen ist unendlich)
4. Deus est simplicissima essentia, in qua nulla compositio potest esse, vel diversitas intrinseca.
   (Gott ist das einfachste Wesen. Von demselben findet keine Zusammensetzung oder innere Verschiedenheit statt.)
5. Consequenter in eodem idem est esse, posse, agere, velle, essentia, potentia, actio voluntas et quidque de eo vere dici potest quia ipse ipsa est veritas.
   (Derohalben ist ihm Seyn, Können, Thun, Wollen, Dasein, Macht, Handlung, Wille nur Eins und alles, was von ihm mit Wahrheit kann gesagt werden. Denn er selbst ist die Wahrheit selbst)
6. Consequenter Dei voluntas est super omnia.
   (Deshalb ist Gottes Wille über alles)
7. Consequenter voluntas divina est non modo necessaria, sed etiam est ipse necessitas.
   (Deshalb ist der göttliche Wille nicht nur notwendig, sondern er ist die Notwendigkeit selbst)
9. Necessitas et libertas est unum, unde non est formidandum quod, cum agat necessitate naturae, non libere agat....
   (Notwendigkeit und Freiheit sind eines, doch ist nicht zu fürchten, daß wenn Er durch Notwendigkeit seiner Natur handelt, Er nicht frei handele..)
10. Potentia infinita non est, nisi sit possibile infinitum...
    (Es gibt keine unendliche Macht, wenn das Unendliche nicht möglich ist....)

---

26 Saenger, Werner: Goethe und Giordano Bruno. Germanische Studien Heft 91, Berlin 1930.
27 Weimarer Ausgabe, Tagebücher Abt. 3, 1812. Goethe hat diese Stelle aus „De immenso" vermutlich schon vor dem Jahre 1800 übersetzt, wie aus der Überschrift hervorgeht.

11. Sicut est mundus in hoc spacio ita est potest esse in simili spacio isti spacio ........
   (So wie die Welt in diesem Raum, so kann sie auch in einem anderen Raum seyn, wie dieser ist....)
19. De Deo et de natura quam optime sentiendum.
   (Von Gott und der Natur muß man aufs Beste denken)
20. De rebus maximis nihil temere citra sensum arque rationem defendendum.
   (Von den größten Dingen muß man nichts ohngefähr, noch ohne Verstand und Sinn behaupten)[28]

## Was wär' ein Gott, der nur von außen stieße?

Eines derjenigen Gedichte, aus welchen man Goethes Bekenntnis zur Immanenz Gottes und seine pantheistische Neigung herleitete und dessen Anregung immer Spinoza zugeschrieben wurde, bezieht sich nach Brunnhoefer und Kuhlenbeck auf eine Prosastelle aus „De immenso". Ich gebe sie hier wieder, möchte aber Kuhlenbeck nicht zustimmen, daß es eine unmittelbare Übersetzung von Brunos Worten ist. Wenn überhaupt, dann handelt es sich bei Goethes Gedicht „Gott und Welt" um eine geniale Nachdichtung. Goethe mag die Grundgedanken von Giordano Bruno aufgenommen haben und sie dann in einer dichterischen Form eigenster Schöpfung wiedergegeben haben. Von einer Übersetzung kann keinerlei Rede sein. Ich bringe zuerst den lateinischen Text von Bruno, dann eine Prosaübersetzung und zum Schluß die Goetheschen Verse:

„Non est Deus intelligentia exterior circumrotans et circumducens, dignius enim illi debet esse internum principium motus quod est natura propria, species propria, anima propria, quam habent tot quot in illius gremio et corpore vivunt. Hoc generali spiritu corpore, anima, natura animantia........"[29]

(Es gibt keine göttliche Intelligenz, die außerhalb der Welt rotiert und ihre Kreise zieht, denn es wäre würdiger, wenn sie einem inneren Bewegungsprinzip unterworfen wäre, so daß wir eine eigene Natur, eine eigene Vorstellung und eine eigene Seele besitzen, welche ebensosehr in jenem Innersten, wie auch im Körper leben und hierzu im Allgemeinen des Geistes, des Körpers, der Seele der Natur und der Beseelung gegenwärtig sind)

> „Was wär' ein Gott, der nur von außen stieße,
> Im Kreis das All am Finger laufen ließe!
> Ihm ziemts, die Welt im Innern zu bewegen,
> Natur in sich, sich in Natur zu hegen,
> So daß, was in Ihm lebt und webt und ist,
> Nie seine Kraft, nie seinen Geist vermißt."

---

28 Opera Latine Conscripta I. Bd. 1. Teil, De immenso, Liber I, caput XI, S. 242–244.
29 ebenda, I. Bd. 2. Teil, Liber V, caput I, S. 158.

Noch ausgesprochener gilt das oben über Kuhlenbecks Auffassung Gesagte für seine Vergleiche anderer Gedankenlyrik von Goethe mit Zitaten aus Brunos Schriften, wie z. B. das berühmte: „Kein Wesen kann in nichts zerfallen", das Kuhlenbeck auf Brunos Widmung von „De l'infinito" zurückführen will.[30]
Bei der Besprechung des 5. Dialogs meint Bruno, es sei nicht zu befürchten, daß irgend etwas vernichtet werde oder sich völlig auflöse. Auch spricht er von dem ewigen Wandel, dem alles unterworfen sei, und obgleich es beständigen Änderungen ausgesetzt ist, ändert sich nichts in seinem innersten Wesen. Diese Stelle verbindet Kuhlenbeck mit dem bereits anderen Ortes zitierten Gedicht, das mit dem Verse schließt: „Denn alles muß in nichts zerfallen, wenn es im Sein beharren will."[31]

Ich habe auch hier große Bedenken gegen solche philologische Pilpulistik. Nirgends ist bewiesen, daß Goethe gerade diesen Satz Brunos in seine unsterblichen Verse gesetzt habe. Viel plausibler ist dagegen, daß der Dichter in jahrelangem Studium in den Geist von Brunos Philosophie eingedrungen ist, so daß Brunos Weltbild sich dem seinen in den großen, tragenden Prinzipien näherte, so wie wir das eingangs zum Ausdruck gebracht haben. Dabei mag einmal Brunos, ein anderes Mal Spinozas Gedankenkreis hervorgetreten sein. Aber beide bildeten nur den Grundstock, gewissermaßen das Baumaterial, aus dem ein so versatiler Geist wie Goethe sein eigenes Weltgebäude errichtete. Seine herrliche Dichtkunst war auch ein Ausdruck seiner eigenen, ganz und gar Goetheschen Gedankenwelt, an deren Heranbildung Giordano Bruno einen gemessenen Anteil hatte. Keineswegs aber waren Goethes Verse poetische Kondensationen Brunoscher Prosa.

## Giordano Bruno, eine Faustgestalt

Kein Werk Goethes trägt jedoch so viel Spuren des gewaltigen Mönches von Nola als Goethes dramatisches Gedicht „Faust". Viel ist hin und her gerätselt worden, welche geschichtliche Gestalt Modell gestanden habe zu der problematischen Figur von Faust selbst. Daß es eine Persönlichkeit der Renaissance gewesen sein muß, geht schon aus dem historischen Beiwerk des Dramas hervor. Ich halte es auch hier für völlig abwegig, einzelne Stellen herauszuziehen, um aus dieser oder jener Andeutung und Analogie den Beweis zu erbringen, daß Bruno allein Goethes Vorbild für die Gestalt des Faust gewesen sei. Nicht einmal die allzuoft zitierten Verse: „Die wenigen, die was davon erkannt, Töricht g'nug ihr volles Herz nicht wahrten, dem Pöbel ihr Gefühl, ihr Schauen offenbarten, hat man von je gekreuzigt und verbrannt." geben genügend Veranlassung anzunehmen, daß Goethe *nur* den Schei-

---

30 Giordano Bruno: Zwiegespräche vom unendlichen All und den Welten. Übersetzt und kommentiert von Ludwig Kuhlenbeck, Jena 1892, Seite 20.
31 ebenda, Seite 21.

terhaufen auf dem campo dei fiori in Rom vor sich gesehen habe, zumal er mit gleicher Eindringlichkeit von dem Gekreuzigten spricht.

Viel wahrscheinlicher ist, daß neben dem Doktor Johann Faust des 1587 erschienenen Volksbuches[32] andere weniger sagenhafte Persönlichkeiten aus jener Zeit Goethe zum Sinnbild des deutschen Sehnens nach der Unendlichkeit wurden. Unter diesen mag Giordano Bruno, besonders im Monolog des ersten Teils, in der Szene mit dem Erdgeist, im Vordergrund gestanden haben. Nicht unberechtigt sind jedenfalls solche Faustischen Gestalten wie der dem Okkultismus und der Alchemie wesentlich näherstehende Agrippa von Nettesheim und eine so überragende Kraftnatur wie Paracelsus, der insbesondere im Zusammenhang mit dem Makrokosmos – Motiv als prädominant betrachtet werden könnte. Beide haben auch mit Bruno das unstete Leben des fahrenden Scholaren gemeinsam, die ihr eigener Dämon durch die Lande treibt. Kein Zweifel – jene Zeit war voll von solchen saftigen Faustgestalten, in deren Leben und Schaffen sich die charakteristischen Erscheinungen der Zeit, der Kampf zwischen Himmel und Hölle, zwischen Gott und Teufel verkörpern. In ihnen prägt sich auch noch jenes andere Motiv aus, das so typisch ist für das Fausterlebnis: Der Zweiseelenmensch. Der Widerstreit zwischen der vita activa und der vita contemplativa. Alle drei stehen inmitten des vollen Menschenlebens und greifen nach der Lust „mit innigem Behagen", und doch finden sie Zeiten zurückgezogener Meditation, wenn sie dem Weltgeist tief ins Antlitz schauen und den Harmonien der himmlischen Sphären lauschen:

„Zwei Seelen wohnen ach in meiner Brust.
Die eine will sich von der andern trennen.
Die eine hält in derber Liebeslust
Sich an die Welt mit klammernden Organen,
Die andre hebt gewaltsam sich vom Dust
Zu den Gefilden hoher Ahnen."

Auch in diesem Widerstreit kann man eine poetische Einkleidung Goethes sehen für den seelischen Kampf in Faustens Brust, der sich abspielt zwischen seiner künstlerischen Intuition, dem Gefühls- und Empfindungsleben, der irrationalen Haltung und seinen wissenschaftlichen Aspirationen, der rationalen Denkweise. Ja, man kann noch einen Schritt weitergehen und hierin die Gegenüberstellung von Erfahrung und Idee erblicken. Erst in der Vermählung beider ersteht das Goethesche Ideal, ebenso wie bei seinem Vorgänger Bruno der heroicus furiosus.

Von allen Faustgestalten steht jedoch Giordano Bruno allein an der Schwelle der Zeiten, ein Mensch des fin de siècle, als die Renaissance bereits verblüht und das

---

[32] Schon vor dieser Zeit erschienen in Deutschland Bücher über den geheimnisvollen Adepten. So u. a. das Anfang dieses Jahrhunderts im Nachdruck erschienene „Doktor Johannes Fausts Magia naturalis et innaturalis". Deutsch nach einer Handschrift in der Herzoglich. Bibliothek zu Coburg. Passau 1505.

Barock heraufsteigt. Allein auch als der, welcher sich opferwillig der Flamme überläßt und zur Fackel wird, die das nächste Jahrhundert einleuchtet.

Von ungleich größerer Bedeutung als diese gestalthaften Affinitäten sind die Analogien der Denkformen, welche in der Dichtung zum Ausdruck kommen. Es ist nicht nur der Brunosche Kleinkrieg gegen Dogmen, Aberglaube und Unwissenheit, der in der Wagnerszene des 1. Teils sein Gegenstück zu dem Brunoschen Pedanten findet. Viel mehr in die Tiefe gehend ist die abgründige Enttäuschung des alten Faust, daß ein Leben mühseliger Forschung, daß alle Ergebnisse der Wissenschaften ihm den Weg zur höchsten Erkenntnis nicht geöffnet haben. Der Erdgeist weist ihn zurück: „Du gleichst dem Geist, den Du begreifst, nicht mir." Alle diese verstandesmäßigen Systeme versagten und konnten ihn nicht aus der Umklammerung des „Ungeistes" befreien. Auf diesem Wege kann er der Natur ihr Geheimnis nicht entreißen. Mit brutaler Offenheit gesteht er sich „Geheimnisvoll am lichten Tag, läßt sich Natur des Schleiers nicht berauben,

„Und was sie Deinem Geist nicht offenbaren mag,
Das zwingst Du ihr nicht ab,
Mit Hebeln und mit Schrauben."

Und das ist der große Brunonische Gedanke. Nicht mit Hebeln und Schrauben, nicht mit dem rationalen Wissen, und wenn Du es zu Bergen anhäufst, kannst Du den Pfad der Weisheit finden, nur im „furor heroicus", im göttlichen Wahn, im Erleiden und Erleben des Unendlichen, in Deinem eigenen „*Ich*" findest Du die schmale Pforte zur All-Einheit. Das ist der große weltanschauliche Gedanke, erst wenn Du die Welt in ihrer Ganzheit erlebst, erst im „Anschauen", nicht im Analysieren, ergibt sich dem Suchenden die Welt und die Aufgabe des Menschen im Universum. Hier trifft sich Goethesches Dichten und Denken mit Brunonischer Weltidee, und nur auf dieser einsamen Hochebene finden sich die Geister Giordano Bruno und Goethes Faust.

Allerdings so ganz eindeutig verläuft auch diese Beziehungslinie nicht. Da war schon immer eine schwierige Note in dem geistigen Werdegang von Bruno und seinen „Faustischen" Vorgängern, wie Cornelius Agrippa, Theophrastus Paracelsus, ja selbst zu einem so unfaustischen wie Nikolaus von Cusa. Sie alle verfallen schließlich in diesen halbpantheistischen Mystizismus, ein eigenartiges und schwer definierbares Konglomerat von Philosophie, Dichtung, Hingabe und Aberglauben. Aber man kann das noch bei vielen anderen beobachten, die sogar von einem induktiven Denken ausgehen und doch schließlich in einem mystischen Hafen landen. Das war auch bei Goethe der Fall in dem zweiten Teil des Faust, und deshalb ist es oft nicht leicht auseinanderzuhalten, wo Brunosche oder Plotinsche Einschläge auftreten.

Im ersten Teil des dramatischen Gedichts steht Faust noch sehr klar umrissen da. Er hat alle Wissenschaften studiert, das Leben in vollen Zügen genossen und findet sich schließlich in einem verzweifelten Zustand von Skepsis und Lebensüberdruß. Aber im zweiten Teil geht es Faust oft wie Bruno. Auch er hat die kleine und die große Welt durchwandert, heute flüchtig auf staubigen Straßen, morgen ein bewunderter Gelehrter und Magier an den Höfen mächtiger Fürsten. Überall tritt er auf mit der Ars magna, der großen lullischen Kunst, die ihn bis zu Kaiser Rudolf nach Prag führt. Fast identisch mit dem Faust II, der am Kaiserhof seine Weisheit zum besten gibt und ebenso wie Bruno Traktate über Magie und das Geheimnis der Zahlen zusammenschreibt. Aber dann wandert Bruno-Faust wieder weiter, wohlgemut mit seinen 300 „talari" in der Tasche, die ihm der adeptenfreundliche Kaiser zugesteckt hatte. Nun kann Bruno in Ruhe an seinen großen lateinischen Dichtungen feilen, ein alter Traum, der zu neuem Leben erwacht, wie Faust II. Auch er erwacht zu einem neuen Leben. Allerdings Faust ist ein Jahrhundert älter als der von himmlischer Liebe entrückte und von irdischem Eros betörte Bruno, und dieser Faust geht denn auch schon wesentlich anders vor. –

Es bedarf keiner beflügelten Phantasie um festzustellen, daß fast jedesmal, wenn Faust über die Szene huscht und philosophisch dabei wird, ihm Brunos Dulderantlitz über die Schulter sieht. Es sind fürwahr nicht etwa äußerliche Vergleichspunkte. Auf Schritt und Tritt stoßen die Ideen der beiden Dichter-Denker aufeinander, diese unsichtbare Einheit von Poesie und Metaphysik, von kosmischen und natürlichen Aspekten des Universums, in denen Goethe und Bruno sich immer wieder treffen und mit denen sie immer wieder auf das gewaltige Problem des Universums einstürmen.

## Goethe, der Denker und Naturforscher

Was sich am Schlusse dieser Überlegungen als unveräußerlicher Bestand unserer Mühe niederschlägt, ist lediglich die Gewißheit, daß sich der tiefe Grund von Goethes Dichtung nicht erschließen läßt, ohne daß wir Goethe, den Denker und Naturforscher, kennen.

Viele Jahre hat die offizielle Wissenschaft im 19. Jahrhundert Goethes philosophische und naturwissenschaftliche Arbeiten ignoriert. Wofür man ganz und gar kein Verständnis hatte, war, daß sich Goethes Weltanschauung nicht einseitig auf die empirische Grundlage der Naturwissenschaften stützte, ja, daß gerade seine große, revolutionäre Haltung auf seinem Prinzip der anschauenden Urteilskraft beruhte. Von ganz besonderer Bedeutung war dabei, daß sich Goethes Weltbild gleicherweise auf naturwissenschaftlichen, wie geisteswissenschaftlichen Erkenntnissen aufbaute.[33] Das aber lag tief in Goethes Überzeugung von der Ganzheit und

---

33 Das Wort „geisteswissenschaftlich" ist hier im Sinne seines Schoepfers, des Philosophen Wilhelm Dilthey, gebraucht, der diesen Begriff zum ersten Male 1883 dem der Naturwissenschaften gegenübergestellt hat. (Dilthey, Einleitung in die Geisteswissenschaften) Mit dem okkulten Begriff „Geisteswissenschaft", mit dem Rudolf Steiner seine anthroposophischen Geheimlehren bezeichnet und den er erst viel später von Dilthey entlehnt hat,

Einheit und in seiner Auffassung, daß nichts Sinnliches begriffen werden kann, wenn man nicht erkennt, daß das Übernatürliche so nahe dabei wohnt und die Welt nur in der Einheit der beiden Gegensätze „erlebt" werden kann. Dieser fundamentale Gedanke war auch das Credo von Giordano Bruno. Er ist das Rückgrat seines Denkens und Dichtens, und Goethe hat es ihm nicht etwa abgesehen oder nachgeahmt. Er hat das Weltgewissen ebenso stark in seinem Urstande erlebt und erlitten, wie Bruno in den Tagen der Renaissance.

Es kann hier auf die zahlreiche Literatur, die der Rehabilitierung Goethes als Denker und Naturforscher gewidmet war, nicht eingegangen werden. Sie ist – und das muß an dieser Stelle betont werden – das Ergebnis von Rudolf Steiners wissenschaftlichem Durchbruch im Gebiete der Goetheforschung.

Uns geht hier in erster Linie der Teil der Goetheschen Naturanschauung an, der mit derjenigen von Giordano Bruno tangiert und dessen Darstellung erforderlich ist, um die Verbindungslinien zwischen den beiden Denkern aufzuzeigen.

Eine derjenigen Theorien, die eine zentrale Position im gesamten Goetheschen Weltbild einnimmt, ist seine Metamorphosenlehre. Diese Gedanken bilden den Brennpunkt Goethes tragender Idee vom Wesen des Organismus. Ein Prinzip, das er hierbei ausführlich behandelt, findet sich bereits bei Bruno, wenn dieser Geburt und Tod, Entstehen und Vergehen als ein Ausdehnen und Zusammenziehen der Monade beschreibt. Das ist eines der entelechischen Prinzipien, die auch Goethe der Betrachtung organischer Prozesse zugrundelegt. Goethe ging bekanntlich in der Botanik von der Urpflanze aus, einem Phänomen der Entelechie für alle Pflanzen, deren äußere Gestalt in unzähligen Erscheinungen, aus dessen innerem Prinzip hervorgeht. Später überträgt er die gleiche Betrachtungsweise auf die Tierwelt. Er sieht in den äußeren Formen und Gestalten eine innere Gesetzmäßigkeit, die er von bestimmten Typen ableitet. Die Entwicklung von Gestaltungsformen eines Organismus aus der umgebenden Außenwelt durch bloße Kausalität ist für Goethe völlig abwegig und würde seiner Auffassung von der Entstehung der Daseinsformen aus einer inneren Entelechie heraus diametral entgegengesetzt sein. Goethe ist vielmehr überzeugt, daß hierin die Einheit seines gesamten Systems liegt. Der *Typus* ist ein aus sich heraus gestaltendes Prinzip (Entelechie) und bedarf keiner anderen Erklärung. Das Neue an seiner Theorie ist, daß es für ihn kein mechanisches Nebeneinanderreihen von Gattungen und Arten gibt. Seine Grundidee ist, daß eine Regeneration der organischen Wissenschaft dem Wesen des Organismus gemäß einsetzen müsse. Mit diesen Ideen hat Goethe – wie Steiner zuerst betonte – die theoretische Grundlage für eine organistische Wissenschaft begründet.

Während die vorgoethesche Systematik ebenso viele Begriffe (Ideen) brauchte, als äußerlich verschiedene Gattungen existieren, zwischen denen sich keine Verbindungsglieder finden, erklärt Goethe, daß sie nur der Erscheinung nach verschie-

---

33 hat der Begriff „Geisteswissenschaft" Diltheys nicht gemeinsam. Siehe auch: Ernesto Grassi und Theodor v. Uexkuell: Von Ursprung und Grenzen der Geistes- und Naturwissenschaften, 1950.

den sind. Damit aber war nicht nur die philosophische Grundlage für ein wissenschaftliches System der Organismen geschaffen, sondern auch der bei Giordano Bruno immer wieder auftretende Grundgedanke von der organischen Einheit der Welt folgerichtig weitergeführt.

Das hat jedoch noch einen anderen Aspekt. Goethe mußte auf Grund der Erkenntnisse, welche die Wissenschaft in den Hunderten von Jahren seit Bruno zutage gefördert hat, einen entscheidenden Schritt über Bruno hinausgehen. Für den Hylozoisten Bruno gab es noch keine klare Grenze zwischen einer anorganischen und organischen Natur. Goethe aber zieht eine scharfe, klare Grenze zwischen den beiden und schließt seine Arbeit damit unzweideutig an die Ergebnisse des wissenschaftlichen Standes seiner Zeit an. Er weiß, daß die anorganische Natur der Arbeitsbereich der Physiker ist, dessen Aufgabe es ist, die anorganischen Körper nicht nur zu beschreiben, zu klassifizieren, sondern ihr Verhältnis zueinander zu untersuchen. Auch verkennt er keineswegs, daß die Resultate in Begriffe gefaßt werden und Gesetzmäßigkeiten aufgestellt werden müssen, deren Grundelemente das Kausalitätsgesetz mit allen Tatbeständen auf einen gemeinsamen Nenner bringt, indem es ihnen eine mathematische Ausdrucksform verleiht.

Aber im Bereich des Organischen waltet nicht der Begriff, sondern die Idee, und das Grundelement der organischen Ordnung liegt in den Typen. Was den Physikern die Galileischen und Keplerschen Gesetze, sind dem Organiker die Goetheschen Typus-Gedanken. Sie sind ein für allemal grundlegend für die Goethesche Organik. Sie mag inzwischen von der Entwicklung der Wissenschaft überholt sein, ihre Bedeutung als Glied einer Entwicklung des Erkenntnisweges, den wir gehen müssen, hat sie damit nicht verloren. Es ist hier nicht unsere Aufgabe, diese Disziplin und ihre moderne Methodologie weiter zu verfolgen, vielmehr anderen Verbindungslinien nachzuspüren, die zwischen dem Naturphilosophen der Renaissance und dem des 18. Jahrhunderts verlaufen, und das direkte Verhältnis freizulegen, das Goethe zu Brunos Werk gehabt hat.

Eine der hervorstechendsten Analogien in den Denkmodellen der beiden liegt in dem Durchdringen von *Wahrnehmung und Idee* innerhalb des Erkenntnisprozesses. Zuerst ist es Bruno, der die universelle Vernunft als die Erzeugerin und Denkerin des Weltalls ansieht. Bruno nennt sie den inneren Künstler, der die Materie formt und von innen heraus gestaltet. Sie ist die Ursache alles Bestehenden, und es gibt kein Wesen, an dessen Sein sie keinen Anteil nähme. An einer anderen Stelle drückt das Bruno in dem bekannten und oft zitierten Satz aus: „Das Ding sei noch so klein und winzig, es hat in sich einen Teil von geistiger Substanz". Auch Goethe bekundet diese Auffassung. Wir können ein Ding erst dann beurteilen, wenn wir sehen, wie es in der allgemeinen Vernunft an seinen Ort gestellt worden ist und gerade das geworden ist, als das es uns entgegentritt. Es genügt nicht, daß wir das Ding mit unseren Sinnen wahrnehmen, denn das allein lehrt uns nicht den Zusammenhang mit der allgemeinen Weltseele und vermittelt uns nicht die Erfahrung, was das Ding, das wir wahrnehmen, für das große Ganze zu bedeuten hat. Wir müssen es so anschauen, daß uns unsere Vernunft einen ideellen Hintergrund schafft, auf dem uns dann das erscheint, was uns die Sinne vermitteln. Wir müssen das Ding, sagt Goethe, mit den Augen des Geistes schauen. Die Formel für diese Auffassung fand Goethe bei Bruno, seinem metaphysischen Hauptwerk „De la causa" sagt:

„Denn wie wir nicht mit dem einen und demselben Sinn Farben und Töne erkennen, so sehen wir auch nicht mit dem einen und demselben Auge das Substrat der Künste und das der Natur, weil wir mit den sinnlichen Augen jenes und mit den Augen der Vernunft dieses sehen."

Auch Wilhelm Dilthey, wohl einer der bedeutendsten deutschen Fachphilosophen, der offen und ohne Einschränkung in seinen Schriften für Giordano Bruno eingetreten ist, knüpft an den Goetheschen Gedanken über die Verwandtschaft der bildenden Kraft mit der des Universums an und weist daraufhin, daß er auch bei Giordano Bruno auftritt:

„Was diesem seinen zentralen Gedanken in der Stoa, in Plato, in den Denkern der Renaissance, und in der Naturauffassung derselben wahrscheinlich auch in *Giordano Bruno* verwandt war, nahm er auf in sich."[34]

Es bedarf jedoch durchaus nicht dieser ins einzelne gehenden Hinweise, um inne zu werden, daß Goethes Weltvorstellung in einem prinzipiellen Sinne mit dem Weltbild Giordano Brunos verknüpft ist. Aus den rein konkreten Denkelementen wird sich die Gewißheit ergeben, daß Goethes Ideenwelt mit der Brunos in vielem parallel verläuft und in einem gewissen Sinne eine unbewußte Weiterentwicklung der Brunoschen Denkansätze enthält. Man muß dabei davon ausgehen, daß die Goethesche Auffassung sich schon generell von der materialistischen durch die Fragestellung unterscheidet. Hier liegt bereits die erste Tangente mit Brunos Denken, denn auch er kämpfte gegen ein mechanistisches Weltbild, und er tut das in einer konstruktiven Weise, indem er, wie das bereits ausgeführt worden ist, das Copernicanische Planetensystem metaphysisch erweitert. Nur verwendet Bruno dabei nicht den Ausdruck mechanistisch oder materialistisch, sondern mathematisch. An einer Stelle bedauert er sogar, daß der Horizont von Copernicus, den er hoch verehrt, durch die mathematische Einstellung eingeengt worden sei.

Die Verwandtschaft von Bruno und Goethe wird jedoch erst da am auffallendsten, wenn wir feststellen, daß ihr gemeinsamer Berührungspunkt in der Vorstellung des Organischen liegt. Es bedarf keiner Wiederholung der vielen Beispiele, die dafür ins Feld geführt werden können, daß bei Bruno dem Weltall ein organisches Prinzip zugrundeliegt. Leider schießt Bruno dabei etwas über das Ziel hinaus und spricht von einem Weltorganismus.

---

34 Dilthey, Wilhelm: Weltanschauung und Analyse des Menschen seit Renaissance und Reformation, 2. Auflage, Berlin–Leipzig 1921, Seite 399 ff.

Das Lebendige durchdringt die gesamte Welt und dadurch verschwimmt bei ihm auch der Unterschied des Organischen und Anorganischen. Wir haben bereits darauf hingewiesen, daß die Jahrhunderte, die zwischen Bruno und Goethe liegen, es dem Naturforscher Goethe ermöglichten, *seine* Grundeinstellung gegen eine im mechanistischen erstarrte Wissenschaft differenzierter darzustellen, was Bruno, der nie ein Naturforscher, vielmehr ein Naturphilosoph war, noch versagt geblieben ist.

Im Vorstehenden sind wir davon ausgegangen, zu verdeutlichen, welche Brückenstellung der Goetheschen Weltansicht zugesprochen werden muß, wenn man die geistesgeschichtliche Entwicklung seit Giordano Bruno in ihrem prozessualen und funktionellen Verlauf verstehen will. Der Schlüssel zur Erschließung dieser Gedankenwelt bis in die Denkvorstellungen unserer heutigen Zeit liegt im Verfolg der weltanschaulichen Linie, die von Giordano Bruno über Baruch Spinoza und Gottfried Wilhelm Leibniz zu dem Denker und Naturforscher Goethe hinführt. Einer der wichtigsten Aspekte scheint in der Erkenntnis zu liegen, daß alles Denken in dem Augenblick mit dem Urgrund des Weltendaseins verschmilzt, in welchem es sich der „Idee" bemächtigt.[35] Da es uns hier nur um eine Rückverbindung zu Bruno zu tun ist, kann eine weitausladende Analyse des Goetheschen Schriftwerkes nicht durchgeführt werden. Es war lediglich notwendig, die Grenzen abzustecken, innerhalb deren die gemeinsamen Züge der begrifflichen Positionen erhellt werden konnten. Der Schnittpunkt der Verbindungslinien dürfte nicht zuletzt in dem Gedanken liegen, daß der Mensch seine Stellung im Kosmos erst als denkendes Wesen gewinnen kann, ein Problem, das mit der gleichen Eindeutigkeit von Giordano Bruno angeschnitten wird, wie es – wie wir soeben gesehen haben – auch im Focus des Goetheschen Weltbildes liegt.

Erst von dieser Plattform aus wird es uns möglich sein, den Anschluß an die komplexen Fragestellungen der heutigen Philosophie zu gewinnen.

---

35 Steiner hat auf diesem Gebiet grundlegende Untersuchungen angestellt, worauf u. a. von Wilhelm Dilthey in seinem vorerwähnten Werke (S. 397), wo er über Goethes Aufsatz „Natur", der 1782 im Tiefurter Journal erschien, hingewiesen wurde. Dilthey bemerkt dazu wörtlich: „Nachdem dieser Aufsatz lange Gegenstand höchster Bewunderung und eine Hauptquelle für die Entwicklung der Naturansicht Goethes gewesen ist, erfahren wir durch die scharfsinnigen Auseinandersetzungen Rudolf Steiners, von welchem wir auch die beiden musterhaften Ausgaben der naturwissenschaftlichen Schriften Goethes besitzen, daß derselbe von Tobler niedergeschrieben ist.

*Fünftes Kapitel:*

# Giordano Brunos Wiedererweckung in Philosophie und Literatur

## Die ersten deutschen Bahnbrecher

Als Brunos Werke in Italien im Jahre 1603 offiziell auf den päpstlichen Index gesetzt wurden, verschwanden seine Bücher fast völlig vom Markte und gehören von da an zu den höchstbezahlten Raritäten des Buchhandels.

John Tolands Übersetzung des „Spaccio" war nur ein sehr schwacher Ansatz, um Brunos Ideen lebendig zu erhalten. Abgesehen davon wurde der Name von Giordano Bruno auch in dem protestantischen England nicht in Erinnerung gehalten, denn was z. B. Diltheys Arbeit über den Earl von Shaftesbury zutage förderte, mag wohl ein Einfluß auf die Philosophie des englischen Grafen gewesen sein, jedoch haben sich namentliche Hinweise auf Giordano Bruno nicht feststellen lassen.

Frankreich, ein katholisches Land, gedenkt Brunos nur in ablehnender, wenn nicht gar gegnerischer Haltung, und das gilt von Gassendi und Mersenne, ebenso wie von La Croze und Bayle, mit dem sich, wie vorerwähnt, Goethe Brunos wegen auseinandergesetzt hatte.

Der erste Schritt, Bruno Gerechtigkeit widerfahren zu lassen, wurde nach Tolands Beginn in Deutschland unternommen. In einer Ketzer- und Kirchengeschichte von Daniel Morhof und Gottfried Arnold wird der erste Versuch gemacht, Giordano Bruno von dem Vorwurf der Gottlosigkeit zu entlasten. Goethe scheint das Buch noch in Frankfurt a/M gelesen zu haben und erwähnt es als Arnolds Kirchen- und Ketzergeschichte in „Dichtung und Wahrheit". Er bemerkt u. a. „daß ich von manchen Ketzern, die man mir bisher als toll und gottlos vorgestellt hatte, einen vorteilhaften Begriff erhielt". Da Bruno nicht namentlich erwähnt wird, wissen wir nicht, ob Goethe ihn im Sinne hatte. Der erste, der in Deutschland eine Lanze für Bruno direkt gebrochen hat, war der Göttinger Philologe Christian August Heumann, der 1718 unter dem Titel: „Jordanus Brunus Unschuld in puncto Atheisterei" schrieb und ihn einen Märtyrer und heiligen Mann nannte. Auch wendet er sich gegen die Anschuldigungen des Franzosen La Croze. Ebenso tut Johann Jacob Zimmermann Brunos in seiner „Scriptura Sancta Copernicanus" 1690 Erwähnung in einem günstigen Sinne; gleichfalls verdient ein Abraham von Frankenberg genannt zu werden, der zusammen mit einem gewissen Hermann Auszüge aus Brunos lateinischen Werken brachte.

Die erste wirklich bedeutende Rehabilitation Brunos findet sich in einem führenden philosophischen Geschichtswerk des 18. Jahrhunderts von Johann Jacob

Brucker: Historica critica philosophiae, 5 Bände, 1742–1744, in welcher Giordano Bruno als Initiator der neuzeitlichen Philosophie und als ihr erster Reformator dargestellt wird. Brucker hat einen weit über Deutschland hinausgehenden Einfluß gehabt. In England hatte William Enfield schon 1756 einen lateinischen Abriß des Werkes gebracht, dem er 1791 eine englische Ausgabe folgen ließ. Diese ist nicht wörtlich an Bruckers Text gebunden, bringt aber gerade über Bruno ein Brucker nahekommendes Urteil, das in Bruno ein kraftvolles und originelles Genie sieht, von reicher Phantasie und einem hervorragenden Darstellungsvermögen. Seine Schriften seien jedoch ohne System und Methode und dadurch oft dunkel, unklar und widersprücklich. Bruno hätte oft brilliante Konzeptionen gehabt, sei aber extravagant gewesen und litt unter einem unausgeglichenen Temperament. Bruckers Gesamturteil ist insofern günstig und bahnbrechend, als er Bruno einen festen und angemessenen Platz in der Geschichte der Philosopie anweist. Die Ansichten Bruckers wirkten tief bis ins 19. Jahrhundert hinein, so daß selbst Hegel in seinen 'Vorlesungen über die Geschichte der Philosophie' (1829–1830) sich in seinem Kapitel über Bruno darauf bezieht.

Ein anderer philosophischer Historiker des 18. Jahrhunderts, W. G. Tennemann[1] zieht in seinem weitverbreiteten philosophischen Geschichtswerk Bruno in Vergleich mit Tommaso Campanella:

„Obgleich aber Bruno ganz trunken und begeistert erscheint von der Erhabenheit und Fülle des Eins in Allem, so zeigt sich doch bei ihm besonnenes Streben, den Pantheismus von der Hypothese der Emanation zu reinigen und die Weltschöpfung als dynamische Entwicklung darzustellen."

Obwohl hie und da wieder Stimmen auftauchen, die Brunos Philosophie weniger vorteilhaft beurteilen, war jedoch die Bahn freigemacht, die das tödliche Schweigen der philosophischen Wissenschaft beendete und die Wege für ein breiteres Verständnis der Brunoschen Weltanschauung ebnete.

## Friedrich Heinrich Jacobi

Derjenige Philosoph, der jedoch das Eis ein für allemal in Deutschland für Bruno gebrochen hat, war Friedrich Heinrich Jacobi in seinem Buche „Über die Lehre des Spinoza in Briefen an Herrn Mendelssohn" Breslau 1789. In einem Anhang veröffentlichte er bruchstückhafte Übersetzungen aus Brunos „De la causa", wohl die ersten, welche in deutscher Sprache erschienen sind. Im Vorwort erklärte Jacobi, daß er in der Zusammenstellung des Bruno und Spinoza gleichsam die Summe des „Hen kai pan" (die griechische Bezeichnung für die All-Einheit) darlegen will. Die

---

1 Tennemann, W. G. Geschichte der Philosophie, 11 Bände, 1798–1819.

Worte, mit denen er fortfährt, sind von solcher Klarheit und Wichtigkeit für die Zukunft gewesen, daß sie in keiner Bruno-Biographie fehlen sollten:

„Bruno hatte die Schriften der Alten in Saft und Kraft verwandelt, war ganz durchdrungen von ihrem Geiste ohne darum aufzuhören, sich selbst zu sein. Schwerlich kann man einen reineren und schöneren Umriß des Pantheismus im weitesten Verstande geben, als ihn Bruno zog. Daß man aber diese Lehre nach allen den verschiedenen Gestalten, die sie anzunehmen so geschickt ist, kennen lerne, um sie überall wiederzuerkennen; ferner ihr Verhältnis zu anderen Systemen so deutlich und vollständig wie möglich einsehe und genau den Zeitpunkt wisse worauf es ankommt, dieses halte ich in mehr als einer Absicht für ungemein nützlich, ja in unseren Zeiten beinahe notwendig"

Die Kombination Brunos mit Spinoza im Sinne einer Fortentwicklung der pantheistischen Idee und der Rückblick auf die Weltanschauung, die von den alten Griechen ausgeht und Brunos geistigen Werdegang so überaus entscheidend befruchtet hat, ist die große Perspektive, die den Ausführungen Jacobis ihren weittragenden Einfluß auf die philosophische Geschichtsschreibung seiner Zeit verleiht. Von nun an ist der Gedankenwelt Giordano Brunos ein fester Platz unter den führenden Philosophen der Neuzeit gesichert.

## Brunos Seelenlehre und Lessings „Erziehung des Menschengeschlechts"

Nun bemächtigen sich Brunos „Philosophie in Poesie", wie sich Tennemann ausdrückte, auch die Dichter der deutschen Sprache, an ihrer Spitze Gotthold Ephraim Lessing. Karl Lessing berichtet über die Pläne seines Bruders, daß er aus den Schriften des „Jordanus Brunus ........ die merkwürdigsten Stellen ausziehen und seine Betrachtungen darüber machen wollte." Wir wissen, daß Lessing Brunos Schriften in Wittenberg in den Jahren 1750 bis 1752 studiert hat. Auf was es ihm dabei insbesondere ankam, waren die Brunoschen Auffassungen über die Seelenwanderung. Er hat in der Tat von Brunos Schriften die stärksten Anregungen erfahren. Wenn er auch Bruno nie in seinen Schriften erwähnt, so ist doch der Einfluß Brunos unverkennbar, wenn man Lessings Schrift „Die Erziehung des Menschengeschlechts" aufmerksam durchliest. In § 90 stellt er die Frage:

„Kömmt er wieder?" – „Glaubt er wiederzukommen."?

Zwei Paragraphen später gibt er die Antwort darauf:

„Eben die Bahn, auf welcher das Geschlecht zu seiner Vollkommenheit gelangt, muß jeder einzelne Mensch erst durchlaufen haben."

Daran schließt er die aufklärende Frage:

„In einem und demselben Leben durchlaufen haben?"

Die Antwort erteilt er wieder in der Frageform:

„Aber warum könnte jeder einzelne Mensch auch nicht mehr als einmal auf der Welt gewesen sein?"

Damit geht er schon über das Problem der Unsterblichkeit der Seele, mit dem er begonnen hatte, hinaus und tritt an das uralte Phänomen der Re-Inkarnation heran. Die nächsten Paragraphen, welche diese außerordentliche Schrift des deutschen Dichters beschließen, vervollständigen und vertiefen Lessings Vorstellung von einer Re-Inkarnation der menschlichen Seele. Er lehnt es ab, daß diese Hypothese lächerlich sei, weil sie die älteste ist:

„Warum" – so fragt er wiederum –" sollte ich nicht so oft wiederkommen, als ich Kenntnisse, neue Fähigkeiten zu erlangen geschickt bin?"

Es beschäftigt ihn ernsthaft, warum man vergessen muß, daß man schon einmal dagewesen.

„Und wenn das so ist, habe ich denn das auf ewig vergessen?"
„Weil etwa zu viel Zeit verloren gehen würde?"
„Was habe ich dann zu versäumen?" ruft der Dichter aus.
„Ist nicht die ganze Ewigkeit mein?"

Wir haben die Ausführungen Brunos über die Seelenwanderung absichtlich zurückgehalten, um sie hier Lessings rückhaltlosem Bekenntnis gegenüberzustellen und um klar zu machen, wie tief der Eindruck gewesen sein muß, den Brunos Seelenlehre auf Lessing ausgeübt hat. Es scheint sich aus dem folgenden mit Deutlichkeit herauszuschälen, daß Bruno, der immer mehr von den erlesensten Geistern der Nation beachtet wurde, das Seelenwanderungs-Motiv wieder in den Focus der Betrachtungen zurückbrachte. Herder spricht davon und wird nicht müde, in Straßburg von der Palingenese zu philosophieren. Moses Mendelssohn greift die Unsterblichkeit in seinem „Phädon" auf und leitet damit eine Wiedergeburt der alten platonischen Ideen ein. Goethe schreibt an die Frau von Stein über die Gespäche, die er mit Herder über dieses „geistige Phantom" (ein Ausdruck Herders) geführt hat. Und doch stand hinter all diesen Meditationen der letzte Erneuerer dieses religiösen Urgedankens der Menschheit: Giordano Bruno. Leibniz hatte die Seelenwanderung abgelehnt, aber Bruno gedenkt des berühmten Zitats aus Ovids Metamorphosen:

„Nimmer vergeht die Seele, vielmehr die
Frühere Wohnung tauscht sie mit
Neuem Sitz und lebt und wirket in diesem."[2]

---

2 Ovid Publ. N.: Metamorphosen XV, 158/159. Deutsch. München 1952.

und Bruno stellt es noch einmal dar im III. Kapitel von „De triplici minimo". Es ist, wie oft bei Bruno, reichlich poetisch verbrämt, aber es ist da. Ob Bruno auf die allerältesten Quellen zurückgegangen ist, liegt schon nahe wegen seiner Anlehnungen an die hermetischen Überlieferungen; aber andere wollen Bruno in direkte Beziehung mit Plato und den Plotinischen Erneuerungen bringen. Der Urquell des Mythos, der in den Sagen und Legenden aller Völker wiederkehrt, reicht zurück bis in chthonische Urtage religiösen Ahnens. Uralte Ahnen- und Mondkulte, matriarchalische Anknüpfungen verbinden sich im Orient mit dem Phönix-Mythos. Aus wievielen Kulturelementen sprießt diese älteste Geistesblüte der Menschheit? Ägyptische, babylonische, persische und altgriechische Götterhimmel leben darin wieder auf, und dann steigt dieses Sinnbild von der ewigen Wiedergeburt des Menschen von neuem herauf in den Beschwörungen von Eleusis und wohl auch noch anderen.

In Brunos ethischem Hauptwerk „De gli eroici furori" erfährt der Prozeß der Seelenwanderung eine eingehende Behandlung: In Verbindung mit einer Zwiesprache, die sich mit der stufenweisen Organisation der höheren Intelligenzen befaßt, schreibt Bruno:

„alle bedeutenden Denker – mögen sie aus der Vernunft oder aus eigenem Licht oder aus dem Glauben und dem Licht von oben ihre Sätze nehmen, schreiben diesen Intelligenzen einen Kreislauf des Auf- und Niedergangs zu ........"

Was er damit meint, findet eine Erklärung, in der er sich auf eine Behauptung der Neuplatoniker bezieht. Darnach bringt es der Wechsel der Erscheinungen mit sich,

„daß diejenigen, die sich über dem Schicksal befinden, (also die Abgeschiedenen) sich zeitweilig dem Schicksal der Zeit und Veränderung unterwerfen und dann wieder zu jener Stelle emporsteigen"

In einem späteren Kapitel bezieht sich Bruno auf die Wiederkunft und kommt dabei auf seine Legende von den 9 Blinden zurück:

„Bei den christlichen Theologen ist die Ansicht verbreitet, daß aus jeder der 9 Ordnungen viele Legionen Geister in den niederen und dunklen Regionen hausen, und daß andererseits viele von den Seelen, die hier in menschlichen Leibern walten, zu jener Herrlichkeit berufen sind."

Die Beispiele, die Giordano Bruno für die Wiedereinkörperung der Seelen bringt, sind so zahlreich, daß es nicht möglich ist, sie in einer allgemeinen Betrachtung anzuführen. Es finden sich solche Stellen außer in „De gli eroici" auch in „Cabala del cavallo Pegaseo" und in „Spaccio". Selbst vor dem Inquisitionsgericht in Venedig hat sich Bruno zur Seelenwanderung bekannt.

Welche Stellen aus Brunos Schriften Lessing im einzelnen gekannt hat, läßt sich nicht nachweisen. Aber mag Lessing sich auch nicht in den Einzelheiten an Bruno angelehnt haben, Spuren von Brunos Einfluß können nicht übersehen werden. Das bestätigt auch im großen und ganzen der Literarhistoriker Erich Schmidt, der Brunos Einfluß auf Lessing in seiner Biographie auch auf eine Reihe anderer Prinzipien ausdehnt und sogar darauf abhebt, daß Lessing, als er Bibliothekar in Wolfenbüttel war, schon unter dem Genius loci gestanden haben möge (gemeint ist die Nachbarschaft von Helmstedt, wo Bruno lange Zeit lebte).[3]

## Joh. Gottfried Herder und Joh. Georg Hamann

Auch bei Herder findet man verschiedene Andeutungen, daß er Brunosche Schriften gelesen hat, u. a. „De l'infinito" und „De immenso". Dagegen hat sich kein Nachweis erbringen lassen, daß er mit dem Philosophen Hamann über Bruno korrespondiert hat. Wohl hat Hamann an Herder über Bruno geschrieben und sich beklagt, daß es ihm unmöglich war, Brunos „De uno"[4] aufzutreiben, worin er Brunos Prinzip der coincidentia oppositorum studieren wollte. Hamann wußte noch nichts von Nikolaus von Cusa. Ähnlich schrieb Hamann an Friedrich Heinrich Jacobi. Seine Briefe von 1781 und 1785 zeigen, wie tief Hamann in Brunos Gedanken eingedrungen ist, und wie hoch er den Nolaner schätzt.

Damit kommen wir dem 19. Jahrhundert näher und der Zeit der Romantik, die in mancher Hinsicht eine Epoche war, in der Brunos Ansehen einen gewissen Höhepunkt erreicht hat. Sehr dazu beigetragen hat auch das damals viel gelesene Werk von Rixner und Siber.[5] Der 5. Band enthält Übersetzungen aus Brunos Werken, die Friedrich Heinrich Jacobi zugeschrieben werden. Obwohl fragmentarisch und heute sprachlich überholt, liegt schon darin ein beachtenswertes Verdienst. Trotzdem sind die Verfasser in ihrem Urteil vorsichtig abwägend. Während sie die Bedeutung der beiden italienischen Dialoge „De la causa" und „De l'infinito" würdigen, rücken sie von unreiferen und unwichtigeren Schriften ab, die „in tiefes Dunkel gehüllt und müßige und leere Scholastik" sein dürften.

Von großer Tragweite sind dagegen die Werturteile der großen Philosophen des Idealismus im 19. Jahrhundert Hegel und Schelling, und das von Hegels großem Antipoden Schopenhauer.

---

3 Schmidt, Erich: Lessing. Berlin 1923. Bd. I, S. 218, Bd. II. S. 62, 426, 475; Kofink, H. Lessings Anschauungen über Unsterblichkeit und Seelenwanderung. Straßburg 1912.
4 Gemeint ist „De la causa, principio e uno".
5 Rixner und Siber: Leben und Lehrmeinungen berühmter Physiker am Ende des XVI. und Anfang des XVII. Jahrhunderts. Sulzbach 1819–1826. 7 Bände.

## Georg Wilhelm Friedrich Hegel

Wenden wir uns zuerst G. W. F. Hegel zu, der Giordano Bruno in seiner Geschichte der Philosophie über 20 Seiten gewidmet hat, woraus allein schon hervorgeht, welche Bedeutung er Brunos Philosophie zubilligt.[6] Allerdings fällt sofort auf, daß er Bruno nicht in die neuzeitliche Philosophie, sondern in die mittelalterliche Epoche einreiht. Hegel betrachtet Bruno als ein unruhiges, gärendes Gemüt, dem er zuschreibt, daß er viel zur Erschütterung des katholischen Autoritätsglaubens beigetragen habe. Er gibt auch zu, daß seine Philosophie von einem eigentümlichen, überlebendigen und originellen Geiste erfüllt ist, aber auf der anderen Seite hält er seine Lehre für einen Widerhall der alexandrinischen Schule. Im übrigen findet er, daß sich Brunos Weltanschauung auf zwei Grundgedanken reduzieren läßt: die Idee als substantielle Einheit und die lullische Kunst.

Er übergeht dabei völlig, daß Brunos Weltbild auf der Grundlage des Copernicanischen Systems aufbaut und dieses zu einer ganz neuen Vision des Kosmos steigert. Das tragende Motiv der Unendlichkeit wird nur gestreift und selbst die Monadenlehre nur dilatorisch behandelt. Völlig vernachlässigt ist Brunos Pantheismus, vor allem aber seine ethische Wertung, ohne deren Formulierung Brunos Gesamtwerk, ebenso wie der dichterische Einschlag in seinem Denken, unverständlich bleiben muß. Der lullischen Kunst stellt er dagegen einen übermäßig großen Raum zur Verfügung. Richtig gesehen ist dagegen, daß er die Einheit von Materie und Form als die Wurzel von Brunos gesamtem philosophischem Gedankenbau bezeichnet. Trotzdem kann man Hegel nicht vorwerfen, daß er nicht versucht habe, Bruno Gerechtigkeit widerfahren zu lassen, obwohl seine Darstellung durchblicken läßt, daß er viele von Brunos Werken nicht selbst studiert, sondern sich auf das Urteil von Historiographen der Philosophie verlassen hat. Er sucht das hie und da durch die Formulierung einiger zusammenfassender und anerkennender Sätze zu überbrücken und zeigt darin seine eigene hohe Begabung, der geistigen Persönlichkeit Brunos durch Aufsetzen einiger blendender Lichter mehr Glanz zu verleihen, als er ihm in der Analyse der philosophischen Theorien zuzubilligen geneigt erscheint. So sagt er:

„Aber der Hauptcharakter seiner Schriften ist eigentlich eine schöne Begeisterung eines Selbstbewußtseins, das den Geist sich innewohnen fühlt und die Einheit seines Wesens und alles Wesens weiß. Es ist etwas Bacchantisches in dem Ergreifen dieses Bewußtseins; es fließt über, diesen Reichtum auszusprechen."

Für Hegel aber ist es nur das Wissen, in welchem sich der Geist als Ganzes ausgebären kann, und da findet er bei Bruno oft nichts als verworrene Allegorien und

---

6 Hegel, G. W. F.: Sämtliche Werke. hrsg. von Hermann Glockner, Stuttgart 1959. Band 19, II. Teil, S. 224 ff.

mystische Schwärmerei, ohne zu ahnen, daß gerade in dieser Vereinigung von rationalem Denken und dichterischem Sinnbild die einzigartige Einheit des Lebens ihre Erfüllung findet, und gerade darin die Größe Brunos lag, daß es ihm nur hierdurch gelang, die Ganzheit, die reiche Daseinsfülle des Lebens zu erfassen. Das Ganze der Hegelschen Vorlesung ist leider unvollständig und lückenhaft und offenbar allzusehr abhängig von Buhles Geschichte der neueren Philosophie,[7] aus der er häufig zitiert. Nur die Schlußsätze söhnen uns aus mit der unbefriedigenden Synopsis, die der große Philosoph des 19. Jahrhunderts seinem Vorgänger aus der Renaissance gewidmet hat:

„Es ist ein großer Anfang, die Einheit zu denken. Und das andere ist dieser Versuch, das Universum in seiner Entwicklung im System seiner Bestimmungen aufzufassen, und zu zeigen, wie das Äußerliche ein Zeichen ist von Ideen..."

## Arthur Schopenhauer

In Arthur Schopenhauers Schriften, Hegels leidenschaftlichem und leider nicht immer objektivem Gegner, konnten nicht weniger als 30 Stellen festgestellt werden, in denen Giordano Bruno namentlich erwähnt wird; vielfach werden auch Zitate aus seinen Werken gebracht. Oft handelt es sich um seitenlange Auseinandersetzungen mit gewissen Problemen, die auch Schopenhauers regen Geist beschäftigten.[8]

Die große Anzahl der Hinweise zeigt auch hier, wie intensiv Schopenhauer Brunos Werke studiert hat; trotzdem kann man nicht davon sprechen, daß Brunos Weltsicht Schopenhauers Schaffen in einem entscheidenden Sinne beeinflußt hätte. Das ergibt sich schon aus Schopenhauers eingehender Auseinandersetzung mit dem Pantheismus, den er selbst im Wesentlichen als Optimismus bezeichnet. „Bei mir hingegen", sagt der größte aller Pessimisten, „findet die Welt als Vorstellung sich bloß per accidens (Zufall) ein." Im Gegensatz zu Bruno, für den die Welt ein ekstatisches Einheitserlebnis war, erfüllt sie für Schopenhauer nicht die ganze Möglichkeit des Seins. Es bleibt nach seinen eigenen Worten noch viel Raum für eine Verneinung des Willens zum Leben.

Schopenhauers Bemerkungen zerfallen in zwei Gruppen: eine, die Bruno als einen Märtyrer der Gedankenfreiheit würdigt; eine andere, die sich mit philosophischen Problemen befaßt. Da man sich bei Schopenhauer immer eines bissigen Angriffs gegen Hegel versehen darf, läßt der erstere es sich nicht nehmen, Giordano Bruno vor seinen Lästerkarren zu spannen und meint, daß die Hegelsche Phi-

---

7 Joh. Gottfr. Buhle: Geschichte der neueren Philosophie, Göttingen, 1800–1805.
8 Zitate aus Schopenhauers Schriften nach der neuesten Cotta-Insel-Ausgabe, Stuttgart 1960 – Hrsg. W. Freiherr v. Lohneysen.

losophie die „bestia trionfante" in der deutschen Gelehrtenrepublik sei.⁹ Schopenhauer liebt es des öfteren Bruno in einem Atemzuge mit Sokrates als einen Helden der Wahrheit zu feiern, von denen der eine dem Schierlingsbecher, der andere dem Scheiterhaufen unter den Händen der Priester zum Opfer fiel. Solche gehässigen Seitenhiebe gegen die Vertreter des Kirchenglaubens sind nicht selten. Einmal geht er soweit, daß er erklärt, Bruno sei

„jenem Gotte geopfert worden, für dessen Ehre ohne allen Vergleich mehr Menschenopfer geblutet haben, als auf den Altären aller heidnischen Götter beider Hemisphären."¹⁰

Bemerkenswerter sind jedoch die philosophischen Berührungspunkte. Daß Schopenhauer Bruno wörtlich als einen Vorläufer von Spinoza anspricht,¹¹ hängt mit seinen Ansichten über den Pantheismus zusammen. Aber an anderer Stelle erklärt er, daß er mit den Pantheisten das Hen-Kai-Pan gemeinsam habe, aber das Pan Deos (Alles ist Gott) lehnt er ab.¹² Auf seine Einzelgründe einzugehen, würde jedoch zu weit vom Thema abschweifen. Ausdrücklich erwähnt er Brunos Eintreten für das Copernicanische System. An Widersprüchen fehlt es auch bei diesem scharfsinnigen Denker nicht. Mehrere Male ist Bruno ein Vorläufer Spinozas, aber in der „Kritik der Kantschen Philosophie" meint er, daß beide für sich allein stehen und weder dem gleichen Jahrhundert noch dem gleichen Weltteil angehören. Eine anregende Stellungnahme finden wir zu dem Problem der Materie. Hier sagt Schopenhauer wörtlich:

„Daher ist die reine Materie ein Gegenstand des Denkens allein, nicht der Anschauung, welches Plotin und Jordanus Brunus zu dem paradoxen Ausspruch gebracht hat, daß die Materie keine Ausdehnung, als welche von der Form unzertrennlich sei, habe und daher unkörperlich sei."¹³

Im zweiten Band von der „Welt als Wille und Vorstellung" findet er einen interessanten Ausgleich mit seiner eigenen Vorstellungswelt und meint, daß

„in diesem Sinne die Materie die Sichtbarkeit des Willen sei. Demnach hatten auch Plotin und Bruno nicht nur in ihrem, sondern auch in unserem Sinne recht."¹⁴

Er scheint sich damit völlig ausgesöhnt zu haben und sagt später:

„Es ist eine große Wahrheit, die Bruno ausspricht"

---

9 siehe Parerga, II, cap. 10 – S. 189/2.
10 Schopenhauer, A. Die Welt als Wille u. Vorstellung, II, Kap. 28.
11 ebenda, Parerga S. 95.
12 ebenda, Welt als Wille u. Vorstellung, IV, Kap. 50.
13 ebenda, I, Kap. 4.
14 ebenda, Über den Willen der Natur. III. S. 379.

was er auf des Nolaners Ausspruch bezieht:

„Identität der Form und Materie ist Charakter des Naturprodukts, Diversität beides des Kunstprodukts."

Sehr ausführlich geht Schopenhauer auf Brunos Raumbegriff ein, im Anschluß an eine gründliche Durcharbeitung von „De l'infinito". Brunos Grundsatz „Wo keine Körper sind, ist auch kein Raum", der also den Raum definiert als etwas, worin Körper sein können, betrachtet er als einen „Hauptstreich" dieses Beweises mit abstrakten Begriffen.[15] Wie Schopenhauer sich in den Geist Brunos versenkt hat, ohne seine eigenen Prinzipien aufzugeben, zeigt sich darin, daß er in Parerga einen der profundesten Sätze Brunos anführt:

„Der göttliche Geist, die absolute Einheit, ohne irgendwelche Unterschiede ist in sich selbst und an sich das, was erkennt und erkannt wird."

Schopenhauers pessimistische Weltanschauung war zu weit von Brunos „heroischem Dasein" entfernt, als daß man sagen dürfte, er sei in den innersten Kern des brunonischen Gedankens eingedrungen. Andererseits läßt sich nicht übersehen, daß Brunos Märtyrergestalt und seine Philosophie in der ersten Hälfte des 19. Jahrhunderts sich einen festen Platz in philosophischen Kreisen zurückerobert hatte.

Heinrich Steffens ist ebenfalls einer der Denker, der verdient, hier erwähnt zu werden. Er konnte leider sein Buch über Giordano Bruno, dessen biographischer Teil bereits niedergeschrieben war, nicht vollenden. Aber selbst das, was sich in seinen nachgelassenen Schriften findet, ist erwähnenswert.

„Jordanus Brunus" – heißt es darin – „zeigt sich als eine höchst eigentümliche, in sich abgeschlossene und durchaus ursprüngliche Natur; seine philosophische Ansicht ist für die Zeit, in welcher er lebte, ein neuer Anfang, aus dem Urquell der Selbstbetrachtung des Geistes entsprungen."[16]


## Das Gespräch Friedrich Wilhelm Schellings „Bruno oder über das göttliche u. natürliche Prinzip der Dinge."

Zu den nachgelassenen Schriften Heinrich Steffens schrieb Friedrich Wilhelm Schelling 1846 ein Vorwort. Sicher war er durch die obenerwähnte Schrift von Friedrich Heinrich Jacobi auf den Nolaner aufmerksam gemacht worden. Schelling

---

15 Schopenhauer, A. Welt als Wille u. Vorstellung, Bd. I, Kap. 7.
16 Steffens, H. Anthropologie 1824. Neuherausgabe 1924.

arbeitete an der Wende des Jahrhunderts an einem System, das eine Vereinigung seiner Natur- und Transzendentalphilosophie werden und durch eine sogenannte Identitätsphilosophie eine vertiefte Begründung erfahren sollte.[17]

Stark beeinflußt von Fichte und Hegel sucht Schelling in spinozistischen Denkelementen den Bruch zu überwinden, der sich ihm bei der Überleitung von den endlichen Dingen zum Unendlichen entgegenstemmte. Er glaubt zuerst durch Spinozas Ineinanderweben von Gott und Natur, in der Erweiterung des Hen-Kai-Pan-Gedankens[18] auf diesen Weg zu kommen, und seine Schrift „Darlegung meines Systems" steht noch ganz unter diesem Eindruck. Aber die Kritiken seiner Freunde machen ihn darauf aufmerksam, welche Kluft sich in seinem Weltgefüge auftut. Denn die Weltsicht Spinozas war doch ganz und gar de more geometrico aufgebaut. Wie konnte dieses auf das Universum ausgerichtete Denksystem, der ganz rein kosmisch angeschaute Bereich einem künstlerisch ergriffenen Menschen wie Schelling etwas Entscheidendes vermitteln? Schelling wollte aus einer gesteigerten Phantasie heraus gestalten, was allem natürlichen und geschichtlichen Werden zugrundeliegt. Er schreibt einmal an Hegel, daß alles bei ihm aus dem Ich herausstrebt, daß demnach in seiner Philosophie die Erweiterung des Selbst zum Anteil an dem unendlichen Universum vorangetrieben wird.

In diesem Augenblick wird Schelling auf Giordano Bruno aufmerksam und findet sofort eine innere Verwandtschaft mit dem italienischen Philosophen. Äußerlich mag er zuerst in Bruno den Philosophen der aesthetischen Weltansicht der Renaissance sympathisch gefunden haben. Der Philosoph der deutschen Romantik fühlte sich von dem hymnischen Schwung des Napolitaners befeuert. Der leidenschaftliche und schönheitstrunkene Minnesänger der Renaissance-Philosophie weckte in ihm verwandtere Töne als der amusische Spinoza, bei dem nie ein menschlich warmer Hauch in die Eiseskälte seiner Weltallkonstruktionen eindrang. Sehr bald aber entdeckt Schelling auch die Brücke, die gedanklich von Giordano Brunos Werk zu seinen eigenen Ideen herüberschwingt, und daß verwandte Denkwege schon lange in seine eigene Naturphilosophie verschlungen waren. Hier erlebt sich die Einheit der Welt aus der Einheit des lebendigen Organismus, und bietet sich auch eine Möglichkeit, die Einheit des Unendlichen und des Endlichen im Sinne einer objektivistischen Identität zu erfassen.

Unter diesen Eindrücken entwirft Schelling von 1801 auf 1802 das Gespräch *„Bruno"*. Es ist nicht etwa eine Schrift über die Philosophie von Giordano Bruno, sondern eine Darstellung von Schellings Identitätsphilosophie, befruchtet von den Ideen Brunos und in starker Anlehnung an Bruchstücke aus den Jacobischen

---

17 Schelling, F. W. J. *Bruno* oder Über das göttliche u. natürliche Prinzip der Dinge, Hrsg. Christian Herrmann, Hamburg 1954 (1. Auflage Berlin 1802).

18 Hen-Kai-Pan, das griechische ἕν καὶ πᾶν, das auf Heraklit und Aristoteles zurückgeht, die antike Formel für das Weltall, das Eine, das alles ist, aus dem sich alles entfaltet und wieder in das Eine auflöst. Seit Lessing wird es auch für den Begriff des Pantheismus eingesetzt.

Übersetzungen von „De la causa". Das Gespräch spielt sich ab zwischen Anselmo, der Leibniz personifiziert, Lucian, der Fichtes Ansichten vertritt, und Bruno, unter dessen Namen Schelling selbst auftritt. Giordano Bruno, hier als Alexander präsentiert, sagt nur einige unwesentliche Worte. Praktisch ist es so, daß Schelling seine eigenen Gedanken mit den Ideen des Nolaners in enger Verbindung miteinander vorträgt. Doch in solchen Sätzen: „Die Einheit der Anschauung und des Denkens ist aber auch die des Endlichen und Unendlichen" hebt er sich schon weit über die Schwelle der Brunoschen Philosophie hinaus.

Bei Schelling steht ein Denken des Unendlichen auf gleicher Stufe wie eine unendliche Idealität, und indem sie dem Anschauen gegenübertreten, heben sie die Gegensätze in sich auf, ohne sich wie Bruno der Cusanischen coincidentia oppositorum bedienen zu müssen. Die Idee, in der jedes Kausalgesetz erlischt, ist zeitlos. Sie ist ein „angeschauter Begriff", in dem Endliches und Unendliches sich auflösen. Schelling hat mit diesen Gedankengängen die Philosophie Giordano Brunos weitergeführt und die Beziehungen des Endlichen zum Unendlichen mit dem Rüstzeug der Wissenschaft *seiner* Zeit untersucht und verfolgt. Die Behandlung des Problems, wie das Endliche aus dem Unendlichen heraustritt, ist eines der tiefschürfendsten Kapitel seines Buches.

So wie Giordano Bruno über zwei Jahrhunderte früher an die Lehre des Copernicus angeknüpft hatte, so stützt sich Schelling auf die astronomischen Gesetzmäßigkeiten, durch die Johannes Kepler die Copernicanische Theorie weitergeführt hatte. Worin der Aufstieg in der Weltsicht von Bruno bis Schelling beruht und worin auch Schellings Nachfolge Brunos eine kontinuierliche Folge bedeutet, ist, daß auch hier die Steigerung in der Denkart liegt. Denn Schelling, für den das Denken eine der drei Stufen der Erkenntnis ist, bekennt sich zum Denken als des Endlichen im Unendlichen.

Am Schluß des Dialogs läßt Schelling Bruno selbst nochmals zu Wort kommen mit seinem viel zitierten dialektischen Wahrspruch aus „De la causa", in welchem er das tiefste Geheimnis der Natur aus den Gegensätzen proklamiert:

„In conclusione, chi vuol sapere massimi secreti di natura, riguardi e contemple circa gli minimi e massimi de gli contrarii ed oppositi. Profonda magia è saper trar il contrario dopo aver trovato il punto de l'unione"[19]

„Zum Schluß: wer die tiefsten Geheimnisse der Natur ergründen will, der betrachte und beobachte die Minima und Maxima am Entgegengesetzten und Widerstreitenden. Es ist eine tiefe Magie, das Entgegengesetzte hervorbringen zu können, nachdem man den Punkt der Vereinigung gefunden hat."

---

19 Giordano Bruno: De la causa, principio e uno. Di cura di Augusto Guzzo. Firenze. G. C. Sansoni 1933, 5. Dialog, S. 163/164.

Mit Schelling schreitet Brunos geistige Wiederauferstehung glanzvoll hinein in das 19. Jahrhundert. Unter Giordano Brunos Namen weiht Schelling seine Philosophie der Identität der heraufkommenden Zeit der Romantik und lehrt sie, die Einheit für jeden Punkt des Universums zu bestimmen und die Natur in Gott, Gott in der Natur zu sehen.

Die Quellen, die Schelling und seinen Zeitgenossen am Ende des 18. und am Anfang des 19. Jahrhunderts zur Verfügung standen, waren noch sehr eingeschränkt. Erst im Jahre 1829 veranstaltete Adolfo Wagner eine zweibändige Ausgabe der italienischen Dialoge, die, wie erwähnt, Goethe noch in seinen letzten Lebensjahren gesehen hat. Diese Ausgabe wurde von den italienischen Brunoforschern sehr scharf kritisiert. Der lateinischen Werke Brunos nahm sich in Deutschland zuerst 1834 ein junger Bibliothekar in Stuttgart, August Friedrich Gfrörer, an. Als er jedoch 1846 eine Professur der Geschichte an der Universität in Freiburg i. Br. erhielt, konnte er das massive Werk nicht vollenden, und so blieb es ein Bruchstück.

Zusammenfassend: Will man das Wiederaufleben Brunoscher Wirkungen in bestimmte Zeitperioden eingliedern, dann kann man ihren Beginn in das erste Viertel des 18. Jahrhunderts verlegen. Fünfzig Jahre später begründete Friedrich Heinrich Jacobi eine neue Bruno-Tradition, die nicht nur durch Goethe weitergeführt wird, sondern vor allem den Namen Bruno in die historischen Werke der deutschen Philosophie einschaltet. Die Historien von Brucker, Tennemann und Buhle beeinflussen wiederum Hegel und Schelling. Möglicherweise auch Schopenhauer, obwohl dieser die Originalwerke am intensivsten studiert haben dürfte. Schelling bildet einen gewissen Höhepunkt und leitet die Periode der ersten Hälfte des 19. Jahrhunderts ein. Mit Rixner und Sibers Werk rückt Bruno 1824 durch eine umfangreiche Monographie, die auch sein Bild bringt (das sog. Stuttgarter Porträt) in den Mittelpunkt, und die Ausschnitte aus seinen lateinischen Werken (in lesbares Deutsch übertragen) tun das Ihrige.

## Moritz Carrière

Noch ehe die Mitte des Jahrhunderts erreicht ist, tritt Moritz Carrière mit einer umfassenden Schrift hervor,[20] die, zweifelsohne beeindruckt von Schellings bahnbrechender Arbeit, im Grunde nichts anderes als ein Werk ist, in dessen Brennpunkt Giordano Bruno und Jacob Boehme stehen. Für Jahrzehnte bleibt Carrières Buch das Beste, was je über Bruno in deutscher Sprache geschrieben wurde. Selbst das schwierige Thema der lullischen Schriften stellt Carrière in einen sinnvollen Kontext mit Brunos Einheitsgedanken. Es gelingt ihm überzeugend, nachzuweisen, daß es sich hier nicht um mechanistische Denkspiele handelt, sondern sich

---

20 Carrière, Moritz: Die philosophische Weltanschauung der Reformationszeit. Stuttgart 1847. S. 365 ff.

auch dieser oft dunkle Teil von Brunos Schrifttum sinngemäß in seine gesamte Weltanschauung einbeziehen läßt.

Etwa um die gleiche Zeit tritt F. J. Clemens in den Kreis der Brunoforscher mit einer ausführlichen Untersuchung über das Verhältnis der Weltanschauung von Giordano Bruno zu dem philosophischen Werk von Nicolaus von Cusa.[21] Obgleich dieses Werk oft einseitig von einem katholisch-klerikalen Standpunkt aus an die schwierigen Fragenkomplexe herantritt, so hat Clemens doch eine Diskussion eröffnet, die seit jener Zeit immer wieder von anderen Forschern aufgegriffen worden ist.

Von Beachtung ist, daß vermutlich durch die deutsche Erweckung des „pensiero bruniano" ein Franzose in dieser Zeit die erste zweibändige Biographie über Giordano Bruno vorlegt.[22] Bartholmès bezieht sich sogar stellenweise namentlich auf Hegels und Schellings Vorarbeiten, was er umsomehr ausbauen kann, als ihm auch die inzwischen erschienenen Textausgaben vorliegen. Mit Fug und Recht kann man feststellen, daß es die Deutschen waren, denen das Verdienst zufällt, das Genie Giordano Brunos wieder zum Leben erweckt zu haben und seine hohen und wegweisenden Gedanken der gesamten gebildeten Welt wieder zugänglich gemacht zu haben. Wenn Ludwig Feuerbach[23] am Ausgang dieser Periode schrieb, daß die ersten eigentlichen Anfänge der neueren Philosophie in den naturphilosophischen Anschauungen der Renaissance-Philosophie liegen, besonders jedoch in Giordano Brunos Anschauung der Natur in ihrer göttlichen Fülle und Unendlichkeit, der er auf die geistreichste und bestimmteste Weise Ausdruck verlieh, so faßte er in seinem Urteil nur zusammen, was eine große Zahl der Denker des 18. bis zur Mitte des 19. Jahrhunderts empfunden haben. Damit hatte sich jedoch auch die erste Phase der Bruno-Wiedergeburt ausgelaufen, und wir treten in eine Periode der Bruno-Tradition ein, die einen völlig anderen Charakter aufweist.

Bevor wir jedoch diese zweite Phase der Bruno-Wiedergeburt in den Kreis unserer Untersuchungen einbeziehen und den weiteren Verlauf der Bruno-Literatur in Deutschland verfolgen, müssen wir uns den übrigen europäischen Ländern zuwenden.

In Frankreich versickerte das Interesse an Brunos Philosophie sehr bald, nachdem Bartholmès mit seinem zweibändigen Werk einen so verheißungsvollen Anfang gemacht hatte. In der zweiten Hälfte des 19. Jahrhunderts kam nichts mehr von irgendwelcher Bedeutung auf diesem Gebiete in Frankreich heraus.

Erst im 20. Jahrhundert lebte die Anteilnahme an der Brunoforschung wieder auf. Besonders hervorzuheben sind die Arbeiten von L'Auvray,[24] Roger Charbon-

---

21 Clemens, F. J.: Giordano Bruno und Nicolaus von Cusa. Bonn 1867.
22 Bartholmès, Christian: La vie et les travaux de Jordano Bruno. 2 Bände. Paris 1846/47.
23 Feuerbach, Ludwig: Geschichte der neueren Philosophie. Sämtliche Werke, 10 Bände, 1903–1911.
24 L'Auvray: Giordano Bruno à Paris d'après le témoignage d'un contemporain 1585/6. – Memoirs de la Société de l'histoire de Paris. – Paris 1900, Band XXVI, S. 288/299.

nel,[25] M. M. Gorce,[26] Alexandre Koyré,[27] P. H. Michel[28] und neuerdings vor allem Hélène Védrine.[29]

## Alexandre Koyré

Unter diesen dürfte der letztere für unsere Betrachtung der weitaus bedeutendere sein. In einem seiner Werke, das eine Entwicklungsgeschichte von der Anschauung einer geschlossenen Welt und dem unendlichen Universum gibt[30], setzt er sich eingehend mit Brunos Beziehungen zur Lehre von Nikolaus von Cusa auseinander. Es ist eine vergleichende Studie über die verschiedenen kosmologischen Auffassungen der beiden Denker. Sie zieht das gesamte Rüstzeug des Wissenschaftsstandes um die Mitte des zwanzigsten Jahrhunderts heran und reicht damit weit über die Arbeit von Clemens hinaus, der 1867 über das gleiche Thema eine Monographie veröffentlicht hatte. Koyré führt im Anschluß an die Studie über den Cusaner und Bruno seine Untersuchungen weiter zu Johann Kepler und konzipiert dessen abweisende Haltung gegenüber Brunos Lehre von der Unendlichkeit. Er geht dabei zurück bis auf die Aristotelische Theorie, die in dessen Werk „De coelo" zusammengefaßt ist.

Koyré hat dadurch unsere Kenntnis von den kosmologischen Theorien Brunos wesentlich vertieft und den Anschluß an die Ergebnisse der heutigen Wissenschaft vorbereitet. Dabei übersieht er keinesfalls, daß Brunos Werk mit magischen Elementen verwoben und eine komplexe Mischung von Cusanischen Themen und Lucrezianischen Motiven ist. „Und dennoch" – so fährt er fort – „ist seine Konzeption so fruchtbar und so prophetisch, so rational und so poetisch, daß wir uns der Bewunderung nicht entziehen können. Sein Denken – hat die moderne Wissenschaft und Philosophie so tief beeinflußt, daß wir nicht umhinkönnen, Bruno einen außerordentlich bedeutenden Platz in der Geschichte des menschlichen Wissens einzuräumen."[31]

---

25 Charbonnnel, Roger: L'Ethique de Giordano Bruno et la deuxième dialogue du Spaccio. Paris 1919.
26 Gorce, M. M.: L'essor de la pensée au moyen âge. Paris 1933.
27 Koyré, Alexandre: Mystics, Spirituals, Alchemists de XVI. sièle, Paris 1925; derselbe: Etudes d'histoire de la pensé e philosophique, Paris 1961.
28 Michel, P. H. La Cosmologie de Giordano Bruno. Paris 1962.
29 Védrine, Hélène: La conception de la Nature chez Giordano Bruno. Paris 1967.
30 Koyré, Alexandre: From the closed world to the infinite universe. 1957.
31 Siehe auch Seite 40/41 meiner Ausführungen über „Die drei Themen des Nikolaus von Cusanus."

## Hélène Védrine

Das bei weitem bemerkenswerteste wissenschaftliche Werk über die Naturphilosophie Giordano Brunos in den letzten zehn Jahren verdanken wir jedoch der französischen Philosophin Hélène Védrine.[32] Dieses Werk, in einem gewählten und ausdrucksvollen Französisch geschrieben, gibt uns im Vorwort eine unzweideutige Richtlinie, was beabsichtigt ist. Darnach ist Bruno in erster Linie Philosoph, kein Gelehrter, kein Naturforscher. Ihm geht es nach Védrine[33] um die Erforschung der Prinzipien und ihrer metaphysischen Bedeutung. Dabei fußt er auf der einen Seite auf den wissenschaftlichen Ergebnissen des Nikolaus Copernicus, ohne jedoch sein Interesse an dem magischen Konzept der Welt aufzugeben. So kommt es dazu, daß immer da, wo sich die anderen zu „Gott" flüchten, Bruno sich an die unendliche Natur wendet. Damit baut er sich eine eigene Welt auf und arbeitet eine neue Ontologie heraus. Védrine betont, daß sie nicht die Absicht hat, wie die anderen französischen Philosophen die Irrtümer und Schwächen Brunos aufzustöbern, aber auch nicht versuchen wird, ihn zu rehabilitieren. Ihr kommt es lediglich darauf an, das Feld der Möglichkeiten, die sich der Interpretation in so reichem Maße bieten, einzuschränken. Dabei eröffnet sie einen weiten Horizont und vergißt nicht, den allgemeinen Einfluß der Kultur der Renaissance auf ein so problematisches Individuum wie Bruno zu berücksichtigen.

Schließlich konzediert sie Bruno, daß er trotz allem einer der großen Revolutionäre des Geistes gewesen ist, der von seiner Zeit nicht verstanden werden konnte, weil er außerhalb ihrer Traditionen stand. Was die Verfasserin, die mit einer hervorragenden Akribie Referenzen aus den verschiedenen Sprachen heranzieht, sorgfältig vermeidet, ist, Brunos Lehre über die Unendlichkeit mit den Erkenntnissen unserer heutigen Zeit zu verknüpfen, eine Aufgabe, die immer noch ihrer Lösung harrt.

Wer die Naturphilosophie Brunos studieren will, darf an dem Buch der französischen Gelehrten nicht vorbeigehen. Es verdiente, in andere Kultursprachen übersetzt zu werden.

## Die Bruno-Literatur in England

Anders verläuft jedoch die Entwicklung in England und in den englisch sprechenden Ländern. Dort beginnt die Beschäftigung mit Bruno[34] verhältnismäßig spät. Erst 1887 kommt neben der oben erwähnten Übersetzung von „De gli eroici

---

32 Védrine, Hélène: La conception de la Nature chez Giordano Bruno. Paris 1967.
33 dto.: Trois procès; Savonarola – *Bruno* – Galilée (In Ankündigung).
34 Abgesehen von John Toland, dessen frühe Arbeiten völlig vereinzelt dastehen und über 150 Jahre lang kein Echo fanden.

furori" von Williams die erste geschlossene Biographie von J. Frith (Mrs. Oppenheimer) in London heraus.[35] Einige Jahre später folgte eine etwa hundertseitige Monographie von John Owen,[36] die eine gründliche Analyse von Brunos Leben und Lehre entwirft und durch einen wissenschaftlichen Kommentar und einen literarischen Nachweis ergänzt wird. Dieser lesenswerten Studie folgen zwei gutgegliederte Biographien. 1903 die eine von J. Lewis McIntyre;[37] ein ausgezeichnetes, gut durchgearbeitetes Werk, das besonders bemerkenswert durch seine ausführliche Untersuchung von Brunos Philosophie ist. Die Bibliographie ist zwar noch mangelhaft, aber McIntyres Ausführungen über Brunos Erwähnung in den Schriften Baco von Verulams sind wertvoll, besonders seine vergleichende Studie über Bacos und Brunos philosophische Arbeitsmethoden. Ebenso beachtenswert ist der Abschnitt über Bruno und Spinoza und nicht zuletzt die historische Übersicht, soweit dem Verfasser schon damals Material zur Verfügung stand. McIntyres Werk scheint das Interesse für Bruno in England von neuem wachgerufen zu haben, was verständlich ist, wenn man sich erinnert, daß Bruno im Elisabethanischen England eine fruchtbare Schaffensperiode verbrachte.

Noch vor Ausbruch des ersten Weltkrieges schenkt uns England ein weiteres biographisches Werk über Giordano Bruno, dessen Verfasser, William Boulting, ein Historiker war, der an die Aufgabe von völlig neuen Gesichtspunkten aus herantritt.[38] Er basiert nicht nur auf der bis dahin bekannten italienischen und deutschen Brunoforschung, sondern rechtfertigt seine voluminöse Arbeit auch dadurch, daß er Tatsachen, die bisher in England unbekannt waren, einschaltet und Ungenauigkeiten früherer Arbeiten korrigiert. Keinesfalls übergeht er dabei die Bedeutung seines englischen Vorgängers, aber seine Schilderung ist mehr geschichtlich betont als die Mc Intyres und stützt sich in vielem auf die neuesten italienischen Forschungsergebnisse, aber auch auf speziell englische Daten. So z. B. die Auskunft des englischen Gesandten in Paris, Sir Cobham, an Sir Henry Walsingham, den Sekretär Elizabeths I. Auch berichtet er über Brunos Zusammenstöße mit dem englischen Gesetz und den Beistand von Mauvissière, durch den Bruno aus einer prekären Situation befreit wurde. An einigen Stellen versucht sich Boulting sogar mit Übersetzungen Brunoscher Gedichte. Leider aber fehlt jegliche Bibliographie.[39]

---

35 Frith, J. Life of Giordano Bruno. London 1887. Die Verfasserin entdeckte in der Bibliothek des Britischen Museums das Manuskript der Schrift: Centum et viginti Articuli de natura et mundo.
36 John Owen: The sceptics of the Italian renaissance. London 1893.
37 James L. McIntyre: Giordano Bruno. London u. New York 1903.
38 William Boulting: Giordano Bruno. London 1914.
39 Störend ist auch, daß die Originaltitel nur in den Fußnoten verzeichnet werden, wodurch ein Werk wie Lampas triginta statuarum nur sehr dilatorisch behandelt wird. Manche Titel sind etwas gewagt übersetzt, wie z.B. ‚De gli eroici furori' mit „The transports of intrepid souls", der dem Original kaum gerecht werden dürfte.

Abgesehen von den wissenschaftlichen Untersuchungen von Frances Yates über Bruno darf hier ihre große Biographie von John Florio, dem englischen Übersetzer von Montaignes Essays, nicht übergangen werden.[40] Die Verfasserin widmet darin Bruno ein umfangreiches Kapitel, dem ein wertvoller Abschnitt über die Französische Gesandtschaft in London und die Familie des Barons von Mauvissière vorausgeht. Die Beziehungen von Bruno und Florio, die beinahe 2 Jahre zusammen in der Französischen Gesandtschaft verbrachten, sind für die Lebensgeschichte von Bruno von großer Wichtigkeit. Das Buch von Frances Yates ist ein Werk, an dem kein Brunoforscher vorübergehen kann.

Während viele Einzelabhandlungen über den Gegenstand hier übergangen werden müssen, soll umso entschiedener auf die dritte englische Biographie hingewiesen werden, welche die Brunoforscherin Dorothea Waley Singer geschrieben hat.[41]

Sie faßt zusammen, was nicht nur englische Forscher und die italienische Quellenforschung bis zur Mitte des 20. Jahrhunderts zu bieten hatten, sondern bezieht auch die wichtigen Arbeiten in Amerika, insbesondere die von Prof. O. Kristeller ein.

Zum Teil völlig neues Gebiet sind die Untersuchungen von D. Waley Singer über Brunos Kreis in London und die speziellen Studien über die englischen Astronomen, die sich mit der Copernicanischen Theorie befaßten, einige noch vor Brunos Auftreten. Der Einfluß von Frances A. Yates, mit der die Verfasserin persönlich zusammenarbeitete, ist deutlich erkennbar. Unersetzlich ist die chronologische Übersicht der Brunoschen Schriften, die mit großer wissenschaftlicher Akribie ausgearbeitet ist.[42] Nur die Klassifizierung von Lampas triginta statuarum als ein mnemotechnisches Werk der Lullischen Gruppe scheint mir den philosophischen Inhalt der Brunoschen Schrift außer acht zu lassen. Dagegen bringt der Anhang eine englische Übersetzung von „De l'infinito, universo e mondi", mit der sich die Verfasserin einer verdienstvollen Aufgabe unterzogen hat,[43] die für die englischsprechenden Brunofreunde von großem Wert ist. Im Gegensatz zu Deutschland gibt es in England[44] keine geschlossenen Übersetzungsausgaben der italienischen Dialoge. „De gli eroici furori" ist jedoch zweimal übersetzt worden. 1887, wie schon erwähnt, von Williams und neuerdings von dem Amerikaner Memmo.[45] „De la

---

40 Frances A. Yates: John Florio. The Life of an Italian in Shakespeare's England. Cambridge University Press, London 1934.
41 Dorothea Waley Singer: Giordano Bruno. His life and thought. New York 1950. Obgleich das Buch in einem amerikanischen Verlag erschienen ist, muß es zur englischen Literatur gezählt werden.
42 Leider haben sich dabei einige Druckfehler eingeschlichen, ebenso wie orthographische Abweichungen (De gli Heroici anstatt de gli eroici oder das lateinische et in den italienischen Titeln).
43 Neben kleineren Irrtümern in der Übersetzung bleibt die Übersetzung an manchen Stellen zu sehr am Wort hängen, statt sinngemäß zu übertragen.
44 Auch nicht in den USA.
45 Paul E. Memmo: The heroic frenzies. University of N. Carolina 1963.

causa, principio e uno" übersetzte der Amerikaner Greenberg im Anschluß an ein Buch über den Unendlichkeitsbegriff bei Bruno, das als eine sehr gründliche und aufschlußreiche Studie genannt zu werden verdient.[46] Von „Lo spaccio de la bestia trionfante" existiert keine neuere englische Übersetzung, ebensowenig von „La cena de le ceneri" und von „Cabala del cavallo Pegaseo". Auch „Il candelaio" wurde, soviel mir bekannt ist, nicht in die englische Sprache übertragen.[47]

Erwähnenswert ist auch die Schrift des Amerikaners Irving L. Horovitz[48] über die Philosophie von Giordano Bruno. Sie betrachtet die Weltanschauung des Nolaners lediglich vom Standpunkt des dialektischen Materialismus aus. Horovitz sieht Bruno als einen Vorläufer von Hegel und Marx. Er geht darin so weit, daß er Bruno als einen Parteigänger einer ökonomischen Klasse darstellt, welche die alten feudalistischen Ideale zu bekämpfen sucht.[49] Das mag ebenso abwegig sein, wie die Auffassung, daß Bruno ein Philosoph des Materialismus und ein Atheist gewesen ist.

Trotzdem hat Horovitz eine selbständige Art, Brunos Philosophie im Lichte der Gegensätzlichkeit von System und Methode, des Bestehens und des Wechsels zu zeichnen. Manche seiner Formulierungen entbehren nicht eines tieferen Eindringens in die verschlungenen Gedankengänge Brunos, wenn wir auch nicht immer die Voraussetzungen teilen können, von denen der Verfasser ausgeht. Zu den über die metaphysischen Probleme hinausgehenden Themen der Ethik, die eine so große Rolle in Brunos Lehre spielen, nimmt Horovitz überhaupt keine Stellung. Er sieht daher nur eine Seite von Brunos Weltanschauung und verfehlt das Wesen des pensiero bruniano, indem er annimmt, daß Bruno ein Denker von enzyklopädischem Wissen war, dessen wesentliche Philosophie darin bestand, daß er Anschauungen und Theorien seiner Vorgänger zusammenfaßte und im Sinne seiner Zeit interpretierte.[50]

---

46 Sidney Greenberg: The infinite in Giordano Bruno. New York 1950.
47 Auch nicht in andere Sprachen wegen der schwierigen napolitanischen Kolloquialismen s. a. die neueste italienische Taschenbuch-Ausgabe von G. B. Squarotti. Torino 1969 (Einaudi). Der ausgezeichnete Kommentar löst viele der Dialekt-Aussprüche auf.
48 Irving Louis Horovitz: The renaissancephilosophie of Giordano Bruno. New York 1952.
49 Dazu sei bemerkt, daß Bruno keinerlei soziales Gefühl hatte. Eine solche Einstellung lag den Männern der Renaissance völlig fern. Bruno zu einem Schrittmacher der bürgerlichen Gesellschaft zu stempeln, wie sich Horovitz bemüht, ist eine weithergeholte Konstruktion. Eine solche Annahme deckt sich weder mit dem Verhalten, noch mit den Äußerungen eines so excentrischen Individuums wie Bruno. Er war, schon gezwungen durch die gesellschaftliche Struktur seiner Zeit, ein Fürstendiener. Das Volk war ihm stets nur der Pöbel, der ihn so wenig verstehen konnte wie er die einfachen Menschen im Volke.
50 der englische Text lautet „... a thinker who synthesizes and transforms all past contributions to thought in terms of the situation of his own times."

## Die italienische Bruno-Forschung im 19. u. 20. Jahrhundert

In Italien, seinem Mutterlande, war Giordano Bruno für zweieinhalb Jahrhunderte völlig vergessen. Eine Änderung trat erst ein durch die großen politischen Umwälzungen, in welchen die römische Kurie ihre politische Machtstellung verlor, und sich Möglichkeiten eröffneten, in die bis dahin hermetisch geschlossenen Archive des Vatikans Einblick zu erhalten.

Die ersten Abschriften der venezianischen Prozeßakten nahm ein gewisser Cesare Foucard während der Revolutionsjahre von 1848 und 1849 vor, der sie dann dem Historiker und Brunoforscher Domenico Berti übergab, der bearbeitete sie und gab in der Folge eine Reihe von führenden Schriften darüber heraus.[51]

Große Funde von Manuskripten der Schriften Brunos fanden in den folgenden Jahren statt. Ein wesentlicher Fund ist einem russischen Sammler Baron de Noroff zu verdanken. Diese Handschriften werden heute im Lenin-Museum in Moskau aufbewahrt.[52] Andere Manuskripte wurden von dem deutschen Professor Remigio Stoelzle von der Universität Erlangen entdeckt und ausführlich beschrieben.[53] Hierdurch war der Weg vorbereitet für eine große Ausgabe der lateinischen Schriften Brunos, die dann auch im Jahre 1879 von dem italienischen Brunoforscher Francesco Fiorentino in Angriff genommen wurde. Sie wurde untersützt von einer Reihe von italienischen Forschern und vom italienischen Staate subventioniert. Nach dem frühen Tode von Fiorentino übernahm Felice Tocco die schwierigen Editionsarbeiten zusammen mit einem Stab italienischer Philologen. Die Arbeiten zogen sich bis zum Jahre 1890 hin.[54] Von jener Zeit an war das Eis für die Wiederbelebung des Andenkens von Giordano Bruno in seinem Heimatlande gebrochen. Die italienischen Gelehrten suchten wiedergutzumachen, was sie einem ihrer größten Männer schuldeten. Die Kirche konnte die Flut der Veröffentlichungen, die im Laufe des zweiten Teils des 19. Jahrhunderts einsetzte, nicht mehr aufhalten. Unter den ersten, die sich um die Interpretation von Brunos Werken und die Deutung seiner Persönlichkeit verdient machten, standen neben den bereits erwähnten Felice Tocco und Francesco Fiorentino Gelehrte wie Bertrando Spaventa, Domenico Berti, Cesare Cantù, David Levi, R. Mariano, Baddaloni, um nur

---

51 Berti, Domenico: La vita di Giordano Bruno da Nola, Florenz 1868. derselbe: Documenti intorno a Giordano Bruno Roma 1880.
52 De Noroff: Notice bibliographique sur un manuscrit autographe des œuvres inédits de Giordano Bruno ... St. Petersburg 1868.
53 Remigio Stoelzle: Beschreibung der Erlanger und Augusburger Manuskripte in „Archiv f. d. Geschichte d. Philosophie" Berlin 1890 Band III. Seite 389–393, 573–578, und Lutowslawsky. W.: in „Archiv f. d. Geschichte d. Philosophie, Berlin 1889, Bd. II/526/571.
54 Jordani Bruni Nolani Opera Latine Conscripta publicis sumptibus edita F. Fiorentino, Napoli 1879–1891 vol. I–VIII (gedruckt mit Subvention der italienischen Regierung), zitiert nach der Faksimile-Ausgabe von Friedrich Fromann, Verlag Günther Holzboog, Stuttgart-Bad Cannstatt 1962, 8 vols.

einige zu nennen. Zu einem großen Teil ist jedoch diese frühe italienische Bruno-Literatur anders geartet als die deutschen Arbeiten, welche darauf ausgingen, Brunos philosophisches Profil zu zeichnen und ihm seinen Platz in der philosophischen Wissenschaft einzuräumen, der ihm so lange verwehrt worden war. Die italienischen Brunoforscher dagegen sind zu einem großen Teil Historiker und Philologen, und auch Tocco, einer der bedeutendsten unter den italienischen Brunoforschern, ist oft in seiner umfangreichen Kleinarbeit vorwiegend textkritisch eingestellt. – Nur Bertrando Spaventa überragt unter den älteren italienischen Forschern alle anderen durch eine in vielem nicht wieder erreichte philosophische Vertiefung. Mögen seine Ergebnisse heute in manchem durch die Entwicklung der Wissenschaft überholt sein, Spaventa hat uns bleibende Einsichten in Brunos geistige Gestalt vermittelt, an welche immer wieder angeknüpft werden wird.

Die richtungsweisende Arbeit, die aus der Frühperiode der Bruno-Literatur in das 20. Jahrhundert hinüberreicht und auch befruchtend auf die Forschung gewirkt hat, ist ohne Zweifel die von Felice Tocco:[55] die mystische des Neuplatonismus, der von den Eleaten beeinflußte Monismus und die Atomlehre, die sich an Demokritos anlehnt. In einer späteren Schrift erweitert Tocco den Kreis der Vorläufer um Lullus, Cusanus und Copernicus. So gründlich und originell Toccos analytische Untersuchungen sind, so fanden sie doch keine allgemeine Zustimmung. Am energischsten hat sich Mondolfo[56] mit den Interpretationen Toccos kritisch auseinandergesetzt. 1920 folgte Giovanni Gentile und versuchte etwas Klarheit, besonders in der Frage der anima del mondo, zu schaffen. Von unersetzlichem Wert für die Fortführung der Forschung wurde jedoch die Bibliographie von Salvestrini[57], die 1926 erschien und noch von Gentile eingeleitet wurde. Luigi Firpo brachte dann im Jahre 1958 eine erweiterte Auflage heraus. Doch schon von 1926 ab nimmt die Zahl der italienischen Gelehrten, die Studien über Brunos Philosophie veröffentlichen, in einem Maße zu, daß nur die Namen derjenigen genannt werden können, deren Arbeiten neue Ideen oder geschichtliche Fakten enthalten. Einer der verdienstvollsten unter ihnen ist Augusto Guzzo. Er hat nicht nur über die italienischen Dialoge neues Licht verbreitet[58], sondern auch eine hervorragend kommentierte Ausgabe von „De la causa, principio e uno" herausgebracht.[59] In seinen Schriften ist es ihm gelungen, neue Gesichtspunkte der Brunoschen Philosophie

---

55 Tocco, F.: Le opere latine di Giordano Bruno, esposte e confrontate con le italiane. Firenze 1889.
56 Ders. Le fonti piu recenti della filosofia del Bruno, Roma 1892. Mondolfo, R.: La filosofia di G. Bruno e la interpretazione de Felice Tocco. Florenz 1912.
57 Salvestrini, Virgilio: Bibliografia delle opere di G. Bruno e degli scritti ad esso attinenti. Pisa 1926.
58 Guzzo, A.: I Dialoghi del Bruno. Torino 1932; ders.: G. Bruno nel quarto centenario della sua nascita. 1948.
59 ders.: Giordano Bruno De la Causa, principio e uno – Introduzione e commento, Firenze 1933.

herauszuarbeiten. Auch A. Corsanos Buch über den pensiero Bruniano[60] ist in diesem Zusammenhang zu nennen, denn sein Werk unterscheidet sich von vielen dadurch, daß es von den meisten durch eine selbständige Methode und durch zahlreiche Hinweise und Zitate abweicht. Bemerkenswert ist auch ein Werk von Gerardo Fraccari,[61] das 1951 herauskam und an das schwierige Thema von ganz neuen Grundstellungen aus herantritt. Es ist in einer geschliffenen, transparenten Sprache geschrieben und hätte eine Übersetzung ins Deutsche verdient. Unter den neuesten italienischen Brunoforschern ragt Giovanni Aquilecchia durch eine Neu-Ausgabe von „La cena de le ceneri" und seine wissenschaftlich wertvollen Annotationen über die italienischen Dialoge hervor.[62] Seine Arbeit leitet schon zu der historischen Gruppe der neueren italienischen Brunoforscher über, wie vor allem zu Angelo Mercati und Luigi Firpo,[63] deren Bemühungen um die verschollenen Akten des römischen Prozesses nochmals eine neue Periode der Forschung auf diesem Gebiete angeregt haben. Vincenzo Spampanato ist der Biograph Brunos im 20. Jahrhundert, dem es ebenfalls gelungen ist, aufschlußreiche Dokumente zu finden.[64]

So lückenhaft auch diese Übersicht der italienischen Bruno-Literatur ist, so zeigt sie doch, daß Bruno in Italien eine Rehabilitierung erfahren hat, die sich bis in die akademischen Kreise der italienischen Fachphilosophie erstreckt. Auch Benedetto Croce, wohl einer der namhaftesten Repräsentanten der neueren italienischen Philosophie, weist an mehreren Stellen seiner Essays über Hegel[65] auf Brunos Vorläuferschaft des deutschen Idealismus hin.

Das darf uns jedoch nicht darüber hinwegtäuschen, daß nicht nur in Italien, sondern auch in den anderen Ländern des Occidents, es nicht Brunos Ideen und Gedanken, nicht seine Philosophie waren, die sein Andenken aufrecht erhielten. Es lag im Zuge des Werdegangs des 19. Jahrhunderts, des Jahrhunderts der Naturwissenschaften, daß man Bruno mehr und mehr auf das Piedestal eines Märtyrers der Gedankenfreiheit stellte und ihn zu der Idealgestalt für die atheistischen Freidenker erhob. Die Männer, die 1889 auf der Richtstätte des Campo dei fiori in Rom das Denkmal für Giordano Bruno errichteten, sahen in Bruno vornehmlich nur

---

60 Corsano, A. Il pensiero di G. Bruno nel suo svolgimento storico Firenze 1940.
61 Fraccari, G. G. Bruno, Milano 1951.
62 Aquilecchia, G. La lezione definitiva de „La cena de le ceneri" di Giordano Bruno, Roma 1950. Derselbe: Giordano Bruno „La cena de le ceneri". Italienische Ausgabe mit Kommentaren der 3 ersten Dialoge, Rom und Turin 1955.
63 Mercati, Angelo: Il sommario del processo di Giordano Bruno. Città del Vaticano 1942. Firpo, Luigi: Il processo di Giordano Bruno. Rivista Storia Italiana, Napoli 1948. Bd. 60, S. 542–597, 1949, Bd. 61, S. 1–59.
64 Spampanato, Vincenzo: Vita di Giordano Bruno, Messina 1921, 2 vols. Derselbe: Documenti della vita di G. Bruno, Firenze 1933.
65 Croce, Benedetto: Saggio Sullo Hegel. Bari 1948 (4. Auflage).

dieses Idol.[66] Das kommt auch zum Ausdruck in der Rede, die Prof. Bovio bei der Enthüllungsfeier des Denkmals am 9. Juni 1889 hielt:

„Hier ward er verbrannt und seine Asche beruhigte das Dogma nicht. Hier steht er wieder auf und die Religion der Geistesfreiheit fordert keine Rache. Sie fordert Toleranz aller Lehren, aller Kulte und vor allem den Kultus der Gerechtigkeit. – Statt der Kirchengebete die Arbeit, statt des bloßen Glaubens die Forschung und statt der Unterwürfigkeit die Erörterung; ihre Artikel sind die Entdeckungen der Wissenschaft, ihre Konkordate die internationalen Kongresse und die Weltausstellungen der gemeinsamen Arbeit.

Dieser Glaube hat keine Propheten, sondern Denker. Suchst Du seinen Tempel – es ist das Universum. Suchst Du sein unverletzliches Asyl – es ist das Gewissen des Menschen. Er hat seine Mäyrtyrer gehabt; von jetzt ab fordert er, daß dem Genius die Anerkennung nicht erst nach seinem Tode werde. Rom kann diese Erklärung abgeben. Hier hat man Tausende von Religionsbekenntnissen gefeiert, alle Götter der Erde hatten ihr Pantheon hier, wo das universelle Recht erstand und die katholische Kirche. Und hier ist es möglich, das neue Jahrtausend zu bestimmen, das anstelle der Weltmacht eines Menschen die Weltmacht des Geistes setzt.

Im Hinblick auf den Fortschritt der Ideen und der Bildung hat jedes Denkmal für Fürsten eine lokale Bedeutung; im Angesicht dieses hier gelten Politik, Kunst, Sitten und Sprachen nur als Bruchstücke, verleugnen Systeme und Konfessionen ihre Besonderheit, Nationen ihre Grenzen, und der Mensch fühlt sich nur als Mensch und ganz als Mensch. Kein Laut des Hasses kann von diesem Denkmal ausgehen. Der Papst, der einen Kranz dem Tasso und den Scheiterhaufen dem Bruno stiftete, kannte weder den Zweifel des ersteren, noch den Glauben des letzteren. Im Universum Brunos gibt es keine Exkommunikation, und das ganze Menschengeschlecht hat Zutritt zu dieser Gemeinde."

---

66 *Giordano Bruno*. Numero uno, publicato sotto gli auspice del comitato Universatorio in occasione del solemne inaugurazione del monumento eretto a campo dei fiori Roma (9 giugno 1889) – Library of British Museum London No. 1764 a 14 and B 17, pp. 16 con figurine ed Perino tip.

*Sechstes Kapitel*

# Giordano Bruno im Urteil der neueren deutschen Philosophen

Daß dies in keiner Weise die wahre geistige Gestalt von Giordano Bruno erfaßte, konnten erst die Forschungen der letzten Jahrzehnte beweisen.

Die Jahre nach 1850 bedeuten zuerst einmal eine Steigerung des Ruhmes von Bruno, aber seine Apostel bilden gewissermaßen eine separatistische Gruppe von Brunojüngern, während man feststellen muß, daß die Vertreter der Wissenschaft desto weiter von Bruno abrücken, je mehr sich diese im Fahrwasser der Naturwissenschaften bewegt. Die deutschen philosophischen Schulen, welche die zweite Hälfte des 19. Jahrhunderts bis tief in das 20. Jahrhundert hinein beherrschen, sehen in Giordano Bruno nicht mehr als einen mystischen Schwärmer, für dessen Hylozoismus man so wenig Verständnis hat wie für seine völlig individualistisch ausgerichtete ethische Lebensauffassung. Das gilt ebensowohl für die Kraft- und Stoff-Philosophen des Früh-Materialismus, wie für die Empiristen und die späteren Neupositivisten und selbst für einen bestimmten Kreis der Neukantianer mit gewissen Ausnahmen, auf die wir noch zurückkommen werden. Sicherlich läßt sich nicht jeder selbständige Denker in irgendeinen „Ismus" hineinspannen. Daß wir unter den Neuthomisten keinerlei Sympathien für Bruno erwarten dürfen, bedarf dabei wohl keiner Betonung.

Wenn wir also trotz allen Fortgangs der Brunoforschung von der Mitte des 19. Jahrhunderts ab von einem Tief der Bruno-Wiedergeburt sprechen, so soll damit festgehalten werden, daß sich die Kreise, die auch weiterhin den Namen Giordano Bruno am Leben erhalten und seine Ideen weiter verfolgen, in den meisten Fällen abseits der fachphilosophischen Zirkel stehen. Wo sie ihnen jedoch nahestehen, halten sie sich in ihrer Einstellung zu Bruno in einem betonten Gegensatz zur akademischen Linie. Eine rühmliche Ausnahme davon machte F. A. Lange,[1] der über Bruno schreibt:

„Einer der frühesten und entschiedensten Anhänger des neuen Weltsystems, der Italiener Giordano Bruno, ist durch und durch Philosoph, und wenn auch sein System im Ganzen als pantheistisch zu bezeichnen ist, so hat es doch zum Materialismus so viele Beziehungen, daß wir uns einer Berücksichtigung nicht entschlagen können."

Unter den Männern, die Brunos Philosophie unvoreingenommen gegenübertraten, ist vor allem der Tübinger Philosoph Christoph von Sigwart zu nennen, der eine ganze Reihe wichtiger Manuskriptforschungen geleistet, darüber aber die große

---

[1] Fr. A. Lange: Geschichte des Materialismus. Leipzig o. J. Bd. I, S. 260.

Linie nie übersehen hat, wenn er auch das Verhältnis Bruno und Spinoza in einer Weise beurteilt, die heute nicht mehr aufrecht erhalten werden kann. Sigwart kam zu dieser Auffassung dadurch, daß er einen Traktat Spinozas entdeckte und dabei feststellte, daß Spinoza in seiner Frühzeit stark unter dem Einfluß von Brunos Ideen gestanden haben muß. Spinoza selbst hat Brunos Namen nirgendwo angeführt, sodaß wir auf Annahmen angewiesen sind. Sie können sich bestenfalls auf handschriftliche Marginalien stützen, welche Spinoza in den Büchern Brunos gemacht hat, die man in seiner Bücherei gefunden hat. Es handelte sich dabei in der Hauptsache um „De la causa, principio e uno". Soweit das zutrifft, ändert es jedoch nichts an der Tatsache, daß Spinoza in keiner Weise den Weg Brunos eingeschlagen hat.[2]

Auch die Untersuchungen von Kurd Lasswitz[3] über Brunos Atomistik verdienen hier Erwähnung, sowie diejenigen des Schweizers Brunnhoefer, der jedoch mit seinen Vergleichen von Brunos Texten zu Goethes Dichtungen etwas zu engherzig vorgeht.[4]

Langsam setzen auch in Deutschland Bemühungen ein, Brunos Schriftwerk durch Übersetzungen geschlossener Werke einem größeren Leserkreis nahezubringen. 1872 brachte der Hegelianer Adolph Lasson[5] eine kritische Übersetzung von „De la causa, principio e uno" heraus. In seiner Einleitung machte er darauf aufmerksam, daß vieles in den Schriften Brunos enthalten ist, das verdient, als Element einer philosophischen Bildung wiederbelebt zu werden. Er empfiehlt die Übersetzung des Dialogs „De gli eroici furori". Lasson, der viele zum Teil berechtigte Einwendungen gegen die Philosophie Brunos erhebt, empfindet immerhin, welcher Quell frischen Lebens und welcher Hauch unvergänglicher Jugend durch die Schriften Giordano Brunos weht. Er bringt zum Beweis die formschöne Übertragung Brunoscher Sonette, um die sich der Stolper Gymnasialprofessor Matthias Koch verdient gemacht hatte.[6] 1889 war dann eine textkritische Ausgabe der italienischen Dialoge von Paul de Lagarde erschienen, welche die Wagnersche ablöste. Die Übersetzungstätigkeit ging dagegen langsam vorwärts und blühte erst so recht Anfang des 20. Jahrhunderts wieder auf. Paul Seliger brachte 1904 eine Über-

---

2 Sigwart, Chr. v.: Die Lebensgeschichte von Giordano Bruno, Tübingen 1880. Derselbe: Kleine Schriften. Freiburg 1889, Bd. I, S. 294 ff.
3 Lasswitz, Kurd: Geschichte der Atomistik vom Mittelalter bis Newton. 1889/90.
4 Brunnhoefer, H. Giordano Brunos Weltanschauung u. Verhängnis, Leipzig 1882. Derselbe: Die Lehre vom Kleinsten. 1890. Brunnhoefers Ausführungen leiden durch antisemitische Ausfälle, die aus der Zeit heraus geboren sind und das Charakterbild Brunos verzerren. Sie beweisen nicht den Judenhaß Brunos, sondern nur den Antisemitismus Brunnhoefers.
5 *Giordano Bruno:* Von der Ursache, dem Prinzip und dem Einen. Aus dem Italienischen übersetzt und mit erläuternden Anmerkungen versehen von Adolf Lasson, Heidelberg 1872. 2. Auflage 1889.
6 Matthias Koch: Vierzig Gedichte Giordano Brunos aus dem Italienischen übertragen. Stolp 1870.

setzung von „Lo spaccio de la bestia trionfante"[7] und folgte 1909 mit einer von „De la causa, principio e uno".[8] Dann kam in den Jahren 1904–1910 der Verlag Eugen Diederichs, Jena mit einer Gesamtausgabe der italienischen Dialoge Giordano Brunos in der deutschen Übersetzung von Ludwig Kuhlenbeck (Pseudonym für Landseck) heraus. Der Schlußband enthält außer der Übersetzung von „Cabala del cavallo Pegaseo" auch die Übertragungen der lateinischen Abschiedsrede von der Universität Wittenberg, den Nachruf auf den Fürsten Julius von Braunschweig in Helmstedt und die 120 Thesen gegen Aristoteles, welche am Pfingsten 1588 in einer großen Diskussion der Pariser Universität von Bruno verteidigt wurden. Der Band schließt mit der Übersetzung der venezianischen Prozeßakten.[9] Außerdem hat Kuhlenbeck eine Reihe von Schriften über Giordano Bruno veröffentlicht, in welchen er sich eng an Brunnhoefers Arbeiten anschließt. Erwähnung verdient auch ein Bändchen, das Kuhlenbeck über die Religion Brunos veröffentlichte. Er versucht darin den Beweis anzutreten, daß Bruno kein Pantheist war sondern ein Pan-en-theist, ein Begriff, der von dem Schelling-Schüler C. C. F. Krause aufgestellt wurde. Bei Kuhlenbeck heißt das, daß Gott nicht immanent ist in der Welt, sondern daß das Weltall in Gott ruht, wofür sich wohl kein endgültiger Nachweis auf Grund von Brunos Schriften erbringen läßt. Bemerkenswert ist diese Schrift jedoch dadurch, daß sie Bruchstücke aus Brunos lateinischen Werken „Summa terminorum metaphysicorum" und „Lampas triginta statuarum" bringt.

## Rudolf Eucken

Im letzten Jahrzehnt des 19. Jahrhunderts stellten sich Stimmen aus den Kreisen der deutschen Schulphilosophie ein. Eine der ersten war die des Jenenser Philo-

---

7 s. a. S. 119.
8 Giordano Bruno, Von der Ursache, dem Prinzip und dem Einen aus dem Italienischen übersetzt u. mit einer Einleitung von Paul Seliger, Leipzig, Reclam o. J.
9 Giordano Bruno, Gesammelte Werke. Ins Deutsche übertragen in 6 Bänden. Jena 1904–1909. Kuhlenbecks Ausgaben erschienen mit kritischen Einleitungen und Kommentaren. Diese zeugen auf der einen Seite von großer Gelehrsamkeit und dürfen keinesfalls in ihrer Bedeutung verkannt werden. Andererseits ist es jedoch aufs tiefste zu bedauern, daß sie in manchen Teilen wissenschaftlicher Objektivität entbehren, da sie Bruno zu einem wütenden Judenhasser stempeln wollen. Bruno gehörte zwar zu den italienischen Dominikanermönchen, denen noch vom Mittelalter her das Odium der grausamsten Judenschlächterei anhaftete. Aus dem Schrifttum Brunos kann jedoch nachgewiesen werden, daß er sich keineswegs diesem sinnlosen Judenhaß anschloß. Kuhlenbecks Zitate sind oft aus dem Zusammenhang herausgenommen. Er offenbarte dadurch nur sein eigenes fanatisch-antisemitisches Verhalten. Er verstieg sich dabei zu den unflätigsten Beschimpfungen, auch über Männer so unantastbarer Integrität wie Spinoza.
Ludwig Kuhlenbeck: Giordano Bruno. Seine Lehre von Gott, der Unsterblichkeit der Seele und der Willensfreiheit. Berlin-Schöneberg 1913.

sophen Rudolf Eucken.[10] Wenn er dabei auch mit gebotener Zurückhaltung ans Werk ging, so stellte er doch Giordano Bruno in seinen „Lebensanschauungen der großen Denker" zwischen Nikolaus von Cusa und Montaigne und weist ihm seinen Platz in der Befreiung des Individuums an. Er sieht klar, wie sich bei Bruno der Akzent seines Denkens aus der religiösen Enge seines Vorgängers auf die große Weltperspektive verschoben hat. Er erkennt Brunos dynamische Naturbetrachtung und ästhetische Anschauung und sieht auch alle widersprüchlichen Elemente, die aus der Übergangszeit der Renaissance hervorgehen mußten.

## Wilhelm Dilthey

In der Hauptsache beschränken sich jedoch die Stimmen aus der deutschen Schulphilosophie auf diejenigen Denker, die den Geisteswissenschaften näher stehen als den Naturwissenschaften und sich vielfach in einer gewissen Opposition zu den materialistisch-neupositivistischen Zirkeln sehen. Das gilt auch von Wilhelm Dilthey, dem Vater des philosophischen Historismus, der sich selbst als der Schöpfer der Erkenntnistheorie der Geisteswissenschaften ausweist und sich bewußt in seinen weitausgreifenden Werken den positivistischen Materialisten entgegenstellt.[11]

Dilthey ist der erste unter den modernen philosophischen Lehrern, der Giordano Brunos Begeisterung für die Wahrheit der Wissenschaft und die Freiheit des Denkens, seinen leidenschaftlichen Affekt und seine feurige Inbrunst für die All-Einheit des Weltalls nicht als eine konfuse Schwärmerei eines Mystikers abtut. Er stellt klar vor Augen, wie sich das Mystische bei Bruno mit dem Klassizismus der Renaissance zu einer gewaltigen, monistischen Weltanschauung vereinigt. Sein Urteil ist deswegen von so weittragender Wichtigkeit, weil hinter ihm die starke Position eines anerkannten Repräsentanten der deutschen Philosophie steht. Er führt in seiner eleganten und dem Brunoschen Schwung durchaus adäquaten Sprache aus, wie durch Giordano Bruno das künstlerische Lebensgefühl und die Lebensideale der Renaissance zu einer Weltansicht und zu einer neuen moralischen Formel erhoben wurden. Wörtlich sagt er:

„Dieser Geist der Renaissance steigerte sich aber hier darum zu philosophischen Schöpfungen von entscheidender Bedeutung, weil er sich in Bruno mit dem wissenschaftlichen Bewußtsein von der inhaltlichen und methodischen Tragweite der Entdeckung von Copernicus verband. So belebte sich in ihm das ganze Material der europäischen Metaphysik, an sich großenteils schon tote Masse, zur Lehre von einem unendlichen und göttlichen Universum."

---

10 *Eucken,* Rudolf: Die Lebensanschauungen der großen Denker. Leipzig 1899.
11 *Dilthey,* Wilhelm: Einleitung in die Geisteswissenschaften. 1883 Band 1 der Gesammelten Schriften. Leipzig 1921.

Weder vor ihm noch nach ihm hat ein deutscher Gelehrter vom Range eines Wilhelm Dilthey in einer so überzeugenden und von ehrlicher Zustimmung getragenen Kraft die Gestalt Giordano Brunos aus seiner Zeit entwickelt und in die Schranken der Weltanschauung des 20. Jahrhunderts eingewiesen. Giordano Bruno hat in Diltheys Darstellung die Menschheit aus der verwilderten Phantasie eines beschränkten Sinnenglaubens befreit. „Mit Giordano Bruno" ruft Dilthey wörtlich aus „sind die Zeiten erfüllt; das neue Evangelium des unendlichen Universums ist gekommen."[12]

## Ernst Cassirer

Von nun an ist die Mauer, von der Brunos Duldergestalt noch immer für viele Philosophen umgeben war, niedergebrochen. Selbst aus den Kreisen der neukantianischen Schule tritt einer ihrer vornehmsten Vertreter, der Hamburger Ordinarius Ernst Cassirer, mit einer Würdigung Giordano Brunos in einem Werke hervor, welches das Problem des Individuums in der Kosmologie der Renaissance-Philosophie in einer souveränen und klassischen Form behandelt.[13] Cassirer zeigt darin auf, wie das dynamische Weltgefühl des Giordano Bruno der neuen Wissenschaft der Mechanik von Galilei gegenübertritt. Die Idee des Unendlichen wird als eine Tat des Individuums beschrieben und gefordert und damit das Unendliche aus dem Prinzip des Selbstbewußtseins des „ICH" abgeleitet. Hiermit finden die Gedankenverbindungen des Nolaners ihren unverbrüchlichen Anschluß an die moderne Wissenschaft. Brunos Priorität der Schaffung eines neuen Weltbegriffs ist hiermit gesichert und seine Abgrenzung von der intellektuellen Würde und sittlichen Grundlage der Persönlichkeit festgestellt.

## Oswald Spengler

In der deutschen weltanschaulichen Literatur scheinen damit die Widerstände gegen den Schwärmer und Mystiker, den Magier und Hermetiker Bruno überwunden. Von nun an werden die Zeugnisse der europäischen Denker so zahlreich, daß wir bereits gezwungen sind, auszuwählen, um nicht in die Breite zu geraten. Oswald Spengler, der Bruno dem Barock zuweist, schreibt in dem viel gelesenen „Untergang des Abendlandes":

„Der Prozeß einer symbolischen Klärung, der die Geistesgeschichte des Barock ausfüllt, offenbart sich in der dichten Folge metaphysischer Systeme, die sämtlich das Grundgefühl,

---

12 Dilthey, Wilh. Weltanschauung und Analyse des Menschen seit Renaissance und Reformation. Leipzig und Berlin 1921.
13 Cassirer, Ernst: Individuum und Kosmos in der Philosophie der Renaissance. Darmstadt 1963.

welches Goethe in Verse, Bach und Beethoven in Musik brachten, in ein abstraktes System zu fassen versuchten. Giordano Bruno ist der erste, Hegel der letzte in dieser Reihe."

## Otto Weininger

Selbst ein so bizarrer Kopf wie der unglückselige Weininger scheint etwas von dem Geiste des Nolaners begriffen zu haben, wenn er zu dem Urteilsspruch kommt:

„Darum gab es keinen tieferen Gegensatz als den zwischen Spinoza und – seinem weit bedeutenderen und universellen Zeitgenossen – Leibniz, dem Vertreter der Monadenlehre, und deren noch weit größerem Schöpfer Giordano Bruno, dessen Ähnlichkeit mit Spinoza eine oberflächliche Anschauung in einer ans groteske streifenden Weise übertrieben hat."[14]

## Karl Jaspers

Die Linie der Anerkennung und Würdigung Brunos in der modernen Philosophie führt von dem Existentialisten Karl Jaspers bis zu den Vertretern des historischen Materialismus. Jaspers, den man wie alle Männer solchen Überformats nicht schematisch in Kategorien einschließen kann, war niemals ein reiner Existentialist und, wenn er Bruno in einer Reihe mit Plotin, Spinoza und Schelling auftreten läßt, so verrät er, wieviel er von Bruno weiß und wie sehr er selbst von den Neuplatonikern beeinflußt ist.[15]

## Ernst Bloch

Doch von ihm zu dem Marxisten Ernst Bloch ist ein gewaltiger Sprung, wenn auch dieser moderne Repräsentant ein gar wunderlicher Vertreter von Karl Marx ist. Sein Prinzip, von dem er etwas auszusagen weiß – ganze 1600 eng bedruckte Seiten lang – ist das „Prinzip der Hoffnung".[16] Es ist das menschlichste Fundament, auf das je ein moderner Philosoph Erkenntnisse aufgebaut hat. Was ihn aber für uns so außergewöhnlich macht, ist ein einfaches Sätzchen von drei Worten: „Denken heißt überschreiten". Wir haben das schon einmal erlebt auf unserer langen Wanderung durch die verschlungenen Straßen und Gäßchen, Feldwege und Holzwege

---

14 *Weininger*, Otto: Geschlecht und Charakter, Wien 1923.
15 *Jaspers*, Karl: Nikolaus Cusanus. München 1963.
16 *Bloch*, Ernst: Das Prinzip der Hoffnung. 2 Bde. Frankfurt a./M. 1959.

der abendländischen Geistesentwicklung. Wir sind vom ekstatischen Denken, vom totalen Anschauen, zum dynamischen und vom deduktiven zum induktiven und zum diskursiven Denken gekommen. Und nun sagt hier einer ganz schlicht, daß das Denken nichts mehr und nichts weniger sei als „Überschreiten", ein Hinausschreiten aus einer unhaltbaren, unerträglichen Hoffnungslosigkeit in das Land der Hoffnung. Dieser seltsame Denker findet seinen einsamen, eigenen Pfad zu der „weltschaffenden Materie" eines anderen, der einmal von so viel Hoffnungen geschwellt, in die weite Welt hinausgewandert ist, und dem doch die Welt zuletzt in der elendsten, grausamsten Hoffnungslosigkeit verrauchte. Und doch glaubte er, daß „im Ganzen der Welt nichts unverwirklicht Mögliches übrigbleibe". Was für eine merkwürdige Perspektive dieser philosophische Minnesänger der Unendlichkeit von solcher Unendlichkeit hatte, in der alles Wirkliche mit dem Möglichen zusammenfallen sollte.

Die ganze unermeßliche Welt nur ein Grenzfall? Wo treffen sich die Barden der Unendlichkeit mit den Evangelisten der Hoffnung? Hoffnung ist Zukunft! Und Zukunft heißt Überschreiten der Zeitgrenze. Da entdeckt der Hoffnungsvolle die Stelle, an der die Himmelsdecke noch nicht gesprengt ist – an dieser Zeitgrenze, und wir sehen das Schiffchen wandern „am sausenden Webstuhl der Zeit", von dem Denker des Spirituellen zu dem Denker des Überschreitens. Da treffen sie sich, an dem Passahfest der Zukunft, an dem Ernst Bloch ausbricht in den Sehnsuchtsschrei: „Wenn doch die Welt so enthusiasmierend wäre wie bei Bruno!". Der Gedanke wird uns nicht so leicht verlassen, daß der leidenschaftliche Held sich wiedergefunden hat, in der Hoffnung eines Denkers, in dem hoffnungslosesten Zeitalter der Menschheit.

## Ernesto Grassi

Ernst Blochs Gedankensplitter stehen jedoch in dem neuzeitlichen Deutschland sehr methodischen Denkern gegenüber, die nicht übersehen werden dürfen. Die schärfste Analyse des heroischen Affekts hat Ernesto Grassi herausgearbeitet und mit Entschiedenheit die These verteidigt, daß die traditionelle Auffassung, wonach die neuzeitliche Philosophie mit Descartes beginnt, nur zum Teil zutrifft.[17] Er folgert, daß in dieser Art zu philosophieren das einzige Ideal des Objektiven nicht nur das des Wahren ist. Durch die Überschätzung des Einzelwissens, durch den Primat der induktiven Fachwissenschaft ist die Philosophie in die Sackgasse des Pragmatismus und des Materialismus abgedrängt worden. So scheint die Philosophie nicht mehr fähig zu sein, die Aufgaben zu bewältigen, die ihr gestellt sind, und scheint selbst in den bodenlosen Wassern fachwissenschaftlicher Verödung zu versinken.

---

17 *Grassi,* Ernesto: Verteidigung des individuellen Lebens. Studia humanitatis als philosophische Überlieferung. Berlin 1946.

Demgegenüber steht die Tatsache, daß die Philosophie Giordano Brunos von einer ganz anderen Problemstellung ausging, bei der das Wahre nicht die einzige Form des Objektiven ist, sondern durch ein ganzheitliches Bildungsideal aus der Einseitigkeit des bloß rationalen Denkens herausführt. So kommt sie zu der Forderung der Verwirklichung des ganzen Menschen als des eigentlich Objektiven. Sie verlangt die Entfaltung seiner verschiedenen Wesenszüge und Kräfte. Wir werden später sehen, wie diese Erneuerung der Brunoschen Weltsicht in einen anderen Zweig der modernen Philosophie mündet, welcher die Tradition des Humanismus mit den Forderungen der Wissenschaft im 20. Jahrhundert verbindet. Mit Ernesto Grassi ist der Brunonische Gedanke aus seiner jahrhundertelangen Verteidigungsstellung in eine Angriffsfront übergegangen. An der Spitze dieser Neuerwecker von Giordano Brunos Weltanschauung stehen heute zwei Denker erster Ordnung, beide fest verankert in den Wegen und Traditionen der modernen Philosophie: Heinz Heimsoeth und Dietrich Mahnke.

## Heinz Heimsoeth

Der erstere hat in seinen führenden Werken über die großen Themen unserer zeitgenössischen Metaphysik Giordano Brunos Philosophie hineingestellt in die zwei Polaritäten: „Gott und Welt" und „Unendlichkeit im Endlichen."[18] Das Verhältnis Brunos zu dem Cusaner ist hier mit messerscharfer Klarheit herausgeschält. Die metaphysische Entfaltung des Individualitätsmotivs leitet über zu Brunos Atomistik, sinnvoll abgesetzt gegen die Leibnizsche Monadologie.

Gerade diese Gedanken werden in den späteren Schriften Heimsoeths noch verfeinert und vertieft. Das alles findet, soweit es Bruno angeht, einen abrundenden Abschluß in einer Studie über die Lehre von Immanuel Kant. Hier gibt Heimsoeth eine Zusammenfassung, die Brunos Position in der deutschen Philosophie von 1600 bis zur Jetztzeit plastisch herausarbeitet.

## Dietrich Mahnke

Dietrich Mahnke nähert sich dem Phänomen Bruno von einem ganz anderen Blickpunkt. Seine Schrift über Brunos Unendlichkeitstheorie[19], schon in der ersten Hälfte des 19. Jahrhunderts geschrieben, gehört mit zum Eigenständigsten und Originellsten, was in neuerer Zeit über Bruno herausgekommen ist. Mahnke versucht Giordano Brunos Ideen aus der Mystik der Zahl heraus zu begreifen und geht

---

18 *Heimsoeth,* Heinz: Die sechs großen Themen der abendländischen Metaphysik, Darmstadt 1922.
19 *Mahnke,* Dietrich: Unendliche Sphäre und Allmittelpunkt. Halle 1937.

dabei zurück bis auf Pythagoras und die Neuplatoniker. Mag man zu der Frage des Symbolismus stehen wie man will, Mahnkes Darstellung ist so umfassend, daß die Einbeziehung von ibn Gabirol als verbindendes Glied in der Kette der geometrischen Mystik zurück zu Plotin und dem pseudohermetischen Schrifttum ganz neue Aspekte der Brunoforschung eröffnet. Die Stärke dessen, was Mahnke über die „sphaera infinita" und „sphaera intelligibilis" zu sagen hat, ist nicht anzusehen als eine Bereicherung des arithmetischen oder des geometrischen Bildes, sondern eher eine Erweiterung des sinnlichen Bildes der konzentrischen Himmelssphären in die geistige Welt hinein. Mahnkes Werk über die Theorien der Monade ist eine glänzende Gegenüberstellung der naturwissenschaftlich-mathematischen Denkmethode und der deskriptiv-historisch-teleologischen Wertwissenschaft. Doch handelt sie nicht unmittelbar von Bruno und kann deshalb hier nur gestreift werden.[20]

Wir sind einen langen Weg gegangen, um den Brunoschen Gedanken von den Anfängen bis in unsere heutige Zeit nachzuspüren. Bleibt nur noch die abschließende Frage: Was ist noch lebendig von den Ideen, die vor beinahe 400 Jahren einen Giordano Bruno so in Besitz genommen haben, daß er bereit war, dafür das höchste Opfer zu bringen?

## Rudolf Steiner und der Berliner Giordano-Bruno-Bund

Noch ehe Diederichs deutsche Gesamtausgabe der italienischen Dialoge Giordano Brunos erschien, begannen seine Ideen in Deutschland festen Fuß zu fassen. In Berlin konstituierte sich am 17. Februar 1900 anläßlich der dreihundertjährigen Wiederkehr von Brunos Märtyrertod ein „*Giordano-Bruno-Bund*". Die Gründungsakte proklamierte ihn als „eine Hochburg aller freien, starken und geistig-adeligen Bestrebungen" und „als eine Kampfgenossenschaft gegen alles Dunkelmännertum". Erst fünf Jahre später ersetzte der Vorsitzende, Dr. Wolfgang Kirchbach, die etwas blasse Zielsetzung und wies dem Bunde „Pflege und Ausbau einer monistischen Weltanschauung" als Aufgabe zu, wobei auf Giordano Brunos Lehre, daß der „Geist das Einheitsprinzip alles Seins" bilde, abgehoben wurde.[21] Die Gründer und Mitarbeiter dieser freien Vereinigung kamen nicht aus den Lehrkörpern der Universitäten und Hochschulen. Es waren vielmehr Männer, welche in Bruno in erster Linie den Märtyrer der Gedankenfreiheit sahen. Kirchbach, ein Hegelianer und früherer Schüler des Bruno-Übersetzers Adolf Lasson, teilte sich mit Bruno Wille, einem Prediger der freireligiösen Gemeinde Berlin, und Wilhelm Bölsche, einem naturwissenschaftlich orientierten Schriftsteller, der die Theorien Darwins und Häckels popularisierte, in die Leitung des Bundes. Andere freidenkerisch ein-

---

20 Derselbe: Eine neue Monadologie. Berlin 1917.
21 Flugschriften des Giordano-Bruno-Bundes – Berlin 1904/05.

gestellte Persönlichkeiten, wie Rudolph Penzig, der Führer der Gesellschaft für ethische Kultur, und Graf Hoensbroech, bekannt durch seinen Kampf gegen den Ultramontanismus, waren in Wort und Schrift für den Bund tätig. Neben dem Bruno-Übersetzer Ludwig Kuhlenbeck (Landseck) war es der Philosoph und Goetheforscher Rudolph Steiner, der sich am intensivsten mit der Gestalt von Giordano Bruno beschäftigte. Steiner, damals der Herausgeber einer literarischen Zeitschrift in Berlin, war um die Wende des Jahrhunderts ein entschiedener Vertreter der Darwinschen Evolutionslehre, der sich in mehreren Kampfschriften mit den Gegnern des Jenaer Naturforschers Ernst Haeckel auseinandersetzte. Steiners profundes philosophisches und naturwissenschaftliches Wissen, unterstützt von einer außergewöhnlichen oratorischen Begabung, machten ihn in kurzer Zeit zu einem der geachtesten Redner des Bundes, der in ihm einen hervorragenden Vertreter der monistischen Weltanschauung sah. Im Jahre 1900 war Steiner seiner Berufung als Gründer der anthroposophischen Bewegung noch nicht nachgekommen, obwohl er schon etwa ein Jahr nach der Gründung des Bundes Verbindung mit theosophischen und okkultistischen Zirkeln Berlins aufnahm, was auch schon 1902 zu einem offenen Bruch mit dem Bund geführt hat.

So uneingeschränkt wie Steiner jedoch die Bedeutung Goethes als Naturforscher und Denker in vielen Darstellungen hervorhob, seine Beurteilung Giordano Brunos war bei weitem nicht so eindeutig. Während 1904 die erste Auflage von Steiners Buch „Theosophie" „Dem Geiste Giordano Brunos" gewidmet war, verweist er noch 2 Jahre vorher den Nolaner unter die Mystiker und wirft ihm „die schlimmste Sünde wider den Geist" vor.[22] Hier ebenso wie in einem späteren Werk über die Geschichte der Philosophie wird Steiner[23] der Weltanschauung Brunos und seiner Stellung innerhalb der Entwicklung der Philosophie in keiner Weise gerecht; besonders da, wo er Bruno unterschiebt, daß Gott nach seiner Lehre „hinter allen Vorgängen der wahrnehmbaren Welt wirke"[24] – eine Darstellung, die Brunos Pantheismus von Grund aus verkennt. Noch ablehnender ist die Meinung Steiners über Brunos Position in der Geistesgeschichte des Abendlandes. So schreibt er in einer Rezension eines von Haeckel empfohlenen Dramas über das Leben Brunos u. a.:[25]

„Ich kann mir Bruno ganz wegdenken aus dem Entwicklungsgange des Geistes in den letzten Jahrhunderten. Auch ohne, daß er an der Wende des 16. und 17. Jahrhunderts die Gedanken vorausgenommen hat, die mich heute erfüllen, könnten diese doch genau dieselben sein, die sie sind. Ein gleiches ist bei Galilei nicht der Fall. Ohne Galilei gäbe es keinen Newton, ohne

---

22 Steiner, R.: Die Mystik im Aufgange des neuzeitlichen Geisteslebens. Berlin 1901.
23 derselbe: Die Rätsel der Philosophie. Berlin 1914.
24 Borngraeber, O.: Das neue Jahrhundert. (Giordano Bruno) Eine Tragödie. Mit einem Vorwort von Ernst Haeckel. Bonn 1900.
25 Magazin der Literatur. Jg. 1900, D-80. Nov. 24, Sp. 596.

Newton keinen Lyell und Darwin, und ohne Lyell und Darwin keine moderne naturwissenschaftliche Weltanschauung. Ohne Giordano Bruno gäbe es das alles."[26]

Diesen negativen Urteilen Steiners stehen eine Reihe von positiven Interpretationen gegenüber, mit welchen Steiner nicht allein zur Erhellung unserer Kenntnis von Brunos Naturphilosophie, sondern auch dazu begeisteuert hat, die Lehre Brunos über eine Reihe von Jahren hindurch in den philosophischen Gesprächen weiterzutragen und lebendig zu erhalten.

Einer der schwierigsten Diskussionsgegenstände war das Verhältnis des Materiell-Räumlichen innerhalb des Weltalls. Steiner meinte dazu, daß uns bei Giordano Bruno ein Weltbild entgegenträte, welches nicht nur das materiell-räumliche in der Welt sieht; dieses sei auch zugleich durchgeistigt, durchseelt, wie „die einzelne Menschenseele ihm nur ein Abbild des gesamten Weltorganismus ist, der von der Weltenseele so durchdrungen wird, wie unser einzelner Organismus von unserer Seele durchdrungen wird.[27]" Lassen wir das Obskure dieses Ausspruchs dahingestellt, aufschlußreicher dürfte sein, daß wir durch ein Eindringen in die Zusammenhänge, wie sie Bruno zu seiner Zeit sehen mußte, auf einen viel tiefergehenden Berührungspunkt stoßen. Es ist offensichtlich, daß sich die Frage, ob der Geist unterdrückt wird, wenn er sich in Form der Menschenseele in der Weltseele offenbart, aus dieser Einstellung heraus nicht beantwortet werden kann. Man kann das Problem erst dann tiefer ausloten, wenn man die Beziehungen des Seelischen zum Geistigen im Menschen in den kosmischen Zusammenhängen untersucht. Dieser Anschluß aber liegt in dem kosmologischen Problem, das Bruno zum ersten Mal in die Diskussion der Philosophie geworfen hat: dem Unendlichkeitsgedanken.

Das Motiv „Unendlichkeit" war das Kernstück des Brunoschen Weltbildes und eine der führenden Ideen seiner gesamten Metaphysik. Es erübrigt sich, hier nochmals darauf einzugehen, wie Giordano Bruno den Unendlichkeitsgedanken im Anschluß an sein Konzept von der Copernicanischen Theorie aufgezogen hat. Ebensowenig bedarf es einer Wiederholung von Brunos geistiger Ausweitung des Raumbegriffes und der Projektion der Copernicanischen Entdeckung in eine metaphysische Perspektive. Steiner entwickelt Brunos Unendlichkeitstheorie von einem ganz anderen Gesichtspunkt aus, der, wie wir aus folgendem sehen, nicht über das Gebiet der sinnlichen Wahrnehmung hinausgeht:

„Nehmen wir die mittelalterliche Weltanschauung. Es war der Raum, den der Mensch überschauen konnte, begrenzt von dem sogenannten Kristallhimmel, in welchen die Sterne eingefügt waren. Ein solches Weltbild entsprach der sinnlichen Weltanschauung. Es war aber nur vereinbar mit derjenigen Anschauung, welche dem Copernicanismus vorangegangen war."

---

26 Charles Lyell (1797–1875) englischer Geologe. In England bekannt durch seine popularisierenden, naturwissenschaftlichen Schriften. Seine Bedeutung wird hier von St. weit überschätzt, ebenso wie sein Urteil über Bruno auf irrigen Voraussetzungen beruht.

27 Steiner, R.: Das Weltbild des deutschen Idealismus. Dornach 1930.

Steiner glaubte, daß die Idee des Copernicus der zündende Funke war, aus dem Brunos Gedanke entsprang:[28]

„Was da oben das Himmelsgewölbe genannt wird, das ist garnicht da oben. Das ist nicht eine wirkliche Grenze, bis zu welcher die menschliche Raumesansicht kommt. Ins Unendliche hinaus geht die Welt."

Hier ist es demnach nicht mehr das Sehvermögen des Menschen, eine subjektive Einstellung, die zum Ausgangspunkt wird. Es ist eine rein objektive Feststellung „Ins Unendliche hinaus geht die Welt". Ihre Grenzen werden soweit hinausgeschoben, daß der Mensch mit dem Wahrnehmungsvermögen seiner Sinne nicht mehr zu folgen vermag. Damit wird der Raum als ein sinnlich-materieller Tatbestand negiert. Der Durchbruch Brunos durch die „blauen Schalen" wird eine geistige Angelegenheit. Der Raum, in den Bruno eindringt, ist kein Raum mehr in dem bisherigen Sinne. Das materiell-räumliche verschwindet. In dem Augenblick, in dem wir mit Bruno die äußerste Sphäre durchstoßen haben, sind die Grenzen unserer Sinne überschritten worden; wir befinden uns in einem geistigen Bereich.

Das Bedeutsame an dieser Auffassung ist, daß sie nur ein Anfang ist, der Quellpunkt, aus dem uns weiterausgreifende Schlußfolgerungen aus dem Unendlichkeitsmotiv entgegenfluten. Eine der gedanklichen Kombinationen, die aus diesem Blickpunkt hervorgeht, von dem aus wir hier an das Problem herangetreten sind, greift auf die Anschauung Goethes zurück, die sich auf die Relation von Idee und Wahrnehmung bezieht. Es war ebenfalls Steiner, der einmal darauf hingewiesen hat, daß „in dem Subjektiven das eigentlich tiefste Objektive (verborgen) liegt" Das subjektive Sehvermögen liegt in dem Objektiven von Brunos Raumesansicht. Steiner warf diese Frage bei seiner Interpretation von Goethes Raumansichten auf. „Was ist denn der Raum für ihn?" und er kommt zu der Antwort: „Nichts anderes als eine in den Dingen liegende Notwendigkeit." Hier stoßen wir wieder auf eines der fundamentalsten metaphysischen Probleme, die Bruno aufgegriffen hat. Die Notwendigkeit liegt in den Dingen. Das ist unsere innere Freiheit. Und das ist Brunos Credo von Freiheit und Notwendigkeit.[29]

Es ist, wie wir wissen, eine der Kardinalfragen, die geradewegs in das Zentrum von Brunos Einheitslehre stößt. Steiner gelangt wiederum bei seiner Darstellung von Goethes Weltanschauung zu dem Ergebnis: „Der Raum ist also eine Art, die Welt als Einheit zu erfassen." – „Der Raum ist eine Idee", nicht eine Anschauung,

---

28 Hierzu sei bemerkt, daß Copernicus die Auffassung, daß die Erde von einer Anzahl Kristallschalen umgeben sei, nie aufgegeben hat. Bruno, der erst 40 Jahre später die Idee der Unendlichkeit lehrte, kann sie daher nicht aus der Copernicanischen Theorie entnommen haben. Copernicus wagte diese Folgerung noch nicht und bekennt sich in seinem Werk „De revolutionibus orbium..." Lib. I, Kap. I, S. 11 unzweideutig zu einem geschlossenen, kugelförmigen Weltall.
29 s. a. a. O. S. 131.

wie Kant lehrte. Auch für Bruno ist der Raum eine Idee, und das ist das Bedeutsame – eine Idee, welche von beiden Denkern völlig unabhängig voneinander vertreten worden ist. Mit Giordano Bruno beginnend ist der Raum eine Idee.

*Siebentes Kapitel:*

# Der „Raum" in Brunos Weltbild

Hier mündet das Raumproblem wieder in das allgemeine philosophische Grundthema und in die Frage nach dem Verhältnis von Subjekt und Objekt. Damit allerdings stoßen wir auf jene Dialektik, mit der die Philosophie der Renaissance sich immer wieder auseinandersetzen mußte. So kommt es zu einem Spannungszustand zwischen dem mittelalterlichen Gottvertrauen und dem Selbstbewußtsein des Renaissance-Menschen. Es ist ein Streben nach einem „energetischen Gleichgewichtszustand". Erst eine veränderte Dynamik des Denkens schafft die Voraussetzungen für die Prägung neuer Ausdrucksformen.

Wir müssen daher für kurze Zeit unseren historischen Überblick unterbrechen, um einen Blick auf die weltanschaulichen Bedingungen zu werfen, die erforderlich sind, um die Verbindung von Brunos Weltsicht mit dem Weltbild unserer heutigen Zeit möglich zu machen.

Schon an anderer Stelle hatten wir darauf hingewiesen, daß der Mensch den Kräften, die ihn – noch in der mittelalterlich-scholastischen Enge – ständig in zwei Welten spaltet, in einer hilflosen Weise gegenübersteht. Er wird wohl des Widerstreits dieser Kräfte gewahr, aber er ist nicht imstande, sich tätig in den latenten Zwist dieser zwei Welten einzuschalten. So bleibt er ein Zuschauer des Weltgeschehens. Erst die Renaissance verändert dieses Bild und ermöglicht es dem Menschen, sich aus der Haltung eines passiven Statisten zu befreien und als selbständiger Gegenspieler aufzutreten.

Giordano Bruno war sich dieser Wendung voll bewußt geworden und erklärte mit Entschiedenheit, daß

„der Mensch nicht als bloßes Werkzeug höherer Mächte handelt, sondern selbst zu schöpferischen Künstlern und Helden heranreifen wird."[1]

Damit wird schon klar ausgesprochen, was sich in den Grundlagen unserer heutigen Weltanschauung immer stärker befestigt hat, daß der Mensch seine Stellung im Kosmos nur als denkendes Wesen behaupten kann. Allerdings läßt sich nicht von der Hand weisen, daß erst mit dem Eingreifen von Galilei und Kepler der Bann gebrochen werden konnte. Damit die Geburt der modernen Naturwissenschaft gelingen konnte, mußte erst eine fundamentale Wandlung der Denkart eintreten: aus Anregung und phantasiebegabter Vorstellungskraft – oder wie Bruno sagt – aus Imagination und Inspiration bildet sich ein neues intuitives Denken heran und bereitet eine neue „Logik des Naturbegreifens vor".

---

1 s. a. a. O. S. 140.

Ohne das Auftreten Giordano Brunos ist diese Vorbereitungsperiode des naturwissenschaftlichen Denkens nicht vorstellbar. Dabei genügte es bei weitem nicht, daß Bruno es zuerst möglich machte, das Beobachtungsvermögen des Menschen zu verfeinern, ihn zu lehren, daß man die Dinge nicht nur mit dem körperlichen Auge ansehen darf, es vielmehr eines geistigen Schauens bedurfte, um in die Dinge hineinzusehen. Auch das war ja nur ein Anfang. Bruno stellte hier die Renaissancephilosophie vor eine ungleich größere Aufgabe. Es galt, den großen, systematischen Zusammenhängen innerhalb der philosophischen Spekulation, dem Werden einer neuen Logik, nachzugehen. Dabei kam es viel weniger auf die Ergebnisse als zuerst einmal auf den Weg an, den man einschlagen mußte. Richtungsweisend und bestimmend war, daß bereits bei Giordano Bruno Denken einen dynamischen Prozeß bedeutete, der allmählich die Voraussetzungen schuf, um die aus der scholastischen Tradition des Mittelalters hereinragenden Tabus zu überwinden.

Das induktive Denken, die Abstraktionen der Mathematik allein wären nicht imstande gewesen, den Weg für den Universalismus des Raumbegriffs freizulegen, wenn es der Naturphilosophie und Kosmologie der Renaissance nicht gelungen wäre, den Raumbegriff aus der aristotelischen Umklammerung zu lösen.

Diese Wandlung bricht durch, lange bevor die exakten Wissenschaften die neue Ära einleiten. Ihr Weg wird erst frei, nachdem es zu einer neuen „Steigerung und Tönung" des gesamten Weltgefühls gekommen war. Giordano Bruno ist der erste und bedeutendste Wegbereiter für die Umkehr in der Weltbetrachtung des aus dem Mittelalter heraustretenden Menschen.

Gewiß, als ein Instrument exakter, wissenschaftlicher Erkenntnis war das Unendliche dem Renaissancephilosophen Bruno noch fremd; so sehr, daß er die mathematische Funktion des Unendlichkeitsbegriffs in seiner Lehre vom dreifachen Minimum ablehnt, wenn nicht geradezu bekämpft. Aber wenn es ihm auch versagt blieb, die logische Struktur eines mathematischen Unendlichkeitsbegriffs zu erfassen, so erlebte er doch das unendliche All mit dem Temperament des furor eroicus umso leidenschaftlicher. Es ist der heroische Affekt Giordano Brunos, der sich mit aller Kraft der mittelalterlichen, dogmatischen Kosmologie entgegenstemmt und dadurch verhindert, daß der freie Flug des neuen Denkens durch feste räumlich-dogmatische Schranken aufgehalten wird. Hier wendet sich Bruno gegen die Konzeption des Raumes als des „soma perikon" – des „Umschließenden", wie es sein alter Antipode Aristoteles gelehrt hatte. Ganz im Sinne des dynamischen Denkprozesses wehrt sich Bruno gegen die antike Vorstellung, daß der Raum die äußerste „Umgrenzung", eine Hülle sei, in der das Weltall eingebettet ist. Raum im dynamischen Sinne ist das Medium der Bewegung, die sich ungehindert und über jede endliche Grenze hinweg nach allen Richtungen erstreckt.

Andererseits ist es die unendliche Kraft, die des unendlichen Raumes als Träger bedarf, und beide, Bewegung sowohl als Kraft, werden erst zum Ausdruck unendlichen Lebens im Universum. Entscheidend ist für Brunos Weltsicht, daß der Begriff des Raumes somit den Charakter eines dynamischen Motivs annimmt, das die Starrheit des aristotelisch-scholastischen Kosmos überwindet.

## Das neue Weltgefühl

Keineswegs aber gewinnt das schon bei Giordano Bruno die Form einer neuen Wissenschaft wie bei den ihm folgenden Galilei und Kepler. Wie allenthalben aus Brunos Schrifttum hervorgeht, insbesondere aus den neuplatonisch beeinflußten Schriften, gehört das Raumproblem bei Bruno nicht ausschließlich der kosmologischen und naturphilosophischen Disziplin an, sondern ist in einer für die Renaissancephilosophie typischen Weise mit ethischen Grundfragen verknüpft. Erfaßt doch der Renaissancemensch das Unendliche mit dem gleichen Organ, mit dem er auch seines eigenen Seins und Wesens inne wird. Die Erkenntnis des Unendlichen tritt hervor aus seinem Ego, einem Prinzip seines Selbstbewußtseins und seines individuellen Lebens. Aus dem freien Aufschwung des Geistes ersteht ihm das Erleben des unendlichen Universums. Voraussetzung dafür ist, daß das Wissen vom Subjekt und das vom Objekt hier unlöslich miteinander verbunden werden.

„Wer nicht in sich selbst den heroischen Affekt der Selbstbehauptung und der schrankenlosen Selbsterweiterung findet, der bleibt auch für den Kosmos und seine Unendlichkeit unempfindlich."[2]

Der Hintergrund dieser Brunoschen Auffassung, die sich als eine kosmologische Doktrin erweist, entbreitet sich hier auf bisher nicht erfahrenen Formen von Psychologie und Ethik der Renaissancephilosophie. So gestaltet sich aus Brunos subjektivem Pathos ein neuer Weltbegriff, die intellektuelle und sittliche Formung des Individuums, das sich aus Brunos Weltanschauung hier deutlicher und weit schärfer profiliert abhebt als bei früheren italienischen Naturphilosophen des 16. Jahrhunderts.

Nirgends tritt die Betonung des „Ich" so stark in den Vordergrund als in dem früher erwähnten „De eroici furori", wo die neue Weltsicht durchwegs in der Form eines Impulses dargestellt wird. Der Mensch findet den Weg zu seinem eigenen Selbst erst dann, wenn er die Erkenntnis des Unendlichen in sich hineinzieht.

„Hier verwischt sich auch die Grenze von Tod und Leben, denn im Tode, im Aufgeben der individuellen Daseinsform, wird erst die Universalität des Lebens selbst erfaßt."[3]

---

2 Cassirer, E. Individuum und Kosmos, S. 199.
3 Derselbe: dass. S. 200.

*Achtes Kapitel:*

# Raum und Zeit

Steiner treibt diesen Gedanken noch ein erhebliches Stück weiter, indem er behauptet, daß eine Weiterentwicklung unseres Denkvermögens uns analog zur Durchbrechung der Raumgrenze in ein Zeitalter hinüberschwingen wird, indem die Zeitgrenze ebenfalls überwunden werden kann.[1] Damit begibt er sich allerdings auf ein Gebiet, das ebenso außerhalb der Darstellung des pensiero Bruniano liegt, wie damit die Aufgabe überschritten würde, die uns durch unser Thema gestellt wird.

Wesentlicher als die Spekulation der Renaissancephilosophie in Abstraktionen auszudehnen, die sich jedem Anschluß an modernes Denken versagen, ist für diese Untersuchungen, Betrachtungen anzuschließen, die uns in die Nähe unserer heutigen Mathematik und Physik führen. Wenden wir uns mit der alten philosophischen Grundfrage nach dem Wesen von „Raum und Zeit" an die heutige Wissenschaft, so erhalten wir Antworten, die von den Auffassungen des 16. Jahrhunderts ebensoweit entfernt sind, wie die Raum- und Zeitbegriffe von Newton und Kant ihre Gültigkeit für den Philosophen des 20. Jahrhunderts verloren haben. Seit die Relativitätstheorie, indem sie von einer Kritik des Zeitbegriffs ausgeht, neue wissenschaftliche Probleme aufgeworfen hat, kann sich keine Philosophie mehr den damit verbundenen, erkenntnistheoretischen Fragestellungen entziehen. Der Begriff der „vierten Dimension", in deren Nähe uns das „Durchbrechen der Zeitgrenze" rückt, hat die Distanz der Natur- und Geisteswissenschaften ebenso verringert, wie die berühmte Einsteinsche Gleichung $E = mc^2$ nicht mehr als eine bloße mathematische Formel mehr betrachtet werden darf, sondern als eine universale Formulierung „ewig gedacht, an nichts gebunden."[2]

Doch gerade hier ist die Nahtstelle, wo sich die Geister scheiden. Die Frage: in welcher Welt leben wir? Ist es das unendliche, unermeßliche Universum des Giordano Bruno oder eine Welt, die – so unvorstellbar groß sie auch sein mag – ein endlicher, von allen Seiten durch physische Grenzen umschlossener Kosmos ist? Niemand hat das in unzweideutigeren Worten zum Ausdruck gebracht, als der Philosoph, Physiker und Mathematiker Hans Reichenbach, als er im Jahre 1942 schrieb: „The most perplexing thing of it all is that the space of the universe must now be considered finite." (Die wohl verwirrendste Behauptung ist schließlich, daß heute der Raum unseres Universums wieder als ein endlicher (geschlossener) ange-

---

1 Siehe auch Seite 189
2 Sander, Volkmar: Die Faszination des Bösen. Zur Wandlung des Menschenbildes. Göttingen 1968. S. 45.

sehen werden muß.³ Was veranlaßte einen so angesehenen Gelehrten wie Reichenbach, in der Philosophie als ein Mitbegründer des Wiener neupositivistischen Kreises bekannt, zu einer so entschiedenen Feststellung? Sie ist ohne jeden Rückhalt die Umkehrung des Grundsatzes von Giordano Bruno, den er am reinsten in jenem berühmt gewordenen Artikel 68 seiner Pariser Streitschrift gegen die Peripatetiker zusammenfaßte:

„Mundus, id est universum, est infinitum.........."
„Die Welt d. h. das Universum ist unendlich......"⁴

Das wird im nächsten Artikel nochmals dadurch unterstrichen, daß das Universum definiert wird:

„Definimus ergo universum, substantiam corpoream infinitam, in spatio infinito.................."⁵
(.... als eine unendliche, körperliche Substanz in einem unendlichen Raum ...........)

Gemeinsam mit den Philosophen Rudolf Carnap und Ludwig Wittgenstein hatte sich Reichenbach mit der logischen Struktur der physikalischen und den Grundlagen der geometrischen Mathematik befaßt und war dabei zu einer Ablehnung der Apriorität der Begriffe Raum und Zeit gelangt. Wir können hier nicht auf die Axiomatik von Reichenbachs relativistischer Raum- und Zeitlehre eingehen; Voraussetzung für das Verständnis der Schlußfolgerungen, die zu Reichenbachs und seiner Freunde Überlegungen führten, ist eine kurze, allgemeinverständliche Erläuterung der mathematisch-physikalischen Erkenntnisse, von welchen die neuere Philosophie so entscheidend beeinflußt worden ist.

Noch bis in das 19. Jahrhundert hinein war die Euklidische Geometrie für die naturwissenschaftlichen und mathematischen Wissenschaften grundlegend. Erst der Russe N. J. Lobatschewskij (1793–1826) wies daraufhin, daß die Gesetze der Euklidischen Geometrie nur bei den unendlich kleinen Bezirken auf Exaktheit Anspruch machen können. Euklid ging von der Voraussetzung ebener Flächen aus. Zieht man jedoch in Betracht, daß die Erde, wie alle anderen Körper im Universum als Kugelgestalt angesehen werden muß, so ergibt sich daraus, daß die geraden Linien Euklids nur einen Grenzfall der gekrümmten Linien darstellen, die das Universum dominieren. Mit Lobatschewskij beginnt daher eine Nicht-Euklidische Geometrie, die in der Folge zu einer bahnbrechenden Umwälzung in der mathematischen Physik führte, besonders seitdem sie durch den Göttinger Mathematiker Karl Friedrich Gauß (1777–1855) auf Grund seiner Untersuchungen über die gekrümmten Oberflächen und mehr noch durch den Mathematiker Bernhard

3 Reichenbach, Hans: From Copernicus to Einstein. New York 1942.
4 op lat I, *Acrotismus,* page 75, IX 68.
5 op. lat. I., *Acrotismus* page 75. IX 69.
6 *Weyl,* Hermann: Philosophie der Mathematik und Naturwissenschaft München 1928.

Riemann (1826–1866) erweitert wurden. Es bedarf wohl kaum einer besonderen Betonung, daß von nun an für den mathematischen Physiker der nicht-Euklidische Raum nur noch der allein „Wirkliche" sein konnte, während der Euklidische lediglich eine abstrakte Möglichkeit darzustellen vermochte. Am Beginn des 20. Jahrhunderts findet schließlich der Mathematiker Albert Einstein[6,7] im Zusammenhang mit der Allgemeinen Relativitätstheorie als den allein möglichen Gleichgewichtszustand der Welt einen *geschlossenen Raum*, der homogen mit Masse erfüllt ist. Er kommt dabei zu dem Schluß, daß die Gesamtsumme aller Himmelskörper das Volumen des universellen Raumes determinieren.[8,9]

## Bruno und Einstein

Auf den ersten Anhieb gibt es kaum eine Möglichkeit, irgend eine Verbindung zwischen Brunos Vorstellungen und den komplizierten mathematischen Ableitungen Einsteins und seiner Mitarbeiter herzustellen.

Wenn Bruno in „De immenso"[10] die Frage stellt, *wo* sich das Universum befinde, und die Antwort gibt: „Im Unendlichen Raum" so bedeutet das für den Mathematiker Einstein nur ein sinnloses Wortspiel. Dagegen ergeben sich aus dem italienischen Dialog „De l'infinito, universo e mondi" schon eher gewisse Berührungspunkte. Hier doziert Bruno etwas konkreter:

L'universo immenso è infinito e il composto que resulta da tal spazio e tanti compresi corpi..."

Zwar gibt er die Unbegrenztheit des Raumes nicht auf, aber er versucht, ein Verhältnis zu finden zwischen dem Raum (spazio) und den „corpi". Das ist nicht etwa eine unwesentliche Seitenbemerkung. Bruno kommt im 5. Dialog der gleichen Schrift etwas eingehender darauf zurück.[11]

Er füllt demnach hier das „Vakuum des Raumes" mit unzähligen Himmelskörpern, denen er die gleichen Eigenschaften zuschreibt wie dem Planeten, auf dem wir leben.

Dem Menschen des 20. Jahrhunderts – selbst wenn er nicht qualifizierter Physiker und Mathematiker ist – mag diese Vorstellung primitiv und dürftig erscheinen.

---

7 Einstein, Albert: Kosmologische Betrachtungen zur Allgemeinen Relativitätstheorie. Sitzungsberichte der Preußischen Akademie der Wissenschaften. Berlin 1917.
8 *Lorentz,* A. H., *Einstein,* A., *Minkowksi,* H.: Das Relativitätsprinzip Darmstadt 1958.
9 *Einstein,* Albert, *Infeld,* Leopold: Die Evolution der Physik (Am. Original „The Evolution of Physics) Darmstadt 1958. 1. Aufl. Wien 1950).
10 Opus lat. I: De immenso, libr. III, cap. I, p. 318 „Si a infinitum universum profitente quaeratur, ubi est universum? In infinito spacio respondebo...."
11 „... il spazio immenso que chiamar possiamo liberamento vacuo in cui sono innumerabili ed infiniti globi come vi è questo cui vivemo e vegetamo noi..."

Wenn wir aber weiterlesen, wie Bruno zu erklären versucht, warum er den spazio infinito nennt; wenn er das damit begründet, daß es eben nicht von der Vernunft (ragione) begriffen werden kann, wenn er diesen Raum in den Bereich des Möglichen verweist – ihn sogar als unvollendet ansieht (senso o natura), dann sehen wir erst, daß die Menschen des 16. Jahrhunderts Brunos verschlungenen Gedankengängen so wenig folgen konnten, wie die Laien des 20. Jahrhunderts den mathematischen Formulierungen Einsteins.

Daraus ergibt sich, daß auch der Philosoph der rätselhaften Verpflechtung eines solchen Problems von dieser Seite nicht beikommen kann. Die einzige Möglichkeit den gordischen Knoten zu entwirren besteht darin, daß wir versuchen, unsere eigene Sinngebung für die mathematischen Aufzeichnungen der modernen Physik zu finden. Wir müssen uns klarmachen, was die Ergebnisse der Geometrie – ob Euclid oder Nicht-Euclid – für uns bedeuten.

Es war der französische Philosoph und Mathematiker Henri Poincaré, der sich ernsthaft um die Erschließung der philosophischen Grundlagen der mathematischen Wissenschaften bemüht und uns einen Weg gewiesen hat.[12] Für Poincarè ist die Mathematik gewißermaßen eine wissenschaftliche Kurzschrift, die naturwissenschaftliche Erkenntnisse und Gesetze, vornehmlich der Physik und Astronomie, durch methodische Zeichensetzung darstellt. Dabei kommt es in erster Linie auf die Beziehungen von Erfahrungstatsachen an. Poincarè geht besonders in der Physik davon aus, daß sie ohne die Aufstellung geistiger Prinzipien nicht auskommt. Diese mögen in einem Sinne wahr, in einem anderen bestreitbar sein. Kommt es dabei zu denjenigen Problemen, die sich an der Grenze physikalischer Gegebenheiten und geistiger Vorstellungen bewegen, wie in unserem Falle, zu dem Phänomen, das wir „Raum" nennen, dann kann nicht die Rede davon sein, daß sich physikalische Messungen auf den Raum selbst beziehen, sondern nur auf das empirisch Gegebene, das im Raume existiert. Deswegen kann physikalische Messung keinesfalls etwas über die physische Beschaffenheit des Raumes aussagen, sondern nur über die Beziehungen der Dinge untereinander. Es ist nicht Sache der Philosophie, die mathematischen Aussagen und die Beweisbarkeit ihrer gesetzmäßigen Lösungen zu beurteilen. Anliegen der Philosophie ist vielmehr, die naturwissenschaftlich-mathematischen Disziplinen zu deuten und dieser Deutung eine sprachlich-adäquate Ausdrucksform zu verleihen. Ob daher der Raum Euclidisch oder Nicht-Euclidisch in mathematischer Auffassung ist, bleibt für die philosophische Betrachtung gegenstandslos.[13] Dieser Standpunkt erfährt eine weitere Erhärtung, wenn wir nochmals zurückgreifen auf die allgemeine Relativitätstheorie und die Frage untersuchen, ob *sie* imstande ist, für die Korrelation des Raumes, der Zeit und der physisch-realen Dinge eine Erklärung zu liefern.

---

12 *Poincaré*, Henri: Wissenschaft und Hypothese, Paris 1903; Wert der Wissenschaft, Paris 1906; Wissenschaft und Methode, Paris 1909.
13 *Cassirer*, Ernst: Zur modernen Physik. Darmstadt 1957, S. 93.

Eine solche Erklärung erwies sich als erforderlich, als Mathematiker und Physiker am Beginn des 20. Jahrhunderts die oben erwähnte Riemannsche Theorie der gekrümmten Oberflächen mathematisch ausbauten und in ihren Berechnungen zu dem Schluß kamen, daß der unendliche Raum mit der Euclidischen Geometrie nicht in Einklang gebracht werden kann. Die sich ergebenden Gleichungen haben keine Geltung, wenn man das Newtonsche Gravitationsgesetz als gültig annimmt und akzeptiert, daß die Materie gleichförmig im Weltall verteilt ist. Nach dem Gesetz nimmt die Gravitationskraft einer konstanten Masse mit dem reziproken Quadrat der Entfernung ab. Dann würden jedoch die entfernten Massen in der Wirkung der Gravitation so überwiegend werden, daß die auf einen solchen Himmelskörper ausgeübte Gesamtkraft ganz unbestimmt würde.[14]

Man muß bei dem Durchdenken dieser Unstimmigkeit davon ausgehen, daß ein in sich geschlossener Körper, z. B. eine Kugel, dimensional beschränkt ist. Erst wenn man diesen geschlossenen Raum aufgibt, ergibt sich die dem menschlichen Bewußtsein noch vorstellbare dreidimensionale Welt. Analog zu dieser Vorstellung ergäbe sich auch für die dreidimensionale Welt die Möglichkeit, daß ihr Raum endlich, aber dennoch unbegrenzt ist. Während jedoch eine solche Möglichkeit bereits außerhalb unserer Vorstellungskraft liegt, kann die analytische Geometrie mathematisch vieldimensionale Räume konstruieren. Von hier aus schreiten die Relativitätstheoretiker fort und gelangen in ihren Berechnungen zu den Ergebnissen, die zu einem geschlossenen Raum führen, der im großen homogen mit Masse erfüllt ist.

Einstein gab sich keinesfalls mit dieser Erkenntnis zufrieden. Seine weitausgreifenden Forschungen auf dem Gebiete der Relativitätstheorie, die Berücksichtigung seiner „Feldgleichungen der Gravitation" veranlaßten ihn, ein neues Element in seine Betrachtungen einzubeziehen. Es ist die Wechselbeziehung von Raum und Zeit. Sie erweitert die ursprüngliche Frage in ein erkenntnistheoretisches Problem, insofern als sie uns zum Bewußtsein bringt, daß unsere Urteilskraft von den Dimensionen, innerhalb deren wir leben, begrenzt ist. Es ist an diesem Punkte, wo das abstrakte Denken des Mathematikers in die Gedankenwelt des Philosophen hinübergreift. Die Sprache der mathematischen Gleichungen mag weder von einem Laien, noch von einem philosophischen Denker verstanden werden. Daß unsere Denkfähigkeit uns weit größere Erkenntnisse eröffnet als unsere sinnliche Wahrnehmung, steht außer jedem Zweifel.

Es war der Naturwissenschaftler Hermann Weyl, der versuchte eine Brücke zu bauen zwischen den Gedankengängen des Mathematikers, des theoretischen Physikers und des Philosophen. Er ist auch einer der wenigen Männer der exakten Wissenschaften, der nicht verfehlt, Bruno in seine Betrachtungen aufzunehmen:

„Bei der Frage nach der ganzen Ausdehnung der Welt muß man unterscheiden zwischen dem rein topologischen und den Massverhältnissen. Bruno empfand den Übergang von dem

---

[14] *Weyl*, Herm. Philosophie d. Mathematik und Naturwissenschaft, München 1928, S. 78.

in der Kristallsphäre eingeschlossenen, um ein Zentrum kreisenden aristotelischen Weltsystem zu der indifferenten Weite des unendlichen, unzentrierten, überall von Sternen bevölkerten Euklidischen Raumes als eine mächtige Befreiung."[15]

Selbst wenn Bruno imstande gewesen wäre, mathematisch zu denken, so konnte er doch nicht zu seiner Zeit zu Schlußfolgerungen kommen, die erst nach Jahrhunderten wissenschaftlicher Entwicklung möglich waren. Weyl möchte dem gerecht werden, indem er uns ein anschauliches Bild von Raum und Zeit gibt. Es ist dabei irrelevant, ob wir die Erweiterung in die vierte Dimension auf die Riemannsche Theorie oder auf Einsteins Projektion des Zeitbegriffs auf den Raum annehmen. „In einem Fall" – so sagt Weyl – „hat sie (die Welt) einen einzigen, zusammenhängenden, unendlich-fernen Saum, im anderen Fall erstreckt sie sich von Ewigkeit zu Ewigkeit; sie trägt zwei *Säume*: den der unendlich-fernen Vergangenheit und den der unendlich-fernen Zukunft. Das ist der eigentliche Sinn des geschlossenen Raumes."

Vom Standpunkt des Philosophen läßt sich dazu sagen, daß die mathematische Physik wohl die Maßverhältnisse innerhalb der physischen Mannigfaltigkeit aufzuzeigen vermag. Sie kann auch in der Sprache der Nicht-Euclidischen Geometrie diesen Maßverhältnissen ihren einfachsten und präzisesten Ausdruck verleihen. Aber sie kommt auch dann nicht über den Grundsatz Poincarés hinaus, wonach sich die mathematischen Aussagen nicht auf die Dinge selbst, sondern nur auf die Beziehungen der Dinge untereinander und den Gesetzen, welchen sie unterliegen, erstrecken. Deswegen bleibt die mathematische Chiffre immer wieder symbolisch und nur ideell.

Einstein selbst hat sich in seinen „Kosmologischen Betrachtungen"[16] dieser Erkenntnis nicht entziehen können, und erklärt, daß in diesen Berechnungen nur eine von mehreren Möglichkeiten vorliegt. Er fügt hinzu, daß „ihm das Aufstellen von Grenzbedingungen für das Räumlich-Unendliche nicht gelungen ist." Es handelt sich daher eher um eine heuristische Arbeitshypothese als um ein allgemeingültiges Gesetz.[17]

Was Weyl mit dem Bild der zwei Säume klar zu machen versucht, ist, daß die Möglichkeit sich einen Raum zu denken, der endlich, aber dennoch unbegrenzt ist, unter gewissen Voraussetzungen besteht. Es ist das Verdienst des Philosophen Ernst Cassirer, zum Verständnis dieser Voraussetzungen durch seine Studien über

---

15 Siehe Weyl, S. 77.
16 H. A. Lorentz, Albert Einstein, Herm. Minkowski: Das Relativitätsprinzip. 6. edition 1923, mech. copy Darmstadt 1958, p. 135.
17 Einstein, Albert: Geometrie und Erfahrung: „Soweit sich die Sätze der Mathematik auf die Wirklichkeit beziehen, sind sie nicht sicher und insofern sie sicher sind, beziehen sie sich nicht auf die Wirklichkeit." Daraus geht hervor, daß Einstein selbst Bedenken hatte, die absolute Gültigkeit der mathematischen Sätze, die von der modernen Physik und Mathematik aufgestellt worden sind, anzuerkennen.

die Allgemeine Relativitätstheorie wesentlich beigetragen zu haben.[18,19] In seinen Betrachtungen erscheint das Verhältnis zwischen der Euclidischen und Nicht-Euclidischen Geometrie in einem neuen Lichte, das uns zum Verständnis der kontradiktorischen Auffassungen vom endlichen und unendlichen Raum ohne Inanspruchnahme höherer Mathematik verhelfen mag.

Eine der Voraussetzungen ist, daß wir lernen müssen, uns von dem Gedanken einer dreidimensionalen Welt zu befreien. Für uns Menschen des 20. Jahrhunderts ist das eine Umstellung, die derjenigen gleichkommt, welche Bruno von dem Renaissance-Menschen forderte, als er ihn lehrte, sich der Vorstellung eines in Kristallsphären eingeschlossenen Kosmos zu entledigen. Aber noch viel schwieriger ist der Gedanke, daß das Leben im Weltall nicht in 4, sondern in vielen Dimensionen abläuft; das mag jenseits unseres Vorstellungsvermögens liegen, weil wir kein Organ besitzen, das mächtig genug ist, eine vieldimensionale Welt zu begreifen. Doch auch mit der Annahme einer Vielzahl von Dimensionen und ihrer Applikation auf die Kurvatur des Universums allein läßt sich jedoch noch immer nicht die Schlußfolgerung entkräften, daß im Nicht-Euclidischen Raum sich die gekrümmten Linien wieder treffen und so zu einem geschlossenen Universum führen. Cassirer kommt der Lösung der Frage dadurch näher, daß er alle Vergleiche zu den Euclidischen und anderen geometrischen Möglichkeiten nur als analytische Begriffsspiele bezeichnet, die sich auf unser Denken, nicht aber auf das „Sein" beziehen. Er geht soweit, daß sie für ihn außer Betracht bleiben, wenn es sich um die „Erfahrung" und die „Natur" handelt. Dem steht allerdings entgegen, daß an der Tatsache der Kurvatur, wie schon die Kugelgestalt der Erde (und anderer Planeten) beweist, nicht vorübergegangen werden kann.

Dabei mag darauf abgehoben werden, daß, ebensowenig wie es eine einheitliche Zeit für das ganze Universum gibt, ebensowenig man von einer einheitlichen Geometrie sprechen kann, die für die Gesamtheit des Raumes Gültigkeit hat. Diese Analogie ist durchaus keine willkürliche. Denn genau so, wie sich der Zeitbegriff auf die jeweilige Distanz des Himmelskörpers im Gravitationsfeld bezieht, und dabei die Anzahl der Umdrehungen um den Centralkörper bestimmt, genauso mögen die verschiedenen Formen der Geometrie von der spezifischen Beschaffenheit des Gravitationsfeldes abhängig sein. Es ist daher eine logische Frage der Allgemeinen Relativitätstheorie, daß von einer unveränderlichen Geometrie „die für das Ganze der Welt gilt" nicht gesprochen werden kann. Vielmehr werden – wie Cassirer folgert –" die Maßverhältnisse des Raumes durch das Gravitationspotential bestimmt werden". Da dieses sich nach den Kraftfeldern richtet, die auf den verschiedenen Himmelskörpern vorherrschen, so ergibt sich daraus, daß eine universale Maßgeometrie, die für den gesamten Weltraum Gültigkeit hat, nicht angenommen werden kann.

18 *Cassirer*, Ernst: Individuum und Kosmos in der Philosophie der Renaissance. Darmstadt 1963.
19 *Cassirer*, Ernst: Zur modernen Physik. Darmstadt 1957.

Einstein, Weyl und andere Forscher konnten daraus keinen anderen Schluß ziehen, als daß man sich unter einem Universum, indem man weder von einem einheitlichen Zeitbegriff, weder von einheitlichen Maßverhältnissen, noch von einheitlichen Kraftfeldern sprechen kann, kein statisches Gebilde vorstellen darf, sondern daß es als ein dynamischer Prozeß angesehen werden muß.[20]

Es ist ein Etwas, das in stetiger, nie endender Bewegung begriffen ist; ein Vorgang unaufhörlicher Veränderung, immerwährender Ausdehnung und Zusammenziehung.

Das ist, was Einstein meint, wenn er davon spricht, daß ein Aufstellen von Grenzbedingungen für das Räumlich-Unendliche nicht gegeben ist.[21] Das ist auch die Interpretation von Hermann Weyls Auffassung," daß es aber auch möglich ist, daß der Raum endlich und dennoch unbegrenzt" ist. Weyl verbindet den dynamischen Vorgang der Bewegung und Veränderung mit der zeitlichen Dimension. So hat sein Universum nicht nur eine unendliche Ferne. Es erstreckt sich von Ewigkeit zu Ewigkeit oder wie er sagt: „von der unendlich-fernen Vergangenheit zu der unendlich-fernen Zukunft."

Der dynamische Prozeß, den die Alten Kosmos, den wir Universum nennen, kann daher weder einen Anfang noch ein Ende weder in räumlicher noch in zeitlicher Hinsicht haben. Hier treffen sich die Hypothesen der Moderne wieder mit den Intuitionen Brunos. Nicht nur deswegen, weil auch er einmal sehr entschieden über Ausdehnung und Zusammenziehung der Welt schreibt.[22] Da es ein unaufhörliches Ausdehnen und Zusammenziehen gibt, kann auch weder von einem All-Mittelpunkt noch von einem Radius die Rede sein. Es gibt keine kosmische Schöpfungsgeschichte. –

Diese unermeßliche, unvorstellbare Welt, dieses Welt-Tier, dieses Etwas, das völlig jenseits aller unserer Vorstellungsmöglichkeiten liegt, war nach unserer beschränkten menschlichen Anschauung immer da und wird immer da sein – von

---

20 Ausdehnung und Zusammenziehung –? Das erinnert uns an Brunos Wort in „de triplici minimo" (siehe Seite 64) von der *Expansio centri* und der *contractio in centrum*. An dieser Stelle bezieht sich das zwar auf die Geburt und den Tod des Menschen. Wenn wir aber daran denken, daß das gesamte Universum für Bruno ein Organismus war, dem er die Eigenschaften des Lebens zuschrieb, so liegt die Analogie, das Prinzip von expansio und contractio auf das „Welttier" zu übertragen, nicht so fern. Es liegt um so mehr im Felde solcher Gedankengänge, wie wir aus anderen Aussagen Brunos wissen, daß auch er sich das Universum als einen dynamischen Vorgang gedacht hat. Hier berühren sich also die kosmogenenAnschauungen Brunos und Einsteins, obwohl man dabei nicht von einem direkten Weg von Brunos naturphilosophischen Visionen zu den mathematischen Ableitungen Einsteins sprechen kann.
21 Barnett, Lincoln: The Universe and Dr. Einstein, New York 1948, p. 107.
22 An anderer Stelle kommt Einstein zu dem Schluß, daß das Universum weder unendlich, noch Euklidisch – d. h. begrenzt – ist, sondern bis heute irgendwie unvorstellbar. Siehe Barnett, S. 107.

Ewigkeit zu Ewigkeit. Damit aber entfällt auch der Widerspruch zwischen einem endlichen, in sich geschlossenen Raum und einem unendlichen Universum. Der Streit der Mathematiker und Philosophen über das Universum von Bruno oder das von Einstein verflüchtigt sich zu einem rätselhaften Etwas, das über alles Materielle und Vorstellbare hinausreicht, wo alle Begriffe enden, alle Berechnungen keine Gültigkeit mehr haben, etwas von dem wir endlich gebundenen Menschen weder eine Vorstellung haben, noch eine Definition besitzen. Es ist nichts Feststehendes, nicht mehr mit unseren Sinnen Erfaßbares, nichts mehr Konkretes. Es liegt nicht mehr innerhalb unserer intellektuellen Kapazität.

## Zusammenfassung

*Fassen wir alle Überlegungen nochmals zusammen* und legen uns jetzt die Frage vor, welche Antwort wir letzten Endes gefunden haben, so müßen wir uns gestehen, daß immer noch ein ungelöster Rest übrig bleibt.

Denn bei alledem kommen wir auch jetzt noch nicht darüber hinweg, daß wir nichts über die Dinge selbst, sondern nur über ihre Beziehungen untereinander auszusagen vermögen. Eine endgültige, entscheidende Antwort kann uns weder die Naturwissenschaft, noch die Philosophie geben.

Die Philosophie ist im zwanzigsten Jahrhundert ebensowenig vollgültig wie im sechzehnten. Man wird immer auf den Stand des Wissens der Epoche angewiesen sein, die man zum Vergleich heranzieht.

Das Konzept des Universums am Ende der Renaissance ist immer noch beherrscht von der Philosophie und der Geometrie der griechischen Denker und den Dogmen der katholischen Kirche.

Wenn auch Bruno mit der Auffassung des aristotelischen Weltbildes gebrochen hat und die Copernicanische Theorie zu einem unendlichen Universum erweiterte, so war auch er noch tief beeinflußt von mittelalterlichen Vorstellungen. Die Zeit induktiven Denkens und naturwissenschaftlicher Arbeitsmethoden kam erst viele Jahre später, und niemand – auch nicht die besten Mathematiker zu Zeiten Brunos – hegte irgend einen Zweifel an der Gültigkeit der Euklidischen Geometrie.[23] Auch von theologischen Einflüßen war Brunos Kosmologie nicht frei. Er war noch immer befangen in dem Glauben an einen – wenn auch immanenten – Gott.

Abgesehen davon waren die Schriften Brunos oft zweideutig gehalten und durch eine ans Bizarre grenzende Darstellung verzerrt. So neu und originell seine Ideen waren, so altmodisch war das sprachliche Gewand, in das er sie kleidete.

Daran ändert auch die Tatsache nichts, daß er sich während seiner englischen Arbeitsperiode des Italienischen bediente, obgleich das für die damalige gelehrte

---

23 Das ist um so erstaunlicher, als die Ansicht, die Erde sei eine flache Scheibe, schon seit Hunderten von Jahren überwunden war.

Welt, die sich nur des Lateinischen bediente, ganz ungewöhnlich war. Den akademischen Kreisen jener Zeit mußte das als die Sensationshascherei eines Scharlatans erscheinen, der sich damit außerhalb der ungeschriebenen Gesetze der gelehrten Kreise bewegte und sich damit bei den Professoren von Oxford und denen der Sorbonne unbeliebt machte.

Trotz alledem – Brunos Konzept des unendlichen Universums – obwohl für die nächsten hundert Jahre verdammt und vergessen – brach sich in späteren Jahrhunderten Bahn und beeinflußte Dutzende von Denkern der Neuzeit.

Erst Einstein jedoch ging einen Riesenschritt voran. Sein Weltbild war vor allem völlig abgezogen von irgendwelchen religiösen Elementen – etsi deus non daretur.

Wenn Einstein auch auf das physikalische Experiment nicht verzichtet, seine Relativitätstheorie hat uns noch weit mehr als Brunos Hypothesen bestärkt in der Gewißheit, daß wir uns mehr auf unsere logische Urteilskraft als auf sinnliche Wahrnehmung verlassen müssen. Erst durch Einsteins Forschungen beginnen wir, uns über den dreidimensionalen Charakter unseres Begriffsvermögens hinauszuheben. Heute kann uns nichts mehr davon zurückhalten, daß wir uns als Teil eines Weltalls fühlen, in welchem eine Vielzahl von Dimensionen herrscht. Die umwälzende Erkenntnis, daß in diesem Weltall die geometrischen Gesetze des Euclid keine Gültigkeit mehr haben, ist bereits über hundert Jahre alt und liegt immer noch außerhalb der Vorstellungskräfte des neuzeitlichen Menschen. Es ist immer nur ein verhältnismäßig kleiner Kreis hochorganisierter mathematischer Gehirne, die imstande sind, ein vieldimensionales Weltall, das sich in gekrümmten Bahnen bewegt, und in dem es genaugenommen gar keine gerade Linie gibt, zu begreifen.

Die Formeln und Gleichungen Einsteins, Plancks und anderer sind die wissenschaftlichen Ausdrucksformen unserer Zeit, ebenso wie Bruno die Sprache seines Jahrhunderts geschrieben hat. Doch Bruno wie Einstein- beide suchten nach der Wahrheit. Aber es gibt keine absolute Wahrheit. Sie ist und bleibt immer die Tochter ihrer Zeit. ,,*Veritas Filia Temporis*'', wie Bruno das in seinen Eroici furori formuliert hat. Die mathematisch – physikalischen Gesetze im Jahre 2500 werden eine Vervollkommung der gegenwärtigen sein und mögen in einer anders geprägten Chiffre niedergeschrieben werden als im Jahre 2000. –

Solange unsere intellektuellen Fähigkeiten nicht wesentlich vervollkommnet sind, bleibt auch die Interpretation des Widerspruchs zwischen Brunos Universum und Einsteins Weltbild eine spekulative Hypothese. Wir sind nach wie vor auf Analogie und Vermutung angewiesen und müßen uns damit abfinden, daß wir mit semantischen Schwierigkeiten kämpfen müssen, sobald wir das Gebiet der mathematischen Exaktheit verlassen.

Selbst in der Jahrhunderte alten Streitfrage von Glauben und Wissen sind wir nicht viel weitergekommen. Der Wissenschaftler wird die Schöpfungsgeschichte auf einen tellurischen Vorgang beschränken, aber die Legende von Adam Kadmon, all die Schönheit und Weisheit der Bibel und die religiösen Offenbarungen anderer Bekenntnisse den Priestern und Mystikern überlassen. Im Bereiche der Wissenschaft und der Philosophie müssen wir uns auf empirische Erfahrung und diskursives Denken einstellen. Wir werden dabei auch weiterhin auf die Kontroverse von Möglichkeit und Wirklichkeit stoßen.

Das Problem von der Struktur des Universums ist und bleibt wohl eine der ungelösten Fragen der Menschheit. Wir sind endliche Wesen in einer unendlichen Welt und an dieses Kreuz von Raum und Zeit geschlagen – von Ewigkeit zu Ewigkeit.

*Neuntes Kapitel.*

## Was ist der Gegenwart noch lebendig von dem pensiero Bruniano?

Die Frage, ob Giordano Bruno auch der gegenwärtigen Zeit noch etwas zu sagen hat und die positive Beantwortung dieser Frage kann allein nicht eine umfangreiche Darstellung von Brunos Leben und Lehre rechtfertigen.

Diese Frage ist nicht damit erschöpft, daß man auf eine Reihe seiner Erkenntnisse und Ergebnisse seines Denkens aufmerksam macht, die heute unbestrittenes Allgemeingut unserer Bildung geworden sind. – Auch Brunos Einfluß auf die nachfolgenden Geschlechter und das Einströmen seiner Ideen in die Schriften späterer Denker und die Befruchtung ihres Schaffens allein genügt nicht, um zu behaupten, daß er eine einmalige Stellung an einem Wendepunkt des abendländischen geistigen und kulturellen Werdens eingenommen habe.

Die Sichtbarmachung des Problems wird durch vielerlei Widersprüche in Brunos Denkweise und durch die Eigenart seines Vortrags erschwert. Die Umbruchstelle, an welcher er am Ende des sechzehnten Jahrhunderts stand, ist dadurch charakterisiert, daß der Renaissance-Mensch am Übergang zum Barock der alten mythischen, von allegorischen Bildern überladenen Betrachtungsweise müde geworden war. Er wehrte sich ebensosehr gegen die spekulative, scholastische Denkweise wie gegen das Verfahren, aus unbewiesenen Behauptungen und Schlußfolgerungen eine Weltsicht zu konstruieren, welche in ihrer Primitivität dem Fortschritt der Zeit nicht mehr genügen konnte.

Aus dieser Reaktion wurde ein neuer Erkenntnisweg geboren. Man versuchte durch eine exakte, experimentelle Analyse und durch streng metrisches Denken, reine Beobachtung und nüchterne Naturbefragung einem neuen induktiven Verfahren Beweiskraft zu verleihen. Es wuchs eine Wissenschaft heran, deren Arbeitsweise auf einer Methode des Messens und Zählens beruhte, womit eine kausal-mechanistische Betrachtungsweise zu einem wissenschaftlichen Verfahren erhoben wurde. Diese experimentelle Denkweise sah ihre Aufgabe in der Aneinanderreihung von Beobachtungen und Fakten, welche sie durch mathematisch festgelegte Gesetzmäßigkeiten in kausale Zusammenhänge einordnete. Man fragte nicht mehr nach den inneren Ursachen und Prinzipien der Erscheinungen, sondern beschreibt, klassifiziert, analysiert und berechnet sie nach ihren äußeren Wirkungen und verfolgt ihre technisierbare Verwertbarkeit für das praktische Leben. Solange diese Forschung dem Grundgesetz nachlebt, von dem sie ausgegangen ist, mußte sie alles ausschalten, was abseits zuverlässiger und mathematischer Fakten liegt. Sie mußte sich beschränken auf die Frage des „Wie" und jede Frage nach dem „Warum" und dem inneren Wesen der Dinge ausklammern.

Dadurch aber nahm die neue Wissenschaft den Charakter eines Empirismus an, der zwangsläufig der absoluten Herrschaft des Zufalls verfällt. Es ist offensichtlich, daß eine solche rein-mechanistische Betrachtungsweise sich nur auf diejenigen Tatbestände beziehen kann, deren Objekte im Bereiche des Anorganischen liegen, und daß ihre mathematischen Methoden versagen müßen, sobald organische Lebenserscheinungen sich einem in Statistik erstarrten Verfahren entziehen. Kehren wir zurück zu dem historischen Ursprung dieser revolutionären Umstellung, so finden wir in Nicolaus Copernicus ihren Begründer, in Galileo Galilei ihren genialen Repräsentanten. Girodano Bruno steht nicht nur chronologisch, sondern auch geistesgeschichtlich zwischen diesen beiden Denkern der Neuzeit. Das Wesentliche seiner Weltsicht jedoch ist, daß er die Welt in zweifacher Hinsicht von einer völlig anderen Grundstellung aus sieht als Copernicus und Galilei. Ihm ist die Welt nicht ein mechanistisches Beobachtungsobjekt, sondern ein Organismus. Das Hauptmerkmal des Organisch-Lebendigen ist seine Unteilbarkeit, seine All-Einheit. Bruno sieht das Weltall als ein Ganzes, dessen innerste Substanz man nur erkennen kann, wenn man diese einheitliche Ganzheit als solche begrifflich erfaßt und erst von hier aus ihre Unterordnungen zu verstehen sucht. Sein wissenschaftliches Verfahren ist daher eine deduktive, spekulative Denkweise, und als solche der neuen Wissenschaft diametral gegenüberstehend. Was aber das Verständnis seiner Position und seine Bedeutung für die nachfolgende Entwicklung besonders erschwert, ist sein Festhalten an dem Denkverfahren der Scholastik und an ihrer überalterten Darstellungsweise. Diese archaische Formulierung seiner oft neuzeitlich-originellen und teilweise kühnen Ideen überschattet bedauerlicherweise sein Gesamtwerk und hat es schon immer schwer zugänglich gemacht.

Worauf es jedoch hier ankommt, ist nicht die äußere Formulierung, sondern die tiefere Erkenntnis, daß Bruno sich der Wendung der geistigen Entwicklung in das andere Extrem voll bewußt war. Er befürchtete, daß der neue Weg der Wahrheitssuche, solange er sich nur auf eine mechanistische Grundlage verläßt, die Welt in ihrer Ganzheit nie erfassen kann und der Gefahr einer einseitig- materialistischen Weltansicht verfällt, in welcher das Prinzip des Organischen verkümmert, wenn es nicht ganz ausgeschaltet wird, und der Mensch wie alles Lebendige nur noch als strukturelles Konglomerat von Atomen angesehen wird. Deshalb sein ewiger Kampf „adversus mathematicos". Was Bruno hier vorausgeahnt hat, ist in der Tat eingetreten.

Die Naturwissenschaften haben in der Folge einen geradezu explosiven Auftrieb genommen, und ihre technischen Errungenschaften bewirkten eine Umgestaltung des abendländischen Kulturlebens und des Schicksals der ganzen Welt. Mehr als das, sie errangen im 19. Jahrhundert eine völlige Autonomie der Wissenschaft. Die Philosophie dagegen wurde von ihrer ursprünglichen Aufgabe, Werte zu setzen und die Wissenschaft zu einer Sinngebung von Welt und Leben zu steuern, ganz und gar abgedrängt und zum Range einer Wissenschaft unter den Wissenschaften heruntergedrückt. Die Folge war das Aufkommen eines kausal-mechanistischen Weltbildes, dessen Überwiegen die Menschheit schließlich in die heutige Kulturkrise gestürzt hat. Während die Naturwissenschaften und ihre technokratische Tochter bis zu der Bändigung der Urkräfte des Universums vorgestürmt sind, haben sie die geistig-seelische Entwicklung auf einer Ebene zurückgelassen, die kaum über die des Höhlenmenschen hinausgekommen ist, ohne sich dessen Naturverbundenheit und instinktive Bewußtseinskräfte zu erhalten.[1]

Hier aber findet Giordano Brunos Lehre von der All-Einheit und der organistischen Struktur des Weltganzen ihren bedeutungsvollen Anschluß an die Gegenwart. Seine noch von allerlei Schlacken der Scholastik überwucherten Gedankenassoziationen erfuhren, geläutert und erweitert durch das Werk von Goethe und dessen Ansätze zu einer morphologischen Naturanschauung, eine moderne Nachfolge in der Philosophie einer neuen wissenschaftlichen Organik.

In einer entschiedenen Abwendung von der mechanistischen Weltanschauung und mit bewußter Anknüpfung an Goethes ganzheitliches, anschauliches Denken wehrt sich diese Philosophie gegen die Einseitigkeit der kausal-materialistischen Denkweise und erklärt, daß diese nicht mehr in der Lage ist, die Probleme der Gegenwart zu lösen. Die geistige Wurzel dieser Philosophie ist: „eine ganzheitliche Deutung der Bindungen, der Ordnung und der Gliederung im Wirklichkeitsgefüge", ihr fundamentaler Grundsatz: „Das Ganze vor den Teilen"[2].

Sie stellt der kausal-mechanischen Deutung des Weltgeschehens eine organisch-teleologische Betrachtungsweise gegenüber. Der Prozess dieser organischen Weltsicht ist nicht ein mechanisches Ergebnis nach den Grundsätzen einer epikuräischen Lebensführung, ihre Philosophie sieht vielmehr Aufgabe und Weg im Sinne einer heroischen Lebensauffassung mit dem Ziele einer neuen ethischen Sinngebung des menschlichen Lebens.[3]

Diese organische Weltanschauung, zuerst von dem Südafrikaner Smuts als Holismus proklamiert und von Pascual Jordan und Adolf Meyer – Abich erweitert und formuliert, knüpft – wenn auch vielleicht unbewußt – an Giordano Bruno, bewußt jedoch an Goethe und Schelling an, und faßt die Welt wie jene als eine „von organischen Kräften und Wachstumsgesetzen beherrschte, lebensvolle Ganzheit auf." –

„Die Ganzheit" – sagt Meyer-Abich – " ist mit Goethe gesprochen das alles umgreifende Urphänomen dieser Philosophie"[4].

Ebenso bedeutet Smuts die Ganzheit eine logische Kategorie, ein die gesamte Wirklichkeit beherrschendes metaphysisches Urphänomen und Prinzip, eine nriginelle und ebenbürtige Wiedergeburt der Aristotelischen Entelechie.

[1] Zum Teil liegt sie vielleicht noch darunter. So war z. B. Nacktheit des menschlichen Körpers für den Primitiven eine Selbstverständlichkeit, hervorgegangen aus einer Notwendigkeit. Heute wird sie in unserer After-Zivilisation von einer Gruppe gewissenloser Handelsleute des Theaterbetriebs zur Anreizung der niedersten Sexualinstinkte ausgebeutet.

[2] Heske, Franz: Zur Philosophie einer Ganzheit vor den Teilen; siehe F. Heske, Pascual Jordan, A. Meyer-Abich: Organik 1954.

[3] ders. Organik S. 48–51.

[4] Meyer-Abich, A.: Naturphilosophie auf neuen Wegen. Stuttgart 1948.

Die Philosophie dieser Denker ist eine Ideenlehre, welche sich, wie einstmals Giordano Bruno, aufs entschiedenste dem mechanistischen Erkenntnisideal entgegenstellt. In ihren wissenschaftlichen Methoden geht sie, dem Fortschritt unserer wissenschaftlichen Erkenntnis folgend, weit über den Nolaner hinaus und versucht einen modernen Weg zu finden, der aus unserer gegenwärtigen geistigen Krise herausführt.[5]

Vor allem will die organische Philosophie ein Gegengewicht schaffen gegen die bloße Anhäufung von Wissensgut durch Experiment und Beobachtung. Die Ergebnisse einer solchen Wissenschaftsmaschine wachsen lawinenartig an und führen zu einer unübersehbaren Mehrung von einzelnen Tatbeständen, sodaß die Folge eine Aufspaltung in ein zusammenhangloses Spezialistentum ist. So sind wir aus dem Jahrhundert der Naturwissenschaften in das Zeitalter der Spezialisten geraten, eine typische Erscheinung, in welcher Weise die davonstürmenden Naturwissenschaften unser geistiges Leben atomisiert haben.

Mehr denn je zeigt diese Entwicklung, daß nur eine planvolle, über den Einzelwissenschaften stehende Philosophie einer weiteren Aufsplitterung unseres geistigen und kulturellen Lebens durch weise Einordnung und Steuerung Einhalt gebieten kann. Dieses Ziel verfolgt die organische Philosophie auf dem Wege einer ganzheitlichen Schau, Wertung und Gestaltung.[6]

Jedenfalls zeigt der Weg der organischen Philosophie, daß der pensiero Bruniano wie alle großen, umwälzenden Ideen bis in die Gegenwart weitergetragen worden ist. Doch seien wir uns dessen bewußt, daß auch die Erkenntnissuche der organischen Philosophie nur *einer* der Wege ist, die der Wiederaufrichtung eines organischen Weltbildes und der weiteren Entwicklung des abendländischen Geisteslebens dienen.

---

5 Im Gegensatz zu Bruno verzichtet die organische Philosophie nicht auf die wissenschaftliche Anwendung der Mathematik. Der Sturz der mechanistischen Idee bedeutet keineswegs ein Aufgeben der mathemat. Naturwissenschaft. Sehr klar wird differenziert, daß diese durchaus mit dem platonischen Denken vereinbar ist, während die platonische Ideenlehre aus innerstem Wesen dem mechanistischen Prinzip entgegensteht. Für den Holismus ist Mathematik ein geistig-abstraktes Instrument, das jedoch keinesfalls zum Range einer eigenen Weltanschauung erhoben werden sollte.)

6 S. 72: Meyer-Abich: Neue Wege der Naturphilosphie. „Die Entstehung der modernen Mathematik in der analytischen Geometrie von Descartes und in der Infinitesimalrechnung von Leibniz und Newton hat dann in der Folge neben dem unendlich Großen der Astronomie auch die Welt des unendlich Kleinen dem abendländischen Denken erschlossen."

# Quellennachweis

## A. Texte

**1582**
De umbris idearum, Ars memoriae, Cantus circaeus, Paris, lat.
De compendiosa architectura et complemento artis Lullii, Paris, lat.
Il candelaio (Komödie in 5 Akten), Paris, it.

**1583**
Ars reminiscendi... in triginta sigillis, London, lat.
Explicatio triginta sigillorum, London, lat.
Sigillus sigillorum, London, lat.

**1584**
La cena de le ceneri, London, it.[1]
De la causa, principio e uno, London, it.[1]
De l'infinito universo e mondi, London, it.[1]
Lo spaccio de la bestia trionfante, London, it.[1]

**1585**
Cabala del cavallo Pegaseo con l'aggiunta dell' asino cillenico, London, it.[1]
De gli eroici furori, London, it.[1]

**1586**
Figuratio Aristotelici physici auditus, Paris, lat.
Dialogi duo de Fabricii Mordentis, Paris, lat.

**1587**
De lampade combinatoria Lulliana, Wittenberg, lat.
De progressu et lampade venatoria logicorum, Wittenberg, lat.
Lampas triginta statuarum, Wittenberg, lat.[2]
Libri physicorum Aristoteli explanati, Wittenberg, lat.[3]

**1588**
Camoeracensis acrotismus..., Wittenberg, lat.[4]
Oratio valedictoria, Wittenberg, lat.
De specierum scrutinio et lampade combinatoria Raymundi Lullii, Prag, lat.
Articuli centum et sexaginta adversus mathematicos, Prag, lat.

**1589**
Oratio Consolatoria, Helmstedt, lat.

**1590**
De Magia et Theses de Magia, Helmstedt, lat.

**1591**
De triplici minimo et mensura..., Frankfurt a. M., lat.[5]
De imaginum signorum et idearum compositione, Frankfurt a. M., lat.
De monade numero et figura, Frankfurt a. M., lat.

1591
De innumerabilibus immenso et infigurabili..., Frankfurt a. M., lat.
Lampas triginta statuarum, (2. Auflage), Padua, lat.

Anmerkungen:
1 Die 1584 und 1585 in London bei J. Charleswood erschienenen italienischen Dialoge trugen fälschlicherweise den Erscheinungsort „Venetia".
2 Von Lampas triginta statuarum wurde im Jahre 1591 in Padua eine zweite, im Druck verbesserte Auflage herausgebracht.
3 Die Richtigkeit des Erscheinungsjahres und des Verlagsortes wird in der großen italienischen Bibliographie von Salvestrini in Frage gestellt.
4 Camoeracensis acrotismus – der Titel konnte nur abgekürzt wiedergegeben werden.
5 Es steht nicht einwandfrei fest, daß der Verlagsort von „de imaginum..." Frankfurt oder Zürich war. Dieselbe Vermutung liegt auch bei „De immenso" vor.

## B. Posthume Einzelausgaben

1595
Summa terminorum metaphysicorum, Zürich, lat.
(Bruno hatte das Manuscript noch vor der Gefangenschaft 1591 beendigt.)
1609
erschien eine erweiterte Auflage in Marburg, lat.
1612
Artificium perorandi traditum, lat.
(Ursprünglich 1587 in Wittenberg verfaßt, wurde es erst im Jahre 1612 von Johann Heinrich Alstedt veröffentlicht.), lat.
1868
De umbris idearum et arte memoriae, herausgegeben von Salvatore Tugini in Berlin, lat.
1912
Il candelaio, Herausg. von Enrico Sicardi, Straßburg, it.
1923
Il candelaio, Herausgegeben von Vincenzo Spampanato, Bari, it.
1964
Il candelaio, Herausgegeben von Giorgio Barberi Squarotti, Turin, it.
1955
La cena de le ceneri, Herausgegeben von Giovanni Aquilechia, Rom, Turin, it.
De la causa, principio e uno. Herausgegeben von Augusto Guzzo, Florenz, it.
1957
Duo dialoghi sconosciuti e due dialoghi noti. Herausgegeben von Giovanni Aquilechia, Rom, it.

## C. Gesamtausgaben

1830
Wagner, Adolfo: Opere italiane di Giordano Bruno, 2 Bände, Leipzig

1835
Gfroerer, August Friedrich: Jordani Bruni, Nolani Scripta quae Latine conficit (unvollständig) Stuttgart

1888
Lagarde, Paul de: Opera italiane di Giordano Bruno ristampate. Band I, Göttingen

1889
Band II, Göttingen

1879
Jordani Bruni Nolani opere latine conscripta publicis sumptibus (Große Italienische Staatsausgabe) herausgegeben von F. Fiorentino, F. Tocco & H. Vitelli u. anderen, 8 Bände, Neapel und Florenz

1962
Faksimile-Nachdruck der Großen Italienischen Staatsausgabe, herausgegeben von Friedrich Frommann Verlag, Günther Holzboog, 3 Bände in 8 Teilen, Stuttgart-Bad Cannstatt

1907/08
Giordano Bruno, Opere Italiane, I. Band Dialoghi methaphysici, II. Band Dialoghi morali, herausgegeben von Giovanni Gentile, Bari

1925/27
verbesserte und erweiterte Ausgabe, Bari

1958
3. Auflage. Herausgegeben von Giovanni Aquilechia, Florenz

1956
Opere di Giordano Bruno e di Tommaso Campanella, Sammelband des Verlags Ricardo Ricciardi Teil I Giordano Bruno, herausgegeben und kommentiert von Augusto Guzzo, 760 Seiten. Milano, Neapel

Anmerkung: Mit Ausnahme von Il Candelaio und La Cena... enthält der Band nur fragmentarische Auszüge aus De l'infinito... Lo Spaccio..., Eroici furori, Cabala... sowie Text und Prosaübersetzungen einiger Kapitel von De immenso ins Italienische. Für wissenschaftliche Arbeiten ist diese mehr volkstümlich gedachte Auswahl nicht geeignet.

## D. Manuskripte
erstmalig veröffentlich in der Großen Italienischen Staatsausgabe.

1587
Libri physicorum explanati. Op. Lat. Band III, Seite 260–393, geschrieben Paris

## D. Manuskripte

1590
De principiis rerum elementis et causis Op. Lat. Band II, Seite 507–567; geschrieben Helmstedt
De medicina Lulliana, Op. Lat. Band III, Seite 569–633 geschrieben Helmstedt

1591
De vinculis in genere, geschrieben Padua
Die Zahlenangaben beziehen sich auf den Faksimile-Nachdruck.

## E. Verschollene Schriften

1572
De arca Noe, lat., Neapel

1576
De sfera, lat., Neapel
De segni de' tempi, ital., Venedig

1579/81
De anima, lat., Toulouse

1581
De predicamenti di Dio, ital., Paris

1583
Purgatorio del inferno, ital., ?

1584
Mnemosine – Templum Mnemosine, lat., London

1585
Arbor philosophorum, lat., ?

1591
De rerum imaginibus, lat., ?
Delle sette arti liberali e sette altre inventive, ital., Venedig

Die Titel dieser verschollenen Schriften sind nur dadurch bekanntgeworden, daß sie von Bruno oder seinen Sekretären in seinen Werken erwähnt wurden. Ortsnamen und Jahreszahlen beruhen nur auf Vermutungen. Die meisten mögen Niederschriften von Vorlesungen sein. Nur von der letzten Schrift wissen wir, daß sie Bruno in der venezianischen Inquisitionshaft verfaßt hat.

# F. Übertragungen

*Deutsch*
*De la Causa, Principio e uno.*

1789
*Friedrich Heinrich Jacobi* im Anhang des Werkes: „Über die Lehre des Spinoza in Briefen an den Herrn Mendelsohn". (Auszugsweise). Breslau

1872
*Adolf Lasson:* Von der Ursache, dem Prinzip und dem Einen. Heidelberg

1889
2. Auflage, Heidelberg

1906
*Ludwig Kuhlenbeck:* Von der Ursache, dem Anfangsgrund und dem Einen. Band IV der „Gesammelten Werke", Jena

1909
*Paul Seliger:* Giordano Bruno, Von der Ursache, dem Prinzip und dem Einen. Leipzig

*De l'Infinito Universo e Mondi*

1892/3
*Ludwig Kuhlenbeck:* Zwiegespräche von dem unendlichen All und den Welten. Band III der „Gesammelten Werke", Jena

1896
Zweite Auflage.

1904
Dritte Auflage.

1973
Nachdruck der dritten Auflage. Wissenschaftliche Buchgesellschaft, Darmstadt No. 3712 – x. Darmstadt

*La Cena de le Ceneri*

1904
*Ludwig Kuhlenbeck:* Das Aschermittwochsmahl. Band I der „Gesammelten Werke". Leipzig

1969
*Ferdinand Fellmann:* Das Aschermittwochsmahl. Band 43 Inselausgabe. Frankfurt a./M.

*De gli eroici furori*

1898
*Ludwig Kuhlenbeck:* Zwiegespräche vom Helden und Schwärmer. Band V der „Gesammelten Werke". Jena

1907
Zweite Auflage. Jena

# F. Übertragungen

*Deutsch*

*Lo Spaccio de la Bestia trionfante*

1890

*Ludwig Kuhlenbeck:* Die Reformation des Himmels, Band II der „Gesammelten Werke". Leipzig

1899

Zweite Auflage. Leipzig

1904

*Paul Seliger:* Die Vertreibung der triumphierenden Bestie. Berlin

*Cabala del cavallo pegaseo con l'aggiunto dell' asino cillenico*

1909

*Ludwig Kuhlenbeck:* Die Kabbala des Pegasus mit der Zugabe des Kyllenischen Esels. Band VI der „Gesammelten Werke". Jena*)

*Centum et viginti articuli de natura et mundo adversus peripateticos*

1909

*Ludwig Kuhlenbeck:* Der Erwecker oder eine Verteidigung von Thesen des Nolaners durch Johann Hennequin in Band VI der „Gesammelten Werke". Jena

*Oratio valedictoria*

1909

*Ludwig Kuhlenbeck:* Die Abschiedsrede Brunos zu Wittenberg am 8. März 1588 in Band VI der „Gesammelten Werke". Jena

*Oratio consolatoria*

1909

*Ludwig Kuhlenbeck:* Die Trostrede Brunos nach dem Hinscheiden des Fürsten Julius am 1. Juli 1589 in Helmstedt. In Band VI der „Gesammelten Werke". Jena

*Summa terminorum Metaphysicorum*

1913

*Ludwig Kuhlenbeck:* Auszüge in seinem Buche; Giordano Bruno, seine Lehre von Gott, der Unsterblichkeit, der Seele und der Willensfreiheit, Seite 31–49. Berlin-Schöneberg
ebensolche bruchstückhaften Übertragungen der lateinischen Schriften Brunos finden sich

1810

*Daub,* Carl & *Creuzer,* Georg: Studien. Heidelberg

1819–1826

*Rixner* und *Sibner:* Leben und Lehrmeinungen berühmter Physiker, Band VI. Sulzbach

*Englisch*

*Lo Spaccio de la Bestia Trionfante*

1713

*William Morehead:* The expulsion of the triumphant beast. herausgegeben von John Toland, London

*De l'infinito Universo e Mondi*
1950
*Dorothea Waley-Singer:* On the infinite Universe and Worlds im Anhang ihres Werkes: Giordano Bruno, His Life and Thought. New York
*Sidney Greenberg* im Anhang seines Werkes: The infinite in Giordano Bruno, New York

*De gli eroici furori*
1887
*L. Williams:* The heroic enthusiasts, London
1965
*P. E. Memmo:* The heroic frenzies. Herausgegeben von der University of North Carolina, Charlotte

*Französisch*

*Lo spaccio de la bestia trionfante*
1750
*Abbé Louis Valentin de Vauguy,* Paris
1919
*Roger Charbonell:* Übersetzung des 2. Dialogs in seinem Werke: L'éthique de Giordano Bruno, Paris

*De la causa, principio e uno*
1930
*Emile Namer:* Cause, principe et unité, Paris

*De gli eroici furori*
1954
*Henri Michel:* Des furieurs héroiques, Paris

*Italienisch*

*De umbris Idearum*
1901
*A. C. Scavonetti:* Catania

*Anmerkung* zu *Cabala* del cavallo Pegaseo...
Kuhlenbecks Übersetzung des italienischen Cabala mit Kabbalá, der im Deutschen gebräuchlichen Bezeichnung für den jüdischen Mystizismus, ist unzutreffend und irreführend. Dem Sinn entsprechender wäre: „die mystische Lehre von dem Pferde Pegasus und dem kyllenischen Esel".
Die Titel der zitierten *Sekundärliteratur* erscheinen in den Fußnoten des Textes und wurden deshalb nicht in der Bibliographie wiederholt. Der Platzersparnis halber mußte von der Aufnahme allgemeiner Werke, die bei der Abfassung des Buches herangezogen wurden, abgesehen werden.

# Namenverzeichnis

Abraham, ibn Esra 61
Abravanel, Jehuda ben siehe Leone Ebreo 97
Aeschylos 5
Alciati, Andrea 82
Alfons, König von Castilien 9
Alsted, Johann Heinrich 212
Anaxagoras 5, 23, 99
Anaximander 23
Anaximes 45
Anselm von Canterbury 81
Apulejus 94
Aquilechia, Giovanni 177
Aquino, Thomas von 49, 50, 55, 122, 213
Archimedes 7
Ariosto, Ludovico 78
Aristoteles 5–8, 16, 20, 23, 28, 49, 50, 58, 66/67, 96/97, 100, 122, 136, 181, 193
Aristarch von Samos 7,12
Arnold, Gottfried 156
Auvray, L. 169
Avenarius, Richard 128
Avicebron (Avicenbrol), siehe Salomon ibn Gabirol 47, 48, 54

Bach, Johann Sebastian 184
Baco von Verulam 144, 172
Bartholmès, Christian 169
Baddaloni, Nicola 175
Barnett, Lincoln 202
Bayle, Pierre 141
Beethoven, Ludwig van 184
Bembo, Pietro 96
Bergfeld, Max 94
Bergson, Henri 86
Berti, Domenico 175
Beutler, Ernst 138
Biedermann, Flodoardo von 137
Bloch, Ernst 184, 185
Bode, Astronom 22
Boehme, Jacob 168
Boelsche, Wilhelm 188
Bonhoeffer, Dietrich 50
Borngraeber, O. 188
Boulting, William 127, 172
Bovio, Prof. 178
Bradley, James 16
Braun-Vogelstein, Julia 116
Brucker, Johann Jacob 157, 168

Brunnhoefer, H. 147, 180, 181
Buhle, Johann Gottfried 163, 168
Burkhardt, Jacob 73,74

Calippus 5
Campanella, Tommaso 157, 213
Cantú, Cesare 175
Cardano, Geronimo 45
Carnap, Rudolf 196
Carriére, Moritz 168
Cassirer, Ernst 40, 78, 183, 194, 198, 200, 201
Castiglione, Baldassare Conte 96
Charbonnell, Roger 170, 217
Cicero, Marcus Tullius 12, 23
Clemens, F. J. 169, 170
Cobham, Sir 172
Coleridge, Samuel 127
Colerus, Johann 128
Copernicus, Nikolaus 9–16, 18, 27, 32–35, 71, 96, 154, 167, 171, 175, 189, 207
Corrigan, M. H. 40
Corsano, A. 115, 176
Creuzer 216
Croce, Benedetto 177
Cusa, Nikolaus von 40–43, 54, 56, 57, 62, 66, 84, 150, 168, 170, 176, 182

Dankert, Werner 135, 137
Darwin, Charles 188
Daub, Carl 216
Dee, John 13
Descartes, René 46, 128, 131, 185, 209
Demokritos 13
Digges, Thomas 13
Diederichs, Eugen-Verlag 181, 187
Dilthey, Wilhelm 82, 129, 151, 152, 154, 182, 183
David von Dinant 48
Domenico di Novara 11

Eckermann, Johann Peter 137
Einstein, Albert 38, 197, 200, 202, 204
Ekphantos 5
Elisabeth I., Königin von England 172
Empedokles 5
Enfield, William 157
Epikur 23

219

Erasmus von Rotterdam 56
Erdmann, Benno 134
Eriugena, Johannes Scotus 134
Erastostenes 7
Eucken, Rudolf 182
Eudoxus 5, 14
Euclid 7, 196, 198, 201, 203

Falk, Johann Daniel 137, 139
Faust, Doktor Johann 149
Fechner, Gustav 32
Fellmann, Ferdinand 5, 215
Ferdinand V., König von Spanien 97
Feuerbach, Ludwig 169
Fichte, Johann Gottlieb 166
Ficino, Marsilio 96, 107, 108, 119
Field, John 13
Fiorentino, Francesco 16, 175, 213
Firpo, Luigi 114, 177
Florio, John 172
Foucard, Cesare 175
Fraccari, Gerardo 177
Frith. J. siehe auch Miss Oppenheimer 127, 172
Froben-Verlag 56
Frommann-Verlag 67, 117, 213

Gabirol, Salomon ibn siehe auch Avicebron 47, 48, 54
Galilei, Galileo 46, 95, 96, 123, 153, 188, 192, 194, 207
Galle, Johann Gottfried 22
Gassendi, Pierre 156
Gauss, Karl Friedrich 196
Gebhardt, Karl 97, 128
Geiger, Ludwig 137
Gforer, A. F. 213
Gentile, Giovanni 116, 213
Gilbert, William 13
Giovio, Paolo 82
Glockner, H. 162
Goethe, Johann Wolfgang 135–141, 143, 146–155, 159, 168, 188–190, 208
Goetz, Wolfgang 137
Gorce, M. M. 170
Grassi, Ernesto 86, 152, 185
Greenberg, Sidney 73
Groce, Abel 66
Guzzo, Augusto 46, 167, 176, 213

Habsburg, Rudolf II. von 151
Haeckel, Ernst 188

Hamann, Johann Georg 161
Harding 22
Hart, Heinrich 85
Hartmann, Franz 57
Hegel, Georg Wilhelm 22, 45, 162, 168, 174, 177
Heimsoeth, Heinz 186
Helmont, Francis Mercurius 134
Heraclitos 13
Herder, Johann Gottfried von 159, 161
Hermes, Trismegistos 9, 105, 106, 108
Herodot 5
Herschel, Friedrich Wilhelm 21
Hesiod 5
Heske, Franz 208
Heumann, Christian August 156
Hipparch 7, 14–16
Hoensbroech, Graf 188
Holbein, der Jüngere 56
Homer 88
Horovitz, Irving 48, 174
Humboldt, Alexander von 5
Huser, Johann 55

Infeld, Leopold 197
Isabella, Königin von Spanien 97

Jacobi, Friedrich Heinrich 141, 157, 158, 165, 215
Jamblichos 106
Jaspers, Karl 40, 184
Jeans, J. 20
Joachim, Georg siehe Rhaeticus 10
Joel, Karl 112
Jordan, Pascual 126, 208
Julius Heinrich, Herzog von Braunschweig-Wolfenbüttel 144

Kant, Immanuel 191
Karl V., Deutscher Kaiser 118
Kayser, Hans 58
Kepler, Johannes 13, 53, 171, 194
Kesten, Hermann 12
Kindermann, R. 141
Kirchbach, Wolfgang 188
Koch, Mathias 180
Kofink, H. 161
Koyré, Alexandre 55, 114, 170
Krause, C. C. F. 181
Kristeller, Oskar 95, 96, 104, 107

Kuhlenbeck, Ludwig siehe auch Landseck
  14, 15, 25, 32, 87, 147, 149, 181, 188, 215,
  216, 218

La Croze 156
Lagarde, Paul de 213
Landseck, siehe Ludwig Kuhlenbeck 212
Lange, F. A. 179
Lasson, Adolf 25, 180, 215
Lasswitz, Kurd 180
Leibniz, Gottfried Wilhelm 63, 132–138,
  140, 155, 167, 184, 186, 209
Leone Ebreo, siehe Jehuda ben Abravanel
  99
Leverrier, Urbain 22
Lessing, Gotthold Ephraim 158, 159, 161
Levi, David 175
Lobatschewsky, N. J. 196
Lohneysen, W. Freiherr von 163
Lorentz, A. H. 197, 200
Lowell, Percival 22
Lucretius, Titus Carus 24, 115
Lullus, Raymundus 55, 134, 176
Luther, Martin 11
Lutoslawsky, W. 101
Lyell, Charles 189

Machiavelli, Nicolo 118
Maestlin, Johannes 13
Mahnke, Dietrich 134, 186
Manzoli, Pietro siehe auch Palingenius 55
Mariano, R. 175
Mauvissière, Marquis de Castelnau 172
Marx, Karl 174, 184
Mc Intyre, James Lewis 127, 172
Melissos 23
Memmo, P. E. 82, 217
Mendelsohn, Moses 141
Menzer 11
Mercati, Angelo 177
Mersenne, M. 156
Meyer-Abich, Adolf 126, 208, 209
Michel, P. H. 170, 217
Minkowski, H. 197, 200
Mirandola, Giovanni Pico de 71, 72, 110,
  119
Mondolfo, Rodolfo 176
Montaigne, Michel de 172, 181
Morehead, W. 217
Morhof, Daniel 156
Mueller, Ernst 61

Namer, Emile 217
Nelson, John 90, 95, 106
Nestler, Julius 111
Nettesheim, Agrippa von 110
Newton, Isaac 209
Nicetas 5, 11
Nietzsche, Friedrich 71
Nowicki, Andrzej 2
Noroff, Abraham de 100, 175
Nundinius 17, 28, 72

Occam, William de 80
Olbers, Dr. med. 22
Oppenheimer, Mrs. siehe Frith, J. 127, 172
Ortega di Gassett 34
Osiander, R. 10
Ovidius, Publius Naso 159
Owen, John 172

Palingenius, siehe Manzoli, Pietro 55
Papus 111
Paracelsus, Theophrastus von Hohenheim
  40, 55–58, 62, 66, 149, 150
Parmenides 13
Patrizzi, Francesco – auch Patricius 119
Paul III., Papst 10
Penzig, Rudolf 188
Petzelt, Adolf 43
Philo von Alexandria 105, 109
Piazzia, Giuseppe 22
Planck, Max 204
Plato 23, 46, 84, 96, 107, 122, 160
Plotin 99, 105–107, 111, 115, 160, 164, 184,
  186
Plutarch 11
Poincaré, Henri 198, 200
Pomponazzi, Pietro 118
Porphirius, 111
Pracht, Erwin 127
Ptolemaeus, Claudius 9, 11, 16
Pythagoras 5–8, 23, 111

Recorde, Robert 13
Reichenbach, Hans 196
Reuchlin, Johannes 110
Rhaeticus, siehe Georg Joachim 10
Ricciardi, Ricardo 213
Riemann, Bernhard 196
Rixner & Siber 161, 216
Rucellai, Girolamo 82

221

Saenger, Werner 146
Salomo, König in Israel 81
Salvestrini, Virgilio 176, 212
Sander, Volkmar 195
Scavonetti, A C 217
Schelling, Friedrich Wilhelm 166–169, 181, 184, 208
Schlosser, F. H. 144
Schmidt, Erich 161
Scholem, Gershon 110
Schopenhauer, Arthur 163–165
Schroedinger, Erwin 63
Seliger, Paul 13, 119, 181, 215, 216
Shaftesbury, Anthony, Earl of 156
Sicardi, Enrico 212
Sigwart, Christoph von 82, 127, 128, 180
Silvestris, siehe auch Bernard de Tours 55
Spampanato, Vincenzo 177
Sokrates 7, 164
Smuts, Jan 200
Spaventa, Bertrando 43, 132, 175
Spengler, Oswald 183, 184
Spiegler, Julius 109
Spinoza, Baruch 43–45, 97, 117, 120, 128–131, 141, 147, 148, 155, 157, 164, 166, 180, 181, 184
Squarotti, Giorgio Barberi 212
Sudhoff, Karl 55
Steffens, Heinrich 165
Stein, Charlotte, Freifrau von 159
Stein, Heinrich von 15, 88
Stein, Ludwig 134
Steiner, Rudolf 126, 140, 151, 152, 155, 187–190
Stoelzle, Remigio 101, 175

Tansillo, Luigi 84, 86, 91
Telesio, Bernardino 45, 119, 129
Tennemann, W. G. 157, 168
Tocco, Felice 16, 175, 176, 213
Toland, John 127, 217
Tombaugh, Clyde William 22
Tours, Bernard de, siehe auch Silvestris 55
Trithemius, Johannes, Abt von Sponheim 56
Tugini, Salvatore 212

Uexkuell, Theodor von 152

Valla, Lorenzo 78
Védrine, Hélène 62, 171

Virgilius, Publius 88
Vitelli, H. 213

Wagner, Adolfo 113, 144, 168
Wagner, Richard 84
Waley-Singer, Dorothea 13, 127, 173
Walsingham, Henry Sir 172
Wechel & Fischer 53
Weininger, Otto 184
Wernekke, H. 18
Weyl, Hermann 196, 199, 200, 202
Whitehead, Norbert 38, 114
Wieland, Christoph M. 137, 139
Wille, Bruno 187
Williams, L. 217
Wittgenstein, Ludwig 196
Wittmann, M. 48
Wolff, Christian 137

Yates, Frances A. 107, 108, 172, 173

Zaddik, Josef ben 55
Zelter, Karl Friedrich 137
Zimmermann, Johann Jacob 156